Toporkov

STANISLAVSKIJ
bei der Probe

Herausgegeben
und mit einer Einführung von
Dieter Hoffmeier

PARTHAS VERLAG

Titel der Originalausgabe:

V[asilij Osipovič] Toporkov
STANISLAVSKIJ NA REPETICII
VOSPOMINANIJA
Gosudarstvennoe izdatel'stvo »ISKUSSTVO«
Moskva 1950

Die Deutsche Bibliothek – CIP-Einheitsaufnahme
Toporkov, Vasilij:
Stanislavskij bei der Probe / Vasilij Toporkov, Hrsg. und mit
einer Einf. von Dieter Hoffmeier. – 1. Aufl. – Berlin : Parthas-Verl., 1997
ISBN 3-932529-04-9

© 1997 by Parthas Verlag GmbH, Berlin
Umschlag: Bernd Kruhl
Gestaltung und Satz: Typografik & Design
Druck und Binden: Messedruck Leipzig

ISBN 3-932529-04-9

BRECHT AN TOPORKOV:

»Ihr Buch ›Stanislavskij bei der Probe‹
ist ein Standardwerk,
das ich mir […] noch vor der Drucklegung
schicken ließ.
Es ist bisher meine beste Quelle
über die Arbeitsweise Stanislavskijs.«
(8. 6. 1955)

INHALT

EINFÜHRUNG

Es gibt zahlreiche Schriften über Stanislavskij. Doch selten ist seine praktische Arbeit mit dem Schauspieler so anschaulich und lebendig, auch vom methodischen Zugriff her so einleuchtend und nachvollziehbar geschildert worden wie in den Erinnerungen Toporkovs. Als das Buch zwölf Jahre nach Stanislavskijs Tod in Moskau erschien, rief es Begeisterung hervor. Die Erstauflage von 25 000 Exemplaren war rasch vergriffen. Als Brecht davon hörte, ließ er sich das inzwischen entstandene Manuskript der deutschen Übersetzung gleich zuschicken, noch ehe es 1952 im Berliner Henschelverlag im Druck herauskam.

Mehr noch als die geglückte Form fesselte das, was Toporkov über die Methodik des regieführenden Stanislavskij ausbreitete. Da gab es so viel Neues, Unbekanntes, Überraschendes. Es paßte mit dem gängigen, noch nicht sehr verfestigten Bild von Stanislavskij und seiner Arbeitsweise nicht recht zusammen. Namentlich im deutschen Sprachraum hatte die erste Veröffentlichung eines eigenen Buches von ihm unter dem falschen, sehr reißerischen Titel »Das Geheimnis des schauspielerischen Erfolges« für Fehleinschätzungen und Verwirrung gesorgt. Es war schon 1938 in der Schweiz erschienen und enthielt angeblich das gesamte theoretisch-methodische Vermächtnis Stanislavskijs. In Wirklichkeit aber umfaßte es nur den Bruchteil seiner publizistischen Hinterlassenschaft, nämlich nur den ersten Band der »Arbeit des Schauspielers an sich selbst (im schöpferischen Prozeß des Erlebens)«, wie der langatmige Originaltitel lautete. Jahre später, kurz nach dem Krieg, folgten zwei weitere Schriften des russischen Theaterreformers in deutscher Übersetzung: 1950 ein kurzes Kapitel über die »Ethik« und 1951 seine Autobiographie »Mein Leben in der Kunst«. In ihr schilderte er sein Wirken nur bis zum Jahre 1924. Was er in den letzten anderthalb Jahrzehnten seines Lebens geleistet, fortgesetzt oder neuentdeckt hatte, blieb für eine größere Öffentlichkeit vorerst im Dunkeln.

In diese Informationslücke stieß Toporkov mit seinem 1950 in Moskau erschienenen Buch. Er war damals der erste, der bildhaft und umfangreich, vor allem sachkundig und anhand der eigenen Praxis als Schauspieler Einblick in jenen Wandel der Methodik des späten Stanislavskij gab, der unter der Bezeichnung »Methode der physischen Handlung« seither weltbekannt geworden ist. Man sagte dem Buch eine große Authentizität nach. Der Herausgeber konnte Ende der sechziger und Anfang der siebziger Jahre noch Schauspieler befragen, die an den geschilderten Inszenierungsprozessen selber teilgenommen hatten. Sie versicherten, Toporkov habe sich auch bei der Wiedergabe theoretischer Äußerungen Stanislavskijs um eine zuverlässige Genauigkeit bemüht, nichts hinzugetan oder »erdichtet«.

Wert und Nutzen des Buches sind auch heute, fast fünfzig Jahre nach dem ersten Erscheinen, beträchtlich. Es wird – was Brecht oder Grotowski[1] vorhersahen – ein Standardwerk der Stanislavskij-Literatur bleiben. Obwohl inzwischen schon die zweite umfangreiche Edition der »Sobranie sočinenij« [Gesammelten Werke] Stanislavskijs nahezu vollständig vorliegt[2] und alle seine Äußerungen, Notizen und Bruchstücke über die Methode der physischen Handlungen aus dem Nachlaß enthält, bleibt Toporkovs Buch unverzichtbar. Es schließt weiterhin eine Informationslücke.

Bekanntlich gelang es Stanislavskij nicht mehr, Erkenntnisse aus dem praktischen Ausprobieren seiner Methode der physischen Handlungen aufzuzeichnen und sie durch Beschreiben sämtlicher Einzelschritte bei der Arbeit an einer Rolle zu verallgemeinern. Der Tod verhinderte es. Für den geplanten dritten Band seines Gesamtwerkes, der die »Arbeit des Schauspielers an der Rolle« umfassen sollte, existieren bloß mehr oder weniger lange Bruchstücke, nur unvollständige »Materialien für ein Buch«[3]. In Toporkovs Erinnerungen hingegen erleben wir Stanislavskij nicht nur beim Anwenden und beim forschenden Ausprobieren seiner Methodik, sondern es wird zudem von einem Schauspieler anhand der eigenen Erfahrungen mehrmals der wirkliche Arbeitsprozeß an Rollen beschrieben, und zwar vollständig, in allen nacheinander folgenden Arbeitsschritten. Das ist ein Vorzug gegenüber dem, was Stanislavskij selber noch schriftlich niederlegte. Er übertrug dabei bekannt-

10

lich wirkliche Erfahrungen in die belletristische Form eines fiktiven Unterrichtsgeschehens bei Schauspielstudenten. Diese Besonderheit kann gelegentlich den Blick auf einen »normalen« Inszenierungsprozeß mit reifen Schauspielern am Theater verstellen. Das ist bei Toporkov nicht der Fall. Außerdem konnte Stanislavskij zwar noch 1937 einen vollständigen »Plan zur Arbeit an der Rolle« entwerfen und die Abfolge von 24 Arbeitsschritten skizzieren[4]. Doch in dem darauf aufbauenden letzten Fragment seines Buches über »Die Arbeit des Schauspielers an der Rolle«[5] gelangte er nur noch bis zur Beschreibung der ersten vier Arbeitsschritte. Toporkov aber bietet den Einblick in den gesamten Ablauf und läßt erahnen, wie Stanislavskij wohl in seinem Buch weiter verfahren wäre.

Toporkovs Erinnerungen sind darum von erheblichem Nutzen. Doch tragen sie einige Wundmale der Entstehungszeit. Glücklicherweise mindert das nicht den Wert des Buches. Aber man muß darum wissen. Als er das Buch schrieb, hatte die anmaßende Bürokratie der Stalin-Diktatur erneut zu einem Schlag gegen die russische Intelligenz und besonders gegen Künstler ausgeholt. Der zweite Teil von Eisensteins Film »Ivan der Schreckliche« war im Februar 1946 verboten worden. Eisenstein erlitt einen Herzinfarkt. Das Repertoire der Schauspielhäuser wurde »gemaßregelt«. Dann folgte das Verbot zweier Zeitschriften, »Zvezda« [Der Stern] und »Leningrad«. Im Februar 1948 schmähte das Zentralkomitee der kommunistischen Partei führende russische Komponisten öffentlich wegen »volksfremder, formalistischer Verzerrungen« und wegen »antidemokratischer Tendenzen« und bezichtigte deren Schaffen der »Schädlichkeit und Gefährlichkeit«[6]. Schon einmal hatte Jahre zuvor, im Januar 1936, ein Artikel gegen den Komponisten Dmitrij Šostakovič und dessen Oper »Lady Macbeth von Mcensk« in der Parteizeitung »Pravda« unter dem Titel »Sumbur vmesto muzyki« [Chaos statt Musik] das erste Kesseltreiben gegen Künstler eingeleitet. In der Folgezeit waren viele Schriftsteller verhaftet worden und spurlos verschwunden. Andere, wie zum Beispiel Bulgakov, erhielten praktisch ein Berufsverbot und gingen daran zugrunde. Theater wurden geschlossen, Meyerhold als angeblicher Verschwörer gegen Staat und Partei verhaftet und nach einem Geheimprozeß meuchlings erschossen. Nun galt der Angriff wieder dem Komponisten Dmitrij Šostakovič, und diesmal nicht mehr nur ihm allein. Auch Prokof'ev, Chačaturjan, Šebalin und andere waren genannt. Wie man aus Erfahrung wußte, konnte der Vorwurf des Formalismus einschneidende, wenn nicht gar tödliche Folgen haben. Erneut gab es Angst vor unberechenbarer Willkür. Da schien es ratsam, die Sympathie für verfemte oder in die Mißliebigkeit gedrängte Künstler möglichst zu verschleiern, sie besser nicht zu erwähnen, um das Buch durch die Zensur zu bringen und zu veröffentlichen.

Zwei Namen sind nicht genannt. Doch Stanislavskijs Wirken in den letzten anderthalb Jahrzehnten seines Lebens – ein Zeitraum, den Toporkovs Erinnerungen etwa umfassen – ist ohne die Aktivität dieser zwei Künstler nicht voll zu erschließen oder in seiner Widersprüchlichkeit tiefer zu ermessen. Die Namen sind zwar bei Toporkov bedachtsam vermieden, in einem Falle greift er auch, zwar nur am Rande, die von der Bürokratie der Stalin-Diktatur erhobenen, diffamierenden Vorwürfe gegen die sogenannten Formalisten auf, doch der Widerschein der Aktivität beider Künstler leuchtet über vielen der beschriebenen Ereignisse und wird von Toporkov zumeist nicht verdunkelt. Es handelt sich um Meyerhold und Bulgakov.

Der ehemalige Arzt und Dramatiker Michail Bulgakov war im Kreis der jüngeren Schriftsteller, die Mitte der zwanziger Jahre neu zum Künstlertheater stießen, offensichtlich die größte Begabung. Man hoffte damals bereits, er würde »wie ein zweiter Čechov« der Bühne zu neuer Blüte verhelfen. 1926 kam sein Stück »Die Tage der Turbins« unter der inszenatorischen Oberleitung Stanislavskijs zur Uraufführung. Es war eine eigenständige Bühnenadaption seines Romans »Die weiße Garde«. Das Stück spielt im Bürgerkrieg in Kiew und schildert private Auseinandersetzungen in der weißgardistischen Offiziersfamilie Turbin, die sich nach Irrwegen und dem Zusammenbrechen ihrer politischen Illusionen mehr notgedrungen denn aus tiefer Überzeugung der Übermacht und dem Weg der Bolschewiki öffnet. Die endgültige Fassung des Stückes hatte von Juli 1925 bis Oktober 1926 mehrere Stadien durchlaufen[7]. Schon zu dieser Zeit gab es Schwierigkeiten mit der Zensurbehörde, dem sogenannten Hauptrepertoirekomitee, außerdem, wie es scheint, auch übermäßige Einmischungen des Theaters. Doch die Aufführung wurde ein Erfolg, obwohl offizielle Vorwürfe nie verstummten, es sei ganz und gar unzulässig, weißgardistische Offiziere zu Hauptfiguren eines sowjetischen Stückes zu machen. Deshalb kam es 1929 zum Verbot, 1932 wurde es wieder aufgehoben. Das geschah sicher nicht ohne Zutun Stalins. Er hat die Aufführung im Laufe der Jahre nachweislich fünfzehnmal besucht, eine Quelle meint sogar, er habe sie

»annähernd dreißigmal« gesehen. Im Künstlertheater, doch auch im Großen und im Kleinen Theater besaß er eine eigens für ihn ausgestaltete Loge. Sie war gepanzert und mit einem Extraeingang versehen. Da konnte er, unbemerkt von den übrigen Zuschauern, nach Belieben Aufführungen anschauen. Über die Gründe seines Interesses gerade für Bulgakovs Stück schrieb Tat'jana Bačelis, man dürfe »mit Sicherheit mutmaßen, daß in der pervertierten ›Mentalität‹ Stalins eine eigene Art von rührseliger Nostalgie der Vergangenheit gegenüber vorhanden war, das heißt der vorrevolutionären Realität gegenüber. Zweifellos erschien ihm der Alltag der Bulgakovschen Turbins auf der Bühne des Künstlertheaters anheimelnd, mit den ›cremefarbenen Stores‹, den Gardeoffizieren und der schönen Elena. All das rief bei Stalin eine wollüstige Ergriffenheit hervor. In der Tat hatte man es nur einem einzigen Theater erlaubt, Bulgakovs Stück überhaupt zu spielen, nämlich dem Künstlertheater, und im Grunde wegen eines einzelnen Zuschauers.«[8]
Ein schlimmeres Geschick ereilte das nächste Drama Bulgakovs. Es hieß »Die Flucht« und sollte zum Festakt des dreißigjährigen Bestehens des Künstlertheaters uraufgeführt werden. Stanislavskij wollte mit dem neuen Werk weithin davon zeugen, daß das Theater noch immer wie in seiner Frühzeit neue Kraft aus neuer Dramatik von hoher literarischer Güte zog. Das Stück, das im Untertitel die Bezeichnung »Acht Träume« trägt, gilt als Bulgakovs »tiefstes dramatisches Werk«[9]. Es spielt wieder unter Weißgardisten in der Bürgerkriegszeit und schildert zunächst das Chaos einer sich auflösenden Armee mit den unmenschlichsten Gegenmaßnahmen der Führung und zeigt dann in tragischen wie komischen Szenen den Alltag der in die Türkei geflohenen oder nach Paris emigrierten Oberschicht. Sie muß auf schlimme Weise ihre Existenz fristen, immer verzehrt von der Sehnsucht nach der Heimat. Obwohl das Stück eindeutig in den Jahren 1920/21 spielt, schien das Problem der Emigration, des »Weglaufens« von Menschen und ihres »Leerlaufs« im Exil 1928 noch immer (oder schon wieder) ein heikles Thema. Erinnern wir uns nur an zwei Fakten. Meyerhold erwog damals, im Ausland zu bleiben. Er verlängerte erst einmal ein Gastspiel. Da bedrohte man sein Theater mit Auflösung. Michail Čechov war zur Emigration genötigt worden. Am 2. November 1928 schieb er aus Berlin an den damaligen Volksbildungsminister Lunačarskij: »Man hat mich aus Rußland vertrieben, vielmehr aus dem russischen Theater, das ich so liebe und um dessentwillen ich viele Schwierigkeiten, Entbehrungen und Ungerech-

tigkeiten erdulden würde und erduldet habe. Vertrieben wurde ich von einer einfachen, der einzigen nicht erträglichen Tatsache in unserem Theater der letzten Zeit, nämlich von dessen Sinnlosigkeit.«[10] Der Stücktitel»Die Flucht« legt in der russischen Bedeutung des Wortes»Beg« das Laufen, im übertragenen Sinn auch den Leerlauf nahe. Wieder mißbilligte das staatliche Hauptrepertoirekomitee, also die Zensurbehörde, ein Werk Bulgakovs mit der Begründung, er habe die weißgardistischen Militärs idealisiert. Um den Vorwurf zu entkräften, bemühten sich Autor und Theater um einige»Verschlimmbesserungen«. Gleichwohl wurde das Stück im Mai 1928, nach dreimonatiger Probenzeit, kurzerhand verboten. Keinerlei Einspruch fruchtete. Anfang Oktober, zwei Wochen vor dem Festakt, setzte sich auch Gor'kij mit ganzer Autorität für die Freigabe des Werkes ein und sagte:»Ich erkenne keinerlei Schönfärberei der weißgardistischen Generäle seitens des Autors. Das ist eine erstklassige Komödie, ich habe sie dreimal gelesen, ich habe sie auch Rykov [dem Nachfolger Lenins als Vorsitzender des Rates der Volkskommissare, D.H.] und anderen Genossen vorgelesen. Das ist ein Stück mit tiefem, kühn aufgedecktem satirischen Gehalt. Ich wünschte, daß eine solche Sache auf die Bühne des Künstlertheaters käme. Und das, was [der Regisseur] Sudakov hier gesagt hat,[11] ist die Folge eines klaren Mißverständnisses: Sudakov steht augenscheinlich unter dem Einfluß des ›ohrenbetäubenden‹ Beschlusses [der Zensurbehörde, D.H.], der vollkommen am Stück vorbeizielt. – Als der Autor es jetzt vorlas, haben die Zuhörer (übrigens sehr kundige Zuhörer) wirklich gelacht. Das zeigt doch, daß das Stück sehr gut gearbeitet ist. ›Die Flucht‹ ist eine glänzende Sache, die einen sündhaften Erfolg haben wird, kann ich Ihnen versichern.«[12] Aber selbst Gor'kijs Intervention bewirkte nichts. Das Stück blieb verboten. Der Festakt des Künstlertheaters, auf dem Stanislavskij dann seinen schweren gesundheitlichen Zusammenbruch erlitt, mußte ohne den ersehnten künstlerischen Beitrag Bulgakovs mehr schlecht als recht vonstatten gehen. Damit nicht genug. Die Feindseligkeiten gegen Bulgakov wuchsen. Er hatte außer der»Flucht« zwei weitere Stücke verfaßt und sie Moskauer Theatern angeboten. Darin enthüllte er, größtenteils farcenhaft, Unzulänglichkeiten der damaligen russischen Gegenwart.»Sojas Wohnung« spielt»in einer kleinen Schneiderei, die nachts zum Bordell wird. Die Figuren sind in Diebstahl, Betrug, Drogenhandel und schließlich in einen Mord verstrickt.«[13] »Die Purpurinsel« mit dem Untertitel

»Generalprobe des vom Bürger Jules Verne verfaßten Stücks im Theater Gennadi Panfilowitschs, mit Musik, einem Vulkanausbruch und englischen Matrosen« ist eine komisch-satirische Parabel, ein Spiel im Spiel, worin »von Jules Verne erfundene Figuren die Geschichte der Revolution als eine Kabbelei zwischen Eingeborenen auf einer Insel darstellen«.[14] Im Epilog wird ein Zensor lächerlich gemacht, der unbeweglich auf einem hohen Thron über der Menge hockt, »finster und tiefsinnig« blickt und die Aufführung sofort verbietet. Er löst damit unter der Theatertruppe eine wirre Diskussion aus, die sich teils gegen den »Autor« Jules Verne richtet und offensichtlich ähnliche Zusammenkünfte deftig parodiert, wie sie Bulgakov oftmals über sich ergehen lassen mußte.

Wütend reagierten Zensoren und ultralinke Publizisten gegen diese »Bulgakoverei«. Sie bewirkten 1929, mit Billigung Stalins, das Verbot sämtlicher Stücke und Schriften des Autors. Er durfte nicht mehr gedruckt, nicht mehr aufgeführt und finanziell nicht mehr honoriert werden. Im Grunde mußte er büßen für alle, die mit satirischem Hohn in jenen Jahren auf die Widrigkeiten einer »revolutionären« Praxis wiesen, die weder bei den Machthabern noch bei der Mehrzahl unmündiger Arbeiter und Kleinbürger Ansätze eines Verhaltens im Sinn erwünschter und heftig propagierter sozialistischer Ideale ausgelöst hatte. Man meinte auch Majakovskij, man meinte Ėrdman, selbst Kataev und Leonov, schlug und traf aber Bulgakov. Ganz unverblümt erklärte der Journalist P. Pikel' am 15. September 1929 in der Regierungszeitung »Izvestija«, der »Kampf um Bulgakovs Stücke« sei im Grunde »ein Kampf reaktionärer und progressiver Gruppierungen innerhalb und außerhalb des Theaters«. Hier blitzt bereits im Wort »Gruppierung« und im Zusatz »reaktionär« die verheerende Stichflamme späterer politischer Anwürfe auf. Die Künstler sollten erschrecken, sich der engen Sicht und den Geboten einer ins Maßlose wachsenden Diktatur fügen. Sie sollten die »große Wende« – Stalin hatte das Jahr 1928 zum »Jahr der großen Wende« erklärt – geistig mitvollziehen, sich von kritischen Beobachtern zu beflissenen Zeichnern von Wunschbildern umschaffen.

Bulgakov litt. Er steckte tief in der Depression. Verzweifelt schrieb er Briefe an die Regierung, an Maksim Gor'kij, an das Zentralexekutivkomitee des Landes, sogar an Stalin: »In Anbetracht dessen, daß meine Werke für die sowjetische Öffentlichkeit absolut unannehmbar sind, in Anbetracht dessen, daß das totale Verbot meiner Werke in der UdSSR mein Todesurteil ist, in Anbetracht dessen, daß meine Vernichtung als Schriftsteller bereits die materielle Katastrophe nach sich gezogen hat (ich habe keine Ersparnisse, ich kann keine Steuern bezahlen, und ich kann ab nächsten Monat nicht mehr leben, dies ist dokumentarisch nachweisbar)«, bat er um Ausreise. [15] Er konnte das pöbelhafte Gegeifer nicht mehr ertragen, das aus den Zeitungsseiten zischte: »Der Held meines Stücks ›Die Tage der Turbins‹, Aleksej Turbin, wurde in der Presse als ›HUNDESOHN‹ bezeichnet und der Autor des Stücks als ›TOLLWÜTIGE ALTE DOGGE‹. Ich wurde ›literarischer MÜLLSUCHER‹ genannt, der ›die Speisereste zusammenkratzt, nachdem ein Dutzend Gäste sie AUSGEKOTZT hat‹. Man schrieb: ›MISCHKA Bulgakov, mein Freundchen, ENTSCHULDIGEN SIE SCHON, SIE SIND AUCH SO EIN SCHRIFTSTELLER, DER IN DRECK UND KEHRICHT WÜHLT … Eine MIESE FRESSE hast du, Kumpel … Ich bin ein taktvoller Mensch, aber MÖCHTE SO EINEM AM LIEBSTEN MIT DER WASCHSCHÜSSEL EINS ÜBERBRATEN … Wir haben diesen Spießer Turbin genauso nötig, wie EIN KÖTER EINEN BH … Da haben wir DIESEN HUNDESOHN, DIESEN TURBIN, ZUR HÖLLE MIT SEINEM KASSENERFOLG.‹«[16]

Um die bloße leibliche Existenz zu retten, empfahl man ihm, zu Kreuze zu kriechen. »Nachdem alle meine Werke verboten wurden«, so berichtete er in einem Brief an die Regierung, »gaben mir viele Bürger, die mich als Schriftsteller kennen, den gleichen Rat: ein ›kommunistisches Stück‹ zu schreiben (Zitate in Anführung) und mich überdies mit einem Reuebrief an die Regierung der UdSSR zu wenden mit einer Absage an meine früheren Ansichten, die ich in literarischen Werken geäußert habe […] Das Ziel: mich zu retten vor Verfolgungen, Armut und dem unausweichlichen Tod am Ende. – Diesen Rat habe ich nicht befolgt. Es würde mir kaum gelingen, vor der Regierung der UdSSR in vorteilhaftem Licht zu erscheinen, indem ich einen verlogenen Brief schreibe, der ein unsauberer und noch dazu naiver politischer Schachzug wäre. Versuche, ein kommunistisches Stück zu schreiben, habe ich ebenfalls nicht unternommen, weil ich zuverlässig weiß, daß mir ein solches Stück nicht gelingen würde.«[17]

Er widersetzte sich vor allem machterpichter Dümmlichkeit. Zornig trat er dem schädigenden Verhalten der obersten Zensurbehörde entgegen: »Dieses Komitee ist es, das Heloten, Lobhudler und verängstigte ›Beflissene‹ erzieht. Es erschlägt das schöpferische Denken. Es will die sowjetische Dramatik kaputtmachen und wird es tun.« Er wies die Anschuldigung von sich, er habe mit der »Purpurinsel« ein »Pasquill auf die Revolution« verfaßt: »Das ist unseriöses Gestammel. [...] Ein Pasquill auf die Revolution zu schreiben ist wegen ihrer Grandiosität UNMÖGLICH. Ein Pamphlet ist kein Pasquill, und das Hauptrepertoirekomitee ist nicht die Revolution.«[18]

Die Unbeugsamkeit, sein mit Fug und Recht opponierendes Selbstbewußtsein, das sich gegen die Verweigerung simpler Menschenrechte bäumte, erboste die Machthabenden tief, konnte sie nicht versöhnlich stimmen. Die Verbote dauerten an, auch gab es für Bulgakov keine Ausreise. Außer Selbstmord blieb ihm noch ein vielleicht kühner Versuch. In trotziger Naivität wandte er sich direkt an den »Vater und Führer aller Völker«, an Stalin, der das Gehabe als »einfacher Mensch« immer eitel zur Schau stellte. Und siehe! Stalin antwortete dem Verzweifelten, sogar telefonisch. Nur vier Tage nach dem Schock des spektakulären Selbstmords von Majakovskij klingelte am 18. April 1930 bei Bulgakov das Telefon. In der Muschel die Stimme Stalins mit dem leicht georgischen Akzent. Seine Worte klangen leutselig, obwohl man stets die gespreizte Heuchelei argwöhnen mußte. Er gab sich wie ein wohlwollender Onkel, doch in der Tiefe seines Herzens blieb er kalt und unerbittlich. Keines der Verbote hob er auf – trotz einer heimlichen Zuneigung für »Die Tage der Turbins«. Schon im Monat zuvor hatte Bulgakov der Regierung mitgeteilt, daß all sein Bemühen, wenigstens eine Beschäftigung zu bekommen, immer wieder scheiterte. Man schreckte vor ihm zurück wie vor einem Pestkranken. »Mein Name ist dermaßen odios gemacht worden«, schrieb er, »daß Arbeitsgesuche meinerseits ANGST auslösen, obwohl in Moskau unzählige Schauspieler und Regisseure, aber auch Theaterleiter um meine virtuose Bühnenkenntnis wissen.«[19]

Stalin »verschaffte« ihm eine Anstellung und damit wenigstens ein geringes Einkommen. Bulgakov wurde auf höchste Weisung Regieassistent am Künstlertheater, er, der begabteste lebende Dramatiker jener Tage einer von vielen Assistenten. Stanislavskij erfuhr davon im Ausland, in Nizza, wo er sich zur Kur befand und gerade nach Badenweiler in den Schwarzwald wechseln wollte. Erst gegen Ende des Jahres, im November, kam er wieder nach Moskau zurück. Da schrieb er Bulgakov einen freundlichen Brief, mit ungelenken Komplimenten und mit einem tröstend ermunternden Hinweis auf Molière, der schließlich auch die

Tätigkeit als Regisseur und Schauspieler mit dem literarischen Schaffen habe verbinden können.

Ändern konnte er nichts mehr. Bulgakov war bereits seit fünf Monaten im Theater angestellt. Man hatte ihn dem Regisseur Sachnovskij zugeteilt, der gerade »Die toten Seelen« inszenierte. Die Bühnenfassung des Dramatikers Dmitrij Smolin war aber so ungelenk, so aufgeschwemmt und hilflos, daß Bulgakov sie nicht ertrug. In kurzer Zeit legte er eine eigene Fassung vor, die Schauspieler und Regisseur begeisterte. Es war eine »Komödie nach dem Poem von Nikolaj Gogol« entstanden, wie der Untertitel lautete, im Grunde ein selbständiges Stück. Mit einigem Widerwillen und trotz der Abneigung gegenüber etlichen Grundzügen des dramaturgischen Aufbaus genehmigte der in Moskau zur Zeit allein herrschende Theaterleiter Nemirovič-Dančenko den Text, der dann freilich noch einige, zum Teil einschneidende Abänderungen erfuhr.

Bei Bulgakov hatte sich seit den Verboten von 1929 tatsächlich eine »Wende« ergeben, doch nicht im Sinne der Stalin-Diktatur. Er schrieb fortan keine Stücke mehr über die unmittelbare russische Gegenwart oder über kürzer zurückliegende Zeiträume. Er wich, wie bald mancher andere auch, in die Geschichte aus. Aber selbst geschichtliche Stoffe sind bei Bulgakov immer durchleuchtet von aktuellen Bezügen, durchsickert von den bitteren Erfahrungen in der Gegenwart. So befaßte er sich zunächst mit dem Leben Molières. Ihn fesselte vor allem die geheime und die öffentliche Hetzjagd auf einen Dichter, der besorgt um die tragischen Folgen einfältigen Glaubens und treuherziger Uneinsichtigkeiten die schärfste Satire aufgeboten hatte, um die wahren politischen Urheber an möglichem menschlichem Elend zu entblößen. Bulgakov empfand die Figur des Tartüff und das Wagnis ihres Autors als gegenwartsnah, Tartüff, der hinter einem übereifrigen äußeren Bekenntnis zur herrschenden Religion, mit dem er gutgläubige Menschen so leicht blendete, ein Gelüst nach Besitz, Macht und größtmöglichem Einfluß verbarg. Bulgakov erkannte in dem Haß einer »heiligen« Kongregation gegen den Autor des »Tartüff« und in dem Verhältnis des mächtigen »Sonnenkönigs« Ludwig XIV. zu dem satirischen Realisten Molière das Spiegelbild des eigenen Geschicks. So schrieb er ein Stück mit dem Titel »Die Kabale der Scheinheiligen« und reichte es im Januar 1930 dem Künstlertheater ein. Doch schon der Titel erregte Argwohn und mußte später durch einen unbestimmten, nämlich »Molière«, ersetzt werden.

18

Zunächst aber wurde selbst diesem Werk am 18. März 1930 von der Zensurbehörde die Aufführungsgenehmigung versagt.

Seine Komödie nach dem Roman »Die toten Seelen« von Nikolaj Gogol las er dem Spielensemble am 31. Oktober 1930 in Anwesenheit Nemirovič-Dančenkos vor. Bulgakov fühlte sich keineswegs glücklich. Er hatte seine schriftstellerische Unabhängigkeit eingebüßt. Das Theater überlastete den neuen Regieassistenten zeitweilig mit zu vielen dramaturgischen Kleinaufträgen, auch mit Nebensächlichkeiten. Nur mit Mühe fand er in der zweiten Hälfte des Tages überhaupt Zeit zum Schreiben, oft nur für solche »Brotarbeit«. Der Vormittag und meist auch der Abend gehörten dem Theater. An einen engen Freund, den Literaturwissenschaftler Pavel Popov, schrieb er am 7. Mai 1932: »Also, ›Die toten Seelen‹ ... In neun Tagen werde ich 41. Unvorstellbar! Doch so ist es. – Und nun, zum Abschluß meiner Arbeit als Schriftsteller bin ich genötigt, Bühnenfassungen herzustellen. Was für ein grandioses Finale, nicht wahr? Ich starre auf die Bücherregale und frage mich entsetzt: Wen werde ich morgen in eine Bühnenfassung pressen? Turgenev, Leskov, den Brockhaus – Efron? Ostrovskij? Doch letzterer hat glücklicherweise selber für seine Bühnenfassungen gesorgt, offenbar weil er voraussah, was mit mir in den Jahren 1929 bis 1931 passieren würde. Kurz gesagt ...

1) ›Die toten Seelen‹ *kann man nicht dramatisieren.* Betrachten Sie das als Axiom von einem Manne, der den Roman gut kennt. Man hat mir gesagt, es gäbe 160 Dramatisierungen. Das stimmt vielleicht nicht genau. Doch auf jeden Fall sind ›Die toten Seelen‹ nicht spielbar.

2) Wieso habe ich es dennoch übernommen?

Nicht übernommen, Pavel Sergeevič. Ich greife nicht von mir aus zu, schon längst bin ich nicht mehr Herr meiner Schritte, das Schicksal, das mich an der Kehle hält, entscheidet. Sobald man mich ins Künstlertheater gesteckt hatte, wurde ich den ›Toten Seelen‹ als Regieassistent zugeteilt (Oberregisseur Sachnovskij, Teleševa und ich). Ein Blick in das Exemplar des Textes, von einem dazu bestallten Bearbeiter dramatisiert, genügte, um es mir grün vor Augen werden zu lassen. Ich begriff, daß ich schon auf der Schwelle des Theaters ins Unglück stürzte – man hatte mich zu einem Stück verfrachtet, das gar keins war. Ist das nicht ein herrliches Debüt? Was soll ich hier noch viel erzählen. Nach langwieriger Quälerei fand man heraus, was ich längst wußte, aber leider vielen unbekannt war, daß man, um etwas spielen zu können, das auch irgendwie schreiben muß. Kurz gesagt, das Schreibenmüssen kam auf mich zu.«[20]

Die Arbeit fiel ihm nicht schwer. Er kannte den Roman seit langem. Auch war Gogol sein erkorener Lieblingsschriftsteller. Schon 1926 hatte er dies in einer autobiographischen Notiz dem Freund Pavel Popov bekannt: »Unter den Schriftstellern bevorzuge ich Gogol; meiner Meinung nach kann sich niemand mit ihm vergleichen. Die ›Toten Seelen‹ habe ich mit neun gelesen und sie für einen Abenteuer-Roman gehalten.«[21] Und in einem Feuilleton Mitte der zwanziger Jahre schilderte er einen seiner Träume, nämlich Gogols Poem gleichsam in die Gegenwart zu verlängern, als reise Čičikov nun durch das sowjetische Rußland: »ein seltsamer Traum … Als geschähe es im Reich der Finsternis, auf dem Wege dahin blakt und flackert ein ewiges Lämpchen vor der Aufschrift ›Tote Seelen‹. Satans Witzbold öffnet die Türen. Das Totenreich fängt langsam an, sich zu räkeln, und ein unendlicher Zug setzt sich von dort her in Bewegung.

Manilov reitet im Pelzmantel auf großen Bären, Nozdrëv sitzt in einer fremden Equipage, Deržimorda bläst auf einer Feuertrompete, Selifan, Petruška, Fetin'ja [folgen hinterdrein].

Und zu guter Letzt rührt er sich: Pavel Ivanovič Čičikov in seiner berühmten Kalesche.

Und die ganze Rotte bewegt sich in das sowjetische Rußland, und dort geschehen dann unglaubliche Vorfälle. Und was für welche!« Am Ende ist der »seltsame Traum« zerstört, der Autor findet in die Wirklichkeit zurück, die sich »wiederum auf alltägliche Weise« vor ihm zur Schau stellt.[22]

Die ursprüngliche Grundidee des Stückes war ungewöhnlich. Gogol selbst sollte als Figur »aus der schönen Ferne«, nämlich aus dem sonnenhellen Rom, wo er tatsächlich einen großen Teil des Romans verfaßt hatte, die Ereignisse im »finsteren« Rußland betrachten. Distanz sollte seine Sicht auf die Handlung bestimmen, deren Teile er mit knappen Bemerkungen jeweils aneinanderfügen mußte. Bulgakov nannte die Figur den »Vorleser«, zumeist aber den »Pervyj v spektakle«, den Sprecher im Stück. Er sollte, wie aus einer brieflichen Äußerung an Nemirovič-Dančenko im November 1930 hervorgeht, der Spielmeister des Ganzen werden. Da die Geschehnisse an sich schon in einer epischen Reihung abliefen, bot die zusätzlich installierte »epische Distanz«, nämlich die des kommentierenden Romanautors zu den geschilderten

Ereignissen, ein Übermaß an Schwierigkeiten, an ungewohntem Neuen. Damit konnte sich die Leitung des Künstlertheaters nicht anfreunden. Auch schien es politisch heikel, die Sicht aus dem Ausland als Grundlage für die satirische Schärfe der Gestaltung zu wählen. So wurde der »Prolog in Rom« gestrichen, sehr zur Bekümmernis Bulgakovs.

Auch in der beschnittenen Fassung war das Stück nicht mit üblicher Routine zu bewältigen. Davon zeugen in erregender Weise Toporkovs Erinnerungen. Es war in vier Akte gegliedert und umfaßte zwölf Bilder nebst Prolog. Hier ist eine tabellarische Übersicht über die Abfolge. Am rechten Rand sind die entsprechenden Kapitel aus dem ersten Teil des Romans genannt, deren literarisches Material Bulgakov für die jeweiligen Szenen benutzte. Wenn man Toporkovs Darlegungen mit dieser Liste vergleicht, so ergibt sich, daß er die Probenarbeit an acht Bildern ausführlich geschildert hat, also an der überwiegenden Mehrzahl der Szenen. Lediglich das zweite, vierte, neunte, elfte und zwölfte Bild blieben außer Acht.

MICHAIL BULGAKOV
DIE TOTEN SEELEN
Komödie nach dem Poem von Nikolaj Gogol in vier Akten (1930)

Prolog:	Schenke in der Hauptstadt	neugeschrieben
ERSTER AKT		
Erstes Bild:	Arbeitszimmer des Gouverneurs	1. Kapitel (S. 27)
Zweites Bild:	Salon im Hause des Gouverneurs	1. Kapitel (S. 21 f.)
Drittes Bild:	Bei Manilov	2. Kapitel (S. 35 ff.)
Viertes Bild:	Bei Sobakevič	5. Kapitel
ZWEITER AKT		
Fünftes Bild:	Bei Pluškin	6. Kapitel
Sechstes Bild:	Im Hause Nozdrëvs	4. Kapitel
Siebtes Bild:	Bei Korobočka	3. Kapitel (S. 71 f.)
DRITTER AKT		
Achtes Bild:	Speisezimmer des Gouverneurs (in Toporkovs Erinnerungen: Ball und Souper beim Gouverneur)	8. Kapitel (S. 263 f.)
Neuntes Bild:	Ein hellblaues Zimmer	9. Kapitel

VIERTER AKT

Zehntes Bild:	Dienstzimmer des Polizei-meisters (in Toporkovs Erinnerungen: Beim Staats-anwalt)	10. Kapitel (S. 322)
Elftes Bild:	Hotelzimmer	10. Kapitel (S. 344 f.)
Zwölftes Bild:	Arrestzelle	zum großen Teil neu geschrieben, aber auch Textzeilen aus dem Schlußkapitel des zweiten Teils verwendet (S. 565 f.)[23)]

Im Dezember 1930 begannen die Proben, zunächst ohne Stanislavskij. Sachnovskij war bestrebt, Verfahren von Meyerhold, die ihn an dessen »Revisor«-Inszenierung beeindruckt hatten, auf die »Toten Seelen« zu übertragen. Das aber fand nicht den Beifall des »Regieassistenten« Bulgakov.

Ohne jetzt allzu genau in die Geschichte des widersprüchlichen Entstehens der Inszenierung einzudringen, sei doch ein längerer Abschnitt aus Anatolij Smeljanskis Buch »Michail Bulgakov v Chudožestvennom teatre« [Michail Bulgakov im Künstlertheater] zitiert. Hier kommt dessen Verfasser auch auf Toporkov zu sprechen. Es heißt da:»In den Erinnerungen Toporkovs ›Stanislavskij bei der Probe‹, die Anfang der fünfziger Jahre herauskamen, wurde zum erstenmal ein Schema erwähnt, demzufolge Sachnovskijs und Bulgakovs Arbeit praktisch nicht mehr berücksichtigt worden sei, und Stanislavskijs Erscheinen auf der Probe wurde in legendären Tönen erfaßt. Obwohl die Memoiren reiche Tatsachenbeobachtungen enthalten, wurde hinsichtlich des Zeitpunktes, an dem die Aufführung der ›Toten Seelen‹ entstand, der Gedanke geäußert, damals hätten ›besondere Umstände‹ gedroht. Die besonderen Umstände, die Stanislavskij zwangen, ›geradezu ein Wunder zu vollbringen‹, bestanden, wie weiterhin erklärt wird, in der Übermacht formalistischer Tendenzen rings um das Künstlertheater, aber auch in ›einem gewissen lärmenden Gehabe bei der Regie‹, das sich im ›Modewort GROTESKE‹ niederschlug. Toporkov nannte da nicht die Namen der in Opposition befindlichen Regisseure, doch es war klar, er sprach über Meyerhold und besonders über dessen Gogol-Inszenierung [des ›Revisor‹]. Es

22

gab damals nichts Ernsthafteres, das einer Polemik würdig gewesen wäre.

Stanislavskij kannte den Meyerholdschen ›Revisor‹ nicht. Sachnovskij aber hatte ihn sozusagen nicht bloß gesehen. Er hinterließ recht fesselnde Notizen, die zum Teil beweisen, woher die Ideen für einige Szenen seiner Aufführung am Künstlertheater stammen. Das Piranesi-Thema [24], überhaupt das Rom-Thema seiner Aufführungskonzeption war größtenteils der Meyerhold-Inszenierung entlehnt. Im Archiv [des Künstlertheaters] ist eine interessante Beschreibung der Aufführungsstruktur erhalten, die unmittelbar nach der Premiere des ›Revisor‹ verfaßt wurde.

›Jede Episode ist so gebaut‹, notiert Sachnovskij, ›daß sich aus der Dunkelheit her auf den Zuschauer zu eine Art Katafalk bewegt, nur ohne Baldachin.[25] Das langsame Herauskriechen des Katafalks, mit einer Gruppe wie toter Darsteller, das Hervorkrauchen aus langsam beiseite gleitenden Torflügeln, im Tempo einer unheilschwangeren, trübselig tönenden Trompete, im Tempo der Farben des gleißend dahinfließenden Lichts der Projektoren, gleichsam ein Widerschein erlöschender Himmelskörper – dieses langsame Herauskrauchen des Katafalks erregte geradezu zwanghaft die Assoziation einer Beerdigung.

Es entstand ein Gefühl, beinahe so, wie man es von den Radierungen Giambattista Piranesis empfängt, von dem zerstörten Colloseum oder dem Konstantinsbogen oder dem Amphitheater des Flavius, wo das prunkende Rom zu Grabe liegt und darüber sich die theatralischen Kostüme der Renaissance ergehen und eine üppige Goldkutsche mitten durch die Ruinen hindurchfährt, vorbei an vertrockneten Bäumen und Zypressen.‹

Sachnovskij wurde angesichts der Meyerhold-Inszenierung ›von einem Gefühl des Fieberwahns, der Anarchie des Lebens, sinnloser Trauer darüber erfaßt, was das bloß für eine Wirklichkeit ist‹.

Bulgakov empfand das Thema Rom ganz anders. ›Gitarren. Sonne. Makkaroni‹, eine Stadt in ganzer Ausdehnung schon den Göttern nahe. Die Idee eines Rom-Monologs der Figur des Sprechers im Stück, des Romanautors, war letztendlich von dem besonderen Licht umflort, das mit seinem Kolorit gegen die russischen Szenen ankämpfte. (›Er sieht das halt so aus der ›schönen Ferne‹, und dann sehen wir es auch so!‹) Doch die Wahrnehmung des Vaterlandes der Gogolzeit näherte sich irgendwie dem Eindruck, den Sachnovskij aus der Meyerhold-Aufführung empfangen hatte. ›Das Rußland Nikolajs. Leer, weit und gleichförmig auch in dir. Wie Punkte, wie Striche stehen niedrige Städte unansehnlich in den Ebenen. Ein schwermütiges Lied zieht sich von Meer zu Meer. Kreuze, Krähen, Felder. Das Rußland Nikolajs‹ – in dieser bündigen und abgekürzten Formel, die Bulgakovs Exposé für ein Filmszenarium nach den ›Toten Seelen‹ beschließt, ist seine Auffassung des Poems vollkommen ausgedrückt, in die er Jahre ›eines intensiven und genauesten Studiums‹ hineinpreßte.

Die Meyerhold-Inszenierung [des ›Revisor‹] erkannte er nicht an, wie man bezeugte. Davon abgesehen, entsprang seine Aufführungskonzeption für das Künstlertheater aus dem allgemeinen Wunsch, den ganzen Gogol wiederzugeben, doch anders als in der Sicht bei Meyerhold. Es sollte eine Aufführung des Künstlertheaters werden, ohne ein ›Abweichen auf den Linkskurs‹, ein für das Künstlertheater geeigneter Zugang zur Gestaltung der zwieschichtigen, einerseits gespenstisch-phantastischen, aber zugleich auch unendlich realen Welt. Gogols Sicht auf das Leben, über die Sachnovskij so wunderbar schrieb [...], bestärkte Bulgakov in dem Bestreben, keinen ›Totentanz‹ wiederzugeben, sondern lebendig atmende Menschen«.[26]

Als Stanislavskij, anfangs fast unmerklich, hinzutrat, waren die Proben seit zwei Monaten längst im Gange. Er ließ sich einige Zwischenergebnisse zeigen. Behutsam versuchte er, in die Auffassung von Regisseur Sachnovskij und Bühnenbildner Dmitriev einzudringen. Man brachte ihm das Modell der Bühnendekorationen nach Hause. Er befaßte sich damit zehn Tage. Dann sprach er am 21. März 1931 erst einmal mit Sachnovskij. Er begriff den Ansatz und die künstlerische Vision, Gogols Werk in »hoffmannesker« Art, also in der kritisch-satirischen Tradition der deutschen Romantik zu zeigen. Tatsächlich war Gogol ja stark vom Werk E.T.A. Hoffmanns beeinflußt gewesen. Fußend auf Bulgakovs Bühnenfassung, sah Sachnovskij Gogol, den »ersten Sprecher im Stück«, als Wanderer in Italien und Reisenden in Rom, vor dessen geistigem Auge Bilder aus dem fernen Rußland erstehen. Aus dem Dunkel der Bühne sollten sich einzelne Szenen lösen, mit ganz realen, völlig echten, schmuddligen und schwülen Zimmern in herrschaftlichen Gutshäusern. Bilder an den Wänden, Fenster von Fliegen verdreckt, abgeschabte und durchgesessene Stühle und Menschen in abgetragener Kleidung. Die Dekorationen sollten, wie Sachnovskij meinte, auseinanderfließen wie ein trüber Farbfleck, graue Tücher die Räume umhüllen, dem Einwickelpapier von Zuckerhüten ähnlich. Dazwischen Ausblicke in die trübe Weite russischer Ebenen, gelegentlich mit einer Freitreppe im Vordergrund oder einem Pavillon. Pljuškins Garten sollte eingedreht werden, ganz von Spinnennetzen und Staubfäden überwuchert, all dies verdämmernd in einer grau-bräunlichen Farbskala. Davor aber, hell kontrastierend, eine römische Marmorvase mit überquellenden Marmorrosen, wie sie auf Piranesis Radierungen vorkam, oder, seitlich flankierend, das Riesenbruchstück eines römischen Aquädukts. Auch eine Mauer der Gärten des Sallust neben der Villa Ludovisi war seitlich am Bühnenportal vorgesehen. Durch Vorhänge in der »Farbe katholischer Kirchenkleidung« hindurch sollte die Gogolfigur in einer noblen Reisekleidung jeweils seitlich am Bühnenportal hervortreten und sich für Momente auf dem Fundament der überdimensionalen Piranesi-Marmorvase niederlassen. Dort hatte sie »Gedanken Gogols über das Leben« zu äußern, dabei den Mantel, die Handschuhe und den Zylinder langsam ablegend.

Stanislavskij phantasierte zunächst in dieser Richtung weiter. Er lud sogar Kačalov zu sich nach Hause, um mit ihm die Figur des Ersten Sprechers im Stück zu proben. Lediglich die Dekorationsentwürfe Dmitrievs empfand er als zu voluminös. Gemeinsam mit dem Bühnenbildner suchte er nach einfacheren Lösungen, ohne die Grundanlage »eines nicht fertig gemalten Bildes« anzutasten. Es entstand sogar in den Werkstätten eine neue Dekoration. Sie sei wunderschön gewesen »im Kolorit und im Gespür für das Gogolsche Rußland, dessen ungeheure Weite und Trübsal, sie besaß einen Ausdruck unverhüllter Trauer«.[27] Doch im Herbst 1931 wurde sie verworfen. Stanislavskij zog seinen alten Bühnenbildner V. Simov heran, der mit ihm eine andersgeartete Inszenierungsidee ausarbeitete.

Stanislavskij empfand die Lösungen Dmitrievs auch zunehmend als fremdartig, als zu wenig russisch, als zu äußerlich formal im Meyerholdschen Sinn. Dmitriev war als ganz junger Bühnenbildner eine Zeitlang bei Meyerhold gewesen und hatte sogar nach dessen Ideen den ersten Entwurf zur Dekoration der berühmten »Revisor«-Inszenierung geschaffen. Dieser Entwurf enthielt in der Farbskala und in der Metaphorik bereits Details, die jetzt auch bei Sachnovskij wiederkehrten.[28] Vor allem aber sah Stanislavskij auf den Proben, daß Sachnovskij die Vision einer »fesselnden Phantasmagorie« und Groteske schauspielmethodisch nicht bewältigte. Er konnte darüber zwar hochgebildet, lebhaft und begeistert reden, vermochte seine bildhaften Vorstellungen aber nicht in brauchbare Anleitungen für die Schauspieler umzumünzen. Teils blieben seine Anweisungen abstrakt, teils drängte er die Darsteller zu unsinnigen Vorhaben, immer im Glauben und Eifer, er realisiere damit Stanislavskijs Methodik. Beispielsweise sollte Čičikov ein Gespür für das Handeln mit Toten durch langes Herumschlendern auf Friedhöfen gewinnen, wie Toporkov berichtet. Mit Inbrunst wendete Sachnovskij da noch jene Arbeitsweise an, die Stanislavskij selber inzwischen völlig verworfen und überwunden hatte. Um das Scheitern der Inszenierung und einen enormen Mißerfolg des Theaters zu vermeiden, begann Stanislavskij strikt und unerbittlich nach seiner neuen Methode der physischen Handlungen auf den Proben zu arbeiten, in der Hoffnung, die Inszenierung vielleicht retten zu können. Dabei geriet er freilich mit den opulenten und bildhaft-metaphorischen Dekorationen Dmitrievs zusehends in Widerspruch.

Man darf hierbei eines nicht übersehen. Noch immer gab es heftigste Angriffe gegen das Künstlertheater seitens linksradikaler Publizisten und Organisationen. Es galt weiterhin als »die Bastion eines bürgerlichen Akademismus in der Kunst«. Stanislavskijs Methodik, deren Wandel weithin unbekannt war, verunglimpfte man wegen »idealistischer und metaphysischer Kernbestandteile«. Das Plenum der RAPP, der Russischen Assoziation Proletarischer Schriftsteller, veröffentlichte in jenen Tagen, und zwar am 12. Dezember 1931 eine Erklärung mit dem militärisch klingenden Titel: Die Aufgaben der RAPP an der Theaterfront. Darin bezichtigte man Meyerhold und seine Biomechanik eines gröblichen Formalismus und Stanislavskij, wie schon gesagt, einer idealistischen Metaphysik. In seiner Arbeitsweise sei die »innere Erfahrung des Menschen«, das subjektive Empfinden zu sehr verabsolutiert. Der Arbeit an einer Figur würde »das eigene, äußerst subjektive ICH unterschoben […], statt objektive Umstände zu studieren und zu analysieren und wissenschaftliche Arbeitsweisen für Schauspieler herauszufinden.« Man warf seiner Arbeitsweise vor, sie »ziehe die ganze Vielgestaltigkeit sozialer Qualitätsmerkmale überhaupt auf einige Grundgesetze biologischen menschlichen Verhaltens zusammen (auf sich bezogene Gefühle, Vergleich der zu erspürenden Figur mit Tieren usw.)«[29] Und hämisch feierte die RAPP auch das Verbot eines Autors als Triumph, nämlich den »Sieg über die konterrevolutionären Stücke von Bulgakov«.

Unter diesen Umständen mußten Stanislavskij und auch Nemirovič-Dančenko befürchten, ein vorhersehbarer Mißerfolg der »Toten Seelen« könne dem Theater endgültig und zum Frohlocken aller Gegner den Todesstoß versetzen. Das wollten sie aber nicht zulassen. So beschnitten sie lieber die Bühnenfassung Bulgakovs, und Stanislavskij strengte sich über die Maßen an, trotz seines schlechten Gesundheitszustandes, wann immer möglich, die Proben selber zu leiten. Er brachte nicht mehr die Kraft auf, überhaupt ins Theater zu fahren. Alle Darsteller und die Regisseure mußten zu ihm kommen, in sein weitläufiges Haus in der Leont'evgasse. Dort probte er, freilich mit größeren, krankheitsbedingten Unterbrechungen, länger als ein Jahr. Und Toporkov hat die Proben dort genau beschrieben. Welche Anstrengung es Stanislavskij zeitweilig kostete, wissen wir aus einem Bericht der Mitregisseurin Sachnovskijs, Elizaveta Teleševa. Sie erinnerte sich 1941, also zehn Jahre später, jener Tage, als Darsteller und Regisseure fast täglich zu Stanislavskij hingingen und in sein Arbeitszimmer traten: »Du kommst zu ihm … Er liegt auf dem Bett, bleich, mit krankem Herz, atmet schwer, ist mit einem Plaid zugedeckt, eine Krankenschwester im weißen Kittel steht neben ihm, ein weißes Häubchen auf dem Kopf, zwei Gläser befinden sich auf einem kleinen Tisch neben dem Bett sowie irgendwelche Arzneimittel.« Doch als die Arbeit begann, wurde Stanislavskij »vor unseren Augen buchstäblich ein anderer. Man sah plötzlich einen völlig anderen Menschen. Er warf alles von sich, das Plaid flog in die Ecke, er erhob sich und fing an, etwas vorzuspielen. Er konnte nicht gleichmütig bleiben, nicht ruhig und gelassen über die Kunst reden, auch nicht im Tonfall eines Mentors oder gar didaktisch. Er vermochte es nur mit innerem Feuer, leidenschaftlich, ganz und gar außer acht lassend, was ihm drohen könne, ein Anfall oder Verschlimmerung der Krankheit.«[30]

Stanislavskij steuerte bei den Proben auf eine größtmögliche Einfachheit zu. So gab er der Inszenierung schließlich eine neue Richtung. Er wollte sie ausschließlich auf die Kunst des Schauspielers gründen. »Mein Ideal: zwei Stühle und ein Tisch. In den ›Toten Seelen‹ bricht die russische Psyche auf, und das kann man nicht durch Möbel ausdrücken. Nehmt Farben und schafft Gemälde, so viel ihr wollt. Alles Konstruierte bleibt jedoch kläglich und geringfügig. Es führt vom Zeitgemäßen und den Forderungen des Publikums weg, das keine Kraft mehr hat, diese Konstruktionen zu ertragen.«[31]

Erst Stanislavskijs Arbeit mit den Schauspielern, seine Methodik der physischen Handlungen brachte Bulgakovs Texte zum »Blühen«. Mit Bewunderung sah es der Dramatiker. Obwohl er über das Wegschneiden des Rom-Bildes und weitere dramaturgische Eingriffe, etwa das endgültige Weglassen der Figur des Ersten Sprechers, tief verärgert war, mußte er die Meisterschaft, ja die Genialität Stanislavskijs anerkennen. In einem Neujahrsbrief schrieb er ihm am 31. Dezember 1931:

»Lieber Konstantin Sergeevič!
Ich wollte Ihnen diesen Brief nach den Proben der Ballszene in den ›Toten Seelen‹ schreiben, […] hatte aber keinen Sinn für das Theater (war erkältet).
Im Verlaufe von drei Stunden haben Sie vor meinen Augen eine Kernszene, die stockte und nicht in Fluß kam, völlig verändert und ihr Leben eingehaucht. Es gibt beim Theater eine Zauberkunst! Sie weckt in mir die schönsten Hoffnungen und richtet mich auf, wenn mein Geist verzagt. Ich werde verlegen, sollte ich sagen, was mich am meisten entzückt hat. Ich weiß es nicht, ehrlich. Wahrscheinlich Ihr Satz über Manilov: ›Man darf ihm nichts sagen und ihm keine Fragen stellen – er bleibt sofort an einem kleben‹ – das war der Höhepunkt. Eine phantastische Charakteristik, gerade für die Bühne, und Ihre Art es vorzumachen – allerhöchste Meisterschaft!
Ich mache mir um Gogol keine Sorgen, wenn Sie bei den Proben dabei sind. Er wird erscheinen, weil Sie es möglich machen. Er wird in den ersten Bildern der Aufführung dasein in dem Gelächter und im letzten wieder fortgehen, bestreut von einer Asche tiefen Nachdenkens. Er wird dasein.
Ihr Michail Bulgakov.«[32)]

So entstand eine Aufführung, die zwar die phantasmagorischen Stilisierungsvisionen Sachnovskijs und Bulgakovs nicht aufgriff, doch in einer vielgestaltigen Kette saftiger Duoszenen zu dem unbestrittenen Höhepunkt der riesigen Massenszene beim »Ball und Souper« im dritten Akt hinführte. Hier entfaltete Stanislavskij neben den schauspielpädagogischen Fähigkeiten auch seine Meisterschaft als Inszenator. Er dichtete die Textvorlage gleichsam weiter und setzte die Drehbühne ein, um in einer stummen Szene die dunkle Küche hinter dem grellen Ballsaal am Zuschauer vorbeifahren zu lassen. Dort hetzten und hasteten Dutzende von Lakaien und Küchenfrauen, um die erlauchte Adelsgesellschaft nebenan bestens abzuspeisen. Da wurde ohne jeglichen Text, nur dank einer Umdrehung, plötzlich der soziale Kontrast sinnfällig, auf dem das Gehabe und Gebaren der herrschenden Schicht, des karrieresüchtigen Ankäufers »toter Seelen« und seiner hohen Protektoren ruhte. Die Aufführung blieb Jahrzehnte im Spielplan. Auch der Herausgeber hat sie Ende der sechziger Jahre noch erlebt und einige Eindrücke daraus beschrieben.[33)]

Am 9. Dezember 1932 war die Premiere. Ende November gab es schon einige »Generalproben« mit Publikum. Stanislavskij hielt das, was in einem Probenprozeß von mehr als zweieinhalb Jahren Dauer erarbeitet worden war, noch für unfertig, mußte sich aber dem Druck der Theateradministration beugen und die Aufführung endlich herausbringen. Er sagte ihr jedoch ein »Nachreifen« voraus, falls die Darsteller seine methodischen Ratschläge weiterhin, bei jeder einzelnen Vorstellung, beherzigen würden. Das geschah.

In der Presse, aber auch bei internen Streitgesprächen erregten »Die toten Seelen« selbst in ihrer abgemilderten Form heftige Dispute. Besonders aufschlußreich, allerdings in Deutschland bisher kaum bekannt, ist Meyerholds Reaktion. Er hatte gemeinsam mit seiner Frau, der Schauspielerin Zinaida Rajch, eine der »Voraufführungen mit Publikum« besucht und begann seine Eindrücke sofort zu äußern, schon während der Pause. Am anderen Abend lief in seinem Theater Gogols »Revisor«. Hinter den Kulissen schilderte Meyerhold einem Schauspieler seinen Eindruck von den »Toten Seelen«. Da sah er zufällig den Theaterwissenschaftler Nikolaj Čuškin auf dem Korridor. Er rief ihn heran und fragte ihn, wie er die gestrige Aufführung beurteile. Ohne dessen Antwort richtig abzuwarten, fuhr er fort, aufgeregt und grimmig zu schildern, was ihn bewegte. Als die Pause zu Ende ging und die Schauspieler aus den Garderoben zum Auftritt kamen, winkte Meyerhold seinen Zuhörern und ging mit ihnen in sein Direktionszimmer hinüber. In scharfer Form äußerte sich über das gestern Gesehene. Er lehnte die Gesamtanlage der Inszenierung ab. Sie ziele an der Poetik Gogols vorbei, träfe nicht das Wesen seiner grotesken Phantasmagorie, also einer Form von Bühnendarstellung, wo man seit dem frühen 19. Jahrhundert mittels einer magischen Technik (durch komplizierte Spiegelungen) gespensterhaft Trugbilder wie lebendig erscheinen lassen konnte. Dieser Begriff der Phantasmagorie wurde von Meyerhold selbstverständlich nur im übertragenen Sinne benutzt. Er meinte, was man da im Künstlertheater sähe, sei »schülerhaft« und verliere sich viel zu sehr im Nachzeichnen der alltäglichen Situationen, die bei Gogol nur die äußere Hülle bilden.

Was Meyerhold nicht wissen konnte und ungerechterweise gerade Bulgakov anlastete, hatte ja im experimentellen Inszenierungsprozeß monatelang einen bedeutenden Raum beansprucht und das Künstlertheater zu neuen Gestaltungsweisen herausgefordert. Die ästhetisch innovativen Züge im ursprünglichen Inszenierungsentwurf waren dann leider schrittweise zurückgenommen worden. Teils hatten sie schauspielmethodisch noch nicht in entsprechender Qualität verwirklicht werden können, teils aber reagierte das Theater auf Bedingungen zeitgenössischer Kunstpolitik, die den experimentellen Freiraum der Bühnen zusehends verengten. So kam es auch zwischen Stanislavskij und Meyerhold nicht mehr zu einem öffentlichen künstlerischen Wettbewerb. Beide Regisseure wollten 1931 die satirische Komödie Nikolaj Ėrdmans »Der Selbstmörder« aufführen, in eigenständigen Inszenierungen gegeneinander antreten und dabei Experimente bei der ästhetisch unterschiedlichen Gestaltung des Grotesken auf der Bühne unternehmen. Doch Stalin selber verbot jegliche Aufführung des Stückes. So kam es nicht mehr zu dem praktischen Disput über das Wesen der Groteske. Selbst Meyerholds Einfälle für eine mögliche »Gegeninszenierung« der »Toten Seelen« wurden nur intern weitergegeben und kamen erst Jahrzehnte später ans Licht der Öffentlichkeit. »Im Grunde wogte da ein schöpferischer Streit zwischen Stanislavskij und Meyerhold, ein scharfer Streit grundsätzlicher Art, der schon seit der Zeit des Studios auf der Povarsker Straße im Gange war. […] Bei der Arbeit an den ›Toten Seelen‹ hatte sich Stanislavskij andere Aufgaben und Ziele gestellt als Meyerhold. Als Ideal strebte er ein Theater mit großer Verallgemeinerungskraft an, eine realistisch durchwachsene Groteske als ›höchsten Grad der Kunst‹. Er wollte Gogols Poem von innen her enthüllen, ohne eine Zuflucht beim Metaphorischen zu suchen, bei einer übersteigerten symbolistischen Bildsprache, er wollte den Aufbau der Inszenierung nicht äußerlich zuspitzen.«[34]

Meyerhold hingegen gedachte anders vorzugehen. »Gogol ist Regisseur!« sagte er. »Doch im Künstlertheater habe ich so gut wie nichts davon bemerkt, man hat den ganzen Reichtum nicht aufgegriffen.« Er war von der Vorstellung heimgekehrt, ganz aufgewühlt, hatte sofort Gogols

Roman gegriffen und sich darin bis vier Uhr früh festgelesen. Jetzt erklärte er seinen Zuhörern:»Bei Gogol existiert eine alarmartige Unruhe, eine Bestürztheit, das Empfinden einer heranrückenden Katastrophe, es gibt unerwartete Verschiebungen, eine wunderlich bizarre Mischung von Realem und Phantastischem.« Dies sagte Meyerhold leise, wie ein Verschwörer, sich seitlich umblickend, ob da (Gott behüte!) auch niemand lausche. (Die Türen waren geschlossen, und auch seitlich gab es keine Spione.) ›Solche unruhigen, tragischen Töne gab es bei der Aufführung im Künstlertheater nicht. Auch nirgends eine Phantasmagorie.‹

Meyerhold unterstrich, daß Gogol ein Dichter sei und ›Die toten Seelen‹ nicht zufällig ein Poem genannt habe. Gogol sei undenkbar ohne eine poetische Anschauung der Welt, ohne die charakteristischen Besonderheiten seiner Sprache und seines Stils, ohne die formkräftige, metaphorische Art seines Schaffens und die dazugehörige Groteske. Er meinte: ›Wenn man Gogol inszeniert, kann man ihn nicht nur wie einen Alltags-Chronisten behandeln, der realistisch genau das Leben widerspiegelt. In diesem Irrtum ist das Künstlertheater befangen. Dort zeigt man in erster Linie immer das Leben, das der Autor gestaltet, doch nicht den Autor selber, die Einzigartigkeit und Eigenart seiner stilistischen Methodik. Sie haben nicht begriffen, daß der ganze Gogol auf Pathetik, auf inneren Kontrasten beruht. Schauen Sie sich den Text der ›Toten Seelen‹ an: Ein Ausrufezeichen folgt dem anderen. Da finden wir sowohl lyrische Abschweifungen (die Selbstbekenntnisse des Autors), als auch eine Phantastik bei Bagatellen oder das Übertriebene, das Hyperbolische, die Metaphern. Wenn es in der Inszenierung keine Metaphorik gibt, so heißt das, es ist kein Gogol, denn ohne Metaphern gibt es kein poetisches Theater!‹

Besonders empört war Meyerhold über die eigentliche Bühnenbearbeitung der ›Toten Seelen‹, die Michail Bulgakov angefertigt hatte. Mit ihm waren noch alte Rechnungen zu begleichen. Er entrüstete sich darüber, daß auf der Bühne eine Art ›schülerhafter Nacherzählung‹ des großen Poems dargeboten würde, aus dem man ›das Wesen herausgeätzt‹ habe, so daß lediglich eine Illustration der Fabel übrigbliebe (Čičikov fährt da und da hin, trifft den und jenen usw. usf.). Er sagte, daß – falls er selber einmal eine Inszenierung der ›Toten Seelen‹ übernähme – er die Komposition auf einem Wechsel zwischen spannungsgeladenen, handlungsgesättigten und retardierenden Teilen aufbauen würde, so daß neben den anklagenden grotesken Episoden auch ständig eine schwermütige Musik erklänge und die lyrischen Abschweifungen des Künstlers Gogol zu hören wären, sein Lachen trotz der Tränen, seine Gedanken über das Schicksal der Heimat, die einen ungeheuren, beinahe prophetischen Gehalt vermitteln.«

Er wollte satirische Akzente noch schärfer setzen. Das bezog sich auch auf den Ball beim Gouverneur. »›Wenn ich selber eine Aufführung inszenieren würde‹, phantasierte Meyerhold, ›würde ich auf diesem ›Lumpenball‹, wie ihn Čičikov nennt, während des Kotillon, also eines französischen Tanzes, in dessen Bezeichnung das Wort Unterrock steckt, den betrunkenen Nozdrëv direkt auf den Boden setzen, auf die Vorbühne, und ihn zwingen, an die Schenkel der tanzenden Damen zu fassen, ihnen unter die Röcke zu kriechen … die Damen kreischen, reißen aus, schlagen ihm auf die Hände, empört in höchstem Grade, erfüllt von Wut, von ›stinkvornehmer Entrüstung‹. Das wäre Gogol!‹ […]

›Ich stelle mir vor‹, fuhr Meyerhold fort, ›wie burlesk Moskvin [der Darsteller des Nozdrëv, D.H.] eine s o l c h e Szene spielen könnte (er sagte tatsächlich ›burlesk‹!). Er ist der einzige Schauspieler in dieser Aufführung, der den hohen Maßstäben Gogols entspricht! Des echten Gogol!! Und was für ein toller, ergreifender Chlynov ist er im ›Heißen Herz‹ – in Stanislavskijs großer Schöpfung. Da hat er vergrößert, jahrmarktartig überspitzt, ungestüm theatralisiert, bis zum Symbol verdichtet. Bitte schön, da haben Sie ein Beispiel bissigster, schärfster politischer Kunst, die zugleich auch immer äußerste Wahrheit bleibt. Wohl nicht zufällig war Moskvin bei uns im Theater, hat Aufführungen gesehen, die Nähe zu uns drückt sich auch in seinem Spiel aus, in der sozial deutlichen Behandlung seiner Figuren!‹

Soweit ich mich erinnere, hob Meyerhold dann unter den anderen Darstellern auch M.N. Kedrov hervor, den ›gefühlstriefenden, bis zur Gemeinheit widerlich süßen‹ Manilov, und M.M. Tarchanov, der den ›Bären‹ Sobakevič grotesk und saftig spielte. Was V.O. Toporkov betraf, so war Meyerhold mit ihm nicht ganz zufrieden. Er meinte, ein Schauspieler, der den Čičikov spielt, müsse in erster Linie ein ›Charmeur‹ sein, müsse verführen und bezaubern können und die Leute mit all seiner persönlichen Anmut benebeln. Und deshalb hätte im Künstlertheater kein anderer als V.I. Kačalov diese Rolle spielen sollen.«[35]

In der Tat war auch Stanislavskij mit Toporkov nicht ganz zufrieden. Er hatte die Rolle des Čičikov schon insgeheim umbesetzt und mit Kačalov zu proben begonnen. Am 20. November 1931 teilte die Sekretärin Bokšanskaja ihrem Chef Nemirovič-Dančenko brieflich folgendes mit: »Die größte Neuigkeit aus dem Theater, das ist die Umbesetzung der Rolle des Čičikov mit Kačalov. Die ganze Zeit schon war K.S. [Stanislavskij] mit Toporkov nicht zufrieden. Da kam ihm der Gedanke, doch mit Kačalov zu proben. Zunächst wurde Kačalov die Rolle nur unter strengster Geheimhaltung übergeben, und Kačalov spielte K.S. einige Abschnitte vor. Falls K.S. nicht damit zufrieden sein würde, bliebe alles beim alten und Toporkov würde nichts erfahren. Doch K.S. besetzte um, und nun muß Sachnovskij Toporkov all das mitteilen und ihm den Vorschlag unterbreiten, für Čičikov als Doppelbesetzung zu fungieren, also die Rolle parallel zu erarbeiten. Toporkov hat die Nachricht mannhaft gefaßt entgegengenommen und dem Vorschlag zugestimmt.«[36] Wie es scheint, haben dann andere Verpflichtungen Kačalovs, der überhaupt einer der stark belasteten Darsteller des Künstlertheaters war, Stanislavskijs Plan letztlich scheitern lassen. So arbeitete er weiterhin mit Toporkov.

Auch das Bühnenbild Viktor Simovs fand keine Gnade vor Meyerholds Augen. Die verschiedenen »Zwischenlösungen« kannte er ja nicht. Doch wiederum erwuchs aus seiner Kritik sofort der Grundeinfall für eine ästhetisch anders gelagerte »Gegeninszenierung«: »Die Dekorationen der Innenräume bei den Gutsbesitzern, die V.A. Simov geschaffen hatte, riefen bei Meyerhold scharfes Befremden hervor. Sie erschienen ihm altmodisch, langweilig, naturalistisch in ihrer Art. Er sagte: ›Da ist zum Beispiel im Künstlertheater Pljuškins Zimmer mit verschiedenen Alltagsgegenständen geradezu vollgerammelt. Sie lassen skrupulös genau jene Epoche wiedererstehen, aber den nötigen Eindruck erhält man nicht. Alles kleinklein, alles stückchenweise, obschon das Theater rein äußerlich den Beschreibungen des Autors folgt. Ich würde das anders machen. Auf die leere Bühne würde ich einen Riesenhaufen mit allem möglichen alten Plunder werfen lassen. Eine ganze Fuhre! Und unten drunter, ganz dicht dran, kriecht irgend so ein Reptil herum, das sein menschliches Aussehen eingebüßt hat. Kein altes Männchen von der Straße, das wie eine Oma aussieht, sondern eine grauenhafte, fast unheimliche Figur. Eine lebende Leiche! Hier muß man die Atmosphäre von Verwesung, von Abgestorbenheit und Modergeruch vermitteln, der ›Gestank‹ der Fäulnis muß fast zu spüren sein. Nur dann kann der Zuschauer den Sinn des entsetzlichen Handels erfassen, den Čičikov durchführt: Er preßt tote Seelen einem lebendig Toten ab.‹«[37] Eine so kühne Metaphorik hätte selbst Meyerhold damals nicht mehr verwirklichen dürfen. Mit der Entmachtung der schärfsten linksradikalen Opponenten, mit dem Auflösen der Russischen Assoziation Proletarischer Schriftsteller (RAPP) war im Grunde kein Freiraum für weitere avantgardistische Experimente gewonnen. Im Gegenteil, die staatliche Kontrolle über die Bühnen verschärfte sich. Der Leitung des Künstlertheaters hatte man schon im Herbst 1929 einen »roten Direktor« vor die Nase gesetzt, einen Kommunisten, »offiziell dazu bestimmt, die Leitung zu beaufsichtigen«, wie Stanislavskij damals in einem Brief erklärte.[38] Jetzt wurde die Bühne direkt der Regierung unterstellt. Damit hatte ein neuer Zeitabschnitt in der Kunstpolitik der Stalin-Ära begonnen. Die namhaften Theater stellten sich darauf ein. Meyerhold inszenierte »Die Kameliendame«, Tairov »Die optimistische Tragödie« und Stanislavskij eben »Die toten Seelen«. Nur das Vachtangov-Theater wich noch aus der Bahn mit einer karikierenden »Hamlet«-Inszenierung.

Von den sich verändernden Zeitumständen, die auch im Inneren des Theaters zu einem größeren »Pfusch« führten, ist die nächste Zusammenarbeit Stanislavskijs mit Bulgakov stark überschattet. Im Buch Toporkovs findet man darüber freilich kein Wort, obwohl die allerletzte Forschungs- und Experimentalarbeit Stanislavskijs ohne diese »Vorstufe« nicht ganz erschließbar ist. Dem Kapitel »Die toten Seelen« folgt in Toporkovs Erinnerungen das Kapitel »Tartüff«. Zwischen der Premiere der Bulgakovschen Gogolbearbeitung und dem Beginn der Probenarbeit an der Molière-Komödie verstrichen vier Jahre, vier schlimme Jahre (1932/1936). Da vollzogen sich nicht nur innenpolitisch schmerzhaft drückende und tragische Geschehnisse, da blies man nicht nur lautstark und böswillig zu einer ersten Hetzjagd gegen berühmte Musiker, Dichter und Theaterleute. Da scheiterte auch Stanislavskij, der völlig in den Bereich seines Wohnhauses zurückgedrängte Meister, an einer Inszenierung, so gründlich und ausweglos, daß der Autor des Stückes, eben Bulgakov, vor Zorn und Empörung aus dem Theater davonlief, lieber eine Existenz als mißliebiger Schriftsteller fast ohne Einnahmen fristete, als sich länger den rechthaberischen Diktaten und Eingriffen der Leitung des Künstlertheaters auszusetzen. Er konnte sich nur noch schreibend wehren, nur in einem neuen Werk der Wut künstlerischen Lauf lassen und in ein paar vertraulichen Briefen. Er stellte die seit den »Tagen der Turbins« erlebte Praxis der Bühne und das merkwürdige Verhalten ihrer Darsteller und Leiter zu einem Dramatiker vor den Zerrspiegel seiner scharfen Beobachtungsgabe und goß das Ganze in das Bruchstück eines satirischen Romans. Gemeint ist die Inszenierung von Bulgakovs biographisch-historischem Drama »Die Kabale der Scheinheiligen« und die Weiterarbeit an dem satirischen Theaterroman »Aufzeichnungen eines Toten«.

Wieder hatte Stanislavskij als künstlerischer Oberleiter in einen Inszenierungsprozeß eingreifen müssen. Er kam im Herbst 1934 von einem Auslandsaufenthalt zurück. Belastet mit den düsteren Erfahrungen einer Durchreise durch Deutschland, durch Berlin, wo schon die Nationalsozialisten sich in grellem Machtdünkel paramilitärisch spreizten, mußte er sich mit einem Stück befassen, das zwar an einem historischen Stoff, doch leicht durchschaubar, die wandelbaren Beziehungen zwischen einer absolutistischen Staatsmacht und einem großen kritisch beobachtenden Künstler nachzeichnete.

Die Proben zu Bulgakovs Stück um Molière liefen schon seit dem 31. März 1932. Regisseur war Nikolaj Gorčakov, unterstützt von drei Regieassistenten, darunter abermals Bulgakov. Gorčakov kam mit den dramaturgischen Besonderheiten des Werkes nicht zurecht, nicht mit dessen »Lakonismus und innerer Dynamik«[39]. Aus bisher unbekannten Gründen gaben der Hauptdarsteller Ivan Moskvin, der den Molière zu spielen hatte, und kurze Zeit später auch der Darsteller des »Sonnenkönigs« Ludwig XIV., Nikolaj Chmelëv, ihre Rollen zurück. Wie man vermuten darf, spürten sie wohl die bedrückende Zeitnähe der Szenen zwischen Ludwig XIV. und Molière sowie die der schutzlosen Auslieferung des Dichters an die Kabale der Höflinge. Das geschah im Herbst 1933. Auch der Bühnenbildner zog sich von der Arbeit zurück. Der Inszenierungsprozeß brach zusammen. Es wurde zwar neu besetzt, auch ein anderer Bühnenbildner gewonnen, die Proben begannen nach etlichen Monaten von vorn. Doch das Ausscheiden des hochbegabten Moskvin fügte der Inszenierung einen bleibenden Schaden zu. Sein Nachfolger, obwohl für viele Rollen gut geeignet, konnte die Eigenart der Bulgakovschen Hauptfigur, ihr lebhaftes Temperament, die explosive innere Unrast ihrer Gefühle und Gedanken nicht erarbeiten.

Wie schon erwähnt, sah Stanislavskij im Herbst 1934 einen ersten Durchlauf des bisher Erarbeiteten. Er wollte sich ursprünglich nur vergewissern, daß die Produktion so einigermaßen gut lief. Denn er hegte seit 1931, seit das Verbot des Stücks nach Jahresfrist aufgehoben war, den Plan, selber parallel dazu den »Tartüff« mit Kačalov in der Titelrolle zu inszenieren. Wie er damals erklärt hatte, schien es ihm nützlich, dem Publikum einerseits ein Stück aus dem Leben Molières zu bieten, andererseits aber die inkriminierte Komödie selber vorzuführen und zu zeigen, was für ein großartiger Autor doch dieser Molière war, dessen Stück man verboten hatte und den man von Staats und Kirche wegen persönlich verfolgte und unter Druck setzte.

Am 5. März 1935 ließ er sich in seinem Wohnhaus, im sogenannten Onegin-Saal, das Stück abermals vorführen (mit Ausnahme der Sterbeszene am Schluß). Der Regisseur war zugegen, auch »Regieassistent« Bulgakov. Stanislavskij schaute aufmerksam zu. Man spürte sein Interesse. Bei komischen Szenen lächelte er. Anschließend aber äußerte er Vorbehalte und forderte, das Stück müsse überarbeitet werden. Molière sei zu einseitig dargestellt. Hier sei er kein genialer Künstler, sondern nur ein einfacher Bürger mit Zügen eines Scharlatans.

Eine der weitverbreiteten Legenden über Stanislavskij besagt, er hätte das schauspielerische Talent stets voll und ganz dem Autor untergeordnet. Oft tat er das Gegenteil. Manchmal erreichte er dabei unerwartete Wirkungen, wie einst beim »Blauen Vogel«, wo er ganze Akte herausgeworfen und dem Stück Maeterlincks eine veränderte ästhetische Richtung gegeben hatte. Hier aber saß der Dramatiker Bulgakov persönlich auf den Proben und wehrte sich. Stanislavskij hatte, wie schon mehrmals in seinem Leben, die poetische Eigenart eines Autors und die Baustruktur eines seiner Stücke nicht richtig begriffen. Das, was er an der Molière-Figur bemängelte, hatte Bulgakov bewußt so komponiert. Um den Kontrast zwischen einem freien Kunstschaffen und den Eingriffen einer politischen Obrigkeit, weltlicher wie kirchlicher Machtorgane, möglichst scharf hervorzuheben, hatte Bulgakov jede Idealisierung Molières, jedwedes kulthafte Erhöhen der Figur zu einem stets »weise« voraussehenden, mit menschlichem Maß nicht antastbaren Genie vermieden. Er zeigte ihn naiv, voller Tatendrang und Einfälle, oft unbedachtsam gegenüber einem drohenden Risiko, auch mit dem geschädigten Ruf wegen der angeblich inzestuösen Liebe zu seiner Frau Armande.

Bulgakov weigerte sich, die von Stanislavskij geforderten Umarbeitungen vorzunehmen, die Molière-Figur zu verschönen. Stanislavskij, Wi-

derspruch nicht gewöhnt, geriet in Harnisch. Noch mäßigte er sich und versuchte am eigenen Beispiel zu erläutern, daß ein Autor immer wieder umarbeiten müsse, ohne die Geduld zu verlieren oder die Frische seiner Gedanken einzubüßen. Er bezog sich auf sein Buch über Schauspielmethodik, das immer noch nicht fertiggeschrieben war und deshalb nicht erscheinen konnte. Der mitstenografierte Dialog des Gespräches klingt teilweise aberwitzig. Ein kurzer Auszug mag das erhellen:»STANISLAVSKIJ: Ich sage nicht, daß dazu hochtrabende Monologe erforderlich wären, doch wenn es einen gehaltvollen Monolog gäbe, dem würde ich lauschen. [...]
BULGAKOV: Das fällt mir sehr schwer. Die ganze Arbeit an Stück und Aufführung zieht sich nun schon fünf Jahre hin.
STANISLAVSKIJ: Es muß gar nichts neu geschrieben werden. Machen Sie aus einem einfachen Dialog eine kleine Szene. Öffnen Sie ihn gleichsam etwas, und der Schauspieler wird das schon spielen.
GORČAKOV: Mir scheint, man muß sich zu den Szenen der Kabale der Scheinheiligen [im dritten Akt] seriös verhalten.
STANISLAVSKIJ: In diesem Bild erkenne ich keinen Haß, nicht die Intoleranz oder Unduldsamkeit eines Gerichtshofes. Hier dürfen nicht bloß Mönche wie in einem Kloster einfach dasitzen. Jetzt ist alles auf eine große gute Aufführung hin angelegt. Doch man muß es halt ausarbeiten, ein bißchen ausarbeiten sowohl von seiten der Schauspieler, aber auch von seiten des Autors.
BULGAKOV: Fünf Jahre zieht sich das alles schon hin, ich habe einfach keine Kraft mehr, Konstantin Sergeevič!
STANISLAVSKIJ: Das verstehe ich. Schon seit dreißig Jahren schreibe ich an einem Buch und fahre darin fort, bis ich in einen Zustand gerate, wo ich selber nichts mehr begreife. Ich bitte junge Leute, das Manuskript durchzulesen, junge Darsteller, um mich zu überprüfen. Es kommen solche Augenblicke, wo ein Autor aufhört, sich selber zu verstehen. Vielleicht ist es meinerseits auch grausam, noch auf Überarbeitungen zu bestehen, doch es ist nötig.«[40]
Verärgert über die zunehmende »Stümperei« im Theater, bemühte er sich bei den folgenden Proben, mit aller Sorgfalt den Mitwirkenden seine veränderte Arbeitsmethodik an der Rolle zu vermitteln. Der strenge Nachdruck seines Vorgehens und die pädagogische Langatmigkeit auf den Proben verzögerten weiterhin den raschen Abschluß der Arbeit. Als er, freilich aus einer schauspielpädagogischen Absicht heraus, selbstän-

dig an Bulgakovs Text herumwerkelte und ihn seinem Improvisations-
verfahren anzupassen suchte, protestierte Bulgakov am 22. April 1935
schriftlich und in grundsätzlicher Form:
»Sehr geehrter Konstantin Sergeevič!
Heute erhielt ich einen Auszug aus dem Probenprotokoll vom
17.4.1935 […] Nachdem ich ihn durchgelesen habe, sehe ich mich gezwungen, mit aller Entschiedenheit jedwede Veränderungen an meinem
Stück zu untersagen. Sollte ›Molière‹ [der abgeschwächte Titel war
dem Werk inzwischen aufgenötigt worden, D.H.] in der vorliegenden
Version den Anforderungen des Künstlertheaters nicht genügen, obwohl das Theater das Stück genau in dieser Fassung angenommen und
seit einigen Jahren geprobt hat, bitte ich Sie, ›Molière‹ vom Spielplan
zu nehmen und mir zurückzugeben.«[41]
Diesen brüsken Ton ertrug Stanislavskij nicht. Er legte sofort die Regie
nieder. Auch Bulgakov war aufs äußerste erregt. Wochenlang konnte er
keine Zeile zu Papier bringen. Er ließ sich, zuerst bei Gorčakov, von
seiner Arbeit als Regieassistent dispensieren. Stanislavskijs Entschluß
war auch für die Theaterleitung ein Schlag. Sie befürchtete, Bulgakov
würde das Stück nun einer anderen Moskauer Bühne übergeben.
Schnell sprang Nemirovič-Dančenko in die Bresche, schloß die Inszenierung – im Vergleich zur bisherigen fast vierjährigen Probenzeit –
rasch ab und brachte es nach einigen Voraufführungen mit Publikum,
die vereinzelt schon als Premiere galten, Mitte Februar 1936 endlich
heraus.
Die Zeit war unheilvoll. Trotz eines wachsenden Erfolges beim Publikum blieb das Stück nicht lange auf dem Spielplan. Düstere Wolken zogen herauf. Im Januar 1936 erschien der schon erwähnte Artikel »Sumbur vmesto muzyki« [Chaos statt Musik] in der »Pravda«. Zunächst
gegen Šostakovič gerichtet, eröffnete er eine Hetze gegen viele Künstler. Bald schon hörte man von einigen Verhaftungen. Am 28. Februar
1936 traf ein Hieb auch das Künstlertheater. Durch Regierungsbeschluß
und auf Weisung des Klüngels um Stalin wurde die Filiale der Bühne,
das MChAT II, einst von dem inzwischen in die Emigration getriebenen
Michail Čechov geleitet, kurzerhand »liquidiert«, ausgelöscht wie ein
Talglicht.
Einen Tag später, am 29. Februar, wurde im obersten politischen
Führungsorgan, im Politbüro der Kommunistischen Partei, unter Vor-
sitz von Stalin über Bulgakovs Stück »Die Kabale der Scheinheiligen«

und dessen Aufführung das Urteil gefällt. Die Argumente hatte Platon Keržencev – früher ein linksradikaler Vulgärsoziologe beim Proletkult, jetzt Vorsitzender des Komitees für Kunstangelegenheiten – in einer »Beschlußvorlage« zusammengewerkelt. Die explosive Zeitnähe des historischen Dramas wurde darin genau erfaßt. Bulgakov habe in seinem neuen Stück das Schicksal eines Schriftstellers gezeigt, »dessen Ideologie der politischen Ordnung widerspricht, dessen Stücke verboten werden. […] Gegen einen talentierten Schriftsteller wird ein Kampf von einer geheimnisvollen ›Kabala‹ geführt, die von Popen, Ideologen des monarchistischen Regimes geleitet wird.« Beim Zuschauer würde »eine Analogie zwischen der Lage eines Schriftstellers unter der Diktatur des Proletariats und unter der ›gerichtslosen Tyrannei‹ Ludwigs XIV.« hervorgerufen. Der Begriff »gerichtslose Tyrannei« hatte die Diktatoren um Stalin bis ins Mark getroffen. Schon das Hauptrepertoirekomitee besserte einst kraft seiner Verfügungsgewalt an diesem Begriff herum. Zudem ist es überraschend und stimmt nachdenklich, wie unversehens sogar ähnliche Argumente aufsprießen, mit denen schon Stanislavskij auf den Proben gegen unliebsame Züge des Dramas auftrat, wenn er sich auch nie zu vulgären Ausdrücken verstieg. Im Papier Keržencevs hieß es: »Im Stück Bulgakovs ist keine Spur vom Schriftsteller Molière. Zum Vergnügen des Spießbürgers wird ein durchschnittliches Schauspielerchen gezeigt, das sich in seinen Familienangelegenheiten verheddert hat, dem König schmeichelt – sonst nichts.« Schmeicheleien sind in dem Dokument allerdings wörtlich zitiert. Sie klingen so: »›Mein Leben lang habe ich ihm die Sporen geleckt und nur das eine gedacht: Zerquetsche mich nicht … Nun hat er mich doch zerquetscht …‹ ›Vielleicht habe ich Euch zu wenig geschmeichelt? Vielleicht bin ich noch zu wenig gekrochen? Wo finden Eure Majestät noch so einen Speichellecker wie Molière?‹ […] Die Szene schließt mit dem Ausruf: ›Ich hasse die gerichtslose Tyrannei!‹« Keržencev fand in dem Drama eine »völlige ideelle Leere – das Stück stellt keinerlei Probleme.« Es sei eine »taube Blüte voll giftiger Tropfen«. Das Künstlertheater müsse sich von der Aufführung lossagen, »die von der Linie des sozialistischen Realismus abführt. Dafür ist in die ›Pravda‹ ein scharfer Redaktionsartikel über ›Molière‹ im Geiste meiner Bemerkungen zu setzen und die Aufführung in anderen Presseorganen auseinanderzunehmen.« Stalin schieb die Randbemerkung auf das Papier: »Ich bin für seinen Vorschlag.«[42)] So geschah es.

Noch ehe der redaktionelle Artikel erschien, hatte Nemirovič-Dančenko die Zeichen der Zeit verstanden. Am 4. März 1936 lief das Stück
über Molière zum letztenmal auf der Bühne des Künstlertheaters. Am 9.
März erschien der befohlene Artikel. Er trug die Überschrift: »Vnešnij
blesk i fal'šivoe soderžanie« [Äußerer Glanz und verlogener Inhalt]. In
scharfer Form wurden Stück und Aufführung mißbilligt, ohne die wahren Gründe zu berühren. Der Autor sei mit den historischen Tatsachen
zu frei umgegangen. Die Regie habe einer Begeisterung für äußerliche
Effekte »zum Schaden des Ideengehalts im Stück« gefrönt. »Das Theater wich von seinen realistischen Inszenierungsmethoden ab und schritt
auf dem Weg billiger Bühnenklischees dahin.«[43] Das war der Todesstoß für eines der Stücke Bulgakovs. Die »eigene« Entscheidung des
Theaters, es abzusetzen, verhüllte lediglich ein faktisch erzwungenes
Verbot.
Davon erfuhr Bulgakov, als er am Morgen ins Theater kam. Mit Bitter-
keit sah er auf die letzten Jahre zurück. Stanislavskij hatte das Stück »so
unanständig lange geprobt«[44] und durch sein »Herumkorrigieren«
auch geschädigt. Er war, wie Bulgakov rückblickend seiner Frau gestand, eigentlich »ein schrecklicher Mensch. Im Theater weiß man das
jetzt.«[45]Die Polemik gegen Stanislavskijs Methode der physischen
Handlungen aber griff ins Leere. Wie Bulgakovs Frau in ihrem Tagebuch festhielt, hätten die Proben bei Stanislavskij in der Leont'evgasse
den Dramatiker »völlig ruiniert. Statt die Szenen durchzugehen, treibt
er [Stanislavskij, D.H.] pädagogische Studien mit den Schauspielern
und entwickelt eine Menge Ideen, die mit der Sache nichts zu tun haben
und das Stück in keiner Weise vorwärtsbringen. Mischa [also Bulga-
kov] macht mir [seiner Frau Elena Sergeevna Bulgakova] immer wieder
klar, daß kein System, keine Macht der Welt einen schlechten Schauspieler dazu bringen kann, gut zu spielen.«[46] Hier befand er sich un-
wissentlich in Übereinstimmung mit Stanislavskij, der damals in einem
nicht veröffentlichten Bruchstück zum Vorwort seines ersten Buches
über Schauspielmethodik erklärt hatte: »Mein System ist für die Talentierten da.«[47]
Das Bemühen, die Methodik der physischen Handlungen einem möglichst großen Kreis von Schauspielern praktikabel zu vermitteln, gab er
nicht auf. Er ahnte wohl, daß ihm keine lange Lebensfrist mehr bevor-
stand. Aufzeichnungen in seinen letzten Notizbüchern belegen, welche
Sorgen er sich um die Zukunft des Künstlertheaters machte. Ganz oben-

an stand der Gedanke: »Ich arbeite nur noch, um ein schablonenhaftes Spiel der Darsteller zu verbessern.«[48] So schuf er 1935 für die »Talentierten«, und zwar eigens für den Nachwuchs, das letzte Studio, ein Opern- und Schauspielstudio. Doch die Arbeit mit den jungen Leuten genügte ihm nicht.

Er hegte den Wunsch, auch mit älteren und nicht mehr ganz jungen Schauspielern die Vorzüge seiner neuen Methodik praktisch zu erproben, und zwar ohne den Druck eines Aufführungstermins. Da er sich durch die »Kabale der Scheinheiligen« lange mit Molière befaßt hatte und da seit vielen Jahren schon die Sehnsucht nach einer Aufführung des »Tartüff« in ihm lebte, wählte er jetzt dieses Stück. Die Wurzeln eines Konzepts reichten weit zurück. Er hatte einst, vor langen, langen Jahren schon einmal mit Proben begonnen und gute Darsteller besetzt, Kačalov als Tartüff und die Knipper als freche Dorine. Doch zerstritt er sich damals mit seinem Bühnenbildner Benois so heftig, daß nach 24 Proben bereits das ganze Unternehmen starb. Das war im Januar 1913. Benois wollte die Bühne mit französisch-klassizistischem Prunk füllen. Er bestand auf eleganten Posen im Gehabe der Darsteller und einer musikalisch klingenden Deklamation. Stanislavskij, der von Versen wenig hielt und als Schauspieler an ihnen damals noch scheiterte, suchte hingegen die Form einer »realistischen Alltagskomödie«.[49]

In jener Zeit bereits, und ganz besonders bei Molière-Komödien, huschten Vorformen seiner späteren Arbeitsmethodik vereinzelt, doch unübersehbar durch das Probengeschehen. Bruchstücke davon bewahren Stanislavskijs Notizbücher. So finden wir schon das Einteilen eines Aktes oder eines Stückes in größere Handlungsabschnitte, basierend auf dem Geschehen zwischen zwei grundlegenden, alle Figuren erfassenden oder berührenden Situationswechseln. Wir finden das Verdeutlichen der gestischen Dynamik dieser Abschnitte durch eine sinnfällige Benennung, durch eine treffende Überschrift. Wir finden Hinweise auf den »Kern« von Rollen, auch auf deren »durchgehende Handlung« – ein Terminus übrigens, den Stanislavskij später, viel später erst, um Verwechslungen mit der durchgehenden Handlung des Stückes und der Aufführung auszuschließen, durch »Perspektive der Rolle« ersetzte.

Einige Beispiele mögen aufschlußreich sein. Den ersten Akt des »Tartüff« teilte er 1912/13 in folgende Abschnitte:
»1. Der Skandal.

2. Das wachsende Befremden Cléantes.
3. Die durchhuschende Frau.
4. Die Ankunft des französischen Hausherrn (Szene mit Dorine).
5. Der Fanatismus Orgons.
6. Die Brautwerbung.«[50]

Den »Kern« der Rolle des Tartüff sah er in folgendem aktivierenden Handlungsmotiv: »Mir gelingt alles (ein Zustand von Selbstsicherheit, ein Gefühl von Überlegenheit).« Das ganze Streben der Figur, die tieferen und bestimmenden Impulse für die Dynamik ihres Verhaltens lagen in einer heimlichen »Perspektive«, nämlich unbedingt »zum Minister gemacht zu werden«.[51] Stanislavskij nannte das, wie gesagt, damals noch »die durchgehende Handlung der Rolle«.

Jetzt aber, ein Vierteljahrhundert später, verstärkte er auch in den Überschriften für die einzelnen Handlungsabschnitte den Anprall der Geschehnisse, die Schärfe des unter der Oberfläche hin- und herzischenden Kampfes. Auf der Probe zu »Tartüff« am 17. Mai 1937 in seiner Wohnung schlug er vor, die größeren Abschnitte (8 Episoden) im Stück so zu benennen, als seien es Etappen eines Kampfgeschehens:

»1. Akt	1. Abschnitt:	Der Protest gegen den Druck von seiten Tartüffs.
	2. Abschnitt:	Dorines Gegenoffensive.
	3. Abschnitt:	Zwei Nahkämpfe.
2. Akt	4. Abschnitt:	Gegenstoß Orgons – vermittels des Entschlusses, Tartüff die Tochter zur Braut zu geben.
	5. Abschnitt:	Sieg Dorines.
3. Akt	6. Abschnitt:	Kampf und Handgemenge zweier Größen: Tartüffs und Elmires.
	7. Abschnitt:	Tartüffs Sieg und sein Triumph.
	8. Abschnitt:	Ein zweites Gefecht.
	9. Abschnitt:	Der letzte Schlag mit Elmires Sieg.
	10. Abschnitt:	Vollständiger Sieg Tartüffs.
	11. Abschnitt:	Die Panik der Besiegten.
	12. Abschnitt:	Dank eines Zufalls – totale Niederlage Tartüffs und Sieg der Allgemeinheit.«[52]

Die Titelfigur besaß aktuelle Züge. Da war ein militanter Heuchler, einer der mit Lippenbekenntnissen zur herrschenden Religion oder aus halbherziger Überzeugtheit alles daransetzte, um durch Vorspiegeln eines idealen Verhaltens gutgläubige Leute zu täuschen, einzig zum Zweck, Besitz zu ergaunern und persönliche Macht zu vergrößern. Ihn gelüstete danach, seinen blinden Gefolgsmann Orgon zu enteignen, dabei das Zugrundegehen von dessen Familie zynisch einberechnend. Diese aktuellen Züge wetterleuchteten im ganzen Stück, obwohl Stanislavskij vordergründig nur seine Arbeitsmethodik an der Rolle demonstrieren und pädagogisch vermitteln wollte.

Er konnte ja nicht vergessen oder übersehen, was in seiner Nähe geschah, mit welchen willkürlich gedrechselten Behauptungen die Fanatiker einer politischen Diktatur Meyerhold zu Fall brachten und sein Theater, eines von europäischem Ruf, nach der Jahreswende 1938 zerstampften und zertraten. Trotz zeitweiliger Gegnerschaft, trotz vieler, manchmal auch überspitzter Äußerungen gegen die Art der Stilisierungen in Meyerholds Inszenierungen, gegen seine Handhabung von Schauspielkunst verlor Stanislavskij nie die Hochachtung vor dem jüngeren Genie des Theaters. Und auch bei Meyerhold wölbte sich über jedwede polemische Schärfe hinweg der hohe Respekt für den Meister vom »Format eines Theater-Michelangelo«. [53]

Vielleicht hat es Toporkov nicht gewußt, doch in denselben Räumen, in denen man »Tartüff« probte, empfing Stanislavskij zu jener Zeit auch den verfemten, jäh arbeitslos gewordenen Meyerhold bei sich. Sie führten dort lange und beiderseits förderliche Gespräche, und sofort bot ihm Stanislavskij mit der Position des Chefregisseurs an seinem eigenen Operntheater wieder eine Heimat im Bühnenleben. Das war Zivilmut. Es ist kaum denkbar, daß Toporkov diesen Aufsehen erregenden Schritt nicht bemerkt haben sollte. Er durfte darüber nichts verlauten lassen.

So geistern ungenannt zwei »illegale Phänomene« [54] über manche Seite des Buches von Toporkov. Die ungenannten Künstler, Bulgakov und Meyerhold, waren zehn Jahre tot, als seine Erinnerungen erschienen. Der eine starb, psychisch und physisch zerrüttet, in Isolation und Angst, der andere wurde erschossen. Ihr Werk und Wirken aber ist spürbar auch hinter den vorsichtigen, vereinzelt polemischen Bemerkungen Toporkovs und trotz der Leuchtkraft des nah vor unseren Augen arbeitenden und probenden Stanislavskij.

Die vorliegende Publikation der Erinnerungen bietet den Text in einer durchgängig revidierten Übersetzung. Die Arbeitsbegriffe wurden dem inzwischen erreichten Stand bei der deutschen Edition von Werken Stanislavskijs angepaßt. Namen und Titel sind in der Regel transliteriert, wie es in der heutigen Slavistik weitgehend üblich ist. Allerdings steht zu hoffen, daß Unkundige die Mühe nicht verschmähen, sich auch der richtigen Aussprache von Buchstaben mit diakritischen Zeichen zu vergewissern. Lediglich einige gängige Namen und Bezeichnungen sind in der bisher in Deutschland verbreiteten Schreibweise belassen worden: Meyerhold (statt Mejerchol'd), Eisenstein (statt Ėjzenštejn), Künstlertheater (statt Künstlerisches Theater, wie es exakt übersetzt immer heißen müßte) usw. Da der deutsche Leser mit Namen aus der russischen Theatergeschichte größtenteils wenig vertraut ist, werden im Personenverzeichnis einige biographische Kurzdaten angegeben, soweit sie zur Verfügung standen. Anmerkungen oder Erläuterungen zum Text Toporkovs sind (die Einführung des Herausgebers ausgenommen) nicht nach Ziffern geordnet, sondern unter den entsprechenden Seitenzahlen zu finden.

Dieter Hoffmeier

VORWORT

Nachdem ich 1909 als zwanzigjähriger Jüngling die Petersburger Theaterschule absolviert hatte, betrat ich munter, im festen Glauben an mich
selbst, an meine Kräfte, meine Kenntnisse und die Güte meiner technischen Ausbildung den dornenvollen Weg eines Schauspielers und –
strauchelte schon bei den ersten Schritten.

Mein naives, kindliches Schauspielergelalle ging sofort unter in dem
lauten, selbstbewußten Element beruflicher Meisterschaft meiner
Schauspielerkollegen vom Theater des Volksbildungsvereins, in dessen
Truppe ich nach Abschluß der Schauspielausbildung eingetreten war.
Von da an wechselten ununterbrochen Hoffnung und Enttäuschung mit-
einander ab, und oft wurde ich an den Rand der Verzweiflung getrieben.
Das ist eine Erscheinung, die jedem bekannt ist, der sich der Schau-
spielkunst gewidmet hat.

Das Fehlen zuverlässiger Kenntnisse und theoretischer Grundlagen in
unserer Kunst, das von vielen als eine dem Wesen des Theaters eigene,
ganz natürliche Erscheinung betrachtet wird, trägt nicht wenig zum
Entstehen dieser quälenden Schaffenskrisen bei.

Stanislavskij erhellte viele bis dahin in Dunkel gehüllte Seiten des
schöpferischen Prozesses, erlöste uns von dem Umherirren auf unbekannten Pfaden und zeigte uns den zuverlässigsten und richtigsten Weg
zur Meisterschaft.

Ich hatte das Glück, direkt unter seiner Leitung zu arbeiten. Durch seine Erziehungsarbeit rüstete Stanislavskij den Schauspieler nicht nur mit
einer professionellen Technik aus. Er entwickelte ihn vielmehr geistig
nach allen Seiten hin, indem er ihn auf den Weg des gesellschaftlichen
Dienstes an der Kunst lenkte.

»Man soll nicht sich in der Kunst, sondern die Kunst in sich suchen«, sagte er.

Und solch eine Kunst, die mit der fortgeschrittensten schauspielerischen Technik ausgerüstet und auf das hohe Ziel einer Volkserziehung im Geiste der neuen großen Ideen der Gegenwart gerichtet ist, war immer das Ideal Stanislavskijs. Die riesige Autorität Stanislavskijs und sein erschöpfendes Wissen um die schöpferische Natur des Schauspielers gaben ihm das Recht, kühne Experimente bei der Arbeit mit Schauspielern durchzuführen. Die hohen Anforderungen, die er an den Schauspieler stellte, führten schließlich zu einer leichteren Überwindung der Schwierigkeiten und zu einfacheren, klareren Lösungen der Aufgabe, eine Gestalt auf der Bühne zu verkörpern.

Ich ehre das Andenken des großen Lehrers der Bühne und betrachte mich im Verhältnis zu ihm als Schuldner, der niemals seine Schuld abtragen kann. Deshalb habe ich mir das Ziel gesteckt, seine Ideen weiterzutragen.

In Gesprächen mit unserer Theaterjugend über die Schauspieler-Technik habe ich jedesmal ihr starkes Interesse an allem, was von Stanislavskij kommt, erlebt. Das brachte mich auf den Gedanken, die Erinnerungen an die letzten gemeinsamen Arbeiten mit dem genialen Meister niederzuschreiben, über die von ihm gefundenen neuen Wege zur Inszenierung eines Schauspiels zu berichten und dadurch unserer wißbegierigen Jugend den Weg zur Erkenntnis der Methode Stanislavskijs leichter zu machen.

DER BEGINN DER LAUFBAHN

In meinem Leben habe ich zwei Schulen der Schauspielkunst durchgemacht: die Petersburger Kaiserliche Theaterschule beim Alexandra-
theater (1906–1909) und die praktische Arbeit bei K. S. Stanislavskij
im Moskauer Akademischen Künstlertheater (1927–1938).

Wenn ich auf die Jahre meines ersten Studiums zurückblicke und sie
mit der Schule Stanislavskijs vergleiche, komme ich immer mehr zu der
Überzeugung, daß die Absolvierung der mustergültigen Petersburger
Schule bei all ihren für die damalige Zeit unbestreitbaren Vorzügen für
mich mehr oder weniger nur ein offizieller Akt war, eine juristische Tatsache, die mir die Bescheinigung über meine Ausbildung verschaffte,
während erst der Unterricht bei Stanislavskij tatsächlich die Erkenntnis
der Grundlagen unserer Kunst ermöglichte.

In diesem Zusammenhang ist es nicht uninteressant, sich zu erinnern,
wie es um die Theaterschulen bestellt war, bevor Stanislavskij sein
System schuf. Solch ein Exkurs fällt mir nicht sehr schwer, da ich, wie
gesagt, meine schauspielerische Ausbildung auf einer noch nicht re-
formierten Schule erhielt, und zwar zu der Zeit, als Stanislavskij gerade
seine ersten Versuche anstellte, um die theoretische Grundlage des
schauspielerischen Schaffens zu finden, und, besonders bei uns in Petersburg, hierin noch keine besondere Autorität genoß.

Der angesehenste Pädagoge der Kaiserlichen Theaterschule in Peters-
burg war der berühmte Schauspieler Davydov vom Alexandratheater,
der weißhaarige Patriarch der Schule, ihre unbestreitbare Autorität.
Sein Schüler zu werden, galt als großes Glück. Er wurde von seinen
Schülern geradezu vergöttert, und sie folgten ihm in allem unbedingt.
Beim Unterricht herrschte eine mustergültige Disziplin. Ich war nicht

nur wiederholt als Zuschauer dabei, sondern habe auch mit den Schülern Davydovs gearbeitet. Damals machte das auf mich einen ungeheueren Eindruck, und in der Tat waren die Unterrichtsstunden Davydovs in ihrer Art außerordentlich interessant. Nachdem der ehrwürdige Schauspieler den Probensaal betreten hatte, versammelte sich die Jugend um ihn. Davydov führte begeisternde Gespräche über das Theater und die großen russischen Schauspieler. Er erzählte von dem hervorragenden italienischen Tragöden Tomaso Salvini, den er schätzte und sehr reizvoll kopierte. Dann ging er zu dem Theaterstück über, das geprobt werden sollte, sagte jedem Darsteller, was ihm gelingen und was ihm nicht gelingen kann. Er sprach vom Schauspiel und von den einzelnen Rollen. Alles war sehr überzeugend, klar und verständlich. Die Schüler brannten darauf, die Bühne zu betreten. Sie begannen mit der Probe, und sofort mußten sie feststellen, daß das, was ihnen vorher so einfach, klar und leicht erreichbar erschienen, vollkommen unerreichbar war. Mit ihrem geringen technischen Können bewältigten sie nicht auch nur den hundertsten Teil dessen, wovon ihr geliebter Lehrer so lebhaft erzählt hatte; je lebhafter seine Erzählung gewesen war, um so hilfloser und kümmerlicher kamen sie sich nun vor.

Und so geht eine Atmosphäre der Langeweile, der Fadheit und Hoffnungslosigkeit von der Bühne aus. Entweder schläft der große Meister bei der monotonen Leseprobe zu einer lustigen Komödie ein, oder er braust empört auf und wäscht den Darstellern den Kopf, indem er ihr Spiel in einer vernichtenden Karikatur wiedergibt. Dann stürmte er trotz seines vorgerückten Alters und seiner Leibesfülle mit jugendlicher Behendigkeit auf die Bühne, spielte in genialer Weise die Rollen aller seiner Schüler, stieg unter dem Beifall seiner Zöglinge von der Bühne herunter, ließ sich in seinen Sessel nieder und erklärte gutgelaunt: »Das bin ich oder Teufel Ivanovič Obryvkin«, wie sein Lieblingsausdruck hieß. Durch seinen eigenen Erfolg besänftigt, kam er in Stimmung. Er beschloß die Unterrichtsstunde damit, daß er lustige Geschichten erzählte und Kunststücke zeigte, auf die er sich ausgezeichnet verstand. »Ein Schauspieler muß alles können«, sagte er, »auf der Bühne spielen, tanzen und Kunststücke machen, auch Mätzchen und Tricks darbieten.« Der Zauber der Persönlichkeit des großen Künstlers, seine überzeugenden, zu Herzen gehenden Äußerungen, die Darbietung seines meisterhaften Könnens und die väterliche Fürsorge, die er seinen Schülern, auch über den Rahmen des Unterrichts hinaus, angedeihen ließ, all das zusammen mußte einen ungeheueren Einfluß auf die jungen Schauspieler und die Entwicklung ihrer natürlichen Begabung haben. Die großen Ščepkinschen Traditionen der realistischen Kunst, die zu jener Zeit im Theater eine üppige Blüte erlebten und durch eine ganze Schar hervorragender Schauspieler vorbildlicher Theater Moskaus und Petersburgs repräsentiert wurden, erfuhren in der damaligen Theaterschule eine liebevolle Pflege, und zwar ganz besonders durch einen Pädagogen wie V. N. Davydov. Unter seinem guten Einfluß gewannen die Zöglinge künstlerisches Format, das sie von dem Durchschnittstypus der Schauspieler-Autodidakten aus der Provinz vorteilhaft abhob.

Die anderen Pädagogen jener Zeit hatten ihre individuellen Besonderheiten, ihre Kunstgriffe, die sie bei der Erziehung und Ausbildung der jungen Schauspieler anwandten. Aber allen fehlte eine feste theoretische Basis und ein geordnetes pädagogisches System. Alles, was man damals für ein System ausgab, irrte noch um das herum, was später in Stanislavskijs Praxis Gestalt annahm.

Die Schüler dieser Schulen lernten zwar einige theoretische Lehrsätze der Kunst und ließen den schöpferischen Geist ihrer Lehrer auf sich wirken, nahmen aber von der Schule nicht die notwendigen Fertigkeiten und Kenntnisse der Schauspielertechnik mit, die die Entwicklung ihres Talentes gefördert und sie vor einer handwerkelnden Berufsausübung bewahrt hätten.

Gewiß, ich studierte in Petersburg und kannte nur die dortigen Lehrkräfte. Vielleicht lagen die Verhältnisse in Moskau anders. Dort war ich nicht und genoß daher auch nicht den Unterricht der hervorragenden Moskauer Pädagogen A. P. Lenskij, M. P. Sadovskij und anderer. Was ich aber von den sie verehrenden Schülern hörte, ließ darauf schließen, daß es dort nicht viel anders war.

Zweifellos haben Lenskij und Davydov eine ganze Reihe Schauspieler erzogen, auf die wir mit Recht stolz sind. Das ist auch ganz natürlich. Aber die Entwicklung unserer Kunst verlangte eine weitere Vervollkommnung des pädagogischen Systems der Arbeit mit dem Schauspieler. Stanislavskij gelang es, viele jener »Geheimnisse« der Schauspielertechnik zu lüften, die unsere großen Schauspieler zwar beherrschten, ihren Schülern aber noch nicht genügend verständlich machen konnten, sosehr sie sich auch darum bemühten.

Der Schauspieler St. I. Jakovlev vom Alexandratheater, mein Lehrer in der Theaterschule, unterschied sich etwas von seinen Kollegen. Nach dem Abschluß seiner Ausbildung bei Davydov war er seinerzeit nach Moskau übergesiedelt, um bei A. F. Fedotov zu studieren. Als er nach Petersburg zurückkehrte, brachte er für jene Zeit neue Ideen des Schauspielunterrichts mit. Sie wurden für seine künftige Entwicklung in gewissem Grade bestimmend.

Verglichen mit der Methode Davydovs, war die Unterrichtsmethode St. I. Jakovlevs fortschrittlicher. In seinem Unterricht herrschte eine etwas andere Atmosphäre, wovon ich mich überzeugen konnte, als ich einmal in Davydovs Klasse mitarbeitete. Außerdem übernahm Davydov vorübergehend während Jakovlevs Erkankung die Vertretung in der Klasse seines ehemaligen Schülers. Trotz aller Hochachtung vor dem großen Schauspieler, trotz aller Verehrung seiner Persönlichkeit standen wir Jungen damals seiner alten Methode etwas kritisch gegenüber. Worin bestand aber nun jene nicht zu leugnende Fortschrittlichkeit der pädagogischen Methode Jakovlevs? Zu jener Zeit blühte die Kunst der Deklamation, ja sogar der melodramatischen Deklamation, und auch in der Schauspielschule zollte man dieser Mode Tribut. Im Anfangssemester des ersten Studienjahres lehrte man die Schüler statt eines grundlegenden Lehrfaches »künstlerisches Lesen«, das keine direkte Beziehung zu der Kunst des auf der Bühne tätigen Schauspielers hatte. Dafür hatte man damals wenig Verständnis. Dreiviertel Jahr wurde für eine nutzlose, ja in gewisser Beziehung für unsere Kunst geradezu schädliche Beschäftigung vergeudet. Sehr häufig kam es vor, daß ein im ersten Studienjahr als Rezitator sehr guter Schüler, sobald er zur eigentlichen dramatischen Kunst überging, sich für diese als wenig oder gar nicht begabt erwies.

Jakovlev aber führte schon für den Unterricht während des ersten Jahres eine sehr wesentliche Änderung ein und gab ihm dadurch eine richtigere und zweckmäßigere Richtung. Bereits in der ersten Unterrichtsstunde erklärte er uns den Unterschied zwischen Deklamation und Schauspielkunst. Er selbst hatte sich mit der Deklamation nie abgegeben, und er dachte auch nicht daran, sie uns beizubringen. Für die Lektüre ausgewählter Stellen aus literarischen Werken hatte er einen besonderen Plan. Sie sollten als Vorbereitung für die zukünftige Beherrschung der Schauspielkunst oder, in unserer heutigen Ausdrucksweise, zur Übung mit der Worthandlung dienen. Ich will diesen Begriff jetzt noch nicht definieren. Weiter unten wird er uns sehr oft begegnen. Solange der Unterricht Jakovlevs in diesen Bahnen verlief, ging alles gut.

50

Die Schüler entwickelten sich richtig und machten die ersten sicheren Schritte auf der Bühne. Als aber Jakovlev eine Zeitlang einzelne Auszüge aus literarischen Werken hatte lesen lassen, stellte er plötzlich dieses so notwendige und nützliche Training ein, anstatt es weiterzuentwickeln und es mit den Schülern bis zu dem Zeitpunkt fortzusetzen, wo diese die Schule verließen. Jakovlev ging zu einer vollkommen falschen pädagogischen Methode über.

Da er ein Schauspieler des spontanen Temperaments und eines tiefen Erlebens war (und nur als solcher sich über unsere Kunst Gedanken machte), stellte er besonders hohe Anforderungen an die Schüler, wenn er beim Unterricht Probleme des Emotionalen anschnitt. Was aber dem hochbegabten Jakovlev leichtfiel, war für seine Schüler keineswegs leicht. Es war ihm offenbar niemals eingefallen, darüber nachzudenken, aus welchen Quellen sein Temperament gespeist wurde, auf welche Weise die von ihm geschaffenen Gestalten mit der Fülle der Gefühle ausgestattet wurden. Er brauchte keine »Stange zum Springen«. Er brauchte bloß zu wollen, und alles war in Ordnung. Anders stand es mit seinen zwanzig Schülern, von denen jeder individuell geartet war, jeder sein besonderes Temperament, seine eigene Mentalität und seine Gewohnheiten hatte. Jakovlev waren die komplizierten Umwege noch nicht bekannt, die dazu führen, beim Schauspieler echte Gefühle, ein echtes, lebendiges, der Rolle entsprechendes Temperament hervorzurufen. Er kannte noch nicht die »Pforten«, durch die man am sichersten zu dem gewünschten Ziele gelangt und die später von Stanislavskij entdeckt wurden.

Jakovlev verließ den richtigen Weg, den er in der ersten Hälfte des Studienjahres gegangen war, und beschritt den falschen Weg, indem er das Gefühl vergewaltigte. Er machte Schluß mit den Stellen, die nur beschreibenden Charakters sind, und gab seinen Schülern Werke mit ausgesprochen emotionalem Inhalt oder Monologe, wie zum Beispiel Lermontovs Gedicht »Auf den Tod des Dichters«, den Schlußmonolog Čackijs, den Monolog des Dmitrij Samozvanec oder ähnliches, wobei seine ganze Pädagogik auf die Forderung hinauslief, daß der Vortrag sehr temperamentvoll erfolgen und daß der Vortragende von großen Gefühlen erfüllt sein solle. Wenn das Gewünschte nicht zum Ausdruck kam, sprach er von »Wortgeklingel«. Irgendwelche wirkliche Hilfe leistete er uns dabei nicht, und auf Auseinandersetzungen ließ er sich nicht ein.

»Stepan Ivanovič, ich bin heute gar nicht in Stimmung. Ich kann keine Gefühle in mir hervorrufen –«

»Das geht mich nichts an. Die Gefühle müssen da sein. Lesen Sie dies Gedicht, und brechen Sie in Tränen aus!«

»Ich habe aber doch keine.«

»Dann leihen Sie sich welche bei Wolkov-Semënov.« (So hieß die Theaterbibliothek, die leihweise Theaterstücke ausgab.)

Für Jakovlev stand fest, daß der Schauspieler vor allen Dingen Temperament und Gefühle haben muß. Wenn diese sich nun im gegebenen Augenblick nicht von selbst einstellten, dann sollten sie sich dadurch hervorzaubern lassen, daß der Schauspieler daran arbeitete, sich mit ihnen vollzusaugen, indem er immer wieder den mißlungenen Monolog beziehungsweise die Szene oder das Gedicht hersagte. Er bediente sich sogar einer besonderen Art und Weise der Beeinflussung des Schauspielers, und zwar stampfte er bei der Probe zur Aufmunterung mit dem Fuß auf den Boden, um das Spiel nicht zu unterbrechen. Dabei wäre es richtiger gewesen, den Schauspieler, »der die Leidenschaft in Fetzen riß«, zu unterbrechen, zu beruhigen und auf die Abfolge der Gedanken, der bildhaften Vorstellungen und der anderen Elemente zu lenken, deren sich Stanislavskij bediente, um beim Schüler lebendige, echte Gefühle hervorzurufen. Getreu der Anweisung Jakovlevs übten die Schüler vertrauensvoll zusammen und einzeln an der Entwicklung ihres Temperamentes. Sie gerieten in Raserei und schrien auf jede Art und Weise die gebräuchlichen Heldenphrasen: »Du bist mein Zeuge, allmächtiger Gott! – »Er ist hier, du Heuchlerin!« – »Nein, das ist zuviel!« – »Du lügst, Rabbiner!« und so weiter. Wenn die jungen Studenten diese und andere Sätze aussprachen, dann sahen sie mit ihrem »geistigen Auge« nicht etwa die Gestalten, von denen in den Sätzen die Rede war, sondern den begeistert mit den Füßen stampfenden Stepan Ivanovič.

Eine seiner Lieblingsschülerinnen, die hervorragend für Heldinnenrollen begabt war, zwang er während der ganzen dreijährigen Ausbildungszeit in jeder Unterrichtsstunde, den Monolog der »Jungfrau von Orleans« zu wiederholen. Dabei wollte er bei ihr heroisches Temperament erzeugen. Es halfen aber weder die glänzenden Schilderungen, wie die Ermolova diese Rolle spielte und diesen Monolog vortrug, noch das verstärkte, endlose Gestampfe auf den Fußboden. Das Temperament der jungen Schauspielerin kam auf diese Weise einfach nicht zur Entfaltung. Wenn aber hier und da doch einmal Temperamentsausbrüche vorkamen, so geschah das nicht dank, sondern trotz der Methode Jakovlevs, doch war es nicht möglich, das aufflackernde Gefühl festzuhalten. Ebenso plötzlich, wie es gekommen war, verschwand es auch wieder. Leider fehlte Jakovlev die Kenntnis der Wege, die uns am sichersten zum echten Gefühl hinführen.

Nachdem er mit den Szenenproben, das heißt mit der Arbeit am Stück begonnen hatte, schwankte Jakovlev wieder zwischen richtigen und falschen Methoden hin und her. Aus pädagogischen Überlegungen lehnte er es ab, direkt zu zeigen, wie diese oder jene Rolle oder Szene gespielt werden mußte. Dieses richtige Prinzip verwirklichte er konsequent. Während der ganzen dreijährigen Ausbildungszeit begab er sich nicht ein einziges Mal auf die Bühne, um den Schülern etwas anschaulich zu machen, wie das oft bei seinem Lehrer Davydov geschah. Auch begriff er bereits – wenn auch noch etwas undeutlich – die Bedeutung der einfachen physischen Handlungen auf der Bühne. Er machte uns auf sie aufmerksam, ohne im entferntesten zu ahnen, daß es sich hierbei um den Keim einer künftigen Methode handelte.

»Wenn ihr das wirkliche Leben darstellen wollt«, sagte er, »dann muß alles, was ihr auf der Bühne tut, gleichgültig, ob ihr Tee trinkt, Kartoffeln schält oder sonst etwas macht, vollkommen mit der Wirklichkeit übereinstimmen.«

Man kann Jakovlev auch keinen Vorwurf daraus machen, daß er die Schüler direkt auf das Ergebnis, die Darstellung der äußeren Gestalt, hinleitete und von jenem richtigen Weg wegführte, den Stanislavskij gewiesen hat, indem er forderte, daß der Schauspieler vor allen Dingen von seiner eigenen menschlichen Natur, seinen Gefühlen und von der ihm gemäßen Äußerung dieser Gefühle unter den gegebenen Umständen des Stückes ausgehen müsse.

Alles Wertvolle am Unterricht Jakovlevs wurde aber wieder durch die von ihm gleichzeitig angewandten falschen pädagogischen Methoden zunichte gemacht. Wenn Jakovlev von den richtigen Dingen sprach, die oben aufgezählt wurden, und sie auch bis zu einem gewissen Grade praktisch anwendete, so widersprach er sich doch selbst insofern, als er zum Beispiel bei der Arbeit einem übertriebenen Praktizismus huldigte.

»Ich mache Schauspieler aus Ihnen. Die Mehrzahl von Ihnen wird einmal in der Provinz arbeiten. Dort werden Ihnen für die Vorbereitung Ihrer Rollen zwei, drei Proben zur Verfügung stehen. Darauf müssen

Sie vorbereitet sein. Deshalb kommt es in erster Linie auf die Praxis an. Wir werden in der Schule ein neues Schauspiel in zwei Wochen vorbereiten. Nach Abschluß der Ausbildung werden Sie über ein Repertoire und die richtige Fertigkeit verfügen.«

Fertigkeit wozu? Zur Handwerkelei! In gewissem Sinne hatte Jakovlev allerdings recht. Im Provinztheater standen die Dinge so, daß dort Schauspieler gebraucht wurden, die ein großes Repertoire hatten und verstanden, schnell zu arbeiten und sich schnell an alle Bedingungen anzupassen. Die Zahl der Glückspilze aber, denen es nach Abschluß des Studiums gelang, in einem mustergültigen hauptstädtischen Theater unterzukommen, war nicht groß.

Das Studium zur Ausbildung des schauspielerischen Könnens war auf drei Jahre berechnet, und das wurde für die Vorbereitung eines jungen Schauspielers als vollkommen ausreichend angesehen. Für die weitere Vervollkommnung des Schauspielers verließ man sich ganz und gar auf die praktische berufliche Tätigkeit in einem Theater. Diese Auffassung war durch die verhältnismäßig beschränkten Kenntnisse auf dem Gebiet der Schauspielertechnik bedingt.

Wenn ich von den Mängeln der alten Schauspielpädagogik spreche, so will ich doch keineswegs die große Bedeutung schmälern, die die damalige Theaterschule hatte, und schon gar nicht die Lehrkäfte der Schule – die größten Schauspieler des russischen Theaters – in Verruf bringen. Sowohl der bedeutende Schauspieler V. N. Davydov als auch J. M. Jur'ev, A. P. Petrovskij, J. Ė. Osarovskij, A. A. Sanin und schließlich mein Lehrer St. I. Jakovlev arbeiteten jeder auf seine Art an dem großen Werke der Schauspielererziehung.

Sie alle hielten Theaterschulen für notwendig, liebten sie und opferten ihnen ihre Arbeitskraft, ohne dabei eigennützige Absichten zu verfolgen. Bei der Mehrzahl der damaligen Schauspieler aber stieß ihre Arbeit keineswegs auf besondere Sympathie, ja die Theaterschulen wurden geradezu für eine negative Erscheinung gehalten.

Vom Standpunkt unserer heutigen Erkenntnisse ist jenes pädagogische System natürlich unvollkommen. Diese Unvollkommenheit aber zeichne ich absichtlich in so grellen Farben, um den wahrhaft enormen Sprung, den das Genie Stanislavskijs getan hat, so genau wie möglich klarzumachen. Dabei darf man aber nicht außer acht lassen, daß sich Stanislavskij bei seinem Forschen auf die reiche Erfahrung der besten Vertreter der russischen realistischen Theaterkunst stützte.

54

Die Regie begann in jener Zeit gerade erst ihre schüchternen Versuche, von einer einfachen organisatorischen Funktion zur schöpferischen Tätigkeit überzugehen.

J.M. Jur'ev beschreibt in seinen Erinnerungen, wie Davydov bei der Probe des Schauspiels »Ein heißes Herz« von Ostrovskij im Alexandratheater es wagte, gegen die Probentradition zu verstoßen, indem er die Probe unterbrach und eine Szene, in der einer seiner Schüler mitwirkte, zu korrigieren begann. Die Szene wollte nicht gelingen. In dem Bestreben, das gewünschte Resultat doch noch zu erreichen, bat Davydov immer wieder, die Szene zu wiederholen, was bei den Darstellern empörtes Murren hervorrief.

»Das ist hier keine Schule«, erklärten sie ihm. Und das bekam ein Schauspieler zu hören, der sich in der Truppe großer Autorität erfreute, der der Stolz der russischen Bühne war. Was blieb da einem gewöhnlichen Regisseur übrig, der sich im Kreise solcher Größen befand?

Um diese Zeit herum tauchten Gerüchte über »Narreteien« des Regisseurs Stanislavskij im Künstlertheater auf. Diese Gerüchte waren sehr widersprechend und unklar. Einmal hieß es, Stanislavskij verwandele die Schauspieler in Marionetten, die genau seinem despotischen Willen folgten, oder in dressierte Affen, die alles nach Anweisung des Dresseurs machten; ein anderes Mal wieder erzählte man das genaue Gegenteil, daß Stanislavskij nämlich bei der Probe zuweilen vom Schauspieler Improvisationen verlange, ohne ihm für die szenischen Arrangements und all die Dinge, die nach der festgelegten Probentechnik üblich waren, irgendwelche Anweisungen zu geben. Ja es erreichte uns sogar einmal das »unwahrscheinliche« Gerücht, daß Stanislavskij mit dem Schauspieler I.M. Uralov bei der Arbeit an der Rolle des Stadthauptmanns im »Revisor« eine Szene »Der Stadthauptmann auf dem Markt« geprobt hätte, eine Szene, die es weder im Stück noch in einem Entwurf des Dichters gibt.

Die Schauspieler vom Künstlertheater, die sich selten bei den Kollegen anderer Theater sehen ließen, protzten schon damals mit ihrem besonderem Geschmack, ihrem besonderen Kunstverständnis, der Kenntnis irgendeiner besonderen, geheimnisvollen Terminologie und besonderer Methoden bei der Arbeit an der Rolle. Wie jedes allzu kühne Neuerertum, das alte Theatertraditionen umstürzt, so riefen auch die »Narreteien« Stanislavskijs bei den Koryphäen des Alexandratheaters heftigen Widerstand hervor.

Ich erinnere mich einer interessanten Episode. Uralov kam von Künstlertheater nach Petersburg zum Alexandratheater. Da er in Moskau den Stadthauptmann im »Revisor« gespielt hatte, ließ man ihn dieselbe Rolle im Alexandratheater in der zweiten Besetzung neben Davydov probieren. In einer Probenpause wandte sich Uralov einmal ehrerbietig mit einer Frage über die schöpferische Arbeit an Davydov. Da entspann sich zwischen ihnen folgendes Zwiegespräch: »Gestatten Sie eine Frage, Vladimir Nikolaevič, ›womit‹ begeben Sie sich in der ersten Szene des ›Revisors‹ zu dem Beamtenpack?«

»Was heißt das, ›womit‹?« fragte Davydov zurück, als ob er nicht verstanden hätte.

»Nun, ich meine, mit welchen Gefühlen, mit welchem Vorhaben, welchem Entschluß? Bei uns hat man gelehrt, daß er …«, und dann folgten lange Erläuterungen verschiedener Aufgaben, gegebener Umstände und so weiter.

Davydov hörte eine Zeitlang mit gespitzten Ohren zu und hielt seinen Zorn und seine Verachtung zurück. Dann aber unterbrach er Uralov mit folgendem sarkastischen Satz:

»Ich weiß nicht, ›womit‹ man dort bei Ihnen im Künstlertheater die Bühne betritt, ich jedenfalls betrete sie mit dem Entschluß, die Kaiserliche Bühne zu betreten, um Gogol zu spielen, und zwar betrete *ich*, Vladimir Nikolaevič Davydov, die Bühne und nicht Teufel Ivanovič Obryvkin!«

Damit wandte er sich ab und gab zu verstehen, daß das Gespräch beendet war.

Gewiß hatte er das in gereiztem Zustand gesagt, im Jähzorn über die Schlauberger, die klüger sein wollten als der berühmte Meister Davydov. Er erfreute sich ja schließlich nicht nur des verdienten Rufes eines Talentes, sondern auch eines Schauspielers, der denken konnte, der es verstand, eine Rolle zu analysieren, sich in den Feinheiten der Kunst auszukennen und prachtvolle, vollendete Gestalten auf die Bühne zu bringen. Tatsächlich fand man denn auch bei seinem Auftritt in der ersten Szene des »Revisors« keine Spur jener bombastischen Eigenwilligkeit, von der er zu Uralov gesprochen hatte. Im Gegenteil, der Auftritt Davydovs als Stadthauptmann verblüffte durch seine feine, höchst ausdrucksvolle Logik des Verhaltens eines aufgeregten Beamten, der wegen dienstlicher Unannehmlichkeiten in Sorge ist. Man brauchte nur einmal hinzuschauen, um sagen zu können, »womit« der

Stadthauptmann die Bühne betrat. Auf welchen Wegen aber der große Schauspieler zu solchen glänzenden Resultaten gelangte, blieb uns verborgen. Und gerade auf diese Geheimnisse war seinerzeit das forschende Auge des zukünftigen Reformators der Bühne, K. S. Stanislavskijs, gerichtet.

Die nach Petersburg gelangten Gerüchte von der Arbeit Stanislavskijs im Moskauer Künstlertheater interessierten mich ebenso wie die anderen anfangs nur, weil sie so ungewöhnlich, ja sogar kurios waren. Als ich dann aber tiefer darüber nachdachte und die von Stanislavskij aufgestellten Thesen sorgfältiger prüfte, sagte ich mir, daß in all dem zweifellos ein Körnchen Wahrheit enthalten sein müsse. Endgültig überzeugt aber wurde ich, als ich zum ersten Male Gelegenheit hatte, Gastspiele des Künstlertheaters in Petersburg zu sehen, insbesondere den »Kirschgarten«, der gleichzeitig im Alexandratheater gegeben wurde. Ich war überwältigt von der hervorragenden Kunst, die viele Traditionen meines früheren Ideals, des Alexandratheaters, als ausgesprochen veraltet erscheinen ließ. Die in der Aufführung des »Kirschgartens« zu einer starken Kraft zusammengeballten besten Vertreter des Kaiserlichen Theaters (Davydov, Dalmatov, Varlamov, Mičurina, Jakovlev) vermochten sich nicht gegen das harmonische Ensemble ihrer Moskauer Kollegen zu behaupten. Dies glänzte zwar nicht durch soviel berühmte Namen, wurde dafür aber von dem einheitlichen Willen des Regisseurs geleitet, der neue Wege ging.

Diese Vorstellung entschied mein Schicksal. Alle meine Gedanken wandten sich dem neuen Theater, der neuen Kunst zu. Ich begann nach einer Möglichkeit zu suchen, mich K. S. Stanislavskij zu nähern. Aber erst zwanzig Jahre später wurde mein Traum Wirklichkeit. Diese lange Frist verstrich für mich jedoch nicht unfruchtbar. Ich arbeitete viel an den Theatern der Hauptstadt und in der Provinz, spielte viele Rollen, sammelte Erfahrungen, hatte Erfolg – besonders im ehemaligen Korschtheater in der letzten Periode vor meinem Eintritt in das Künstlertheater – und lernte viel, da ich talentierten, erfahrenen Schauspielern und Regisseuren begegnete. All das könnte mir als Stoff zu Erinnerungen dienen, aber ich verlasse sie und gehe zum Thema des vorliegenden Buches über.

ENGAGEMENT
AN DAS KÜNSTLERTHEATER
ERSTE ZUSAMMENARBEIT MIT
STANISLAVSKIJ

Die Schauspielererziehung im Geiste der fortschrittlichen Methode des Künstlertheaters verlangte eine langwierige und beharrliche Arbeit, aber auch die Errichtung eines Schutzwalles, um den künftigen Schauspieler vor schädlichen Einflüssen von außen zu bewahren. Deshalb kamen in der Praxis des Künstlertheaters auch so selten Engagementsangebote an fremde Schauspieler vor. Die Schauspieler sollen nach einem Ausdruck Stanislavskijs innerhalb des Theaters »aufgezogen« werden. Mein Engagement an das Künstlertheater war eine der seltenen Ausnahmen, die zuweilen von der Theaterleitung aus verschiedenen Gründen gemacht wurden.

Wie ich schon erwähnte, hatte ich bereits eine fast zwanzigjährige Schauspielerpraxis hinter mir, als ich in das Künstlertheater eintrat. Bis dahin hatte mich Stanislavskij nicht ein einziges Mal gesehen, weder auf der Bühne noch im gewöhnlichen Leben. Wenn er sich trotzdem entschloß, mich an das Theater zu berufen, so geschah das ausschließlich auf Grund der beharrlichen Empfehlung durch Leute, die damals zusammen mit ihm in der Theaterleitung saßen und denen zu mißtrauen, er keine Veranlassung hatte. Und doch zog sich die endgültige Entscheidung dieser Frage sehr lange hin, da er das Engagement eines Schauspielers für das Künstlertheater außerordentlich ernst nahm.

Die erste Kunde von meiner bevorstehenden Berufung an das Künstlertheater erhielt ich etwa zwei Jahre vor meinem tatsächlichen Eintritt. Stanislavskij prüfte die Angelegenheit von allen Seiten. Er holte an verschiedenen Orten und bei verschiedenen Leuten Auskünfte über alles ein, was mich betraf, und zwar nicht nur als Schauspieler, sondern auch als Mensch, als Familienvater, als Mann im öffentlichen Leben und so weiter. Und als schließlich unsere erste Zusammenkunft in seinem Arbeitszimmer im Theater stattfand, waren wir beide so aufgeregt, daß wir uns aus Verlegenheit auf denselben Stuhl setzen wollten. Ich fühlte seinen durchdringenden Blick, den Blick eines Sammlers, der ein neues Ausstellungsobjekt für seine Sammlung zu erwerben im Begriff ist und sich fürchtet, bei der Auswahl fehlzugehen.

Fragen der Beherrschung und Einführung der neuen Schauspielertechnik bewegten Stanislavskij so stark, daß sie gegenüber allem übrigen im Theater vorzuherrschen begannen, besonders in seinen letzten Lebensjahren. Deshalb erschien eine Zusammenkunft mit einem Schauspieler von einem anderen Theater und der Versuch, ihn in seinem Geiste umzuerziehen, Stanislavskij offenbar als ganz besonders interessant.

Ich, der ich so lange von einer Zusammenkunft mit dem großen Meister geträumt hatte, war bereit, ja geradezu begierig, direkt aus erster Hand all das entgegenzunehmen, wovon ich soviel Neues und Wunderbares, aber noch wenig Begriffenes, das in Theaterkreisen von Mund zu Mund ging, gehört hatte. Unter solchen Bedingungen sollte ich mit Stanislavskij bei der Arbeit in Berührung kommen. Das gegenseitige Interesse von Lehrer und Schüler ist dann bei der späteren Zusammenarbeit keineswegs schwächer geworden.

Nach unserer ersten Begegnung, von der weiter nichts zu berichten ist, fand eine zweite Zusammenkunft mit Stanislavskij in der Leont'evgasse im Arbeitszimmer bei ihm zu Hause statt, das heißt dort, wo ich ebenso wie jeder andere Schauspieler, der Stanislavskijs Schwelle überschritt, soviel Aufregung, Freude, Furcht, Verzweiflung und Hoffnung erleben sollte.

Diese meine zweite Begegnung dauerte ziemlich lange, etwa drei, vier Stunden. Sie verlief in einem Milieu häuslicher Gemütlichkeit, das offensichtlich sorgfältig und mit Bedacht eigens für die Zusammenkunft und Unterhaltung mit mir arrangiert worden war. Auf dem mit einem Tischtuch bedeckten Tisch standen Teller mit Nüssen, Süßigkeiten und Früchten, mit denen mich Stanislavskij bewirtete. Das Gespräch drehte sich selbstverständlich um Theaterfragen. Sorgfältig erforschte er meine Neigungen. Er wollte wissen, welche der von mir gespielten Rollen mir am meisten gefallen hatte und warum das der Fall war, ferner, was ich spielen wollte, was mir von dem im Künstlertheater oder in anderen Theatern Gespielten am besten gefiele. Kurz, er stellte eine ganze Reihe solcher Fragen, wie sie heute, seinem Beispiel folgend, jeder Intendant stellt, der einen Schauspieler in sein Theater aufnimmt. Damals aber war das etwas Neues, und auf mich machten sowohl die Fragen selbst als auch ihre große Zahl und die Sorgfalt, mit der Stanislavskij erschöpfende Antworten von mir heischte, starken Eindruck. Er hörte meine Antworten mit großer Aufmerksamkeit an, korrigierte sie und belehrte mich, wo meine Begriffe mit den seinen in Widerspruch gerieten.

Das Gespräch war außerordentlich interessant und lehrreich. Aber leider war ich durch diese Zusammenkunft so erregt, daß ich es versäumte, die Unterredung gleich im Anschluß an die Zusammenkunft im einzelnen niederzuschreiben. Jetzt aber, nachdem so viele Jahre verstrichen sind, ist es schwer, das Gespräch zu rekonstruieren, ohne gegen die Wahrheit zu verstoßen. Deshalb lasse ich es fort. Erwähnen will ich nur, daß alles, was ich bei diesem Besuch von seinem Verhalten zu sehen bekam, mich außerordentlich überraschte. Vor allem beeindruckte mich seine außergewöhnlich starke Anteilnahme an allem, was das Theater betraf. Hier war nichts für ihn so unbedeutend, daß es nicht der Beachtung wert war. Deutlich empfand ich sein intensives Reagieren auf jede meiner Antworten, jeden meiner Sätze, obwohl er sich sorgfältig bemühte, das zu verbergen und unserer Unterredung den neutralen Charakter eines gewöhnlichen, freundschaftlichen Plauderns beizulegen. Das gelang ihm indessen nicht immer. Als ich eine der Moskauer Aufführungen loben wollte, die beim Publikum Erfolg gehabt hatte (ich wußte, daß Stanislavskij sie gesehen hatte), gewahrte ich plötzlich solch einen Schrecken in seinen Augen, daß ich, ohne den Satz beendet zu haben, abbrechen mußte. Erst nach vielen Jahren begriff ich, wie unrichtig meine Auffassung war.

Stanislavskij fiel über dieses Theater und den Regisseur her. Bald zornig, bald sarkastisch wies er nach, daß diese Aufführung schon im Prinzip unzulänglich gelöst worden war, und schließlich schilderte er in einer überraschenden Weise den Gesamtcharakter der Inszenierung mit einer einzigen, ungemein ausdrucksvollen Geste. Ich mußte unwillkürlich lachen, und dadurch wurde er anscheinend etwas besänftigt.

Das ruhige und interessante Gespräch kam wieder in Fluß. Er stellte mir irgendeine Frage. Ich kam nicht dazu, sie zu beantworten, da er zum Telefon gerufen wurde. Er entschuldigte sich und ging, ohne meine Antwort abzuwarten, zum Telefon, das irgendwo in der Nähe war. Man rief aus dem Theater an. Ich konnte das ganze Telefongespräch ziemlich deutlich hören. Es betraf irgendeine untergeordnete Frage unseres

Theaters, und doch bemühte sich Stanislavskij wenigstens eine Stunde lang mit ganzer Leidenschaft, eine prinzipielle Lösung herbeizuführen. Er begnügte sich nicht damit, daß sein Gesprächspartner ihm zustimmte, sondern versuchte, bestimmte Prinzipien für die künftige Lösung von Fragen solcher Art festzulegen. Er war durch das Gespräch so erregt, daß er mich, nachdem er wieder am Tisch Platz genommen hatte, eine Zeitlang mit bösen Blicken anschaute. Er sah im Geiste noch seinen Ferngesprächspartner vor sich und identifizierte mich mit diesem. Als ich schüchtern versuchte, auf seine vor etwa einer Stunde gestellte Frage zu antworten, ließ er mich nicht ausreden und schrie mich an: »Kommt gar nicht in Frage!« Dann besann er sich, kam allmählich wieder zu sich, und unser Gespräch ging weiter. Da ich fürchtete, seine Aufmerksamkeit zu sehr in Anspruch zu nehmen, versuchte ich wiederholt, mich zu verabschieden, aber immer hielt er mich zurück. Schließlich fand das Gespräch aber doch sein Ende. Als er mich aus seinem Arbeitszimmer den Korridor entlang zur Haustür begleitete, war er ungemein aufmerksam und höflich zu mir.

Stanislavskijs Verhalten während meines Besuches, seine tiefen, zu Herzen gehenden Gedanken über die Kunst und seine grenzenlose Ergebenheit gegenüber dem Theater machten auf mich einen Eindruck, den ich heute nur schwerlich beschreiben könnte. Jedenfalls war die Tiefe dieses Eindrucks einzig in meinem ganzen Theaterleben. Die von ihm im Theater geschaffene schöpferische Atmosphäre, der ganze Charakter der Arbeit und die Arbeitsordnung, die Beziehungen der Theaterangehörigen zueinander, wie ich sie in dieser Weise zum ersten Male kennenlernte, verstärkten jenen Eindruck noch, und plötzlich empfand ich wie nie zuvor die ganze Wichtigkeit dieses Ereignisses für mein Leben. Ich begriff, daß ich auf der Schwelle zu etwas Neuem, Unbekanntem, Erregendem stand, daß es sich hier nicht einfach um den Übergang von einem Theater in ein anderes, sondern um bedeutend mehr handelte.

»DIE DEFRAUDANTEN«

Der Beginn meiner schöpferischen Arbeit im Theater war erfolgreich. Man bereitete sich darauf vor, das erst in großen Zügen geprobte Stück »Die Defraudanten« von V. Kataev Stanislavskij vorzuführen. Bis zur Vorführung blieben nur noch wenige Tage, und es fehlte noch ein Darsteller für eine Nebenrolle. Der Regisseur Sudakov schlug mir vor, sie zu übernehmen. Es war eine Charakterrolle, und zwar eine komische. Daß ich sie in zwei, drei Proben einüben mußte, konnte mich nicht erschüttern; daran war ich gewöhnt. Mein Auftreten in dieser Rolle vor Stanislavskij war so erfolgreich, daß er beschloß, mir eine der Hauptrollen dieses Schauspiels zu übertragen, und zwar die des Kassierers Vanečka. Vorher hatte ihn Chmelëv geprobt, der nun dafür meine Rolle bekam. Das war eine außerordentliche Anerkennung meiner Leistung durch Stanislavskij. Ich war im siebenten Himmel. Wenn es weiter so leicht geht und einfach ist, dachte ich, dann ist die Angst vor den Schwierigkeiten der Kunst dieses Theaters nichts weiter als ein Hirngespinst meiner Einbildung. Als nach dem Ende der Spielzeitpause im Herbst die Proben zu den »Defraudanten« wieder aufgenommen wurden, spielte ich schon die Rolle des Kassierers Vanečka.

Das durch die Dramatisierung eines Romans entstandene Stück ist dramaturgisch wenig straff und erinnert an eine Revue. Der Buchhalter Filipp Stepanovič und der Kassierer Vanečka hatten bei einer günstigen Gelegenheit einen kleinen Betrag unterschlagen und wurden in der Folge nach dem Sprichwort »Bleibt die Kralle hangen, ist auch der Kopf gefangen« in neue Vergehen und Abenteuer verwickelt. Nachdem sie das gesamte Geld, das sich in ihrer Obhut befand, unterschlagen hatten, waren sie gezwungen, heimzukehren und der Kriminalpolizei über ihr Verbrechen Anzeige zu erstatten. Im Verlauf des Stückes geraten die beiden Defraudanten in sehr fatale, dramatische und komische Situationen, die dem Schauspieler ein reichhaltiges Material für sein Spiel bieten.

Nach der alten Terminologie war die Rolle des Vanečka die Rolle eines »komischen Naturburschen«, ein Rollenfach, für das man mich schon auf der Theaterschule bestimmt hatte. Ich machte mich mit großem Eifer an die Arbeit. Hier handelte es sich aber um etwas anderes als die Nebenrolle, die ich selbständig gespielt und in der ich so erfolgreich debütiert hatte. Vancčka geht durch das ganze Stück. Er steht mit vielen handelnden Figuren in Verbindung und muß in das Ensemble einge-flochten und mit dem allgemeinen Stil der ganzen Aufführung verwo-ben werden. Die Schwierigkeiten fingen an. Niemand wird behaupten, daß ich in meinem Spiel im Korschtheater, was den Stil betrifft, dem Künstlertheater ferngestanden hätte. Im Gegenteil, daß ich dem Künst-lertheater in meinem Stil so nahestand, war ja gerade der Anlaß gewe-sen, mich an dieses Theater zu berufen. Und doch, als es darauf ankam, mich, wie es sich gehört, mit dem Regisseur und den Darstellern ein-zuspielen, entstanden natürlich einige Schwierigkeiten und Reibungen. Ich war sogar schon nahe daran, die Rolle wieder abzugeben. Aber schließlich schien es, als ob alles in Ordnung wäre. Wieder wurden Vorbereitungen getroffen, um das Stück Stanislavskij vorzuführen, und endlich kam der Tag der Vorführung.

Sie fand nicht auf der Bühne, sondern im Foyer des Theaters statt. Es war für mich etwas ganz Neues, daß einem die Zuschauer vor der Nase saßen. In einer angedeuteten Dekoration spielten die Darsteller eine Szene nach der anderen. Die Darstellung hatte einen etwas skizzenhaf-ten Charakter. Es handelte sich eher um die Vorführung einer Umriß-zeichnung der Rolle als um ihre Erfüllung. Für mich war das alles unge-wohnt; trotzdem überwand ich alle Schwierigkeiten und führte auch dieses Debüt ziemlich erfolgreich zu Ende. Stanislavskij hieß meine Darstellung gut und war überhaupt mit dem Ergebnis der Vorführung zufrieden. Ich war der Meinung, daß nun die Aufführung nicht mehr auf sich warten ließe und ich auf jeden Fall darüber beruhigt sein könnte, daß die Hauptschwierigkeiten überwunden und der Weg zur Rampe und zum Zuschauer des Künstlertheaters gebahnt wäre; nur noch die Glanz-lichter fehlten, meinte ich, aber die würden sich beim Kontakt mit dem Zuschauer schon von selbst einstellen. Bald aber sollte ich merken, daß ich mich schwer verrechnet hatte. Denn jetzt schaltete sich Stanislav-skij in die Arbeit ein. Der ernsteste und hartnäckigste Teil der Arbeit kam erst jetzt, und alles bis dahin Geleistete war nur die Vorarbeit dafür. Die Arbeit Stanislavskijs an diesem Stück war außerordentlich anstren-gend, eine Nervenprobe. Die Aufführung wollte und wollte nicht gelin-gen. Die Schauspieler waren übel dran. Selbst die alten Theaterhasen vom Künstlertheater stöhnten immer wieder; für einen Neuling aber, der erst recht im Mittelpunkt der Aufmerksamkeit stand, war jede Probe eine Art Golgatha. Aber all das wurde wiedergutgemacht durch das, was ich zum ersten Male zu sehen bekam, durch die Wunder, die sich vor meinen Augen abspielten und von denen ich früher keine Ahnung gehabt hatte. Von jeder Probe kam ich zwar reicher geworden, aber auch entmutigt nach Hause. Neue schauspielerische Arbeitsbegriffe und eine neue, mir vollkommen ungewohnte Arbeitsmethode brachten mich aus dem Konzept, machten mich befangen, und ich als erfahrener Schauspieler kam mir vor wie der Esel auf dem Eis. Wohin sollte all das führen?

Die ersten Proben mit Stanislavskij fanden in dem sogenannten K.-O.-Saal statt. »K. O.« ist eine Abkürzung für »Komische Oper«. Dieser Saal war einmal für die Proben der »Mademoiselle Angôt« in der Inszenierung von V.I. Nemirovič-Dančenko reserviert gewesen. Der Name hat sich bis heute erhalten. Geprobt wurde »am Tisch« ohne szenisches Arrangement. Konstantin Sergeevič unterhielt sich mit uns, stellte Fragen und gab Erläuterungen. Nebenbei bemerkt ist die Probe »am Tisch« eine Neuerung des Künstlertheaters, die von Stanislavskij mehrmals einer Revision unterzogen wurde, deren Notwendigkeit und Nützlichkeit an sich er aber niemals verneint hat.

Im alten Theater der Provinz und auch der Hauptstadt fand am Tisch nur die erste Leseprobe des Stückes mit verteilten Rollen statt, wobei man den Text verglich, Striche machte und so weiter. Man nannte das damals übrigens nicht einmal Probe, sondern Lesung. An dem auf die Lesung folgenden Tage gingen die Schauspieler auf die Bühne und mit dem Textbuch in der Hand probten sie das ganze Werk, indem sie es von Anfang bis Ende durchnahmen. Bei den ersten Proben wurden zunächst die Gänge festgelegt und eingeübt. Dann probte man »ohne Buch«, wobei man sich bemühte, den »richtigen Ton« seiner Rolle zu finden. Anschließend fand die Generalprobe in Kostüm und Maske statt, und danach spielte jeder, wie er konnte, auf eigene Kappe.

Da sich die Leiter des Künstlertheaters komplizierteste Aufgaben stellten, mußten sie natürlich zu vollkommeneren Formen der Probe gelangen. Eine von ihnen war auch die Probe »am Tisch«. Hier bemühten sich die zukünftigen Darsteller unter der Anleitung des Regisseurs um eine sorgfältige Analyse aller einzelnen Glieder des Werkes, ja man versuchte sie zum Teil schon darzustellen. Stanislavskij schlug mir vor, eine meiner Szenen zu spielen. Da ich mich in einer für eine Probe ungewöhnlichen Situation befand und ohne die rettende Stütze des szenischen Arrangements Stanislavskij von Angesicht zu Angesicht gegen-

überstand, verlor ich etwas den Kopf; aber eine gewisse schauspielerische Erfahrung gab mir die Selbstbeherrschung wieder, und bald verfiel
ich in jenen »richtigen Ton«, den ich mir auf den vorangehenden Proben
erarbeitet hatte. Ich spielte ungefähr genauso wie bei der Vorführung,
entdeckte aber in Stanislavskijs Miene wider Erwarten nicht die geringste Spur von Beifall. Nachdem er sich die Szene angehört hatte,
schwieg er zunächst, hustete dann und sagte freundlich lächelnd:
»Entschuldigen Sie, Vasilij Osipovič, aber Sie haben sich da so eine
Tonlage angeeignet.«
»Was meinen Sie damit?«
»Sie wollen Ihre Rolle in einer dafür ausgearbeiteten Tonlage spielen.«
Ich begriff nicht. Nun, wenn schon; wie soll man es denn anders machen? Natürlich habe ich eine »Tonlage«. Was ist denn schon dabei?
Lange und mühsam genug habe ich diese »Tonlage« gesucht. Schließlich hat er mich doch bei der Vorführung gelobt. Was ist denn nun
passiert? Ich gestand, daß ich nichts von dem begriff, was er sagte. Er
erklärte mir, daß das Wertvollste an unserem Schaffen die Fähigkeit ist,
in jeder Rolle vor allen Dingen den lebendigen Menschen, sich selbst zu
finden.
»Sie legen sich im voraus doch irgend etwas Ausgeklügeltes fest. Dies
hindert Sie, lebendig und organisch wahrzunehmen, was um Sie herum
vorgeht. Daher spielen Sie ein Rollenfach an Stelle eines lebendigen
Menschen.«
»Ja, aber wie soll ich denn …?«
»Erzählen Sie, was Sie in der Kasse haben!«
»Ich verstehe nicht …«
»Sie sind doch Kassierer. Was haben Sie in Ihrer Kasse?«
»Geld.«
»Nun gut, also Geld haben Sie. Aber was noch? Äußern Sie sich aus-
führlicher! Sie sagen, Sie haben Geld. Gut, aber wieviel haben Sie denn
und welche Sorten von Geld? Wie ist es geordnet, und wo liegt es? Was
für einen Tisch haben Sie im Kassenraum, was für einen Stuhl, wieviel
Lampen? Nun erzählen Sie uns so ausführlich wie möglich von Ihrem
ganzen Geschäftsbetrieb.«
Ich schwieg lange. Er wartete geduldig auf meine Antwort. Schließlich
gestand ich, daß ich keine seiner Fragen beantworten könnte und daß
mir auch nicht recht verständlich wäre, wozu ich das alles wissen sollte.
Meine letztere Bemerkung überhörend, bat er mich, trotzdem nachzu-

denken und wenigstens auf eine der von ihm gestellten Fragen zu antworten. Ich schwieg.

»Sehen Sie, Sie wissen nicht einmal das Allernotwendigste von Ihrem Helden, das, womit er sich jeden Tag beschäftigt, wovon er lebt, um was er sich sorgt ...

Da ist er, der Kassierer Vaněčka. Ein lieber, bescheidener junger Mensch. Er ist in seinem Kassenraum. Das ist sein Allerheiligstes. Es ist das Beste, was er im Leben hat. Hier kümmert er sich um alles. Er sorgt dafür, daß der Raum ›sauber‹ ist, daß alle Gegenstände, die er bei seinen täglichen Arbeitsverrichtungen braucht, an ihrem Platz sind. Seine Sorge beginnt bei dem großen feuerfesten Geldschrank und endet bei dem sympathischen Rot- und Blaustift, den er als seinen besten Freund betrachtet und Konstantin Sidorovič nennt.

Auch die elektrische Lampe umgibt er mit seiner Sorge; er hält sie sauber, daß sie die hellste Lichtquelle in der ganzen Buchhaltung ist. Das ist Vaněčkas Stolz. Die Schlösser des feuerfesten Schrankes sind so gut eingefettet, daß sie leicht, ohne jede Hemmung auf- und zugehen. Ihr leichtes Einschnappen verschafft Vaněčka einen ästhetischen Genuß. Er hört diesem Geräusch zu, als ob es eine schöne Musik wäre. In den Fächern des Geldschrankes liegen in mustergültiger Ordnung die Geldpäckchen. Da sind Hunderte, Tausende, Zehn- und Hunderttausende von Rubeln. Vaněčka kann jederzeit genau angeben, wieviel Geld gerade in der Kasse vorhanden ist. Schon die Zunahme und Abnahme des Kasseninhalts versetzt ihn in große Aufregung. Die Auszahlung und das Anhaken in den Listen sind für ihn geheiligte Handlungen, sind *sein* Werk. Gleich dem Kunden, der Geld abheben will, empfindet er es als eine Tragödie, wenn nicht ausgezahlt werden kann, weil kein Geld in der Kasse ist.

Bei Vaněčka gibt es niemals Rechenfehler, seine Genauigkeit in diesem Punkt ist märchenhaft. Trotz seiner Jugend und Bescheidenheit ist er eine Art Berühmtheit in der Welt der Buchführung, und auf nichts hält er so viel wie auf diesen seinen Ruhm.

Der Hauptbuchhalter hat Vaněčka gern, der seinerseits jenen vergöttert wie der einfache Soldat den großen Feldherrn. Die kleinste Störung in dieser Vaněčka-Welt ist für ihn immer ein Ereignis, das seelische Erschütterungen hervorruft. Was sollte werden, wenn (Gott bewahre ihn!) sein Konstantin Sidorovič vom Tisch verschwände?! Oder wenn sich an einigen Stellen der Lampe Fliegenschmutz fände? Oder wenn der

Kassenbote seine Unterschrift nicht in die richtige Zeile setzte? Das sind alles dienstliche Unannehmlichkeiten, von denen Vanečka in seiner dienstfreien Zeit erzählen kann, ohne ein Ende zu finden. Es ist gar nicht auszudenken, was geschähe, wenn irgendein Rechenfehler beim Geldzählen vorkäme oder ein paar Banknoten im Bündel fehlten. Solche Fälle sind in Vanečkas Leben noch nicht vorgekommen. Nur in schweren Träumen erschienen sie ihm gelegentlich.

Nun stellen Sie sich einmal die Gemütsverfassung Vanečkas vor, wenn er infolge des Zusammentreffens irgendwelcher teuflischer Umstände sich sinnlos betrunken hat und im Abteil eines internationalen Zuges nach Leningrad erwacht, ihm die Veruntreuung von 10 000 Rubeln wieder bewußt wird und er den Oberbuchhalter, der gerade einen schweren Rausch ausschläft, sowie eine auf der oberen Schlafbank liegende lustige Frau entdeckt.

Das ist ein wahres Teufelsspiel, eine ungeheuerliche Zerstörung der wunderbaren Welt Vanečkas, eine wahre Tragödie in seinem Leben. Sie aber haben diese Welt nicht gestaltet, Sie haben sie nicht in Ihrem Innern erfühlt, und deshalb haben sie auch nicht versucht, sie auf der Bühne zu verkörpern. Es spielt keine Rolle, daß der Autor sie nicht zeigt. Aber als Sie sich während des Aktes im Kassenraum befanden, das Kassenfenster geschlossen war und niemand Sie sah oder vor Beginn der Probe in diesem Ihrem Aufzug, haben Sie da versucht, jene kleinen Arbeiten Ihres Helden, als da sind Staubwischen, Lampenputzen, Geldweglegen, Bleistiftspitzen und so weiter, tatsächlich zu machen? Nein, Sie haben in der erwähnten Zeit bestenfalls probiert, wie Sie Ihren ersten Satz sprechen sollen, wenn das Kassenfenster aufgeht und der dem Zuschauer sichtbare Teil Ihrer Rolle beginnt. Sie haben es versäumt, die Gerichte für die Speisung Ihrer Rolle zu bereiten.«

Das ungefähr erklärte mir Konstantin Sergeevič dem Sinne nach bei der Probe. Ich begriff, daß darin eine tiefe Wahrheit steckte, doch war mir vollkommen unbegreiflich, wie man all das verwirklichen sollte. Wie sollte die Probe weitergehen? Ich versuchte zu streiten, wollte die Möglichkeit einer anderen Arbeitsmethode beweisen und sprach von den Leistungen, die ich früher erzielt hatte, aber alle meine Argumente scheiterten nacheinander an der Logik Stanislavskijs.

»Aber habe ich denn nicht einige Rollen sehr gut gespielt?«

»Das ist durchaus möglich. Aber wollen Sie nicht noch besser spielen?«

»Das versteht sich.«

»Nun, ich werde Ihnen den Weg dahin weisen. Außerdem will ich Sie von dem überflüssigen und immer qualvollen Umherirren auf falschen Wegen während der Arbeit an der Rolle erlösen.«

Ich gab mich noch lange nicht geschlagen und fuhr fort, hartnäckig auf vielen meiner Ansichten zu bestehen. Er seufzte und sagte:

»Da haben wir uns einen schönen Streithammel an unser Theater geholt.«

Meine Szene war also auf dem toten Punkt angelangt, und die Probe war zu Ende. Damals erschien mir solch eine »unproduktive« Zeitverschwendung verwunderlich. Bei Korsch hätten wir in derselben Zeit das ganze Stück geschafft. Die Gedanken, die mir Stanislavskij eingegeben hatte, nahmen aber von mir mit erstaunlicher Gewalt Besitz und gärten in mir bis zur nächsten Probe, die tags darauf in Stanislavskijs Abwesenheit in markierter Dekoration und mit allem Drum und Dran stattfand. Schamhaft versuchte ich, all das zu machen, was er mir empfohlen hatte. Aber es war mir so ungewohnt, daß ich jedesmal rot wurde, wenn mich jemand heimlich beobachtete.

Nein, das ist ja alles Teufelskram! Wie war doch früher alles so einfach! Man bekam sein szenisches Arrangement, und schon ging das Spiel los, aber hier –! Und doch muß ich's noch einmal probieren. Nachdem ich mich verstohlen umgeschaut hatte, begann ich wieder, Staub zu wischen, den Bleistift zu spitzen und Ordnung zu machen. Nein, da stimmt was noch nicht. All das mache ich vor Beginn der Probe; sie hat noch nicht begonnen, aber die Dekoration und die ganze Einrichtung ist schon an ihrem Platz. Nun, versuchen wir es noch einmal, aber ganz richtig, ganz ernsthaft.

Da steht ein Tischchen vor mir. Ich will es doch mal wirklich in einen Zustand idealer Ordnung versetzen. Hier ist Staub, dort irgendein Fleck – ich will versuchen, ihn zu entfernen. Mit aller Gewissenhaftigkeit probiere ich das, trachte ernsthaft danach, etwas zu erreichen. So, nun weiter. Der Tisch wackelt etwas, man muß ihn so stellen, daß er feststeht. Es klappt nicht, also suche ich etwas zum Unterlegen. So, jetzt habe ich einen Span gefunden und unter das Tischbein geschoben. Schon wackelt der Tisch nicht mehr, und blankgewischt ist er auch. Jetzt gilt es, alle Gegenstände in idealer Ordnung an ihren Platz zu stellen oder zu legen.

Ich merke gar nicht, wie mich all das in eine Art Begeisterung versetzt. Es ist mir sehr wohl und angenehm zumute bei dieser Beschäftigung.

Da liegt ein Bleistift und ein Messerchen. Ich will doch mal versuchen, ihn vorbildlich anzuspitzen. Ich mache mich mit Vergnügen an die Arbeit und konzentriere darauf meine ganze Aufmerksamkeit, aber – was ist denn das? Um mich herum ist es unruhig geworden, Leute sind angekommen. Ach, da beginnt ja schon die Probe. Das Stichwort ertönt, ich öffne das Kassenfenster und beginne meine Szene.

Tag für Tag wurden die »Defraudanten« geprobt, mal unter Stanislavskijs Leitung, mal ohne ihn. Der ganze Stil der Probenarbeit, ein Stil, der schon lange zur festen Tradition des Künstlertheaters geworden war, bedeutete für mich etwas ganz Ungewohntes. Die Proben mit Stanislavskij, und besonders die meiner Szenen, überraschten mich immer wieder durch neue verblüffende Arbeitsverfahren. Alles war interessant und hinreißend, hatte aber, wie mir schien, wenig mit der Praxis zu tun.

Nun schön, ich kann schon allerhand auf dem Wege, von dem er spricht, leisten. Das sind aber doch überwiegend Dinge, die dem Zuschauer gar nicht gezeigt werden. Die Szene selbst aber, die ich spielen soll, wie steht es mit der? Stanislavskij interessiert sich seltsamerweise am wenigsten für all das, was den Text der Rolle betrifft, den ich doch dem Publikum vortragen muß. Kaum mache ich den Mund auf, und schon unterbricht er mich und weist mich auf irgendwelche »Nichtigkeiten« hin, die gar nichts mit der Sache zu tun haben.

»So lassen Sie mich doch wenigstens einen Satz sprechen. Vielleicht kommt doch etwas dabei heraus.«

»Nichts kann dabei herauskommen, da Sie doch nicht vorbereitet sind.«

»Aber bitte, ich habe doch geübt.«

»Sie haben eben nicht das Richtige geübt, Ihr ganzes Verhalten entspricht nicht der Szene, die Sie spielen sollen. Deshalb ist es auch sinnlos, wenn Sie versuchen, Ihre Ohren nur mit falschen Intonationen vollzustopfen, von denen Sie später schwer wieder loskommen. Denken Sie doch gar nicht an die Phrase und die Intonation – die kommen von selbst. Denken Sie nur an Ihr Verhalten. Sehen Sie, gerade Sie und niemand sonst muß den an der Kasse wartenden Kassenboten einige Tausend Rubel auszahlen. Für jede Kopeke sind Sie verantwortlich. Wie werden Sie nun handeln? Berücksichtigen Sie, daß alle diese Kassenboten Gauner sind. Sie müssen also sehr vorsichtig sein. Wie werden Sie dieses Geschäft erledigen? Womit beginnen Sie? Was haben Sie dafür vorbereitet? Was für Dokumente und Papiere brauchen Sie? Kommen Sie mit dem Gelde aus? Als Sie das Fenster öffneten, haben Sie nach der Anzahl der Menschen schnell überschlagen, welche Summe Sie etwa brauchen, um alle Forderungen voll zu befriedigen. Sollte man vielleicht die Auszahlung auf fünfzig Prozent begrenzen? Schaffen Sie sich eine Reihe beruflicher Sorgen und Erwägungen, und handeln Sie entsprechend! Glauben Sie mir, das ist das Interessanteste. Darauf wird der Zuschauer achten, dadurch werden Sie ihn am ehesten von der Echtheit des Vorganges überzeugen. Sie sehen, wieviel hier außer den Worten zu beachten ist. Die Worte und Intonationen sind das Ergebnis ihrer Gedanken, Ihrer Handlungen; Sie aber lassen all das weg, was im Leben nie weggelassen werden darf, und nachdem Sie das Fenster geöffnet haben, warten Sie auf das Stichwort und präparieren die Intonation. Aber woher soll diese denn kommen, wie kann sie lebenswahr, organisch sein, wo Sie die einfachsten Gesetze des menschlichen Verhaltens übertreten?«

Also begannen wir, uns mit Buchhaltungsangelegenheiten zu beschäftigen, mit dem Nachzählen des Geldes, dem Vergleichen der Dokumente, dem Abhaken von Summen in den Listen und so weiter. Und wieder beunruhigte mich der Gedanke an die verlorene Zeit, mußte doch noch das ganze Stück probiert werden! Und ich hatte eine große Rolle! Ich muß allerdings zugeben, daß das Buchhaltungsspiel mich zuweilen hinriß, daß es mir dann gelang, an den Ernst des Vorganges zu glauben, und wenn ich in solchen Augenblicken diesen oder jenen Satz der Rolle sprach, dann klang er sehr lebendig und wahrhaftig, und die Anwesenden reagierten gut darauf. Aber all das erschien mir als etwas Zufälliges, das plötzlich auftauchte und ebenso wieder für immer verschwinden konnte. Und so war es auch. Jedesmal, wenn ich den Wunsch hatte, etwas zu fixieren und genau zu wiederholen, wurde nichts daraus. Kurz, ich vermißte bei dieser Arbeit die Bestimmtheit, an die ich früher bei der Arbeit an der Rolle gewöhnt war.

Damals stand alles fest: die Lektüre des Schauspiels, die Leseprobe, das szenische Arrangement, das Entdecken des allgemeinen Tones für die Rolle, die Erfindung der besonderen Intonationen, der »Kniffe«, mit einem Worte, das allmähliche Anhäufen aller möglichen »Kostbarkeiten«, die sich als publikumswirksam bewährt hatten. Die wahre Bedeutung der Arbeitsmethode Stanislavskijs war mir damals ein böhmisches Dorf. Bei angestrengter, sehr aktiver Probenarbeit denkt man hier gar nicht an das Endergebnis, das heißt an die Aufführung. Man ignoriert geradczu den zukünftigen Zuschauer. Hier schenkt man seltsamerweise gerade den Dingen mehr Beachtung, die der Zuschauer niemals zu Gesicht bekommt.

Ich kann nicht behaupten, daß mein mangelndes Verständnis für all das, was ich im Künstlertheater sah, dahin führte, daß ich darüber enttäuscht war. Das Gegenteil ist der Fall. Alles wirkte außerordentlich begeisternd auf mich, regte das Denken und die Phantasie an und rief den Wunsch hervor, es zu begreifen. Ich erlebte gewissermaßen von neuem den Zustand, den ich empfand, als ich das erste Studienjahr der Theaterschule begann und mit klopfendem Herzen die ersten Begriffe der Technik unserer wundervollen Kunst kennenlernte. Und doch kam mir die neue Arbeitsmethode gleichsam etwas anarchisch vor. Erst viele Jahre später begriff ich die erstaunliche Harmonie des ganzen Arbeitssystems Stanislavskijs, der gleichzeitig als Regisseur, Pädagoge und Theaterintendant tätig war und es bei der Probenarbeit verstand, alle diese Seiten seiner Tätigkeit zu vereinigen. Ich lernte die Verschiedenheit der Stufen seiner Arbeit an der Entwicklung einer Inszenierung verstehen und begriff auch, daß niemand außer ihm solch ein Gefühl für die Form der künftigen Aufführung hatte und sich so darum sorgte, daß sie den Weg zum Zuschauer fand. Dafür hatte er allerdings seine besonderen Wege, die mir wenig begreiflich waren.

Die Arbeit an der Gestaltung der »Defraudanten« entwickelte sich und nahm immer neue Formen an. Die Proben einiger Bilder wurden bereits auf die Bühne verlegt.

Hier bildet sich nun allmählich ein deutlicheres szenisches Arrangement heraus, obwohl noch keiner der Schauspieler nach einer genauen Festlegung strebt und häufig improvisiert. Die Regie kümmert sich wenig darum.

Auf der Bühne sieht man die Wohnung des Buchhalters. Die aus seiner Frau und zwei Kindern bestehende Familie befindet sich in einiger Aufregung. Die Mittagszeit ist schon längst vorbei, und der Hausherr ist immer noch nicht da. Im Augenblick der höchsten Spannung hört man heftiges Klingeln. Die Frau läuft hinaus und öffnet. Vor der Tür steht ihr Mann mit dem Kassierer Vanečka. Beide sind total betrunken, aber in sehr guter und feierlicher Stimmung. In der Kneipe, in die sie im Suff zufällig geraten waren, war bei dem Buchhalter der Plan entstanden, seine Tochter dem Kassierer zur Frau zu geben. Mit diesem Vorhaben kamen sie nun hierher und brachten Wein und einen Imbiß mit. Aber die

Ehefrau des Buchhalters, eine sehr temperamentvolle Polin, empfing die beiden mit einem solchen Schwall von Schimpfworten, wie ihn der Kassierer Vanečka wahrscheinlich in seinem Leben noch nicht gehört hatte, so daß ihm ordentlich angst und bange wurde. Um dem entstehenden Skandal, der in eine Schlägerei auszuarten drohte, ein Ende zu machen, zog der Buchhalter seine Frau mit Mühe in ein anderes Zimmer, um ihr dort die Situation zu erklären. Eingeschüchtert und niedergedrückt blieb Vanečka allein zurück. Nachdem er eine Zeitlang dagestanden hatte, begann er zu lauschen, was zwischen dem Buchhalter und seiner Frau in ihrem Zimmer vor sich ging. Er hörte zwar von dort erregte Stimmen, konnte aber die Worte nicht verstehen. Als Vanečka ganz dicht an die Tür herantrat, verstummten die Stimmen plötzlich. Er beugte sich zum Schlüsselloch hinab, sah die wütende Frau direkt auf sich zuschreiten und sprang geschwind von der Tür weg.

»Nun, was werden Sie jetzt tun?« fragte Stanislavskij.

»Was soll ich tun?«

»Sie sind allein im Zimmer zurückgeblieben. Unter Berücksichtigung aller Umstände müssen Sie erwägen, was Ihnen passiert ist und was Sie weiter zu tun haben. Das ist Ihre Szene.«

»Hier gibt's doch nichts weiter zu tun. Er steht einfach da, geht dann zur Tür, lauscht, schaut durchs Schlüsselloch und springt zurück. Weiter doch nichts.«

»Genügt Ihnen das etwa nicht? Nun schön, kommen Sie, lauschen Sie einfach, spähen Sie durch das Schlüsselloch ... Halt! Nennen Sie das etwa ›lauschen‹, was Sie da machen?«

»Ja.«

»Nein, Sie versuchen etwas zu mimen, aber Sie müssen lauschen. Sie hören ja nichts. Und warum wollen Sie lauschen?«

»Aus Neugier.«

»Das glaube ich nicht. Nun, lassen wir das! Lauschen Sie! Was würden Sie tun, wenn Sie um jeden Preis hören und verstehen müßten, was in dem betreffenden Zimmer vor sich geht? Sie wollen das alles irgendwie äußerlich mimen. Haben Sie denn noch nie in Ihrem Leben gelauscht? Erinnern Sie sich doch, wie Sie das angestellt haben. Nun schön, lassen wir das gelten. Weiter! Gucken Sie nun durch das Schlüsselloch! Jetzt stößt man mit einer Stricknadel durch das Schlüsselloch nach Ihrem Auge. Springen Sie rechtzeitig von der Tür zurück ... Furchtbar! Ich glaube Ihnen nichts, nicht eine einzige Ihrer Bewegungen ist glaubwürdig. Noch einmal, nein, ich glaube es nicht. Was stört Sie denn? Nun, noch einmal! Wozu denn diese krampfhafte Anstrengung?«

Dutzende Male wurde immer dasselbe wiederholt, endlich schien es, als ob etwas dabei herausgekommen wäre.

»Ausgezeichnet – aber mit einem kleinen Surplus.«

»Wie bitte?«

»Mit einem kleinen Surplus.«

»Ich verstehe nicht, was das bedeutet.«

»Sie haben es zwar richtig gemacht, doch haben Sie zu dem Richtigen ein kaum bemerkbares kleines Plus hinzugefügt, und das offenbar, um zum Lachen zu reizen.«

»Muß das etwa nicht sein? Es ist doch eine komische Szene.«

»Sie wird noch komischer sein, wenn Sie genauso viel tun, wie nötig ist. Das ist die beste Ausdrucksmöglichkeit. Jedes Mehr, jedes Plus ist ohne Nutzen, sondern eine falsche Auffassung sogenannter Bühnenwirksamkeit. Das richtige Maß finden ist das Schwerste in unserem Beruf. Nun, probieren Sie es noch einmal!«

Wieder begann das hilflose Wiederholen ein und derselben Szene. Als ich schließlich, schon etwas in Harnisch gebracht, meine Unlust am Spiel demonstrieren wollte und mich einfach zum Schlüsselloch niederbeugte und zurücksprang, brach im Saal ein lautes Gelächter aus. Ich wußte zunächst nicht, ob man lachte, weil ich tatsächlich gut gespielt hatte, oder ob man sich über meine Demonstration lustig machte.

»So ist's vollkommen richtig. Suchen Sie immer gerade dies! Haben Sie verstanden? Nun, gehen wir weiter!«

Um die Wahrheit zu gestehen, begriffen hatte ich immer noch wenig. Aber ich merkte mir das Wörtchen »Plus«.

Der Kassierer Vanečka ist ein lieber, bescheidener junger Mann. Zum Defraudanten wurde er ganz zufällig durch irgendein schicksalhaftes Zusammentreffen gewisser Umstände. Seine Alltagsinteressen und seine dienstliche Tätigkeit haben wir bereits oben beschrieben, aber er hat noch etwas, das für ihn vielleicht das Allerteuerste ist: das Dorf Berezovka, wo er seine Kindheit verbracht hat, und die baufällige Hütte, wo seine alte Mutter noch wohnt.

Unsere beiden Defraudanten, der Buchhalter und der Kassierer, die mit dem Gelde – Hunderte und Tausende von Rubeln – nur so um sich werfen, reisen von einer Stadt in die andere und »unterziehen« die verschiedensten Lebensverhältnisse »einer Prüfung«. Auf diese Weise geraten sie zufällig – vielleicht auch nicht zufällig – in ein Städtchen in der Nähe von Vanečkas Dorf. Eine Begegnung mit Bauern in der Teestube wirkt niederdrückend auf den betrunkenen Vanečka. Bewegt erzählt er den Bauern, daß er aus dieser Gegend stamme. Er beschreibt ihnen, wo das Dorf Berezovka liegt und wo sich dort die Hütte befindet, in der seine Mutter wohnt.

Die Darstellung dieses Monologs Vanečkas stellt in bezug auf das Emotionale an den Schauspieler große Anforderungen. Tausend Gedanken und Gefühle erwachen in dem unglücklichen Jüngling, als er daran denkt, was ihm so teuer war und was er für immer verloren hat. Für mich war das die Stelle der Rolle, um derentwillen alles übrige existiert. Früher hätte mit diesem Monolog die Arbeit an der Rolle begonnen. Hier dagegen! Wir kommen überhaupt nicht bis zu dieser Szene, immerzu schlagen wir uns mit irgendwelchen Bagatellen herum. Wann endlich gelange ich dahin? Dann werde ich zeigen, was echtes Gefühl, echtes Temperament ist. Ich glaube, dann wird man mir kein »Plus« vorwerfen.

Ganze Nächte hindurch übte ich zu Hause diesen Monolog. Auf alle mögliche Art und Weise versuchte ich, ihn vorzutragen, wobei ich mich bemühte, mein Gefühl bis zum äußersten zu erhitzen. Zuweilen gelang mir das auch, und reichlich flossen die Tränen über meine Wangen bei dem Schlußsatz: »Und – hier wohnt – mein Mütterlein …«

Schließlich kam der Tag, an dem die Probe unter der Leitung Stanislavskijs stattfand. Nachdem ich meinen Monolog begonnen hatte, fürchtete ich am meisten, daß er mich unterbrechen und dadurch der Illusion berauben würde. Wider Erwarten geschah das nicht. Er hörte meinen Monolog vielmehr bis zum Schluß an. Der erwartete Effekt aber blieb aus, das Gefühl verflüchtigte sich. Was blieb, waren nur klägliche Anstrengungen und ein sentimentales »Bibbern« in der Stimme. Ich wurde konfus und sagte selbst, ehe Stanislavskij das Wort ergriff:

»Es ist nichts geworden«

»Was wollten Sie denn erreichen?«

»Bei mir zu Hause hat der Monolog tadellos geklappt.«

»Und zwar inwiefern?«

»Ich hatte eine Menge Gefühle, ich weinte sogar.«

»Sehen Sie, Ihr ganzes Denken richtete sich darauf, nur ja die Gefühle nicht zu versäumen. Das aber war eine ganz falsche Aufgabenstellung. Hat etwa Vanečka bei dem Gespräch mit den Bauern daran gedacht?

Mithin dürfen auch Sie nicht daran denken. Warum wollen Sie denn übrigens weinen? Überlassen Sie das doch dem Zuschauer!«
»Mir scheint aber, daß es so ergreifender ist.«
»Unsinn. Das ist abgeschmackte Sentimentalität. So etwas machen unbegabte Bettler und erreichen immer das Gegenteil. Sie wirkt nämlich aufreizend. Was macht denn Vanečka hier? Was will er denn von den Bauern? Er will doch nur das eine, daß sie sich die Adresse seines Mütterleins gut einprägen. Die Adresse ist sehr kompliziert, und die Bauern sind ziemlich schwer von Begriff. Merken Sie, was für eine Aktivität diese Aufgabe erfordert? Nach Tränen steht ihm der Sinn in diesem Augenblick gar nicht. Stellen Sie sich dann auch alle Pfade und Kennzeichen für den Weg nach dem Dorfe Berezovka und zu der Hütte der Mutter gut vor. Nach dem, wie Sie jetzt gespielt haben, glaube ich das nicht, und doch ist das die Hauptsache. Erfinden Sie für sich eine möglichst verwickelte, komplizierte Topografie des Ortes und bemühen Sie sich, diese so deutlich wie möglich zu zeichnen, wobei Sie jeden der Bauern daraufhin beobachten, ob er Sie richtig verstanden hat. Alle Sorgen um Ihre eigenen Erlebnisse und Gefühle schlagen Sie sich dagegen aus dem Kopf!«
In diesem Augenblick tauchte plötzlich eine Erinnerung in mir auf. Ich setzte indessen die Probe fort. Der Monolog gelang mir schließlich, und Stanislavskij war zufrieden. Als ich aber nach Beendigung der Probe nach Hause gekommen war, kehrte die aufgetauchte Erinnerung wieder. Einige Jahre vor meinem Eintritt in das Künstlertheater probte ich im Korschtheater eine Komödie. Ich spielte den Helden des Stückes, einen Pechvogel, der in schwierige Lebenslagen geraten und um des Verdienstes Willen gezwungen ist, ein riskantes Kunststück bei einer Filmaufnahme zu übernehmen. Ihm oblag, von einem hohen Felsen ins Meer zu springen, wobei er das Leben riskierte. Unmittelbar vor dem Sprung wendet er sich, Mitgefühl heischend, direkt an das Publikum und spricht einen umfangreichen Monolog voll dramatischer Spannung, in dem er seinen letzten Willen darlegt. Er beginnt damit, daß er von seinem unglücklichen Geschick erzählt, das ihn in die Zwangslage gebracht hat, sein Leben riskieren zu müssen. An einen glücklichen Ausgang des Sprunges glaubt er nicht. Deshalb verabschiedet er sich von allen Anwesenden für immer und bittet sie im Schlußwort des Monologs, sich seiner zu erinnern, wenn sie nach seinem Tode mit ihren Mädchen ins Kino gehen, sich den Film anschauen und sehen, wie er

auf der Leinwand zum letzten Male vor ihnen auftaucht und in den Abgrund des Nichts fliegt. Er hofft, daß sie das im Gedächtnis behalten und so weiter.

Der Monolog war ergreifend. Er war zu Herzen gehend und dramatisch, aber auch mit gewissem Humor geschrieben, wie es sich für ein Lustspiel gehört, das für den Helden in jeder Hinsicht gut ausgeht. Mir gefiel dieser Monolog außerordentlich. Ich entschloß mich, den glücklichen Ausgang des Stückes nicht vorwegzunehmen, sondern diese Szene mit allem Ernst und aller Dramatik zu spielen, die dem Ereignis entsprach. Der Monolog muß den Zuschauer bis zum äußersten aufwühlen, damit bei der glücklichen Lösung seine Freude möglichst groß ist.

Bei der Arbeit an diesem Monolog, die darin bestand, daß ich ihn wiederholt las, bemühte ich mich, den Schlüssel zu finden, mit dem ich meine Gefühle in dem Monolog so weit wie möglich aufschließen könnte. Manchmal gelang das, manchmal auch nicht. Bei einer der Proben gelang es vollkommen, die Kollegen klatschten Beifall und gratulierten mir. Ich war ganz glücklich. Überhaupt, die ganze Rolle war ein Erfolg.

Es bedurfte jetzt nur noch des Pünktchens auf dem »i«, und alles war in bester Ordnung. Aber schon die nächste Probe war eine Enttäuschung. Als ich an den Monolog heranging, kostete ich schon im voraus den bevorstehenden großen Erfolg aus. Doch der kam nicht. Schon bei den ersten Sätzen des Monologes hatte ich das Gefühl von etwas Unechtem, und sosehr ich mich auch bemühte, mich danach zu korrigieren und das zu finden, was bei der Probe am vorhergehenden Tage so gut geklappt hatte, kam nichts dabei heraus. Im Gegenteil, je weiter ich ging, desto schlechter wurde es. Keine einzige lebendige Intonation, kein Schimmer eines lebendigen Gefühls, alles tot, leer und unecht. Ich wußte weder ein noch aus und wäre am liebsten in die Erde versunken. Schließlich aber tröstete ich mich und sagte mir: Macht nichts, morgen werde ich mich besser zusammennehmen. In der Nacht werde ich noch fleißig arbeiten, und dann wird's schon klappen. Der Mißerfolg ist eine ganz gesetzmäßige Sache.

Aber auch bei den folgenden und den weiteren Proben ging es immer schlechter. Trotz aller Bemühungen wollte das Gefühl, das sich bei der erfolgreichen Probe eingestellt hatte, nicht wiederkehren. Es blieb nur ein Trost, der dem Schauspieler immer zur Verfügung steht, nämlich die Hoffnung, daß sich das Gefühl bei der Aufführung in Gegenwart des

Zuschauers einstellen werde. Bei der Generalprobe hatte ich einen riesigen Mißerfolg. Schließlich kam ich nach einer schlaflosen Nacht und einem qualvollen Tag am Abend zur Aufführung.

Vom ersten Auftritt an klappt alles vorzüglich, alles gelingt, es zeichnet sich ein ausgesprochener Erfolg ab, der von Szene zu Szene steigt. Kurz vor dem schicksalhaften Monolog braust ein stürmischer Beifall auf. Ich fühle in mir eine starke Zusammenballung tiefer Gefühle und schöpferischer Freude. Wenn ich all das doch nur bewahre und nicht noch vor dem Monolog verliere! Ich bin bestrebt, mich durch nichts ablenken zu lassen, sondere mich von den Kollegen ab und ziehe mich zurück. Schließlich ist er da, der schicksalhafte Augenblick. Ich gehe zur Rampe und spreche den ersten Satz. Als ich gerade damit fertig bin, höre ich jemand im Zuschauerraum ärgerlich husten. Ich werde erbost, beherrsche mich aber, um nicht meiner Gefühle verlustig zu gehen. Ich setze den Monolog fort, spreche aber aus irgendeinem Grunde die Worte sehr leise, als ob ich fürchte, etwas zu vergießen, was ich in mir trage, aber zu meinem Schrecken fühle ich, daß in mir überhaupt nichts mehr ist. Das Publikum beginnt immer mehr zu hüsteln, und ich werde immer ärgerlicher auf das Publikum und auf mich. Schließlich fasse ich den Entschluß, ein wenig »auf die Tube zu drücken«. Es wurde noch schlechter: unecht, abgeschmackt, theatralisch. Der Zuschauer hat schon jedes Interesse an meiner Person verloren. Ich aber knülle in Eile die Worte zusammen und beende den Monolog in nahezu nicht mehr wahrnehmbarer Weise. Verwirrt verlasse ich die Bühne, um bei voller Gleichgültigkeit des Publikums gegenüber meinem Schicksal den »Todessprung« auszuführen.

Die Rolle, die von mir zu drei Viertel gut gespielt worden war, konnte man als ganz und gar verunglückt ansehen, weil die Hauptsache, um derentwillen alles Vorangehende geschehen war, nicht im Spiel zum Ausdruck kam. Die weiteren Aufführungen waren eine Wiederholung der Premiere. Ich wußte nicht, was ich unternehmen sollte, um die seinerzeit gefundenen Gefühle zurückzurufen. Sie wollten sich durchaus nicht wieder bei mir einstellen. Man sagt, daß die Kunst schwer ist, daß man also arbeiten muß. Ich verstehe all das und bin auch bereit zu arbeiten, um diesen verfluchten Monolog zu bewältigen. Wie aber soll ich arbeiten? Was soll ich tun?

Je mehr ich mich anstrengte, desto schlechter wurde das Resultat. Mich beherrschte das jedem Schauspieler bekannte Gefühl der Scham wegen seiner Unbegabtheit, und um mich vor diesem widerwärtigen Gefühl zu schützen, nahm ich bei einer der Aufführungen einen Ton der Gleichgültigkeit und des Zynismus in bezug auf das Schauspiel und meine Rolle an, besonders, als der schicksalhafte Moment näher kam. Unmittelbar vor dem Monolog schwatzte ich auf der Bühne mit den Kollegen, erzählte Anekdoten, lachte, blinzelte meiner Partnerin zu, ging voller Gleichgültigkeit zur Rampe, blickte ruhig den nächstsitzenden Zuschauer an und warf ihm Auge in Auge scherzend den ersten Satz hin. Der Zuschauer stutzte und begann interessiert zu lauschen. Ach, du interessierst dich, nun, dann sollst du noch mehr davon haben. Ich blicke umher und stelle fest, daß die daneben Sitzenden mir ebenfalls aufmerksam zuhören. Dadurch ermuntert, beginne ich meinen Gedanken weiter zu entwickeln.

Im Zuschauerraum ist es still geworden. Ich fühle, daß das ganze Theater interessiert zuhört. Mich beginnt der Gedanke zu beunruhigen, ob man mich wohl auch auf der Galerie gut höre und ob meine Gedanken auch dorthin dringen. So wende ich mich also auch an die Galerie, und ich fühle, daß man mich auch dort ausgezeichnet versteht und mir Mitgefühl entgegenbringt. Ich setze meine Rede mit immer größerer Begeisterung und Steigerung fort, und nachdem ich meinen Monolog mit der nachdrücklichen Aufforderung geschlossen habe, die im Saale Sitzenden sollen sich den Film ansehen und dabei meiner im Moment des Todesfluges gedenken, verlasse ich die Bühne unter Beifall. Da haben wir sie also, die verkehrte Welt. Es ist vollkommen unnötig, sich auf die Rolle zu konzentrieren. Im Gegenteil, man muß in jeder Weise von ihr abgelenkt werden. Das ist doch sehr einfach und leicht. Ich habe ein neues Gesetz entdeckt. Hier handelt es sich nicht um eins jener zahllosen Schauspieler-Zauberkunststückchen, zu denen man seine Zuflucht nimmt, um Erfolg zu haben, die aber nie das in sie gesetzte Vertrauen rechtfertigen, vielmehr ist hier alles sehr überzeugend und klar vor sich gegangen. An welchen Türen hatte ich nicht überall angeklopft, und immer vergebens. Hier aber fand ich so unerwartet einen Eingang. Doch schon bei der nächsten Aufführung zerrannen meine Hoffnungen, und meine »Entdeckung« erwies sich als trügerisch. Ich begann die Rolle zu hassen. Zu meinem Glück wurde das Stück bald vom Spielplan abgesetzt, aber es dauerte noch lange, bis sich mein verletztes Selbstgefühl erholte. Und nun, viele Jahre später, da ich mit Stanislavskij den Vaněčka-Monolog probe, fällt mir jenes Erlebnis wieder ein, und ich bin darüber erstaunt, mit welch einfachen Mitteln dieser hervorragende Meister es versteht, die schöpferischen Möglichkeiten im Schauspieler aufzudecken und der Offenbarung seiner lebendigen, echten Gefühle freien Lauf zu lassen. Ich begriff nun, daß gerade die höchste Konzentration auf die Rolle, die echte Aufmerksamkeit eine unabdingbare Voraussetzung für das Eindringen in die Gestalt auf der Bühne ist. Vor allen Dingen muß man erst einmal die wahre Richtung für diese Aufmerksamkeit finden. Meine Mißerfolge bei dem unglückseligen Schauspiel waren die Folge des Umherirrens auf falschen, der Aufgabe widersprechenden Wegen, und ich brauchte diese nur einmal zu verlassen, um auch schon sofort positive Ergebnisse zu sehen. Zufällig geriet ich auf den richtigen Weg, der auch zu Erfolg führte. Aber nicht immer gibt es solche glücklichen Zufälle, und der Verzicht auf einen der falschen Wege bietet noch keine Gewähr dafür, daß man auf den einzig richtigen Weg gerät, den Weg der aktiven, echten, organischen Handlung, zu dem mich Stanislavskij bei der Probe der Vanečka-Szene hinführte und auf den ich bei der oben geschilderten Aufführung geriet, als ich zufällig mit einem der Zuschauer einen guten Kontakt hergestellt und dieser positiv reagiert hatte, worauf ich allmählich den ganzen Zuschauerraum in meinen Aufmerksamkeitsbereich einbezog und aufrichtig anstrebte, daß jeder Anwesende mir verspräche, meine letzte Bitte zu erfüllen. Steht nicht Vanečka vor derselben Aufgabe, wenn er den Bauern die Adresse seines Mütterchens erklärt? In jenem Schauspiel hatte ich es allerdings nicht mit handelnden Personen auf der Bühne zu tun, was dem dramatischen Schauspieler so geläufig ist, sondern mit Leuten, die im Zuschauerraum saßen, was in unserer Praxis fast gar nicht vorkommt oder doch höchstens nur als Ausnahme. Das war, wie mir scheint, auch die Hauptursache dafür, daß ich etwas »überschnappte«. Die beschriebene Probe mit Stanislavskij gab meinen Gedanken erst einen Anstoß in dieser Richtung. Es versteht sich von selbst, daß sie zu jener Zeit nicht einmal die verhältnismäßig einfache Klarheit aufzuweisen hatten, mit der ich heute die Sache darstelle. Die Aufmcrksamkeit des Schauspielers zu verlagern von einer Suche nach den Gefühlen in sich selber auf das Ausführen von Aufgaben auf der Bühne ist eine der großen Entdeckungen Stanislavskijs, die ein wichtiges Problem unserer Technik löst. Bedeutete dies nun, daß er die emotionale Seite unseres Schaffens überhaupt verneinte? Durchaus nicht. Das wiederholte er auf Schritt und

Tritt. Die Schauspielkunst hielt er nur dann für eine hohe Kunst, wenn der Künstler echte Leidenschaft und lebendiges Temperament einsetzt. Aber er erlöste den Schauspieler von der quälenden Sorge um das Emotionale, nahm ihm die Möglichkeit, sich an seinen Gefühlen zu ergötzen, und zeigte den sichersten und einzig richtigen Weg zur Erschließung echter menschlicher Gefühle beim Schauspieler, und zwar durch das zielgerichtete Erfüllen von Aufgaben auf der Bühne, die den Partner aktiv beeinflussen.

Viele Jahre nach der geschilderten Probe unterhielt ich mich mit Stanislavskij über »das schöpferische Befinden«, die Konzentration des Schauspielers während der Aufführung und andere Dinge, die eine nahe Beziehung zu der geschilderten Probe der »Defraudanten« und zu dem Fall im Korschtheater hatten. Unter anderem sagte ich, daß die Konzentration und überhaupt eine ernste Einstellung zu der dargestellten Rolle nicht immer gute Resultate liefern. Viele Schauspieler sind sogar der Überzeugung, daß eine gewisse Dosis Leichtsinn, Gleichgültigkeit und Zynismus in bezug auf ihre Arbeit ihnen häufig bedeutend größeren Erfolg einbrachten. Alle Schauspieler kennen die Fälle, wo man aus irgendeinem Grunde besonders gut spielen will und gerade dann unbedingt versagt. Das ist nämlich der Fall, wenn »heute ein gewisser *Er* oder eine gewisse *Sie* im Zuschauerraum sitzt«. Da wird sich der Schauspieler besonders zusammennehmen und konzentrieren und meistens eine große Pleite erleben.

Vorsichtig deutete ich Stanislavskij an, daß ich teilweise derselben Meinung war, denn ich hätte wiederholt Gelegenheit gehabt, in meiner eigenen Praxis die volle Bestätigung jener Regel zu erfahren, besonders dann, wenn ich als Rezitator auftrat. Erfolg hatte ich in dieser Kunst nur sehr selten, und das war stets an solchen Abenden der Fall, an denen ich es sehr eilig hatte, nach der Veranstaltung irgendwohin zu gehen. Dann beherrschte mich nur ein Gedanke: so schnell wie möglich rezitieren und dann weg!

»Und warum meinen Sie denn, daß Sie damals gut vortrugen?«

»Das sagte mir mein eigenes Gefühl und …«

»Und …?«

»Und der Erfolg beim Publikum.«

»Beides kann täuschen.«

»Nun, schließlich sagten die Veranstalter und die Zuhörer des Vortragsabends, daß …«

»Hm! ... Hm! ... Das waren eben auch Stümper. Wenn Sie schlecht vortrugen, so lag das nicht daran, daß Sie sich zusammennahmen, sich konzentrierten, es lag nicht an Ihrer ernsthaften Einstellung und den anderen notwendigen Voraussetzungen für die Arbeit eines jeden Künstlers; vielmehr haben Sie sich einfach nicht auf das Richtige konzentriert. Da lag der Hase im Pfeffer. Und als Sie diese falsche, Ihnen hinderliche Konzentration einstellten, klappte es schon besser. Hätten Sie es außerdem noch verstanden, echte menschliche Aufmerksamkeit auf die Ausführung einer konkreten Bühnenaufgabe, die in der dargestellten Szene enthalten war, zu konzentrieren, dann wäre es sogar sehr gut geworden.«

Einen Begriff vom Rhythmus vermittelten mir weder die Lehrer in der Theaterschule noch die Regisseure bei meiner späteren praktischen Arbeit. Wenn ich dieses Wort auch in den letzten Jahren vor meinem Eintritt in das Künstlertheater häufig von gewissen Vertretern des Theaterlebens zu hören bekam, so vermißte ich doch eine einigermaßen klare Erläuterung von ihnen (ich spreche vom Rhythmus in der Anwendung auf unsere Bühnenkunst), und deshalb blieb diese außerordentlich wichtige Frage für mich offen.

Zu meinem Bedauern muß ich sagen, daß der Begriff des Rhythmus sich für mich auch bis jetzt noch einer genauen Definition entzieht. Man muß sich heutzutage schämen, das einzugestehen. Sind denn nicht »Rhythmus, Tempo, Tempo-Rhythmus, Rhythmus-Tempo« heute die geläufigsten Worte im Munde der Regisseure, Schauspieler, Theaterwissenschaftler und Kritiker? Wenn Sie aber versuchen, von irgendeinem unter ihnen eine genaue Erklärung des Sinnes dieses Wortes zu bekommen, dann kann er Ihren Wissendurst auch nicht im geringsten befriedigen, sondern wird versuchen, Sie mit allgemeinen Worten und Begriffen abzuspeisen, die keine volle praktische Anwendung gestatten.

Vor Zeiten existierte in der Theaterterminologie das ziemlich universale Wort »Ton«. Es gab nicht nur einen »Ton« für die Rolle, sondern auch einen »allgemeinen Ton« der Aufführung, und der Schauspieler konnte den »Ton« treffen oder auch nicht treffen. Das Schauspiel konnte in »gedehntem Ton« ablaufen, und an den Schauspieler, der die Bühne betrat, richtete man mitten in der Handlung die Bitte, »den Ton zu heben«. Dabei wußte niemand genau, wie das geschieht, und der auftretende

Schauspieler begann ganz einfach lauter als die anderen zu sprechen. Das ergab etwas Unechtes, der Schauspieler »traf nicht den Ton«.
Er war bald in schlechter Stimmung, und die Handlung ging »in gesenktem Ton« so lange weiter, bis etwas geschah, was unabhängig vom
Willen der Teilnehmer die Lage rettete, und der Ton des Schauspiels
stieg bis zu dem gewünschten Klange. Jeder der Schauspieler schrieb
sich nachträglich das Verdienst um die »Hebung des Tones« des Schauspiels zu, und das war nicht selten Gegenstand eines Streites zwischen
den Schauspielern. Dieser Streit blieb immer unentschieden, weil eigentlich niemand genau wußte, was passiert war und was überhaupt
unter dem »Ton einer Aufführung«, um den man sich sorgte, zu verstehen war.

Mir scheint, daß man hier nach dem suchte, was bei Stanislavskij später
mit dem Begriff »Rhythmus« erfaßt wurde. Ich hatte bei den Proben
Gelegenheit zu beobachten, wie Stanislavskij seine Kenntnisse auf
diesem Gebiet praktisch anwendete. Dabei sah ich Wunder der Verwandlung eines sich müde dahinschleppenden szenischen Einerleis in
das blutvolle, klangreiche, ganz und gar aktive Geschehen eines ange-
strengten Kampfes, und das war die Folge bewußter Regiemeister-
schaft, die Folge der Fähigkeit, die gewonnenen, vollkommen bestimmten Begriffe vom Rhythmus einer Szene praktisch anzuwenden.

So probten wir zum Beispiel ein kleines Ereignis aus den »Defraudanten«. Der Buchhalter, der mit seinem Kassierer Vanečka alle möglichen
Strecken bereist, fällt in die Hände von Falschspielern, die die Züge
unsicher machen.

Er läßt sich in das Kartenspiel ein und riskiert, alles zu verlieren, was
noch in Vanečkas Aktentasche von der Unterschlagung übriggeblieben
ist. Der arme Kassierer ist entsetzt. Auf irgendeinem Bahnhofe unterbricht der Buchhalter das Spiel, verläßt den Wagen und geht zum Erfrischungsraum, um einen Schnaps zu trinken. Der Zug hält kurze Zeit.
Vanečka springt aus dem Wagen und folgt dem Buchhalter in der Hoffnung, ihn zu überreden, nicht in den Wagen zurückzukehren, sondern
auf dem Bahnhof zu bleiben, zumindest aber um den Buchhalter durch
irgend etwas abzulenken, damit er die Abfahrt des Zuges nicht bemerkt.
Aber der vom Spielteufel Gepackte läßt sich nicht so leicht betrügen. Er
ist ganz besessen von dem Wunsche, das verlorene Geld so schnell wie
möglich zurückzugewinnen. Darum ist es außerordentlich schwierig,
ihn festzuhalten, nachdem die Bahnhofsglocke die Abfahrt des Zuges

angekündigt hat, zumal der Autor des Stückes Vanečka, dessen Wortschatz sehr dürftig ist, außer dem Ausruf »Filipp Stepanovič! Filipp Stepanovič!« nichts sagen läßt. Die Szene wollte nicht klappen. Ich fühlte, daß das meine Schuld war, schob sie aber dem Autor zu. In der Tat, was kann man schon anfangen, wenn einem nur eine einzige Wendung zur Verfügung steht?

Tarchanov, der diese Szene glänzend spielt, hat es gut. Ihm stehen genug Worte zur Verfügung, um etwas zu spielen, ich dagegen habe nur diesen Ruf: »Filipp Stepanovič! Filipp Stepanovič!«, und damit basta.

Wie groß war mein Erstaunen, als Stanislavskij sagte: »Vasilij Osipovič, bedenken Sie, daß dies Ihre Szene ist. Hier spielen Sie die Hauptrolle und nicht Tarchanov.«

»Ja, ich habe aber doch nichts zu sagen als ›Filipp Stepanovič‹.«

»Darauf kommt es nicht an. Sie haben eine sehr aktive Aufgabe, nämlich die, den Buchhalter um jeden Preis zurückzuhalten und nicht in den Zug zu lassen. Dadurch, wie Sie das schaffen, können Sie sich als Meister zeigen.«

»Mir stehen aber keine Worte zur Verfügung, das ist sehr schwer.«

»Hier kommt es auf Worte gar nicht an. Versuchen Sie, gleichzeitig Tarchanov und den auf dem Gleis stehenden Zug zu beobachten. Der kann jeden Augenblick abfahren, was für Sie die Rettung bedeuten würde. Nun, versuchen Sie es!«

Das ist leicht gesagt: »Versuchen Sie es!« Aber wie? Ich blieb verwirrt stehen.

»Nun, wo haben Sie Tarchanov und wo den Zug? Bemühen Sie sich, das alles genau und konkret festzulegen! Beobachten Sie Tarchanov! Was tut er, und was macht der Zug? Empfinden Sie den Rhythmus dieser Szene?«

Da ist es also, das Wort »Rhythmus«. Ich habe davon keine blasse Ahnung.

Und weiter:

»Sie stehen nicht im richtigen Rhythmus.«

Im Rhythmus stehen? Wie soll man denn das anfangen? Im Rhythmus gehen, tanzen und singen, ja, das begreife ich, aber stehen!

»Würden Sie denn so dastehen, wenn Ihnen wirklich ernste Folgen drohten, sobald Tarchanov in den Zug stiege?«

»Entschuldigen Sie, Konstantin Sergeevič, ich habe aber gar keine Ahnung vom Rhythmus.«

»Das tut nichts. Sehen Sie, da hinter der Ecke ist eine Maus. Nehmen Sie einen Stock und lauern Sie ihr auf, um sie zu erschlagen, sobald sie hervorspringt. – Nein, so werden Sie sie verfehlen. Aufmerksamer müssen Sie beobachten, viel aufmerksamer. Sobald ich in die Hände klatsche, schlagen Sie zu. – Sehen Sie, Sie kommen zu spät. Noch einmal – und noch mal. Konzentrieren Sie sich noch stärker, geben Sie sich Mühe, daß der Schlag mit dem Stock zeitlich fast mit dem Händeklatschen zusammenfällt. Sehen Sie, jetzt stehen Sie schon in einem ganz anderen Rhythmus als vorher. Fühlen Sie den Unterschied? Einer Maus auflauern erfordert einen anderen Rhythmus als die Beobachtung eines Tigers, der sich an Sie heranschleicht. Beobachten Sie aufmerksam Tarchanov, registrieren Sie alle seine Handlungen. Jetzt hat er den Zug vergessen und ist ganz darein vertieft, die Erfrischungen zu sich zu nehmen. Das ist für Sie günstig, Sie können sich eine Sekunde ausruhen und nach dem Zug ausschauen. Ja, Sie können sogar einen Augenblick auf den Bahnsteig hinausspringen, müssen dann aber sofort wieder zurück und die ganze Aufmerksamkeit dem Buchhalter, also Tarchanov, widmen. Bemühen Sie sich, seine Absichten zu erraten, seine Gedanken zu lesen. Jetzt ist ihm der Zug wieder eingefallen. Er durchwühlt seine Taschen, um den Schnaps zu bezahlen. Machen Sie sich bereit, ihn abzulenken und ihn um jeden Preis im Erfrischungsraum festzuhalten. Diese Ihre Bereitschaft, eine Handlung auszuführen, zwingt Sie, in einem anderen Rhythmus zu stehen und sich zu bewegen als Sie es jetzt tun. Nun, versuchen Sie es!«

Dieses für mich neue Element unserer Technik – der Rhythmus – begann mich zu interessieren. Mit Hingabe setzte ich die Probe fort. Ich bemühte mich, das Wesen der Sache sofort zu erfassen und zu verstehen. Aber das war nicht so einfach. Nichts von dem, was mir Stanislavskij nahelegte, gelang mir. Mal kam dabei eine gewisse Hast und Geschäftigkeit unter vollkommener Vernachlässigung des Partners zum Vorschein, mal gelang es mir im Gegenteil, eine gewisse Aufmerksamkeit auf ihn zu konzentrieren, während gleichzeitig alle Bewegungen sich plötzlich verlangsamten und schwerfällig wurden.

Auf die verschiedenste Art und Weise bemühte sich Stanislavskij, mich auf den richtigen Weg zu führen. Dabei zeigte er bewundernswürdig sein eigenes Vermögen, die verschiedenen Rhythmen zu beherrschen. Er griff irgendeine ganz einfache Lebensepisode heraus, zum Beispiel den Kauf einer Zeitung am Kiosk auf dem Bahnhof, und spielte sie in den verschiedensten Rhythmen. Einmal kauft er eine Zeitung, wenn er bis zur Abfahrt des Zuges noch eine ganze Stunde Zeit hat und nicht weiß, wie er die Zeit totschlagen soll, ein anderes Mal, wenn es schon ein- oder zweimal geläutet hat, und schließlich, wenn der Zug sich bereits in Bewegung gesetzt hat. Die Handlungen waren die gleichen, die Rhythmen aber vollkommen verschieden, und er konnte diese Übungen in jeder beliebigen Anordnung durchführen, nämlich auf der Linie des zunehmenden oder abnehmenden Rhythmus oder auch in willkürlicher Reihenfolge. Das war sehr einleuchtend. Ich sah und begriff, daß er all dies dank beharrlicher Arbeit an sich selbst beherrschte. Ich lernte Meisterschaft und Technik, echte, wahrnehmbare Technik unserer Kunst kennen.

Von all dem, was ich bis dahin bei den Proben Stanislavskijs gesehen und begriffen hatte, erregte mich dies am meisten. Ich selbst konnte noch nichts machen, aber ich sah ein, daß es sich hier um etwas sehr Wichtiges handelte. Ich hatte das Gefühl, daß es schließlich durchaus möglich sei, sich dies anzueignen, und sah hier etwas, das den Geigenspielübungen oder überhaupt musikalischen Übungen, den sogenannten Etüden, ähnelte. Mir, als altem Musiker, war das sehr gut bekannt. Ein und dieselbe Etüde kann man in verschiedenen Rhythmen, mit verschiedenen Schattierungen spielen, je nachdem, was man bezweckt. Ich erinnere mich sehr gut an das Gefühl der Befriedigung, wenn es einem gelingt, die Finger richtig gelenkig zu machen und Sicherheit, Geschmeidigkeit und Behendigkeit zu erwerben. Dabei kommt dem Musiker niemals in den Sinn, daran zu zweifeln, daß diese oder jene Übung, wenn sie eine gewisse Zeit lang exakt und beharrlich fortgesetzt wird, die Entwicklung seiner Technik fördert. Deutlich empfand ich diese Verwandtschaft mit der Technik einer anderen Kunstgattung bei der geschilderten Probe, als die Rhythmusfrage auftauchte und Stanislavskij deren einfache und klare Technik so glänzend demonstrierte.

»Nun, woran denken Sie jetzt? All das ist doch sehr einfach. Versuchen Sie, in einem anderen Rhythmus zu leben. Das kann man sogar mit ganz äußeren Mitteln bewerkstelligen. Setzten Sie sich schnell, stehen Sie auf, setzen Sie sich wieder, ändern Sie Ihre Stellung zehn-, zwölfmal in der Sekunde, ohne in Gedanken zu versinken. Dirigieren Sie diese Szene. – Wie würden Sie denn dirigieren, wenn Sie Dirigent dieser Szene wären? – Nein, das ist Andante; was wir brauchen, ist Presto.

Begreifen Sie doch! Ob es Ihnen gelingt oder nicht gelingt, Tarchanov im Erfrischungsraum festzuhalten, ist für Sie gleichbedeutend mit Leben oder Tod. Wenn dem im wirklichen Leben so wäre, würden Sie dann etwa lange nachdenken? Wie würden Sie dann handeln?«

Ohne es selbst zu merken, ließen wir uns durch das originelle Spiel hinreißen. Tarchanov war bestrebt, das Zimmer zu verlassen, ich aber ließ ihn nicht hinaus, ohne jedoch physische Gewalt anzuwenden. Das war unbedingte Voraussetzung. Das Spiel nahm bald den Charakter eines ernsten Wettkampfes an. Jeder von uns verlegte sich auf Kampfmethoden. Stanislavskij erkannte sofort die Lage, schwieg und hielt sich zurück. So, wie wir es machten, wollte er es haben. Das Spiel wurde immer leidenschaftlicher. Plötzlich ertönte die Glocke, die die Abfahrt des Zuges meldete, und wir ließen die Zügel los.

»Warum haben Sie aufgehört?«

»Es ist Schluß, der Zug fährt ab, ein weiterer Kampf wäre sinnlos.«

»Wo denken Sie hin? Jetzt geht das eigentliche Spiel erst los. Das war erst das zweite Glockenzeichen, es kommt noch ein drittes und schließlich das Pfeifen der Lokomotive. Erst nach dem Pfeifen können Sie sich ausruhen, erst dann ist der Ausgang des Kampfes entschieden. Vorläufig aber nimmt der Kampf noch zu, und der Rhythmus verschärft sich immer mehr. – Fahren Sie fort!«

So nahmen wir den Kampf wieder auf, und Stanislavskij ordnete an, daß das dritte Glockenzeichen und das Pfeifen der Lokomotive erst auf sein Zeichen hin erfolgen soll. Er ließ uns noch etwa zwanzig Minuten höchst angestrengt kämpfen, und wir hatten nicht das Gefühl, daß unsere Erfindungsgabe versiegte. Im Gegenteil, von der Begeisterung gepackt, entwickelten wir unser Thema immer tiefschürfender, mannigfaltiger und intensiver, und als schließlich das Pfeifen der Lokomotive die Abfahrt des Zuges und das Ende des Kampfes zwischen dem Buchhalter und dem Kassierer verkündete, tat es mir sogar etwas leid, daß wir unser hinreißendes Spiel beenden mußten. So angenehm war es, in sich dies kräftig pulsierende Leben, diese Aktivität zu empfinden. Die Entfaltung der Erfindungsgabe und die Wechselbeziehungen zum Partner machten Freude. Ich war überrascht, daß man solch eine Szene aus dem Nichts schaffen kann. Lief doch das, was in meinem Textbuch stand, nur hinaus auf die Wiederholung ein und derselben Wendung: »Filipp Stepanovič! Filipp Stepanovič!« Jeder andere Schauspieler hätte an meiner Stelle genau wie ich gesagt:

»Hier gibt's nichts zu spielen.«

In der Aufführung hatte diese Szene nur eine untergeordnete Bedeutung. Deshalb wurde sie auch in der Folge soweit wie möglich zusammengedrängt. Diese Episode konnte nicht so gespielt werden, wie es auf der geschilderten Probe geschehen war. Die dabei geleistete Arbeit ging aber nicht spurlos an uns vorüber, sondern wirkte sich wohltuend aus. Wenn auch kurz und knapp, wurde diese Szene doch überzeugend genug gespielt. Ich fand den Zugang zu ihr immer über das Aufsuchen des richtigen Rhythmus. Bei den Proben zu dieser Szene bekam ich die ersten, allerdings nur sehr unbestimmten Begriffe vom szenischen Rhythmus. In der Folgezeit entwickelten und präzisierten sie sich, drangen immer mehr in meine Bühnenpraxis ein und wurden häufig ein wahrhaft wundertätiges Mittel zur Lösung von schauspielerischen Aufgaben.

Die Proben zu den »Defraudanten« wurden fortgesetzt, und bei jeder dieser Proben entdeckte ich etwas Neues, mal dies und mal das. Schon begannen sich die Umrisse der zukünftigen Aufführung deutlicher zu zeigen. Die Durchlaufproben kamen heran. Stanislavskijs Arbeit nahm nun einen ganz anderen Charakter an. Allerdings kam es auch jetzt noch vor, daß er bei irgendeinem einfachen Auftreten eines Schauspielers lange verweilte. Das war zum Beispiel der Fall, als man die Szene im Eisenbahnabteil probte, wo der Buchhalter und der Kassierer den Postkartenverkäufer für einen Agenten der Kriminalpolizei halten. Überraschenderweise widmete Stanislavskij seine Aufmerksamkeit gerade dem Eintreten des Händlers in das Abteil. Mit seltener Hartnäckigkeit verfolgte er einige seiner uns unverständlichen Absichten. Er nörgelte an jeder Kleinigkeit, jeder Bewegung herum. Die äußerst mühsame Arbeit zog sich wenigstens zwei, drei Stunden hin. Wir alle waren nahe daran, die Geduld zu verlieren, vor allem der Schauspieler, der die Rolle des Händlers zu spielen hatte. Hauptsächlich aber beschäftigte uns der Gedanke, wie es weitergehen sollte, wenn erst die Szene selbst begann, die uns, nebenbei bemerkt, nicht besonders gut gelingen wollte. Nachdem Stanislavskij aber bei dem Darsteller des Händlers das erreicht hatte, was er erreichen wollte (sein Eintreten in das Abteil war in der Tat hervorragend), hatte er scheinbar für das weitere Geschehen kein Interesse mehr. Wir begriffen, was er wollte. Der Postkartenverkäufer sollte das Abteil so betreten, wie das nur ein wirklicher Kriminalbeamter fertigbringt, ein Detektiv, der Banditen auf die Spur gekommen und entschlossen ist, sich die glänzende Gelegenheit, Ruhm zu erwerben, nicht entgehen zu lassen. Die Wirkung war so verblüffend, daß Tarchanov und ich es unwillkürlich mit der Angst zu tun bekamen. Wir spielten die Szene sehr echt. Stanislavskij unterbrach uns nicht, nur Tarchanov rief er zu:

»Versuchen Sie im Augenblick der größten Spannung eine Zigarette anzustecken. Sie hüpft Ihnen zwischen den Lippen und verfehlt die Flamme.«

Tarchanov machte das mit erstaunlicher Meisterschaft. Die bei der Probe Anwesenden brachen in schallendes Gelächter aus. Dann widmete Stanislavskij seine Aufmerksamkeit den Requisiten. Da gab es Kinderspielzeug, das der Buchhalter in der Lotterie gewonnen hatte. Das Spielzeug war etwas grotesk ausgefallen. Nachdem Stanislavskij es betrachtet hatte, sagte er zu Tarchanov:

»Wir müssen gewöhnliches Spielzeug nehmen, dies da ist bei Ihrem zarten Spiel zu grob.«

Damit ging er zur nächsten Szene über.

Ich wiederhole, daß solch ein Verweilen bei den einzelnen Szenen jetzt nur noch ausnahmsweise vorkam. Seine Aufmerksamkeit wurde bereits von größeren Aufgaben in Anspruch genommen, den Aufgaben der Synthese all dessen, was bei den Proben erarbeitet worden war, und der Gestaltung der Aufführung selber, ihrer Form.

Endlich kam das Stück heraus. Dabei erwies sich vieles als gut. Ausgezeichnet spielten M. M. Tarchanov und N. P. Batalov, interessant waren einige Regiemomente. Das schwache dramaturgische Material und die Tatsache, daß dem Stück eine packende Idee fehlte, verminderten die Güte der Aufführung. Ohne Idee konnte sich Stanislavskij ein Kunstwerk gar nicht vorstellen. Bei all seiner Meisterschaft war er nicht in der Lage, aus diesem, der straffen Form entbehrenden, inhaltlich seichten dramatischen Werk etwas »herauszuholen«. Für den Zuschauer war die Aufführung nur eine Reihe meisterhaft ausgeführter und talentvoll gespielter Episoden ohne bestimmte geistige Richtung und packende Aktualität. Das konnte solch einen Meister wie Stanislavskij nicht befriedigen. Die Arbeit an dem Stück verursachte ihm Unruhe und Schaffensqualen. Das Schauspiel hielt sich nicht lange auf dem Spielplan. In einem Brief, den mir Konstantin Sergeevič anläßlich meines fünfundzwanzigjährigen Berufsjubiläums aus Nizza schickte, schrieb er:

»Ich denke zurück an die schwere, aber erfreuliche Arbeit an den ›Toten
Seelen‹ und die unerfreuliche Arbeit an den ›Defraudanten‹.«

Ob ich den Vanečka in der Aufführung gut spielte, darüber war ich mir
nicht klar. Es war meine erste Rolle im Künstlertheater, und die Frage
des Erfolges oder Mißerfolges war für mich sehr wichtig. Die Äußerungen über meine Darstellung waren sehr unterschiedlich. Es gab positive, neutrale und negative. »Das war mal ein bemerkenswerter Schauspieler«, sagte man. »Kaum kommt er in die Lehre, ist es aus mit ihm.«
Ich selbst, das wiederhole ich, wußte nicht, ob das, was ich machte, gut
oder schlecht war. Doch wie dem auch sei, das Stück wurde gespielt,
und zu Anfang sogar oft hintereinander.

Allmählich »spielte ich mich ein«, und schon machten sich einzelne
Erfolge bemerkbar, die beim Publikum Anklang und zuweilen sogar
Beifall fanden. Das war bei den ersten Aufführungen nicht der Fall gewesen. Ich freute mich. Siehst du, dachte ich, endlich reifen die Früchte
der Arbeit Stanislavskijs. Schade nur, daß er die Vorstellung nicht sieht.
Aber das macht nichts. Er wird sie schon noch sehen. Tatsächlich sollte
es bald dazu kommen.

Im Frühjahr fuhr das Theater unter Stanislavskijs Führung nach Leningrad. Auf dem Spielplan standen unter anderem auch die »Defraudanten«. Für mich hatte Leningrad eine besondere Bedeutung. Zunächst
einmal war es meine Heimatstadt. Mit Leningrad waren meine schönsten Erinnerungen verbunden. Ich denke dabei an die Theaterschule,
an das Alexandra- und Suvorintheater, wo meine schöpferische Arbeit
begonnen hatte.

In Leningad hatte ich viele Bekannte und Freunde, die zum Teil bei der
Probe zu den »Defraudanten« zugegen waren, und zwar die einen als
Mitwirkende bei den Volksszenen, die anderen als Zuschauer, die die
Regiearbeit Stanislavskijs studieren wollten. Für mich war die Atmo-
sphäre bei den Proben außerordentlich erregend. Allen ist bekannt, wie
sorgfältig Stanislavskij bei den Wiederholungsproben zu alten Inszenie-
rungen zu Werke ging, vor allem, wenn es sich um Gastspiele des
Künstlertheaters handelte. Über meine Rolle war ich beruhigt. Sie hatte
den letzten Schliff bekommen. Meine Erregung hatte einen anderen
Grund: Ich wollte ein brillantes Spiel zeigen, und zwar sowohl Stanislavskij als auch den bei der Probe anwesenden Leningradern, meinen
Bekannten und Freunden.

Die Probe begann mit der Szene in der Wirtschaft, weil damit eine schwierige Volksszene verbunden ist. Im ersten Teil wirke ich noch nicht mit, sondern komme erst später dazu. Bis zu meinem Auftritt verlief alles glatt. Aber jetzt bin ich an der Reihe. Ungeduldig warte ich auf das Stichwort. Endlich renne ich auf die Bühne. Wie ich das machte, gefiel mir sehr gut, und diesmal ganz besonders. Da höre ich plötzlich: »Stop!«

Das Spiel wurde unterbrochen, und jeder verharrte in seiner Stellung. Beim besten Willen konnte ich mir den Grund der Unterbrechung nicht vorstellen. Auf keinen Fall suchte ich ihn bei mir, denn meiner Meinung nach war ich doch an jenem Tage besonders in Form.

»Das ist ja entsetzlich! Was machen Sie denn nur? Wer hat Ihnen das beigebracht?« fragte Stanislavskij.

Nachdem er mit seinen Assistenten im Flüsterton gesprochen hatte, fuhr er fort:

»Sie meine ich, Vasilij Osipovič.«

Ich war aufrichtig überrascht und erwiderte:

»Was ist denn los?«

»Mein Täubchen, so hat man früher in Charkov gespielt. Entsetzlich!«

Ich schielte nach meinen Leningrader Freunden, die mich vom Parkett aus mit Neugier und Mitleid betrachteten.

»Noch einmal, wenn ich bitten darf.«

Wieder renne ich auf die Bühne, wieder höre ich:

»Stop!«

»Sie kommen ja auf die Bühne gerannt, um zu ›mimen‹. Vergewissern Sie sich doch vorher über das Was, Wo und Wie des bevorstehenden Geschehens! In welcher Absicht kommen Sie denn in die Wirtschaft gelaufen? Sie wollen doch Filipp Stepanovič eine wichtige Neuigkeit mitteilen. Wissen Sie denn aber überhaupt, wo er sitzt? Die Wirtschaft ist groß, und es sind viel Leute da. Nun, wie werden Sie da handeln? Und der Rhythmus, der Rhythmus! Was soll denn dieser Ochsenrhythmus? Entsetzlich! Nun, noch einmal! Ach, du meine Güte!«

Die ganze vierstündige Probe wurde darauf verwandt, mein Hineinrennen in die Wirtschaft zu vervollkommnen. Nachdem Stanislavskij sein Ziel erreicht hatte, beendete er die Probe, obwohl er nur eine Szene durchgenommen hatte.

Am folgenden Tage fand die zweite und letzte Probe zu den »Defraudanten« statt. Stanislavskij konnte nicht lange bei Einzelheiten des Schauspiels verweilen, aber ich fühlte, wie er mich während der ganzen

Probe und abends bei der Aufführung aufmerksam beobachtete. Nach Schluß teilte man mir mit, daß Stanislavskij mich bitte, am nächsten Tage zu einer Rücksprache in sein Hotel zu kommen.

Nachdem er mich liebenswürdig und freundlich in seinem Hotelzimmer empfangen hatte, sagte er etwas verlegen:

»Was ist denn los, lieber Freund, Sie haben wohl alles vergessen, was ich Sie gelehrt habe? Was Sie da machen, ist ja entsetzlich! Das ist ja ein Rückfall in die alte Spielweise.«

»Konstantin Sergeevič, ich war bei den Proben etwas konfus, und deshalb hat es gestern bei der Aufführung irgendwie nicht geklappt. Bisher aber, im Künstlertheater, ging es doch ganz gut, auch hat das Publikum mein Spiel dort günstig aufgenommen.«

»Es ist sehr traurig, daß Sie die Kunst so auffassen. Das Publikum kann auch einmal etwas Falsches günstig aufnehmen. Mich aber hat jemand anonym angerufen und mir gesagt, daß er über Ihr Spiel entsetzt ist.«

Ich wußte damals noch nicht, daß dieser »Anonymus« nur ein Popanz war und Stanislavskij sich seiner als eines Mittels zur Einwirkung auf den Schauspieler bediente. Er schob diesen »Anonymus« als unparteiischen Dritten vor. Er sollte gewissermaßen als Gegengewicht gegen ihn selbst, der vielleicht als zu nörgelsüchtig erschien, dienen.

Bei der sehr lange dauernden Aussprache erklärte er mir den grundlegenden Unterschied zwischen dem, was einmal war und was jetzt aus der Rolle geworden war.

»Nachdem Sie damals in Ihrer Rolle die ununterbrochene Handlungslinie gefunden hatten, schritten Sie auf ihr zielbewußt von Vorgang zu Vorgang. Später aber, bei den Aufführungen, verriet Ihnen das Publikum durch seine Reaktionen einzelne, Ihnen besonders gelungene Stellen. Und nun konzentrierten Sie auf diese Ihre Aufmerksamkeit. Sie klammerten sich geradezu daran und begannen sie besonders hervorzuheben. Ja Sie verliebten sich in diese einzelnen Stellen der Rolle, in die Intonation und das szenische Arrangement und ignorierten alles übrige. Mit Ungeduld warteten Sie nur auf diese Lieblingsstellen Ihrer Rolle, wo Sie billige Lorbeeren ernten konnten. Die Folge war, daß die Rolle entartete, sie wurde zerstückelt, verlor ihre Geschlossenheit und Zielstrebigkeit. Ihnen erschien früher Ihr Spiel blaß. Mag sein, daß das der Fall war. Dafür aber spielten Sie richtig, und Sie hätten festigen müssen, was als richtig erkannt war. Die durchgehende Handlung der Rolle mußten Sie festigen, anstatt einzelnen Effekten nachzujagen. Von da aus hätte sich ein echtes, scharf ausgeprägtes Spiel entwickeln können. Sie aber sind den entgegengesetzten Weg gegangen. Prägen Sie sich das ein, was ich gesagt habe, und nehmen Sie sich vor allem in acht vor diesem falschen Weg, dem Spielen einzelner Gags und dem Einheimsen billiger Beifallskundgebungen auf offener Szene und beim Abgang. Betrachten Sie die Rolle als ein einheitliches Ganzes. Der Zuschauer soll die Entwicklung der Logik Ihres Kampfes verfolgen. Interessieren Sie ihn für Ihr Schicksal, damit er Sie, ohne den Blick von Ihnen wenden zu können, beobachtet. Er muß Angst davor haben, sich nur im geringsten zu bewegen, geschweige Ihnen Beifall zu klatschen, denn das könnte ihn ja hindern, alle Feinheiten Ihres Handelns betrachtend zu erfassen. So wünsche ich mir das Spiel eines Schauspielers. Es soll den Zuschauer nicht zerstreuen, sondern sich ihm tief in die Seele einprägen.«

»DER KIRSCHGARTEN«

In der Zeit zwischen zwei entscheidend wichtigen Aufführungen, bei denen ich unter Stanislavskijs Leitung zu arbeiten hatte, kam ich hin und wieder mit ihm zusammen, entweder einfach zu einer Unterhaltung, oder ich beobachtete seine Arbeit an einem Stück, in dem ich nicht mitwirkte. Eines Tages sagte man mir, daß er den »Kirschgarten« wieder aufführen wolle und er mich bitte, zu den Proben zu kommen, weil ich die zweite Besetzung der von I. M. Moskvin gespielten Rolle Epichodovs übernehmen solle. Diese Nachricht hätte mich auch zu anderer Zeit in Erregung versetzt. Jetzt aber war das ganz besonders der Fall, und zwar aus folgendem Grunde.

Etwa zwanzig Jahre vor dem geschilderten Ereignis kam zur großen Fastenzeit das Moskauer Künstlertheater zu einem Gastspiel nach Petersburg. Damals sah ich zum ersten Male eine Vorstellung dieses Theaters. Es wurde »Der Kirschgarten« von Čechov gegeben. Den Eindruck, den ich von dieser Aufführung empfing, habe ich schon geschildert. Nach Schluß der Vorstellung begab ich mich in das Lokal unserer regelmäßigen Schauspielerzusammenkünfte im Theaterklubhaus am Litejny-Prospekt. In jener Nacht spürte ich nicht das geringste Verlangen nach den üblichen Zerstreuungen des Klubs, dem Billard und der Theke. Ich wollte jeder Gesellschaft aus dem Wege gehen und über das soeben Erlebte nachdenken. So saß ich in einem der gemütlichen Klubzimmer im Sessel und bemerkte nicht, daß der Liebling des Publikums, J.M. Jur'ev, ein ganz hervorragender Schauspieler und ein Mensch von sehr seltenen, wertvollen Eigenschaften, eintrat.

Wenn sich Jurij Michailovič auch äußerlich etwas zierte, so war er doch ein sanfter und guter Mensch im Umgang mit den Leuten. Besonders mir gegenüber war er sehr herzlich. Ich kannte auch sein mir sehr schmeichelhaftes Urteil über mein Auftreten im Alexandratheater anläßlich der Prüfung, die meine Theaterausbildung abschloß. Jetzt riß mich seine ungewöhnlich angenehme, samtweiche Stimme aus dem Nachdenken.

»Worüber grübeln Sie denn so?« fragte er.

Dann setzte er sich zu mir, und es entspann sich eine Unterhaltung. Das gemütliche Halbdunkel des Zimmers, die bequemen weichen Sessel und das übrige trugen dazu bei, daß dieses Gespräch bis zum Morgengrauen dauerte. Wir begannen mit dem Künstlertheater. Jurij Michailovič teilte in vielem meine Begeisterung für dessen künstlerische Leistungen. Hier und da aber kritisierte er das Künstlertheater auch ziemlich scharf, indem er die Traditionen seiner Lieblingstheater, des Alexandratheaters und des Moskauer Kleinen Theaters, verteidigte. Wir sprachen von unserer Kunst überhaupt, von der Technik des Schauspielers und seiner schöpferischen Arbeit. Jurij Michailovič gehörte zu den Schauspielern jener Zeit, die ständig und beharrlich an sich arbeiteten, ihre Kunst vervollkommneten und die Arbeit für den einzig zuverlässigen Verbündeten zur Erreichung auch nur relativer Höhepunkte ansahen. Als wir uns im Morgengrauen trennten, verlieh ich noch einmal meiner Begeisterung für den »Kirschgarten« und besonders für Moskvin, den hervorragenden Darsteller des Epichodov, Ausdruck. Gleichzeitig äußerte ich mich etwas pessimistisch über meine eigenen Aussichten. Als er mir zum Abschied die Hand drückte, sagte Jurij Michailovič:

»Mein lieber Freund, Sie haben keine Veranlassung, sich wegen Ihrer Zukunft als Schauspieler Sorge zu machen. Ihre Fähigkeiten sind unbestreitbar. Beginnen Sie, so zu arbeiten, wie es sich gehört, und bald wird man auf Sie aufmerksam werden. Dann können Sie sich ein Theater nach Ihrem Geschmack aussuchen, und in etwa zwanzig Jahren werden Sie als Mitglied der Truppe des Künstlertheaters bei uns ein Gastspiel geben und selbst den Epichodov spielen. Ich aber werde Ihnen Beifall klatschen.«

Diese Worte Jur'evs nahm ich damals als ein gewöhnliches Kompliment entgegen, und doch empfand ich es als angenehm und wohltuend. An dieses Erlebnis dachte ich, als ich den Auftrag bekam, die zweite Besetzung für Moskvin zu übernehmen, und ganz besonders erinnerte ich mich dessen, als ich tatsächlich nach Leningrad kam und den Epichodov spielte. Das war zwanzig Jahre nach meinem Gespräch mit Jurij Michailovič im Theaterklubhaus auf dem Litejny-Prospekt.

Bei der Wiederaufführung des »Kirschgartens« bemühte sich Stanislavskij wie immer, alle Schablonen zu beseitigen, die sich in der schauspielerischen Darstellung eingenistet hatten. Diesmal beschränkte er sich aber nicht nur darauf, sondern bemühte sich, wie mir schien, die ursprüngliche Interpretation dieses Schauspiels etwas zu revidieren, indem er die geringsten Anzeichen einer übriggebliebenen Sentimentalität austrieb und bestrebt war, die Ereignisse zeitgemäßer zu betrachten. Das gelang ihm nur teilweise. Die knappe Frist bis zur Aufführung und ein gewisser Widerstand auf seiten der Darsteller hinderten ihn, diese Aufgabe vollständig zu lösen.

Die Rolle des Epichodov wurde von Moskvin selbst geprobt. Ich nutzte lediglich manchmal seine Abwesenheit partisanenhaft aus und versuchte dies und jenes zu proben, und das geschah dazu noch, wenn Stanislavskij nicht zugegen war. Er hatte keine Zeit, sich mit mir abzugeben, zumal er selbst den Gaev spielte. Nur so nebenher, wenn ich gerade einmal in sein Blickfeld geriet, warf er mir Material zum Nachdenken über die Rolle zu.

»Bedenken Sie folgendes! Wenn Sie sich bemühen, einen Narren zu spielen, wird nichts dabei herauskommen. Das ist ein feuriger Spanier und ein sehr kultivierter Mensch, doch hat er so eine Fratze …«

Dabei schob er mit dem Finger seine Nasenspitze in die Höhe und machte ein unvorstellbar dummes Gesicht.

»Und machen Sie keine Mätzchen! Spielen Sie einen sehr seriösen, kultivierten, wenn auch etwas linkischen Menschen. Er kann nicht vorbeigehen, ohne irgendwo anzustoßen oder etwas fallen zu lassen, betrachtet aber diese seine Unglücksfälle als Fügungen des Schicksals, so daß es sinnlos wäre, dagegen anzukämpfen, und man nur darüber lächeln kann.«

Als ich zum ersten Male den Epichodov spielte, prüfte Stanislavskij vor

94

dem Beginn der Vorstellung meine Maske. Er gab mir ein paar Worte mit auf den Weg, und alle beobachteten mich, soweit es die räumlichen Verhältnisse erlaubten.

Im ersten Akt sieht man eine bemerkenswerte Regieleistung. Alle sind fortgegangen, um die Ranevskaja zu begrüßen. Die Bühne ist leer. Aus der Ferne hörte man das Schellengeläute einer sich nähernden Equipage, dann undeutliche menschliche Stimmen. Die Ankömmlinge und die zu ihrem Empfang Erschienenen begrüßen sich. Ausrufe der Freude, Lachen, Küsse und so weiter. Zunächst ist dieser ganze Lärm kaum hörbar, dann wird er immer lauter und kommt immer näher. Jetzt ist er schon ganz nahe, und schließlich kommt die erregte Ranevskaja auf die Bühne gelaufen. Hinter ihr her kommen auch die anderen. Alles weitere spielt sich nun nach dem Text des Autors ab. Diese ganze hinter den Kulissen spielende Szene ist die Frucht einer starken Regiephantasie und beharrlicher Arbeit und macht auf den Zuschauer einen bezaubernden Eindruck.

Technisch wurde dieser Vorgang folgendermaßen bewältigt. Die an dieser Szene beteiligten Schauspieler sind am Anfang weit von der Bühne entfernt. Sie stehen auf der Treppe hinter einer eisernen Tür. In dem Maße, wie sich die Szene entwickelt, geht die eiserne Tür ein wenig auf, um sich dann immer weiter zu öffnen, bis sie sperrangelweit geöffnet ist. Die Schauspieler überschreiten nun die Schwelle und bewegen sich als eine ganze Volksmenge zur Bühne, immerzu die Ankunft der Ranevskaja spielend. Schließlich betreten sie die Bühne, und das Spiel geht weiter.

Als ich zum ersten Male den Epichodov spielte, war ich so aufgeregt, daß ich mich verlief, und als ich an die eiserne Tür kam, die zur Treppe führte, war sie schon geschlossen, und alle Darsteller befanden sich hinter der Tür. Ich hatte Angst, sie zu öffnen, blieb auf der anderen Seite der Tür und beschloß zu warten, bis sie aufging, um mich dann den in dieser Szene Mitwirkenden anzuschließen. Das tat ich auch. Als Stanislavskij mit den anderen auf die Bühne kam, blickte er mich von der Seite an, und ich begriff, daß ihm ein Gedanke durch den Kopf ging, der mich betraf. Nach Beendigung des Aktes rief er mich zu sich in die Garderobe und fragte:

»Warum waren Sie nicht an Ihrem Platze?«

»Entschuldigen Sie, ich hatte mich in der Aufregung hinter den Kulissen verlaufen.«

»Haben Sie denn, als Sie sich auf der anderen Seite der Tür befanden, an der allgemeinen Szene teilgenommen?«

»Aber gewiß, Konstantin Sergeevič«, log ich.

»Entsetzlich! Da haben Sie uns ja die ganze Szene verdorben. Oje, oje, oje! Erstens, wie konnten Sie denn mit uns eine Szene spielen, wo Sie uns gar nicht sahen? Und dann der Unterschied in der Lautstärke. Wir waren hinter der Türe, und unsere Stimmen klangen dumpf. Sie aber waren auf der anderen Seite. Ihre Stimme hatte also einen ganz anderen Klang. Das ergibt etwas Unechtes. Es handelt sich hier um eine Szene von feiner Struktur, mit verschiedenen Nuancen. Und die haben Sie zerstört.«

Ich stand verlegen da.

»Im allgemeinen spielen Sie nicht übel. Aber warum stolpern Sie denn schon beim ersten Auftreten in der Nähe der Türschwelle? Um gleich zu zeigen, daß Sie ein Komiker sind? Wozu diese Visitenkarte? Die Rolle muß sich allmählich entwickeln. Es ist weit besser, wenn Sie der Zuschauer am Anfang für einen seriösen Menschen hält. Das ist vorteilhafter für Sie. Wenn Sie die Rolle entwickeln und allmählich dem Zuschauer immer neue Seiten offenbaren, werden Sie das Publikum während der ganzen Zeit in Spannung halten. Warum denn dem Zuschauer von vornherein suggerieren: ›Ich bin nämlich Komiker und werde Sie heute zum Lachen bringen‹? Der Zuschauer wird es schon selbst herausbekommen, wer Sie sind. Ihre Sache ist es, ernst und konsequent auf der Linie der durchgehenden Handlung voranzuschreiten. Dann wird Ihr Humor keine Hanswurstiade, sondern der echte Humor einer großen Komödie.«

Viel später, als ich schon eng mit dem »Kirschgarten« verwachsen war und den Epichodov wiederholt gespielt hatte, wurde eine Probe in Stanislavskijs Wohnung in der Leont'evgasse anberaumt. Es wurde eine Nachwuchsschauspielerin eingeführt, ob für die Rolle der Dunjaša, der Varja oder der Charlotte, weiß ich nicht mehr. Man führte Stanislavskij den Anfang des zweiten Aktes vor, wo Epichodov, Jaša, Dunjaša und Charlotte auf der Wiese sitzen und sich unterhalten. Wir spielten die ganze Szene vor. Stanislavskij schwieg lange Zeit und sagte dann:

»Mir scheint, daß Sie nicht restlos begriffen haben, wie genial diese Szene geschrieben ist. Ihr Gefühl muß Ihnen doch sagen, was für eine Gesellschaft Čechov hier versammelt hat. Schon die Zusammenstellung der Gesprächspartner muß, wenn man sich hineindenkt, zum Lachen ıeizen. Darin allein liegt ein ganz tiefgründiger Humor. Denken Sie doch nur einmal nach. Da ist das dumme, kerngesunde, dralle Dorfmädchen, das sich einbildet, ein kränkliches, zartes, elegantes Fräulein zu sein. Daneben sehen wir die beiden eifersüchtigen Verehrer, der eine ein tolpatschiges, ungereimtes Zeug redendes Muttersöhnchen, das von seiner Kultur, Belesenheit und ›Schicksalhaftigkeit‹ überzeugt ist, der andere ein junger Dorflümmel, der ein paar Jahre in Paris gelebt hat und sich deshalb für nichts Geringeres als einen französischen Aristokraten, einen Marquis hält. Und als Beigabe zu dieser Gesellschaft die deutsche Gouvernante, ehemalige Zirkusreiterin und Jahrmarkts-Schauspielerin, eine exzentrische Person, die schlecht russisch spricht. Jeder bemüht sich, vor den anderen mit seinen Qualitäten zu prunken, die eine durch Zartheit der Gefühle und Erlebnisse, der andere durch erlesene Manieren, der dritte durch Kultur und bedeutendes Wesen und die vierte durch Farbigkeit ihres ungewöhnlich interessanten Lebenslaufes. Keiner will zuhören und dem anderen etwas zugestehen. Jeder denkt nur an sich. Sie müssen doch fühlen, was für eine aktive Aufgabe jeder hat, nämlich die allgemeine Aufmerksamkeit auf sich zu lenken, die Verdienste der anderen zu schmälern, sie zum Zuhören zu zwingen, und das alles wird hier noch aufgeheizt durch die sehr verwickelte Liebesintrige zwischen Jaša, Dunjaša und Epichodov. Hier ist echter Humor, hier haben wir das Genie Čechovs. Wie muß man da herangehen, wie die Szene spielen? Wir haben es hier mit Lebenswahrheit und echt Čechovscher Feinheit zu tun. Es fehlt jede Karikatur, und doch ist es fast eine Art Jahrmarktstheater. Bei der Durchführung seiner Handlungslinie muß jeder Darsteller dieser Szene äußerst ernst und von seiner Bedeutung überzeugt sein. Je ernsthafter der Kampf zwischen den beiden Rivalen geführt wird, die sowohl sehr feine diplomatische Schachzüge als auch direkte Drohungen mit dem Revolver (stellen Sie sich vor, was für eine spanische Leidenschaft!) machen, um so näher kommen Sie Čechov. Verzetteln Sie sich nur nicht mit kleinen Mätzchen oder Gags, würdigen Sie nicht ein großes Kunstwerk zu einer Banalität, einer Plattheit herab! Seien Sie streng gegen sich selbst als Künstler. Das war auch Čechov, und deshalb konnte er sich zu einem Humor von hohem Niveau erheben.«

Die weiteren Zusammenkünfte mit Stanislavskij, die der Arbeit an den »Toten Seelen« vorangingen, haben keine besonderen Spuren in meinem Gedächtnis hinterlassen. Offenbar waren sie nicht zahlreich und fanden aus unbedeutenden Anlässen statt. Dafür aber blieb vom Augenblick des Beginns der Arbeit an den »Toten Seelen« bis zu deren Abschluß jede Probe und jedes Gespräch mit ihm in meinem Gedächtnis haften, und von Zeit zu Zeit tauchen kleinste Einzelheiten unserer gegenseitigen Beziehungen mit solcher Klarheit in meinem Bewußtsein auf, als ob sie sich erst gestern ereignet hätten.

Die Arbeit an der Rolle des Čičikov ist die Hauptetappe meines Künstlerlebens. Hier konnte ich mich endlich mehr oder weniger bewußt in all dem zurechtfinden, was bis jetzt so verschwommen und undeutlich im Stanislavskij-System für mich war. Das ging nicht von heute auf morgen. Ich legte einen Weg voller Schwierigkeiten zurück, erduldete viel Leiden, Erschütterungen, große Mißerfolge und Enttäuschungen. Aber nichts erschütterte meinen Glauben an die Richtigkeit des Weges, den Stanislavskij wies. Und wenn mich dieser Weg auch nicht sofort zum Erfolg führte, so gelangte ich auf ihm schließlich doch auf die Straße, von der ich schon auf der Schulbank geträumt hatte und nach der ich so qualvoll suchend im Dunkel umhergeirrt war. Für mich war das eine der Gelegenheiten in meiner Theaterpraxis, die mir die Möglichkeit meiner Weiterentwicklung erschlossen.

Der Leser, der sich mit der Darlegung des Arbeitsprozesses vertraut gemacht hat, wird schon aus dem klug werden, was mir so schwer fällt, ihm theoretisch zu erklären, und deshalb gehe ich nunmehr an die Schilderung der, wie mir scheint, interessantesten aller Erinnerungen: meine Begegnungen mit Stanislavskij bei der Arbeit an den »Toten Seelen«.

»DIE TOTEN SEELEN«

Der Regisseur der »Toten Seelen«, V. G. Sachnovskij, schrieb in der Zeitschrift »Sovetskoe iskusstvo« (Die sowjetische Kunst) vom 15. Oktober 1932:

»Stanislavskijs Arbeit an den ›Toten Seelen‹ wird eines der wesentlichsten Kapitel in der Geschichte des Künstlertheaters einnehmen. Von einigen Proben besitzen wir eine vollständige Niederschrift, von anderen Bruchstücke. Diese Proben werden allen Darstellern in Erinnerung bleiben, nicht nur als hervorragende Regiearbeit des genialen Meisters, sondern auch dank der auf diesen Proben gegebenen Hinweise auf neue Methoden für die Arbeit an der Rolle überhaupt. Bei einigen Proben spendeten die Darsteller Stanislavskij rasenden Beifall, als er solche Momente enthüllte, die die bisherigen Vorstellungen von vielen Dingen geradezu umstülpten.«

So war es tatsächlich. Durch die besonderen Umstände, die die Aufführung dieses Schauspiels begleiteten, war Stanislavskij gezwungen, geradezu ein Wunder zu vollbringen, und er mobilisierte zu diesem Zweck alle seine Kräfte, sein ganzes inszenatorisches und pädagogisches Genie. So konnte es nicht ausbleiben, daß er die bei den Proben Anwesenden durch den Glanz seiner Meisterschaft und seines Talentes verblüffte.

Was waren das nun für besondere Umstände, die Stanislavskijs Energie noch verstärkten? Ich versuche, sie kurz zu schildern.

Vor nicht allzu langer Zeit befanden sich viele unserer Theater noch im Bann erzformalistischer Tendenzen. Auf der Suche nach »größter Ausdruckskraft« und »ideeller Tendenz« stießen sie sich auf den schmalen Pfaden der Vulgärsoziologie herum. Diese statteten sie mit der zugespitzten Form äußerlicher Übertreibungen aus, die damals mit dem Modewort »Groteske« benannt wurden. Es herrschte gleichsam ein gewisses lärmendes Gehabe bei der Regie. Da gab es aufrichtig begeisterte, aber irregeleitete begabte Regisseure, besonders aus der jungen Generation, und naive Nachahmung durch Mittelmäßige und Dilettanten sowie die Wendigkeit von Abenteurern, die gern im trüben fischen.

Mit der Aufzählung all des Unsinns und der Kuriositäten ihrer »Neuerer«-Raffinessen könnte man ein großes, interessantes Buch füllen. Wohlgestaltete, monumentale Werke unserer großen klassischen Dramatiker wurden in kleine, episodenhafte Stücke zerschnitten, aus denen man »Werke« zusammenschusterte, die an zusammengeflickte Bettdecken erinnerten. Die Charaktere der handelnden Personen wurden nach der Laune des Regisseurs entgegen dem gesunden Menschenverstand und den vom Autor gegebenen Charakteristiken bis zur Unkenntlichkeit entstellt. Bei einem Stück von Ostrovskij wirkte aus irgendeinem Grunde der »Völkerbund« mit, die Personen waren nicht selten Trapezkünstler, Seiltänzer und so weiter.

Die ästhetisierende Theaterkritik stand natürlich auf der Seite der »Neuerer«. In ihrer außerordentlich aktiven und kriegerischen Stimmung fiel sie buchstäblich über alles her, was auch nur eine Spur gesunden Menschenverstandes in der Theaterkunst aufwies. Es ist klar, daß sie ihre Speere hauptsächlich gegen das Künstlertheater schleuderte, da man sich hier bemühte, nicht nur die realistischen Traditionen zu wahren, sondern sie auch in der Richtung des sozialistischen Realismus weiterzuentwickeln. Ein klarer Beweis dafür waren Aufführungen wie die des »Panzerzuges 14–69« von V. Ivanov.

Der Regisseur V. G. Sachnovskij liebäugelte jedoch mit der »Groteske« und paßte sich ihr an, als er die Arbeit an Gogol aufnahm. Ich weiß nicht, ob Stanislavskij oder Nemirovič-Dančenko im Anfangsstadium der Arbeit beteiligt waren, auf den Proben jedenfalls sah man sie nicht. V. G. Sachnovskij, ein Regisseur besonderer Individualität und Mentalität, begann sich zu jener Zeit erst in das Künstlertheater einzuleben. Er wollte die Mittel schauspielerischer Ausdruckskraft verstärken, war aber noch nicht hinreichend mit dem Wissen um die Praxis der Meister der Künstlertheater-Regie ausgerüstet. Er war ein hochgebildeter Mensch und ein höchst interessanter Gesellschafter, dachte und sprach in großartigen, glänzenden Paradoxen. Bei der Arbeit mit den Schauspielern trugen seine Arbeitsmethoden ebenfalls einen etwas paradoxen Charakter. Die Konkretheit der Berufsregie vermißte man dabei. Dagegen spielten literarisches Wissen und Philosophie eine große Rolle. Um möglichst tief in das Wesen des Gogolschen Werkes einzudringen, stellten wir alle möglichen Dinge an. Nur hatten sie leider für uns keinen wirklich praktischen Wert.

Sachnovskij führte mit uns endlose Gespräche, die sehr scharfsinnige Mutmaßungen über die Persönlichkeit Gogols enthielten. Er sprach über dessen Weltanschauung und Beziehungen zu Zeitgenossen und so weiter. Wir gingen in das Museum, um verschiedene Porträts Gogols zu betrachten, studierten seine Werke, Briefe und Biographie. Um hübsch von dem Bewußtsein durchdrungen zu werden, daß wir mit Toten handeln, schlug mir Sachnovskij zum Beispiel vor, auf dem Friedhof spazierenzugehen. Das, was Sachnovskij sagte, war immer interessant, begeisternd und mehr oder weniger richtig, aber nicht konkret genug. Soviel wir auch Friedhöfe, Museen und Bildergalerien besuchten, soviel begeisternde Gespräche wir auch führten, all das war zu abstrakt, stopfte uns den Kopf voll und erwies sich bei der praktischen Arbeit als Ballast. Wir arbeiteten wohl mit großer Hingabe, mal fanden wir etwas, mal verloren wir es wieder, im allgemeinen aber irrten wir umher, da wir keinen genauen Orientierungspunkt hatten. Das ging so weiter, bis die Generalprobe kam, auf der Stanislavskij erschien.

Ich will die Generalprobe und meine Eindrücke von ihr im einzelnen nicht schildern, sondern nur erwähnen, daß Stanislavskij ihr vollkommen verständnislos gegenüberstand. Er sagte den Regisseuren, daß er von dem Vorgeführten nichts begriffen hätte, daß wir in eine Sackgasse geraten wären und entweder die ganze Arbeit wieder von vorne beginnen oder überhaupt aufgeben müßten. Jedenfalls äußerte er sich in diesem Sinne.

Ich war nicht Zeuge aller Unterredungen, die er mit den Regisseuren, dem Autor der Dramatisierung, M. A. Bulgakov, und den anderen Mitarbeitern führte. Deshalb kann ich ihren Inhalt nur ungefähr wiedergeben. Dabei stütze ich mich sowohl auf die mir von den Genannten zugeleiteten Informationen als auch auf das, was ich später von Stanislavskij persönlich erfuhr. Ich werde mich bemühen, nur das kurz wiederzugeben, was direkt zu unserem Thema gehört.

Indem ich mir die kleinsten Einzelheiten der Arbeit Stanislavskijs an den »Toten Seelen« und alle Belehrungen, die er im Laufe der Probe gab, ins Gedächtnis zurückrufe, bin ich kühn genug zu glauben, daß ich

in der Lage sein werde, den Weg, den er damals zur Rettung des Schauspiels beschritt, ziemlich fehlerfrei anzugeben.

Zweifellos war es die erste Aufgabe Stanislavskijs, den dramaturgischen Leitfaden für dieses fragmentarische Werk zu finden. Worauf
sollte man die Fabel der Aufführung gründen? Was sollte der Zuschauer
verfolgen? Keine der Bearbeitungen des Romans hatte auf der Bühne
Erfolg gehabt (dabei gab es ihrer mehr als hundert). Das kam daher, daß
sie dramaturgisch nicht straff genug waren. Früher einmal hatte man
einzelne Szenen der »Toten Seelen« ausgezeichnet und mit großem Erfolg gespielt. Sobald man sie aber zu einer ganzen Aufführung verbunden hatte, erweckte eine Anzahl von ihnen, die ein und denselben Vorgang des Kaufes toter Seelen wiederholten, da sich kein roter Faden
einer Fabel entwickelte, beim Zuschauer nicht die erforderliche Aufmerksamkeit. Von der Mitte der Vorstellung an begann er sich trotz der
hervorragenden Darsteller Varlamov, Davydov, Dalmatov und anderer
zu langweilen.

Die undankbarste Rolle fiel bei allen Bearbeitungen der Figur des Čičikov zu, die Gogol so genial gezeichnet hat. In der Dramatisierung geht
die Čičikov-Handlung durch das ganze Stück. Da er aber in jeder Szene
immer wieder fast wörtlich dasselbe wiederholt, schenkt ihm der Zuschauer bald keine Beachtung mehr, zumal Čičikov von einer ganzen
Galerie lebensprühender Gogolscher Gutsbesitzer-, Bauern- und Beam-
tentypen umgeben ist.

Gerade auf ihn aber, auf Čičikov, beschloß Stanislavskij die durchgehende Handlung aufzubauen. Zu diesem Zwecke wurde auch die Dramatisierung ein wenig abgeändert, und bei der Arbeit mit den Schauspielern schlug Stanislavskij eine entsprechende Richtung ein.

Er entschloß sich, »Čičikovs Karriere« zur Fabel des Stückes zu machen. Sie sollte der Zuschauer verfolgen. Bedeutete das aber, daß Stanislavskij damit die Aufführung eingrenzte? Selbstverständlich nicht. Er
berücksichtigte die Gesetze des Theaters ausgezeichnet und wußte, daß
ein Stück um so zuverlässiger eine Idee wiedergab, je vollkommener es
in dramaturgischem Sinne war. Wenn ein Stück unvollkommen ist, besteht die Aufgabe des Regisseurs darin, es zu vervollkommnen. Das
darf aber nicht durch die Einführung irgendwelcher nebensächlicher
Ausschmückungen geschehen, die die Aufmerksamkeit des Zuschauers
vom Wesentlichen des Stückes ablenken, sondern durch Verstärkung
seiner Handlungslinie.

Bei einer der Proben sagte Stanislavskij.

»Was sollen wir mit Čičikov anfangen? Wie kann man diese ständigen und einförmigen Besuche und Gespräche Čičikovs über ein und dasselbe Thema vermeiden? Das kann man nur mit Hilfe einer durchgehenden Handlung.

Man muß imstande sein zu zeigen, wie aus einem zufälligen Anstoß bei Čičikov der Plan entsteht, tote Seelen zu kaufen, wie dieser Plan Gestalt gewinnt, wächst, den Höhepunkt erreicht und schließlich schnell zusammenbricht. Wenn Sie in der Rolle diese durchgehende Handlung beherrschen, sind Ihnen Ehre und Lob gewiß. Es wird allerdings sehr schwer sein.«

Die von Stanislavskij gestellte Aufgabe war interessant, aber auch im einzelnen schwer. Nachdem er einmal Čičikov zur führenden Gestalt der Handlungslinie des Stückes gewählt hatte, stellte sich heraus, daß er keinen passenden Darsteller für diese Rolle hatte. Meine schauspielerischen Anlagen mochten vielleicht der ausgeklügelten »grotesken« Figur Čičikovs, die wir bis zur Einschaltung Stanislavskijs in unsere Arbeit unglückseligerweise zu verkörpern versucht hatten, entsprechen. Unter keinen Umständen aber entsprachen sie jenem echten Čičikov aus dem Roman Gogols. Diese unsere Versuche, die Gogolsche Gestalt zu verzerren, eine »Groteske«, eine Maske an Stelle eines lebendigen Menschen zu schaffen, die auch ohne unser Zutun in glänzender Weise scharf gezeichnete Gestalt noch zu »verschärfen«, verschoben natürlich bei mir jede Vorstellung von der Wahrheit und Wahrscheinlichkeit, ja überhaupt von allem Menschlichen und Organischen. Sie lähmten das Fingerspitzengefühl und den Willen zum Schaffen.

Der Einfluß der damaligen Theater-»Mode«, die uns veranlaßte, bei den Proben von vornherein eine falsche Arbeitseinstellung einzunehmen und diese Manier zu akzeptieren, brachte uns in eine Sackgasse des Schaffens, aus der uns nur ein Mensch mit großer Theatererfahrung herausführen konnte.

»Alle Ihre Gelenke sind verrenkt«, sagte mir Stanislavskij bei unserem ersten Gespräch nach der Generalprobe. »Sie haben kein einziges ganzes Organ. Man muß Sie erst mal heilen, alle Ihre Gelenke einrenken und Ihnen von neuem das Gehen beibringen, wohlgemerkt, nicht das Spielen, sondern nur das Gehen.«

Das sind in kurzen Zügen jene wesentlichen Umstände, von denen ich oben gesprochen habe und die Stanislavskij zu überwinden hatte, um von Anfang an bühnengerecht das einfache Sujet von der Karriere des Kollegienrates Pavel Ivanovič Čičikov zu erzählen. Über die großen Aufgaben im Hinblick auf die Aufführung sprach Stanislavskij nicht vor der Zeit mit uns. Das war bei ihm System.

»Können Sie schachern?« fragte er mich.

»Wieso schachern?«

»Nun, etwas billig kaufen oder teuer verkaufen, dem Käufer Sand in die Augen streuen, die eigenen Waren anpreisen und die des Verkäufers heruntermachen, dessen Höchstpreis erraten, sich arm stellen, schwören, beteuern und so weiter.«

»Nein, das kann ich überhaupt nicht.«

»Dann müssen Sie es eben lernen, das ist die Hauptsache für Ihre Rolle.«

Zu den ersten Proben bestellte er mich allein, um meine verrenkten Glieder zu normalisieren. Er ging äußerst rücksichtsvoll und vorsichtig mit mir um, gerade so wie der Arzt mit einem Kranken. Heute verstehe ich, daß es sich bei den Unterweisungen hauptsächlich darum handelte, die organische Abfolge der physischen Handlungen Čičikovs zu bilden und zu modellieren. Das war sein Heilverfahren, ein Verfahren, von dem er meinte, daß es am sichersten zum Endziel führe. Nämlich die szenische Gestalt in ihrem vollen Umfange zu meistern. Das Verfahren erhielt später die Bezeichnung »Methode der physischen Handlungen«. Die Arbeit begann mit Gesprächen, doch mit Gesprächen, die den früher geführten in nichts ähnelten. Stanislavskij holte uns gewissermaßen vom Himmel auf die Erde herab. Seine Fragen verblüfften uns durch ihre Einfachheit, Klarheit und Konkretheit. Ich war sogar etwas enttäuscht und bestürzt. All das schien denn doch zu weit entfernt von dem, was uns als Zweck und Ziel vorschwebte. Die vorausgegangene Arbeit hatte mein Gehirn derart vernebelt, daß es mir schwerfiel, die einfachsten Fragen zu beantworten.

»Wozu kauft Čičikov die Toten eigentlich auf?«

Diese Frage stellte er mir unvermittelt.

Was konnte man darauf antworten? Das war doch allen bekannt, und übrigens ... »Nun, ›wozu‹? Im Roman wird doch ausdrücklich gesagt, daß er sie im Vormundschaftsrat verpfändet und Geld bekommt.«

»Aber wozu?«

»Was heißt ›wozu‹? Es ist vorteilhaft. Er bekommt Geld dafür!«

»Warum?«

104

»Wie meinen Sie das ›Warum‹?«

»Warum ist das für ihn vorteilhaft, wozu braucht er das Geld, was wird er damit anfangen? Haben Sie darüber nachgedacht?«

»Nein, so eingehend habe ich nicht nachgedacht.«

»Denken Sie also nach!«

Lange Pause.

»Nun, nehmen wir an, die Seelen seien verpfändet und Čičikov habe das Geld bekommen. Was geschieht weiter?«

Wieder Pause.

»Sie müssen genau, möglichst eingehend und sehr konkret den Endzweck all dessen kennen, was Sie tun. Vertiefen Sie sich hübsch in die Materie, verfolgen Sie das Leben Čičikovs, um Material für die praktische Arbeit an der Rolle zu sammeln.«

Stanislavskij stieß mich sehr feinsinnig und geschickt auf die Gedanken, die er brauchte, zwang mir aber nichts Fertiges auf. Er regte nur meine Phantasie an.

»Versetzen Sie sich in die Lage Čičikovs! Was würden Sie unter solchen Umständen tun?«

»Tja, ich bin aber kein Čičikov, mich kann Gewinn nicht reizen.«

»Nun, wenn es aber so wäre, daß er Sie in höchstem Grade reizte, wie würden Sie dann handeln?«

Bei diesen Gesprächen erörterten wir die allereinfachsten, alltäglichsten Lebensfragen Čičikovs. Da gab es nichts Verschwommenes und nichts Übergescheites, auf das die Vertreter des damaligen militanten Formalismus, wie Andrej Belyj, so versessen waren. Dieser schrieb später in seinem scharfen, kritischen, gegen unsere Aufführung gerichteten Aufsatz »Der unverstandene Gogol«:

»Noch einige Bemerkungen über die Symbolik der Einzelheiten im Texte Gogols. ›Die toten Seelen‹ beginnen mit der Beschreibung der Kalesche Čičikovs. Zufällig bei seiner Einfahrt anwesende Bauern tauschen Bemerkungen über ein *Rad* dieser Kalesche aus. Unter den Seelen, welche Čičikov von der Korobočka, die eine so verhängnisvolle Rolle bei seiner Entlarvung spielt, gekauft hat, befindet sich ein Bauer namens Ivan Koleso, zu deutsch ›Rad‹. Im Augenblick der Flucht Čičikovs aus der Gouvernementsstadt stellt sich heraus, daß das Rad beschädigt ist.«

Ich zitiere diesen Auszug nur, um zu sagen, daß Stanislawskij bei der Arbeit an den »Toten Seelen« nicht diese Art »Symbolik der Einzelheiten« interessierte. Solche Untersuchungen waren für ihn an den Haaren herbeigezogen. Ihn interessierten zunächst die einfachsten, lebenswichtigsten, realen Sorgen und Geschäfte des Helden der Dichtung.

Wieviel Geld Čičikov hatte, als er dem Sekretär des Vormundschaftsrates die Bestechungssumme gab, und wie groß diese war – solche Fragen interessierten ihn.

Kurz, er verlangte, das Leben seines Helden bis in die kleinsten Einzelheiten zu kennen. Alle Fragen mußte ich selbst entscheiden. Ich entschied sie in der Erwartung der Arbeit an der Rolle und begriff nicht, daß diese Arbeit schon begonnen hatte, ihre Methode mir aber ungewohnt war.

»PROLOG«

Der Übergang von den Gesprächen zum Handeln vollzog sich gleichsam unmerklich. Obwohl wir das Spiel erst einfädelten, waren wir gewissermaßen schon mitten in der Probe des Prologes.

Raum einer Schenke in der Hauptstadt.

ČIČIKOV: Herr Sekretär!

SEKRETÄR: Herr Čičikov! Wie, Sie sind schon wieder da? Was soll denn das? Morgens belästigen Sie mich im Vormundschaftsrat, und abends stellen Sie mir in den Kneipen nach. Lassen Sie mich in Ruhe! Ich habe Ihnen doch schon erklärt, mein Bester, daß ich nichts für Sie tun kann.

ČIČIKOV: Wie Sie wollen, Verehrtester. Jedenfalls gehe ich nicht von der Stelle, bis ich von Ihnen den gehörigen Bescheid erhalte. Mein Auftraggeber verreist.

SEKRETÄR: Ihr Auftraggeber hat das Gut zugrunde gerichtet.

ČIČIKOV: Zahllos wie der Sand am Meer sind die menschlichen Leidenschaften, Verehrtester.

SEKRETÄR: Ja, wahrhaftig. Sie verspielen, versaufen und vergeuden alles. Das Gut ist hochgradig ruiniert, und Sie wollen es im Vormundschaftsrat mit 200 Rubel pro Seele verpfänden. Wer würde es noch als Pfand nehmen?

ČIČIKOV: Warum so streng, Verehrtester? Ruiniert ist es durch Vieh-
sterben, Mißernten und den Gauner von Verwalter.

SEKRETÄR: Hm!

ČIČIKOV *(holt die Bestechungssumme heraus und händigt sie dem
Sekretär aus)*: Das beliebten Sie fallen zu lassen …

SEKRETÄR: Aber ich bin nicht allein im Rat, da sind noch andere
Leute.

ČIČIKOV: Die anderen kommen auch nicht zu kurz. Ich war selbst
Beamter und weiß, was sich gehört.

SEKRETÄR: Gut, reichen Sie die Unterlagen ein.

ČIČIKOV: Aber da wäre noch eine Kleinigkeit: Die Hälfte der Bauern
auf diesem Gut ist gestorben, daß ich damit nachher keine Schere-
reien kriege.

SEKRETÄR *(laut lachend)*: Ein feines Gut! Nicht nur verwahrlost, auch
die Leute gestorben!

ČIČIKOV: Bitte, Verehrtester …

SEKRETÄR: Nun, was ich sagen wollte: Sie zählen doch als Lebende,
denn sie werden in der Revisionsliste noch geführt, nicht wahr?

ČIČIKOV: Zählen als Lebende?

SEKRETÄR: Na also, warum dann so ängstlich? »Der eine stirbt, ein
anderer kommt zur Welt, doch beide taugen gleich fürs Feld.« Da
sie nach der Revisionsliste als Lebende gelten, sind sie eben am
Leben.

ČIČIKOV: Ah-a …

SEKRETÄR: Was ist?

ČIČIKOV: Nichts.

SEKRETÄR: Na, also! Reichen Sie die Papiere ein. *(Geht ab.)*

ČIČIKOV: Ach, ich Einfaltspinsel! Ach, ich! Ach, ich! Suche meine
Handschuhe, und da stecken sie im Gürtel! Wenn ich alle die
Gestorbenen kaufe, noch ehe die neuen Revisionslisten heraus
sind … Ich kaufe, mal angenommen, tausend Stück und kriege,
mal angenommen, vom Vormundschaftsrat für jede Seele zweihundert Rubel, das wären schon zweihunderttausend Kapital. Ach,
ohne Land kann ich sie nicht kaufen und nicht verpfänden. *(Da
kommt ihm eine Eingebung:)* Doch halt, ich hab's! Im Chersoner
Gouvernement kriegt man Land umsonst! Man braucht es nur zu
besiedeln. Dort siedle ich meine toten Seelen an. Im Gouvernement Cherson! Dort können sie leben, die Toten. Die Zeit ist gün-

stig, kürzlich war eine Epidemie. Dabei ist eine Menge Menschen, Gott sei Dank, gestorben. Ich tue so, als ob ich mir einen neuen Wohnsitz suche und werde die Nase in alle Winkel hineinstecken, wo ich das notwendige Menschenmaterial am günstigsten und billigsten kaufen kann. Zuerst eine Visite beim Gouverneur. Natürlich ist das schwierig und mühevoll. Entsetzlich, wenn man mir noch eins auswischen würde. Wenn nur keine neue Geschichte daraus entsteht. Wenn sie mich erwischen, heißt das öffentlich ausgepeitscht werden und dann ab nach Sibirien. Aber der Mensch hat doch seinen Verstand, um ihn zu gebrauchen! Das glaubt mir kein Mensch. Keiner! Alle werden das unwahrscheinlich finden. Kein Mensch glaubt das. Also los!

Dunkel.

Nach einer ganzen Reihe von Katastrophen saß Čičikov wieder einmal auf dem trockenen und diesmal, wie es schien, ohne jede Hoffnung. Ihm blieb nur noch der Strick. Er hat ein sehr zweifelhaftes Geschäft in Angriff genommen. Er will ein völlig ruiniertes Gut verpfänden, auf dem mehr als die Hälfte der Leibeigenen verstorben ist. Zur Verpfändung bedarf es einer Vermittlung durch den Sekretär des Vormundschaftsrates. Das ist ein ausgekochter Bursche, den man nicht um den Finger wickeln kann und dem Čičikov mit seiner Aufdringlichkeit in dieser Sache schon äußerst lästig gefallen ist. Die Mittel für eine Bestechung sind sehr, sehr beschränkt. Ein Mensch aber, dem der vollständige finanzielle Bankrott und Armut drohen, ist zu allem bereit. So verfolgt Čičikov am Abend wie ein Spürhund den Sekretär. Er findet ihn in der Kneipe und beschließt hier, entweder zu sterben oder sein Ziel zu erreichen.

All das wurde in den Gesprächen mit Stanislavskij beim Erarbeiten des Ausgangspunktes für Čičikovs Verhalten im Prolog des Stückes festgelegt.

»Nun, wie würden Sie unter den gegebenen Umständen handeln, Vasilij Osipovič?«

»Ich denke, Čičikov fühlt hier ...«

»Daran sollen Sie nicht denken, Vasilij Osipovič! Denken Sie vielmehr daran, wie er handelt. Also?«

Pause.

108

»Nun, vor Ihnen sitzt Vsevolod Alekseevič, Ihr Partner. Sie brauchen von ihm eine für Sie wichtige Antwort. Versuchen Sie vor allem, sich ihm anzupassen, so weit wie möglich. Lesen Sie ihm von den Augen ab, worauf Sie bei ihm rechnen können! Denken Sie nicht nach, versuchen Sie sofort zu handeln!«

Als es nach einigen Versuchen so schien, als ob etwas zustande kommen wollte, fuhr er fort:

»Wenn er Ihnen nun aber dabei nicht zuhören will und weggeht? Gehen Sie weg, Vsevolod Alekseevič, hören Sie nicht auf ihn, beachten Sie ihn gar nicht! Sie aber, Vasilij Osipovič, halten Sie ihn zurück! Nicht mit den Händen, physische Gewalt dürfen Sie nicht anwenden. Lassen Sie ihn nicht gehen … Nein, so wird er Ihnen entwischen.«

»Ich weiß nicht, das ich da tun soll.«

»Wenn es in Ihrem eigenen Leben eine dringende Notwendigkeit wäre, würden Sie es fertigbringen, ihn festzuhalten. Warum können Sie es denn hier nicht? Es ist doch eine einfache Sache. Machen Sie es so einfach wie möglich! Die Aufgabe des einen besteht darin, sich unerwartet vom Stuhl zu erheben und durch diese Tür hinauszugehen. Der andere aber soll diese Absicht im Keim ersticken und ihn rechtzeitig aufhalten, das heißt, ihn die vereinbarte Linie nicht überschreiten lassen. Das ist doch sehr einfach. Nun, probieren Sie es! Spielen Sie uns kein Theater vor, sondern haben Sie ein echtes, wirkliches Interesse am Erfolg!«

Diese Übung war mir aus der früheren Arbeit an den »Defraudanten« bekannt.

Ich habe nicht die Absicht, all die pädagogischen Feinheiten zu schildern, die Stanislavskij anwendete, um bei mir ein lebendiges, organisches Verhalten in dieser Szene zu erreichen. Ich erwähne nur, daß die Arbeit langwierig und mühselig war und daß sie einstweilen nur das physische Verhalten betraf: Wie man sich nahe am Tisch verbergen kann, ohne daß einen der Partner sieht, Sie ihn aber beobachten können, obwohl Sie ihm derweilen fast den Rücken zukehren. Oder wie man den Partner verblüfft, so daß er mitten im Gehen stockt, wie man ihm fortwährend geschickt den Weg zum Ausgang versperrt, wie man ihm unbemerkt eine Bestechungssumme zustecken kann, und so weiter. Der Text blieb einstweilen unberücksichtigt.

»So, jetzt haben Sie gelernt, eine Reihe physischer Handlungen auszuführen. Verbinden Sie diese zu einer ununterbrochenen Abfolge, und Sie erhalten ein Schema der physischen Handlungen des Prologs. Was müssen Sie hier im wesentlichen können? Sie müssen auf der Lauer sitzen und die kleinsten Bewegungen Ihres Partners verfolgen. Sobald er den Versuch macht fortzugehen, halten Sie ihn auf und versperren ihm geschickt den Weg. Interessieren Sie ihn für irgend etwas, verblüffen Sie ihn, bringen Sie ihn aus dem Konzept, nützen Sie das aus, und stecken Sie ihm die Bestechungssumme zu, ohne daß ein Dritter es bemerkt! Das ist vorläufig genug. Das ist der äußerst wichtige einleitende Teil des Prologs. Lernen Sie es auszuführen! Wenn Sie dazu Worte brauchen, bitte, dann sprechen Sie, aber nicht den genauen Rollentext, sondern nur Gedanken, die darin enthalten sind. Spielen Sie nichts, sondern handeln Sie, nicht für uns, sondern nur im Hinblick auf den Partner. Prüfen Sie am Partner, ob Sie richtig handeln!«

Der zweite Teil des Prologs besteht nur aus dem Monolog Čičikovs. Er beginnt mit den Worten: »Ach, ich Einfaltspinsel!« Wiederum suchte Stanislavskij die Linie der physischen Handlungen zu ergründen, obwohl hier anscheinend überhaupt keine physischen Handlungen stattfinden. Čičikov sitzt am Tisch und spricht den Monolog.

»Das ist kein Monolog, sondern ein Dialog, ein heftiger Streit zwischen Verstand und Gefühl. Verteilen Sie beide Partner auf verschiedene Orte. Der eine wohne im Kopf, der andere irgendwo im Sonnengeflecht, und beide sollen miteinander in Verbindung stehen. Je nachdem, wer von beiden gerade die Oberhand hat, versucht Čičikov mal vom Tische aufzuspringen und so schnell wie möglich zu fliehen, ehe man entdeckt, daß er ein unsauberes Geschäft abschließen will, mal bemüht er sich mit allen Kräften, auf dem Stuhl sitzen zu bleiben. Sie spüren, Sie begreifen diese Antriebe zum Handeln, versuchen Sie, sie zu realisieren!«

Einstweilen drehte sich alles um das rein physische Verhalten. Dessen Studium und Vervollkommnung erfolgte auf die verschiedensten Arten. Die Auswahl an Handlungen war bedeutend größer und mannigfaltiger als bei der Arbeit an den »Defraudanten«. Die Arbeit nach dieser Methode nahm einmal die Form eines ergötzlichen Spiels, ein anderes Mal die einer Unterrichtsstunde an, in der Übungen in den Elementen der einfachsten physischen Handlungen ausgeführt wurden und wo Stanislavskij sich in einen äußerst pedantischen, nörglerischen Pädagogen verwandelte, oder es wurde die ganze Abfolge des Verhaltens der handelnden Personen des Prologs mündlich dargelegt. Die Arbeit dauerte so lange, bis die gestellte Aufgabe in gewissem Umfange von uns erfüllt

war und wir das Schema der physischen Handlungen des Prologs be-
friedigend erzählen und ausführen konnten.

Damals begriff ich den tieferen Sinn und die Bedeutung solch einer Un-
terrichtsweise noch nicht. Ich kannte die Geheimnisse Stanislavskijs
nicht und wußte nicht, daß der Sinn von all dem darin besteht, durch
richtige Ausführung physischer Handlungen, durch deren Logik und
Folgerichtigkeit in die komplizierten und tiefsten Gefühle und Erlebnisse einzudringen, also im Grunde gerade die Eigenschaften zu erwerben,
deren Aneignung wir in der ersten Periode unserer Arbeit so erfolglos
versucht hatten. Jetzt sprachen und dachten weder Stanislavskij noch
wir hohe Dinge, sondern wir arbeiteten an der Lösung einfachster
schauspielerischer Aufgaben und bemühten uns, in deren Durchführung
den höchsten Grad der Vollkommenheit zu erreichen. So gelangten wir
unbemerkt Schritt für Schritt zu dem Punkt, wo wir den Text des Autors
brauchten, wo der Wunsch auftauchte, ihn zu sprechen. Und siehe da,
schon stehe ich vor dem Partner und sage:

»Wie Sie wollen, Verehrtester. Jedenfalls gehe ich nicht von der Stelle,
ehe ich nicht von Ihnen einen gebührenden Bescheid erhalte.«

Plötzlich höre ich mehrmaliges Händeklatschen und die freundliche,
um Entschuldigung bittende Stimme Stanislavskijs:

»Verzeihung, ich verstehe nicht, was Sie gesagt haben.«

»Wie Sie wollen, Verehrtester. Jedenfalls gehe ich nicht …«

»Entschuldigen Sie, ich verstehe nichts. Wie war das … ›Verehrtester‹?«

»Wie Sie wollen, Verehrtester …«

»Was? – ›Wie Sie wollen‹?«

»Wie Sie wollen, Verehrtester. Jedenfalls gehe ich nicht …«

»Verzeihung! Entschuldigen Sie! Ich kann nicht recht verstehen. Hm …
hm … Vielleicht kommt das bei mir von der Verkalkung. Ich höre
neuerdings schlecht«, und zu den Regisseuren gewandt: »Wie heißt es
da im Text?«

Die Regisseure bemühen sich, mit größter Deutlichkeit den Satz auszusprechen, aber Konstantin Sergeevičs Gesicht drückt nach wie vor Ver-
ständnislosigkeit aus. Er beginnt mir sogar etwas leid zu tun. Ich versuche die allerfeinsten Stimmnuancen und sage höchst ausdrucksvoll:

»Wie Sie wollen, Verehrtester. Jedenfalls gehe ich nicht von der Stelle,
ehe ich nicht von Ihnen den gebührenden Bescheid erhalte.«

»Jetzt ist es verständlich. Sagen Sie es ebenso scharf ausgeprägt Ihrem

Partner! Sie sollen ja einen Menschen, der Sie nicht anhören will, über-
zeugen. Haben Sie ein Gefühl dafür, welche Aktivität in allen Ihren
Handlungen sein muß? Nun, schießen Sie los!«
Ich wiederhole den Satz.
»Entsetzlich, was Sie da machen! Warum betonen Sie denn jedes Wort
›Wie Sie wollen, Verehrtester. Jedenfalls gehe ich nicht
von der Stelle, ehe ich nicht von Ihnen den gebührenden
Bescheid erhalte.‹ Dadurch verliert der Satz jede Wirksamkeit.
Einen Gedanken kann man einem anderen am deutlichsten vermitteln,
wenn man im Satz, und sei er noch so lang, nur eine Betonung anbringt.
Gerade hatten Sie ihn mir doch richtig aufgesagt. Und warum? Weil Sie
vorhin ernstlich wünschten, daß ich den Sinn verstand. Jetzt aber haben
Sie gespielt, anstatt zu handeln.
Nun, noch einmal, bitte! … Entsetzlich! Wo ist denn in diesem Satze die
Betonung? Nun, zergliedern Sie den Satz! Welches Wort können Sie
nicht entbehren, um die Hauptsache, das, was Sie von Ihrem Partner
wollen, auszudrücken? Oder besser gesagt, mit welchem Worte allein
könnten Sie in dieser Szene auskommen, ohne daß die Verständlichkeit
darunter leidet?«
Pause.
»Nun, um was bitten Sie ihn denn? Was soll er tun, damit Sie zufrieden-
gestellt sind? Das kommt doch im Satze selbst zum Ausdruck. Was mei-
nen Sie? Sie sagen doch, daß Sie nicht von der Stelle gehen werden, bis
… was?«
»Bis ich nicht den gebührenden …«
»Nun?«
»Bescheid –«
»Halt! Das ist das entscheidende und zu betonende Wort. Im ganzen
Satze ist einzig dieses Wort zu betonen.«
Ich wiederhole also den Satz und bemühe mich, so zu betonen.
»Aber warum verstümmeln Sie denn nun die übrigen Wörter? Wenn Sie
sie auch nicht betonen sollen, so dürfen Sie sie doch nicht überstürzen
und verschlucken. Nun!«
Wieder spreche ich.
»Warum geben Sie denn dem letzten Wort eine Maulschelle?«
»Was für ein Maulschelle?«
»Warum stoßen Sie so hervor: Be–scheid?«
»Darauf liegt doch die Betonung.«

»Nun ja, aber doch keine Maulschelle. Sie brauchen nur die übrigen Wörter nicht zu betonen. Dann wird es von selbst zum betonten. Bitte!«
Oft, wenn wir im Kreise »nicht Eingeweihter« besonders typische Einzelheiten aus einer Probe mit Stanislavskij wiedergeben, kommt es den Zuhörern so vor, als handle es sich dabei um eine Karikatur, um die übliche Schauspielerübertreibung. »So kann man Sie doch unmöglich quälen. Wenn es aber doch so ist, wo bleibt denn dann das persönliche Schöpfertum? Solch ein Quälen des Schauspielers kann ja zu nichts Gutem führen, sondern wird ihn nur kopfscheu machen.« In der Tat, nach zwei, drei Stunden Arbeit an einem Satze hört man zuweilen anscheinend auf, den Sinn der Worte zu begreifen. Das ist aber nur vorübergehend. Im Gegenteil, später wird der Sinn des Satzes und der Worte nur um so klarer. Wenn man erst einmal solch ein »Fegefeuer« hinter sich hat, bringt man dem Satz, auf den man soviel Mühe verwandt hat, besondere Achtung entgegen. Man wird ihn nicht daherplappern, ihn nicht mit überflüssigen Betonungen überladen und auch keine »Maulschellen« austeilen. Vielmehr wird er wirksam und musikalisch sein.

Kann ein Schauspieler sich selbst gegenüber so überkritisch sein? Kann er so beharrlich an der Vervollkommnung seiner Technik arbeiten? Kaum, denn er sieht und hört sich ja nicht. Er kann seine Fehler gar nicht begreifen. Alle schlechten Gewohnheiten, die sich bei dem Schauspieler mit den Jahren ansammeln, bleiben außerordentlich zäh haften. Er braucht viel Geduld und Mut sowie Hilfe von einem Menschen, der Autorität genießt und die Gesetze des Schaffens gut kennt. Das ist der Grund, weshalb wir die übermäßige Nörgelei Stanislavskijs bei den Proben geduldig hinnahmen. Die Kultur des Künstlertheaters wäre nicht zustande gekommen, wenn die Schauspieler dort nicht die harte Schule Stanislavskijs durchgemacht hätten.
Kehren wir nun zur Probe zurück. Für die unbestreitbare und einzige Grundlage der Schauspielkunst hielt Stanislavskij die Handlung. Alles, was außerhalb der Handlung lag, beseitigte er erbarmungslos.
»Warum machen Sie das? Was gibt dies der durchgehenden Handlung? Alles, was nicht der Erreichung des Zweckes dient, nicht zur Überaufgabe hinführt, ist überflüssig.«
Jede physische Handlung muß eine aktive Handlung sein, die zur Erreichung irgendeines Zieles führt, ebenso wie jeder Satz, der auf der Büh-

ne gesprochen wird. Stanislavskij zitierte häufig folgenden weisen Ausspruch: »Dein Wort sei nicht leer und dein Schweigen nicht stumm.« Um das Wort als Teil einer Handlung auszurüsten und um das verbale Handeln auszufeilen, benutzte Stanislavskij viele pädagogische Verfahren. Sie alle lassen sich gleichsam in zwei Kategorien einteilen: die einen gingen auf äußerliche Weise heran durch ein Erforschen der Logik des Satzaufbaus, die anderen auf innerliche Weise, indem sie beim Schauspieler die entsprechenden bildhaften Vorstellungen zur Gestaltung hervorlockten und dem Rollentext unterlegten. Ein Beispiel für das äußerliche Herangehen habe ich schon angeführt. (»Wie Sie wollen, Verehrtester …« und so weiter.) Stanislavskij bemühte sich in diesem Falle darum, daß der Schauspieler in einem langen Satz nur eine Betonung anbringen lernte, und zwar auf dem letzten Worte, wodurch der Satz aktiver und wirkungsvoller wurde.

»Man hat Ihnen eine Rolle zugeteilt«, sagte er, »die aus Gedanken besteht, vom Gedanken Nummer 1 bis zum Gedanken Nummer 1813. Alle Gedanken streben zum letzten, zu Nummer 1813, und alle bekommen von diesem ihre Färbung. Die Aufgabe der Worthandlung des Schauspielers besteht darin, mit seinen bildhaften Vorstellungen den Partner ›anzustecken‹. Dazu müssen Sie das, wovon Sie sprechen, selbst so scharf sehen, daß Sie den Partner zwingen, mit seinem ›inneren Auge‹ das von Ihnen gezeichnete Bild ebenso scharf in allen Einzelheiten zu sehen.«

Auf die Worthandlung und die ihr zugrunde liegenden bildhaften Vorstellungen stieß ich bei den Proben zum Schlußmonolog Čičikovs: »Ach, ich Einfaltspinsel …« und so weiter am Ende des Prologes der »Toten Seelen«.

Nachdem ich den Monolog ohne Stocken vorgetragen und bei dem letzten Wort »Also los!« effektvoll mit der Faust auf den Tisch geschlagen hatte, erhob ich mich, ging vom Tisch fort und blickte siegesgewiß auf Stanislavskij.

»Hm, hm! Sie sehen ja nichts, mein Lieber.«

»???«

»Sie reden Worte daher … Sie sehen bloß die Buchstaben, wie sie da im Textbuch stehen, aber nicht das, was dahinter existiert und was Čackij … (er wollte Čičikov sagen, versprach sich aber aus Zerstreutheit und sagte Čackij, wodurch er mich vollends aus dem Konzept brachte) … in seiner Vorstellung sehen müßte.«

»Ich verstehe nicht.«

»Sie sagen zum Beispiel: ›Wenn sie mich erwischen, heißt das öffentlich ausgepeitscht werden und dann ab nach Sibirien.‹ Fühlen Sie, was das für Chlestakov bedeutet (hier gab er Čičikov diesen Namen!) … Sehen Sie bei diesen Worten bildhaft die Leibesstrafe, die Fesseln, den Verbanntentransport und das rauhe Sibirien? Das aber ist das Wichtigste. Nun, beginnen Sie noch einmal!«

»Ach ich Einfaltspinsel …«

»Sie sehen nichts. Sie sprechen nur Worte. Sammeln und speichern Sie erst einmal bildhafte Vorstellungen, sehen Sie sich selber doch mal als Einfaltspinsel, und dann fangen Sie an, sich Vorwürfe zu machen, so ein Blödmann zu sein. Was ist das eigentlich, ein Einfaltspinsel, wie stellen Sie sich den vor? Also bitte!«

»Ach, ich …«

»Entsetzlich! … Hm! Gleich zu viel Spannung. Sie wollen sich äußerlich in Erregung versetzen, eine Nervenanspannung erzeugen und alles in Nebel hüllen. Aber Sie sollen sich nichts als konzentrieren, klar erkennen, inwiefern Sie auf dem Holzwege sind, und sich selber weidlich ausschimpfen. Das ist alles. Bitte!«

»Ach …!«

»Wieso denn ›Ach …!‹? Nicht ›Ach …!‹, sondern ›Ach, ich Einfaltspinsel!‹ Wo ist hier ein betontes Wort? Wenn Sie falsch betonen, so heißt das, Sie sehen das nicht vor sich, worüber Sie reden.«

Und wieder entstand die allen bekannte Probenkrise.

Endlich beginnt sich aus dem Chaos der auf den Proben angehäuften einzelnen Skizzen, Schemata und Details der Prolog der »Toten Seelen« abzuzeichnen, ein Knotenpunkt des ganzen Stückes. Mir wurde später klar, daß Stanislavskij die Absicht hatte, die Aufführung unmittelbar mit einem mächtigen, klangvollen, starken Akkord beginnen zu lassen. Dahin wollte er uns im Unterricht bringen. Für ihn war es wichtig, unsere Handlungen mit schärfstem Rhythmus zu durchdringen. Er wußte, daß man das nicht auf einmal schafft, daß man das im Schauspieler erzeugen muß. Ihm war bekannt, daß man dafür sichere Wege bahnen, daß man Kanäle anlegen muß, durch die der Strom des Schauspielertemperamentes geleitet wird. Als diese Arbeit in gewissem Umfange bewältigt war, hielt es Stanislavskij für möglich, über das Resultat zu reden.

»Der Prolog, den wir jetzt proben«, sagte er, »ist die Stimmgabel für das ganze Stück. Spüren Sie, welche Verantwortung das bedeutet? Was braucht man dazu? Nur Aufmerksamkeit, Konzentration, gute und deutliche bildhafte Vorstellungen und Wahrheitsgefühl. Von Ihrem Tisch aus beobachten Sie den Sekretär des Vormundschaftsrates, damit er Ihnen nicht aus der Kneipe entwischt. Davon hängt Ihr Leben ab. Spüren Sie, was hier für ein Rhythmus wirkt, welche Gedanken gedacht werden, welche Bereitschaft da sein muß, jeden Augenblick einen Sprung von zehn, fünfzehn Metern zu machen, um sich dem Sekretär beim Weggehen in den Weg zu stellen? Prüfen Sie nur einmal diese einfachste physische Handlung!

Dann kommt der erste Satz: ›Ich gehe nicht von der Stelle …‹ Vermitteln Sie ihm dieses Bild, damit er klar sieht, was für einen Skandal Sie hier in der Kneipe anstellen werden, wenn es ihm etwa einfallen sollte, weiterzugehen. ›Ich gehe nicht von der Stelle …‹ Sehen Sie jetzt, was das bedeutet? Wenn Sie dann erreicht haben, daß er sich mit Ihnen in ein Gespräch einläßt, kommt es darauf an, ihm auf schlaueste Art die Bestechungssumme zuzustecken, so daß es niemand in der Kneipe merkt. Das müssen Sie so machen, daß Sie es leicht abstreiten können, wenn etwa der Sekretär nicht darauf eingehen und Sie zur Verantwortung ziehen sollte. Außerdem muß das alles sehr schnell erledigt werden, denn Ihr ›Auftraggeber reist morgen ab‹. Wenn schließlich der Gifttropfen auf (in Čičikovschem Sinne) guten Boden fällt, müssen Sie sich, ohne eine Sekunde zu verlieren, zu einem überaus gefährlichen Unternehmen entschließen. Da sind dann Ihre bildhaften Vorstellungen ganz besonders vonnöten. Sie verstehen doch? Auf der einen Seite öffentliche Auspeitschung, Fesseln, Sibirien, auf der anderen ein Kapital von 200 000 Rubeln, ein prachtvolles Gut, Frau, Kinder, Familie, ein irdisches Paradies – das Ziel eines ganzen Lebens ist erreicht. Jetzt oder nie, das müssen Sie sehen, so deutlich wie möglich sehen, damit Ihr Aufwallen in der einen oder anderen Richtung innerlich gerechtfertigt und bis zum äußersten gesättigt ist.«

Ich kann nicht sagen, daß, nachdem uns alles so klar geworden war, wir es auch schon ausführen konnten oder daß die Ausführung uns mühelos gelang. Keineswegs war das der Fall. Aber all das, was gemacht werden, woran gearbeitet werden mußte, war nicht mehr verschwommen. Ich konnte bereits erkennen, warum das eine oder andere nicht klappte und was ich üben mußte, damit es klappe.

Schon sah ich deutlich, welche unendlichen Möglichkeiten für eine

schauspielerische Meisterleistung in dieser kleinen und anscheinend
dem Inhalte nach unbedeutenden Szene steckten. Die Hauptsache aber
war, daß ich nicht mehr daran zweifelte, daß es so und nicht anders war
und – daß es schwer war. »Ohne Fleiß kein Preis« und »Wertvoll ist nur
das, was mit Mühe erworben ist«, sagt Stanislavskij.

»BEIM GOUVERNEUR«

Und nun das nächste Bild: »Čičikov beim Gouverneur.« Es folgt unmit-
telbar dem Prolog. Wenn zuvor von Čičikov nur der Entschluß zur
Handlung gefaßt wurde, so beginnt nun die Handlung selbst, also die
Ausführung des Planes.

GOUVERNEUR *(im Schlafrock, mit dem Annenorden am Hals, sitzt am*
Stickrahmen und summt vor sich hin):
Glaub mir nur, ein Mädchen sollte
nicht zu offenherzig sein.
Freilich kann sie sich verlieben,
aber davon sprechen? Nein!
DIENER: Der Kollegienrat Pavel Ivanovič Čičikov wünscht Eure Ex-
zellenz zu sprechen.
GOUVERNEUR: Čičikov? Gib mir den Frack! *(Singt):*
»Um ein Mädchen anzuhalten,
das ist dumm von einem Alten…«
Der Diener reicht ihm den Frack.
Ich lasse bitten.
Der Diener geht hinaus.
ČIČIKOV *(eintretend):* Soeben in der Stadt angekommen, hielt ich es
für meine unbedingte Pflicht, den obersten Beamten meine Ehrer-
bietung zu bezeigen, und für meine besondere Pflicht, mich Eurer
Exzellenz persönlich vorzustellen.
GOUVERNEUR: Sehr erfreut, Ihre Bekanntschaft zu machen. Bitte,
nehmen Sie Platz.
Čičikov setzt sich.
Was machen Sie dienstlich?

ČIČIKOV: Meine dienstliche Laufbahn begann im Steueramt. Der weitere Verlauf derselben fand an verschiedenen Stellen statt. Ich war in der Kommission für den Bau ...

GOUVERNEUR: Für den Bau für was?

ČIČIKOV: Für den Bau der Moskauer Erlöserkirche, Eure Exzellenz.

GOUVERNEUR: Ein regierungstreuer Mensch.

ČIČIKOV *(für sich)*: Ein Glück, daß mir die Kirche noch eingefallen ist. *(Laut)*: Auch beim Hofgericht und beim Zollamt habe ich gedient.

GOUVERNEUR: Beim Zollamt?

ČIČIKOV: Im allgemeinen bin ich ein unbedeutender Wurm in dieser Welt, in Geduld geübt, ja die Geduld in Person! Und was hatte ich von meinen Feinden im Dienst alles zu ertragen! Sogar nach dem Leben hat man mir getrachtet. Weder mit Worten noch mit Farben oder dem Pinsel läßt sich das wiedergeben. Mein Leben kann man mit einem Schiff auf hoher See vergleichen, Eure Exzellenz.

GOUVERNEUR: Mit einem Schiff?

ČIČIKOV: Jawohl, mit einem Schiff, Eure Exzellenz.

GOUVERNEUR: Ein gelehrter Mann!

ČIČIKOV *(für sich)*: Dieser Gouverneur ist ein Dummkopf.

GOUVERNEUR: Welche Gegenden werden Sie aufsuchen?

ČIČIKOV: Ich bin auf der Reise, um im Zenit meiner Lebensbahn ein Plätzchen zu suchen, wo ich den Lebensabend verbringen kann. Aber Lebensabend hin, Lebensabend her! Die Welt und das Treiben der Menschen zu beobachten, bedeutet schon an und für sich sozusagen ein lebendiges Buch und eine zweite Wissenschaft.

GOUVERNEUR: Richtig, richtig!

ČIČIKOV: Im Gouvernement Eurer Exzellenz reist es sich wie im Paradies.

GOUVERNEUR: Warum denn?

ČIČIKOV: Überall sind die Wege wie Samt.

Der Gouverneur grinst verlegen.

Regierungen, die tüchtige Beamte einsetzen, verdienen ein großes Lob.

GOUVERNEUR: Mein sehr liebenswürdiger ... Pavel Ivanovič?

ČIČIKOV: Pavel Ivanovič, Eure Exzellenz.

GOUVERNEUR: Bitte kommen Sie doch heute abend zu einer kleinen Soiree in mein Haus.

ČIČIKOV: Das bedeutet für mich eine ganz besondere Ehre, Eure Exzellenz. Ich habe die Ehre, Ihr ergebener Diener. Aach, wer hat denn diesen Saum so kunstvoll gestickt?

GOUVERNEUR *(verlegen)*: Das tue ich selbst. Ich sticke einen Beutel.

ČIČIKOV: Was Sie nicht sagen! *(Betrachtet bewundernd die Stickerei.)* Ich habe die Ehre … *(Geht rückwärts zur Tür und ab.)*

GOUVERNEUR: Was für ein liebenswürdiger Mensch! *(Ein Lied anstimmend:)*

»Um ganz offen, Herr, zu sein:
Einen Alten lieben? Nein!

Dunkel.

Was für ein Glied ist das in der langen Kette der durchgehenden Handlung von Čičikovs Rolle? Welche konkrete Aufgabe stellt er sich, wenn er dem Gouverneur einen Besuch abstattet? Das mußte geklärt werden, um zu entscheiden, was er dafür zu tun hatte, durch welche Handlungen er am sichersten zu seinem Ziel kommen konnte.

Ich will bei dieser Szene nicht von der Arbeit am Tisch erzählen, sondern unmittelbar die Schlußfolgerungen berichten, zu denen wir dabei kamen.

Für Čičikov ist dieser Besuch außerordentlich wichtig. Zunächst einmal wird er im Hause des Gouverneurs die Bekanntschaft der Gutsbesitzer machen, bei denen er künftig seine »Ware« einkaufen will. Ferner wird er die Beamten kennenlernen, die er zur Erledigung der mit den Geschäften verbundenen Formalitäten braucht. Doch nicht genug damit, daß er mit all diesen Menschen bekannt wird. Für ihn ist ja wichtig, daß der Gouverneur selbst ihn in diesen Kreis einführt, daß er dessen Empfehlung besitzt. Was aber muß Čičikov während des kurzen Besuchs tun, damit er all das erreicht?

»Nun, drücken Sie es mit einem einzigen Worte aus! Definieren Sie es mit einem Verbum, das Ihre Handlungsweise am schärfsten kennzeichnet.«

»Dem Gouverneur gefallen.«

»Ja, aber noch genauer!«

»Ihn verführen.«

»Sagen wir lieber: erobern, sein Herz erobern. Begreifen Sie das?«

»Ja.«

»Und welche konkreten Anzeichen werden Ihnen verraten, daß Sie Ihr Ziel hundertprozentig erreicht haben, so daß Sie ganz und gar befriedigt sein können?«

Pause.

»Hat Ihnen während dieses Besuches der Gouverneur irgend etwas für Ihre durchgehende Handlung gegeben?«

»Ja.«

»Und zwar?«

»Nun, er war freundlich zu mir, lächelte, gab mir die Hand …«

»Das konnte Verstellung sein. Vielleicht hat er als Hausherr Liebenswürdigkeit geheuchelt. Denken Sie nach!«

Pause.

»Nun, brauchten Sie denn etwas? Wozu wollten Sie denn bei ihm eindringen?«

»Um dort die Bekanntschaft der Gutsbesitzer zu machen und …«

»Aber wie wollen Sie denn in das Haus des Gouverneurs hineingelangen? Was brauchen Sie denn dazu, nun?«

»Eine Einladung.«

»Und haben Sie eine bekommen?«

»Ja, er sagte: ›Bitte kommen Sie doch heute abend zu einer kleinen Soiree in mein Haus.‹«

»Sehen Sie, und das ist die Hauptsache, das Realste, was Sie bei Ihrem Besuch erreicht haben. Um dieser Einladung willen ist die ganze Szene da. Darauf müssen Sie alles hinlenken, nur danach trachten. Es ist also Ihre Aufgabe, eine Einladung zu bekommen. Nun, wie werden Sie also handeln?«

»Ich werde sehr unterwürfig mit ihm sprechen.«

»Er aber wird denken: ›Was für ein Speichellecker das ist‹, und ehe Sie sich's versehen, sind Sie wieder draußen. Um irgendeine Taktik anzuwenden, müssen Sie sich nämlich vorher klarmachen, mit wem Sie es zu tun haben. Hier ist erst einmal eine Orientierung, ein Abtasten Ihres Partners notwendig; Sie aber fällen sogleich eine Entscheidung. Sie sehen doch den Gouverneur zum ersten Male, und deshalb ist das erste, was Sie zu tun haben, um nicht in die Patsche zu geraten, schnell festzustellen, was für einen Menschen Sie vor sich haben und wie Sie ihm am besten beikommen. Erst im zweiten Drittel des Gespräches werden Sie mit sicherem Gefühl zum Angriff übergehen. Ihr erstes Handlungsmoment in dieser Szene ist die Orientierung, die Sondierung des Objektes. Es ist das, was wir im Leben immer tun und immer auf der Bühne versäumen. Nun, fangen wir an!«

»Ich weiß gar nicht … womit? Soll ich den Text sprechen?«

»Der Text ist für mich nicht wichtig. Handeln sollen Sie!«

»Aber der Partner …«

»Ihr Partner werde ich selbst sein.«

Pause.

»Also, Sie gehen aus dem Zimmer in den Korridor und kommen von dort hier herein, als ob es zum ersten Male geschähe. Benehmen sie sich so, daß Sie auf mich einen sehr günstigen Eindruck machen.«

»Und der Text?«

»Wozu brauchen wir denn Text? Lassen Sie uns von unseren Geschäften sprechen! Für mich ist Ihr Verhalten wichtig.«

Und nun begann eine hartnäckige Arbeit, genauso wie beim Prolog.

»Nun, warum schauen Sie so nachdenklich drein? Standen Sie im Leben schon einmal vor der Aufgabe, jemand zu gefallen?«

»Ja, aber daraus ist nie etwas geworden.«

»Und warum?«

»Weil ich das Gegenteil von dem tat, was ich mir vorgenommen hatte.«

»Wenn Sie nun aber das auch getan hätten, was Sie vorhatten, wäre dann etwas daraus geworden?

»Ja, wahrscheinlich.«

»Schön, dann tun Sie das auch jetzt! Damals hinderte Sie eine Befangenheit. Hier aber besteht keine Veranlassung, befangen zu sein. Also, bitte!«

Schritt für Schritt studierten wir die Feinheiten im Benehmen eines Gastes, der den günstigsten Eindruck auf den Hausherrn machen will. Dazu gehört, daß man das Zimmer besonders geräuschlos betritt, daß man angesichts der Würde des Hausherrn vor Ehrfurcht erstarrt und dessen Äußerungen mit Hochachtung aufnimmt. Ferner muß man sich selbst bescheiden benehmen, die Möbel des Raumes (Museumsgegenstände!) schonend behandeln und auf die gestellten Fragen wohldurchdachte, verständige, gediegene Antworten geben und so weiter. Die Hauptsache aber ist, daß in allem Aufrichtigkeit und nicht die geringste Falschheit erscheint, wodurch Čičikov sein wahres Wesen verraten könnte.

Der Zuschauer, der den Prolog nicht gesehen hat, muß Čičikov tatsächlich für einen ordentlichen, bescheidenen Menschen halten; wer aber den Prolog gesehen hat, muß sich über die Gewandtheit dieses Spitzbuben wundern.

»Wie aber, Konstantin Sergeevič, steht es im Hinblick auf das äußere Bild Čičikovs und seiner Manieren? Denn schließlich ist all das, was ich tue, doch überhaupt nicht Čičikov.«

»Warten Sie ab! Nicht alles auf einmal. Bei der Arbeit muß man immer erstens von sich selbst, von seinen natürlichen Eigenschaften, ausgehen und zweitens sich nach den Gesetzen des Schaffens richten. Was ist denn das, die Manieren Čičikovs? Das, was Sie jetzt tun, müssen Sie unermüdlich üben. Wenn Sie dann gelernt haben, es leicht, geschickt und zielstrebig zu tun, dann werden Sie sich dadurch schon der Gestalt nähern.«

»Bei Gogol ist da aber eine besondere Verbeugung beschrieben, die Čičikov macht.«

»Na, und?«

»Sie will mir nicht gelingen.«

»Und haben Sie sie geübt?«

»Ja, ich habe versucht, sie zu machen, aber es will nicht klappen.«

»Suchen Sie eine entsprechende Übung. Nun, legen Sie sich zum Beispiel in Gedanken einen Tropfen Quecksilber auf den Scheitel und lassen sie ihn das Rückgrat entlang bis zu den Fersen hinabgleiten. Achten Sie darauf, daß er nicht vorzeitig auf den Boden fällt! Wiederholen Sie die Übung jeden Tag ein paarmal. Nun, probieren Sie es einmal! – Das ist ja entsetzlich, was Sie da machen! Wenn Sie sich bücken, sieht es so aus, als ob man einen Stock mittendurch gebrochen hätte. Legen Sie den Tropfen auf den Scheitel … Fühlen Sie ihn? – Warten Sie! Nun senken Sie vorsichtig den Kopf, damit der Tropfen zunächst den Nacken hinabrollt. – So, dann weiter die Halswirbel entlang und so weiter.«

»Soeben in der Stadt angekommen, hielt ich es für meine unbedingte Pflicht, den obersten Beamten meine Ehrerbietung zu bezeigen, und für meine besondere Pflicht, mich Eurer Exzellenz persönlich vorzustellen …«

»Hm, hm! ›Den Beamten Ehrerbietung‹ und ›mich Eurer Exzellenz vorzustellen‹ sind zwei Begriffe, zwei betonte Worte, wobei zu bedenken ist, daß ›Eure Exzellenz‹ hier ein Wort ist. Bei ›Eure Exzellenz‹ …, ›den obersten Beamten meine Ehrerbietung zu bezeigen‹ – Komma – jagen Sie den Satz in die Höhe, und bei ›mich Eurer Exzellenz vorzustellen‹ – Punkt – fällt der Stein in den Abgrund hinunter.«

Diesen Weg, den Weg über das Wort, ging dann auch die mühsame Arbeit. Sorgfältig erarbeitete Stanislavskij Material für das Ausformen der Gouverneur-Szene, die ihm in folgender Gestalt vorschwebte.

Am Feiertag, nach dem Mittagsgottesdienst, sitzt der Gouverneur in seinem Arbeitszimmer am Stickrahmen und stickt mit Hingabe das Muster für einen Beutel. Er ist von seiner Arbeit entzückt und singt falsch und grölend ein Liedchen, das durch die ganze Wohnung tönt. Das Liedchen hat er am Abend vorher irgendwo gehört, und nun wird er es nicht mehr los. Plötzlich meldet der Kammerdiener irgendeinen Čičikov. Die Meldung bringt den Gouverneur ganz aus der Fassung: Er will seine Lieblingsbeschäftigung nicht unterbrechen.

Soll er den Empfang ablehnen? Aber wer weiß, was das für ein Čičikov ist?! Also muß man den Schlafrock ablegen und den Frack anziehen … Oder was soll man tun? Der Teufel soll ihn holen.

»Gib mir den Frack!«

Der Gouverneur ist voller Haß gegen den ihm unbekannten Čičikov und beschließt, ihn möglichst streng und unfreundlich zu empfangen. Er zieht den Frack an, stellt sich an den Tisch und wirft sich in Positur.

»Ich lasse bitten.«

Čičikov tritt ein. Die Blicke des Gouverneurs und Čičikovs kreuzen sich wie zwei Rapiere. Es ist der Augenblick einer gegenseitigen, sich überschneidenden Orientierung.

O weh, der versteht keinen Spaß, er wird mich gleich hinausschmeißen, fährt es Čičikov durch den Kopf, mit dem kann man nur auf militärische Weise verhandeln. Čičikov macht eine besonders exakte, betont Ergebenheit ausdrückende Verbeugung. Es klingt wie eine Meldung, wenn er dann sagt: »Soeben in der Stadt angekommen, hielt ich …« und so weiter.

Das Debüt ist, wie es scheint, gelungen. Čičikov wird der Einladung gewürdigt, Platz zu nehmen. Er ist aber noch vorsichtig in seinen Bewegungen. Vorsichtig geht er zum Tisch, ergreift einen Stuhl und rückt ihn beiseite. Er ist ja nicht würdig, dicht bei einer so bedeutenden Persönlichkeit zu sitzen. Mehrere Sekunden schwankt er, ob er sich überhaupt auf diesen »Museums«-Sessel setzen soll. Schließlich setzt er sich auf den äußersten Rand. Dann stellt der Gouverneur einige Fragen, auf die Čičikov sehr bescheidene, deutliche und ehrerbietige Antworten (aber ohne jede Kriecherei) gibt, während beide Gesprächspartner einander studieren und zu ergründen suchen. Jeder von ihnen hat dafür gewichtige Gründe, ganz besonders aber Čičikov, weil sein Schicksal davon abhängt. Der Gouverneur kommt zu der Überzeugung, daß Čičikov ein regierungstreuer und gelehrter Mann ist, während Čičikov in dem Gouverneur einen Dummkopf erkennt. Beide beginnen sich nun in diesem Sinne aufeinander einzustellen. Der Gouverneur erzeigt Čičikov Freundlichkeit und Achtung, während Čičikov ihn unbarmherzig beweihräuchert. Da schlägt die Uhr und erinnert Čičikov daran, daß er die Zeit des Staatsmannes nicht noch weiter in Anspruch nehmen darf. Schnell steht er auf, um sich mit dem betonten Ausdruck besonderen Dankes für das gewährte Glück zu verneigen. Da er ja die Einladung zu der Abendgesellschaft erhalten hat, spielt der aufrichtig erfreute Čičikov mit Leichtigkeit den von der Großherzigkeit des Gouverneurs Überwältigten und begibt sich, nachdem er sich noch einmal zum Abschied verbeugt hat, zur Tür. Unterwegs aber fällt sein Blick auf den Stickrahmen mit der Stickerei. Sofort ist ihm klar, wessen Arbeit das ist. Er spielt eine ganze pantomimische Szene. Zunächst verweilt er wie beiläufig in der Nähe des Stickrahmens. Dann aber zeigt er sich etwas interessierter, tritt an den Stickrahmen heran, und nun kann er, von diesem Kunstwerk überwältigt, seinen Blick schon nicht mehr von ihm wenden. Die Anwesenheit des Gouverneurs und alle Anstandsregeln hat er vergessen, so verblüfft, so überrascht ist er. Nach längerer Pause reißt er sich schließlich von dem Anblick der Stickerei los und sieht den Gouverneur fragend an.

»Aach, wer hat denn diesen Saum so kunstvoll gestickt?« fragt er.

»Das tue ich selbst. Ich sticke einen Beutel.«

Čičikov ist perplex. Mit offenem Mund, fassungslos und überwältigt, schreitet er unsicher über die Schwelle und blickt die ganze Zeit abwechselnd mal auf das Muster und mal auf das Genie, das es geschaffen hat.

»Was für ein liebenswürdiger Mensch«, sagt der Gouverneur, begibt sich wieder ans Sticken und singt sein Liedchen.

So verwandelt Stanislavskij eine unbedeutende, rein expositionellen Zwecken dienende Szene »Beim Gouverneur« in einen scharf gezeichneten, amüsanten, Spannung erregenden inszenatorischen Einfall voller Humor und philosophischer Sicht.

In der Szene gibt es einen Anfang, eine Entwicklung und einen Abschluß: Der Gouverneur, der Čičikov mit Haß begegnet ist, verabschiedet sich von ihm als Freund. Čičikov, der den Gouverneur für einen

Drachen gehalten hat, sieht in ihm beim Abschied einen sehr gutmüti-
gen, ein wenig dummen Kerl, den er um den Finger wickeln kann. Und
alle Stufen der Entwicklung der gegenseitigen Beziehungen beider Personen sind deutlich, klar, logisch, gerechtfertigt, richtig angeordnet und
deshalb überzeugend.

Es ist aber ein Unterschied, ob man sich den inszenatorischen Rahmen
und Ablauf einer Szene ausdenkt und erarbeitet, oder ob man es auch zu
Wege bringt, den Schauspieler dahin zu führen, ihn lebendig und organisch auf der Bühne zu verkörpern, also jene Qualität erreicht, daß auf
der Bühne nicht nur Schauspieler, sondern lebendige Menschen agie-
ren.

Stanislavskij hatte schon früh eingesehen, daß das größte Geheimnis
der Meisterung der Rolle vor allem im Studium des physischen Verhaltens der Gestalt liegt. Wenn dies richtig und interessant ist, dann wird
sich auch dementsprechend das Intonationsgewebe der Rolle natürlich
und leicht ergeben.

Ich erinnere mich an den Bericht der Schauspielerin des Künstlertheaters A. O. Stepanova über ihr erstes Zusammentreffen mit Stanislavskij
bei der Arbeit. Sie war als noch ganz junge Schauspielerin von sechzehn, siebzehn Jahren gerade in die Truppe des Künstlertheaters aufgenommen worden, und schon bekam sie die Rolle der Mstislavskaja im
»Zar Fëdor« von Aleksej Tolstoj. Noch am selben Tage bestellte man
sie zur Probe. Die Rolle zu studieren war zwecklos. In solch einer kurzen Frist hätte sie sie ohnehin nicht mehr lernen können. Die Stepanova
kam ins Theater, verkroch sich vor Angst in eine Ecke und erwartete ihr
Schicksal. Inzwischen war die Probe bis zu ihrer Szene fortgeschritten.
Stanislavskij fragte: »Wer spielt die Mstislavskaja?« Die junge Darstellerin wagte sich schüchtern hervor. Man stellte sie Stanislavskij vor. Er
begrüßte sie freundlich und bat sie, auf die Bühne zu gehen und zu proben.

»Aber ich weiß doch gar nichts, ich habe ja den Text noch gar nicht gelernt.«

»Das ist gerade gut, daß Sie ihn nicht gelernt haben. Legen Sie das
Textbuch hin, und gehen Sie zum Stelldichein mit einem jungen Mann
in den Garten. Sehen Sie, da ist er im Begriff, über den Zaun zu klettern,
um zu Ihnen zu kommen. Warten Sie auf ihn, horchen Sie, versuchen
Sie zu erraten, woher er kommt! Dann kommt er zu Ihnen über den
Zaun gesprungen. Nehmen Sie sich irgendein Spiel mit ihm vor, ver-

stecken Sie sich, erschrecken Sie ihn! Das bringen Sie doch fertig, was? Nun, dann fangen Sie mal an.«

»Aber was soll ich denn sagen?«

»Sagen Sie, was Sie unter den gegebenen Umständen sagen möchten!«

Ich erinnere mich auch an einzelne Episoden aus der eigenen Praxis. Einige Tage vor Schluß der Spielzeit ging ich zu Stanislavskij, um mich von ihm für die Zeit des Urlaubs zu verabschieden. Damals war die Arbeit an den »Toten Seelen« gerade in vollem Gange.

»Wie kann ich während des Urlaubs an der Rolle arbeiten?« fragte ich ihn, bevor wir uns verabschiedeten.

»Nehmen Sie nur keine Rolle und kein Textbuch mit! Erholen Sie sich, und machen Sie in Ihren Mußestunden Pläne zu allen möglichen Spitzbübereien! Suchen Sie sich unter Ihren Nachbarn diesen oder jenen als Opfer aus, und denken Sie sich hübsch in allen Einzelheiten aus, wie Sie ihn beschwindeln könnten, wie Sie sich mit ihm bekannt machen und wie sie sein Vertrauen erwerben wollen. Das ist besonders wichtig. Die Stärke Čičikovs ist ja gerade die Kunst, das Vertrauen des Opfers zu erwerben. Der Plan muß sehr überlegt und sehr genau sein. Alles muß im voraus so berechnet sein, als ob Sie sich in Wirklichkeit anschickten, ihn in die Praxis umzusetzen. Nachdem Sie einen Plan ausgearbeitet haben, nehmen Sie einen anderen in Angriff, knöpfen Sie sich einen anderen Nachbar vor, der über andere Charaktereigenschaften, andere Mittel und eine andere Stellung verfügt. Dementsprechend wird auch der Plan ganz anders sein. Nachdem Sie diese Aufgabe gelöst haben, nehmen Sie sich die nächste vor, wobei Sie sich jedesmal fragen: Wie würde ich handeln, *wenn* ich gerade diesen Menschen, der die und die Eigenschaften, die und die Qualitäten besitzt, der da und da wohnt, betrügen oder wenn ich ihn – sagen wir einmal – bestehlen müßte? Wie würde ich unter diesen Umständen handeln? Nach Ihrer Rückkehr aus dem Urlaub erzählen Sie mir dann eine Anzahl interessanter Fälle geschickter ›Ausplünderung‹, die Sie begangen haben. Das nützt Ihnen außerordentlich bei der Meisterung der Gestalt Čičikovs. Ich wünsche Ihnen viel Erfolg! Auf Wiedersehen! Erholen Sie sich gut!«

Die Eigenheit jener besonders gewissenhaften und strebsamen Schauspieler, die schon bei der ersten Probe den Rollentext vollkommen beherrschen – eine Eigenheit übrigens, die die Regisseure der alten Schule stets in helle Begeisterung versetzt –, würde Stanislavskij wahrscheinlich verstimmen. Er hatte eine panische Angst davor, den Schauspieler zu früh den Text sprechen zu lassen. Er sah eine Gefahr darin, daß sich der Rollentext »auf die Zungenmuskeln legt«. Die Intonation soll nicht die Folge einer einfachen Übung der Zungenmuskeln sein, weil sie dann nämlich leer, kalt und hölzern, nichtssagend und ein für allemal auswendig gelernt erscheint. Das wird ohne Zweifel der Fall sein, wenn ein Schauspieler, der die anderen komplizierten Teile seines schöpferischen Apparates nicht ausgebildet hat, die Arbeit mit dem Sprechen des Autortextes beginnt. Und umgekehrt: Die Intonation wird immer lebendig, organisch und scharf ausgeprägt sein, wenn sie die Folge echter Antriebe, Willensimpulse, scharf gezeichneter bildhafter Vorstellungen, klarer Gedanken und der anderen Komponenten ist, aus denen eine szenische Gestalt entsteht und auf die man vor allem bei der Arbeit an der Rolle achten muß.

Deshalb sagte auch Stanislavskij bei einer der Proben zum »Tartüff«: »In erster Linie müssen Sie die logische Aufeinanderfolge Ihrer physischen Handlungen festlegen. Damit müssen Sie die Vorarbeit für Ihre Rolle beginnen. Da, wo die Arbeit des Schauspielers lediglich eine Leistung der Zungenmuskulatur ist, haben wir es mit Handwerkelei zu tun. Aber da, wo beim Schauspieler die bildhafte Vorstellung vorhanden ist, entsteht echtes Schöpfertum.«

»BEI MANILOV«

Die Manilovszene hielten wir für sehr schwierig. Anfangs hatten wir sogar den Eindruck, daß sie nicht zu bewältigen sei. Die ganze Schwierigkeit bestand darin, daß es uns unmöglich war, die Handlungslinie ihres Helden festzulegen. Alles, was Gogol sagt, ist sehr interessant, klar und erschöpfend, aber wie sollte man das in die Bühnensprache übertragen? Durch welche aktiven Handlungsmomente konnte man die Inaktivität Manilovs ausdrücken?

M. N. Kedrov, der die Rolle des Manilov spielte, war als künftigem Regisseur klarer als irgendeinem anderen Beteiligten, daß es unmöglich war, Umrisse der Rolle zu entwerfen, wenn man sich nicht irgendeine aktive Aufgabe stellte. Diese Aufgabe aber zu finden, sozusagen den szenischen Atem der Gestalt abzuhorchen, war außerordentlich schwierig. Kedrov konnte nicht sagen, was Manilov wollte, wonach er geradezu leidenschaftlich trachtete, als er Pavel Ivanovič Čičikov bei sich aufnahm. Die Erläuterungen, die der Regisseur Sachnovskij gab, waren im Grunde immer nur Erzählungen, die über den Menschen Manilov berichteten. Sie konnten natürlich einen anspruchsvollen Darsteller, der seine Rolle auf ein festes Gleis stellen wollte, nicht befriedigen. Zuweilen dehnte sich der Wortwechsel Kedrovs mit der Regie maßlos aus, und schließlich hielt man Kedrov für eigensinnig und launenhaft.

»Was ist Ihnen hier unverständlich, Michail Nikolaevič?« fragte Sachnovskij.

»Ich verstehe überhaupt nichts.«

»Was soll das heißen? Ich weiß wirklich nicht, was ich Ihnen noch sagen soll.«

»Sagen Sie mir, was er will!«

»Ja, was mag er wohl wollen? Das ist doch eine Null, ein Loch in der Menschheit. Begreifen Sie das denn nicht?«

»Das gibt mir nichts. Wollen Sie damit sagen, daß er nichts will? Er sagt aber doch hier: ›Nun machen Sie mir das Vergnügen, in diesem Sessel Platz zu nehmen. Dieser Sessel ist eigens für Gäste bestimmt.‹«

»Ja, und was wollen Sie damit sagen?«

»Dieses Hinsetzen in den eigens für Gäste bestimmten Sessel ist also das, was er will.«

»Um Gottes willen, das ist unmöglich, Michail Nikolaevič. Er ist, allgemein gesehen, sentimental und überhaupt …«

»Was für ein Mensch er ist, weiß ich selbst, das steht alles bei Gogol. Sie sollen mir nur sagen, wie man das macht. Da stehen sie nach dem Mittagessen vom Tische auf. Manilov bittet Čičikov inständig, noch zuzugreifen. Čičikov lehnt höflich ab, bittet aber um Gehör für eine geschäftliche Angelegenheit. Manilov komplimentiert ihn in sein Arbeitszimmer, läßt ihn in einem bequemen Sessel Platz nehmen, bietet ihm eine Pfeife Tabak an und überschüttet ihn mit langen, schwärmerischen Monologen voller Komplimente, äußert seine Freude darüber, daß Pavel Ivanovič bei ihm zu Besuch weilt, schwärmt von einem gemeinsamen Leben mit ihm ›im Schatten irgendeiner Ulme‹ und so weiter. Was ist das nun? Hier geschieht doch alles ganz ›allgemein‹, er bewirtet ›allgemein‹, ›allgemein‹ bietet er einen Platz an und schwärmt ›allgemein‹. Wo ist hier aber der Zweck von all dem, wo ist die durchgehende Handlung verborgen? Man kann doch nur im Zusammenhang damit schließen, wie man es machen muß.«

»Aber ich bitte Sie, was soll denn gerade Manilov für einen Zweck verfolgen? Hier gibt es überhaupt keinen Zweck.«

»Das kann aber nicht sein. Dann lohnte es sich nicht, zu spielen. Niemand würde zuhören.«

Ähnliche Gespräche fanden in unendlichen Varianten auf jeder Probe statt. Damals verstand auch ich noch nicht ganz, was Kedrov eigentlich von der Regie wollte. Ja, er selbst konnte das nicht einmal mit genügender Klarheit darlegen. In Wirklichkeit hatte er natürlich recht. Man kann nichts »allgemein«, »an und für sich« spielen. In der Szene Čičikov – Manilov muß eine deutliche Bühnensprache, eine Sprache der Handlungen gefunden werden. Čičikov hat in der Tat eine klare Aufgabe, nämlich die, Manilov zu überreden, ihm tote Seelen zu verkaufen. Der Weg dahin muß über Hindernisse führen, damit der Zuschauer die Logik der Handlungen Čičikovs sieht und verfolgen kann. Das ist ja das Interessanteste.

Die Hindernisse aber entstehen aus der Logik der Handlung eines anderen Menschen, Manilovs nämlich. Um aber diese Logik zu finden, muß man wissen, was Manilov will. Diese Absichten darf man allerdings nicht losgelöst von allem anderen suchen, sondern sie müssen aus dem Wesen der Szene hervorgehen und als Charakterentscheidung gefunden werden.

In diesem Falle war die Aufgabe sehr schwer. Die Gestalt Manilovs selbst und das dramaturgische Material erschwerten noch die Lösung. Wenn man einfach anfängt, all das zu tun, was für diese Szene vorgeschrieben ist, bekommt man einen zuvorkommenden, liebenswürdigen, ja bezaubernden und gastfreien Hausherrn, mit dem Čičikov sehr leicht fertig wird, nachdem er mit ihm verhandelt hat. Vielleicht ist das richtig. Doch so erscheint Manilov bei Gogol nur am Anfang. Je weiter das Geschehen fortschreitet, desto übler zeigt er sich, und sehr bald wird er einem widerwärtig. Wie aber soll man all das auf der Bühne zeigen, durch welche »Willensimpulse«, durch welche Handlungen ausdrücken?

Hier haben wir nun die Ursache der Unzufriedenheit Kedrovs. Das war es, was er auf den Proben zu finden suchte. Man versuchte, aus der unangenehmen Lage herauszukommen, indem man auf einer interessanten, äußerlich charakteristischen Eigenschaft herumritt, zum Beispiel auf der äußeren Haltung oder auf einigen Entstellungen in der Ausdrucksweise, doch das blieb ohne Erfolg. Es konnte nur als Ergänzung zu etwas Wesentlicherem dienen, andernfalls hing alles in der Luft, und es wurde einem bald leid.

Und doch war das Bemühen und Suchen Kedrovs nicht umsonst. Von Probe zu Probe machte er mal hier, mal dort einzelne glückliche Funde. Wir begannen schon zu fühlen, daß aus der Szene etwas werden, daß sie interessant sein konnte. Man spürte eine gewisse einheitliche Logik im Verhalten Manilovs. Das war schon was wert. Kedrov war auf dem richtigen Weg, doch war er seiner Sache nicht sicher. Man mußte sie richtig begreifen, einen Namen finden, die Logik des Verhaltens Manilovs mit irgendeinem treffenden Verbum definieren. Einstweilen gelang das nicht. Kedrov wurde ein Gefühl der Unsicherheit nicht los, das sich auch in seinem schauspielerischen Befinden widerspiegeln mußte.

Das Vorspielen der Szene vor Stanislavskij begann etwas sonderbar. Als das Zimmer Manilovs in markierter Dekoration aufgebaut war und wir zusammen mit Kedrov auf unsere Plätze gegangen waren, gab uns Stanislavskij einige seiner üblichen Weisungen mit auf den Weg. Er sagte etwa: »Sie sollen nichts überziehen, ich bin nicht da« und so weiter und bat uns zu beginnen.

Aber kaum hatten wir den Mund aufgemacht, als er sich zu Sachnovskij beugte und mit ihm flüsterte. Wir wollten nun abwarten, aber das Gespräch mit Sachnovskij zog sich hin. Wir blickten uns gegenseitig an und begannen ebenfalls leise zu verhandeln, und zwar darüber, ob wir nun weiter warten oder mit der Szene beginnen sollten. Es kam sogar zu einem Streit, bis einer von uns darauf bestand, die Szene zu spielen, aber kaum waren die ersten Sätze gefallen, da wurden wir schon unterbrochen.

»Was ist denn das? Warum plötzlich solch ein gekünsteltes Spiel? Sie haben doch so schön begonnen und auf einmal fangen Sie an, zu ›mimen‹.«

»Wir haben ja noch gar nicht angefangen.«

»Wieso haben Sie noch nicht angefangen? Ehe Sie diese Sätze hinausschrien, waren Sie dabei, sich sehr gut und richtig aufeinander einzustellen. So hätten Sie fortfahren sollen. Worin besteht denn der Sinn dieser Szene? Weder Manilov noch Čičikov will als erster das Zimmer betreten, einer läßt dem anderen den Vortritt. Diesen ganzen Streit und die Art, wie Sie sich angestellt haben, um den Partner möglichst geschickt ins Zimmer hineinzukomplimentieren, hatten Sie sehr gut begonnen. Ich habe Sie die ganze Zeit beobachtet, obwohl ich hier im Gespräch war. Aber plötzlich haben Sie alles kaputt gemacht. Das war entsetzlich!«

Wir hüteten uns zu verraten, was in Wirklichkeit vorgegangen war, und die Probe wurde fortgesetzt.

»Nun, was soll ich sagen? Sie haben viel Richtiges gefunden und wirkliches Leben gezeigt«, sagte er nach Schluß der Szene. »Fühlen Sie denn aber nicht, was hier noch fehlt? Dieser erste Kauf toter Seelen ist doch der schwerste, der Prüfstein. Čičikov hat sich dafür Manilov ausgesucht, weil er glaubt, daß es bei ihm am einfachsten ist. Es muß aber gezeigt werden, daß es gerade bei ihm am schwersten ist. Wie muß man das anfangen? Wo ist hier die Handlung, wo die Gegenhandlung? Die Aufgabe Čičikovs ist klar. Man muß ihm Steine in den Weg legen. Was Manilov auch immer tut – er muß Čičikov die Abwicklung seines Geschäfts möglichst erschweren. Nun, wie werden Sie, Michail Nikolaevič, Čičikov in den Sessel setzen? Versuchen Sie ihn so zu setzen, daß er eine möglichst unbequeme Stellung einnimmt. Seien Sie durch die Schönheit des Arrangements gerührt, und geraten Sie in Verzweiflung, wenn er anfängt, seine Stellung zu ändern. Sie aber, Vasilij Osipovič, seien Sie bemüht, es sich bequem zu machen und sich für ein intimes Gespräch einzurichten. Michail Nikolaevič aber muß dies beobachten und entweder die Stellung nicht ändern lassen oder sie in eine noch raffiniertere umändern. Darin liegt schon ein Element des Kampfes. Das müssen Sie suchen!«

Wir veranstalten eine Anzahl Übungen unter der Kontrolle Stanislavskijs.

»Spüren Sie, daß Manilov und Čičikov verschiedene Aufgaben haben? – Wäre Manilov nur ein entgegenkommender, gastfreundlicher Hausherr, dann wäre die Sache einfacher. Aber er ergötzt sich an seinen guten Eigenschaften. Die Sorge eines wirklich gastfreundlichen Hausherrn besteht darin, seinem Gaste Vergnügen zu bereiten. Manilov aber bereitet sich selbst Vergnügen und quält seinen Gast. Für ihn ist es interessant, etwas in Szene zu setzen, wobei er zu sich sagt: ›So sitze ich mit Pavel Ivanovič beim Mittagessen‹, ›so sitzen wir im Sessel und philosophieren‹, ›so schwärme ich mit meiner Frau und Pavel Ivanovič von einem Leben unter einem Dach‹ und so weiter. Deshalb gleichen alle seine Bemühungen um den Gast den Bemühungen des Fotografen, der Gruppenaufnahmen arrangiert. Sagt Ihnen nicht Ihr Gefühl, wie das über die Geduld gehen kann, zumal bei Čičikov, der gekommen ist, um über eine heikle und gefährliche Angelegenheit zu sprechen? Versuchen Sie also, etwas Derartiges zu machen.«

Die Aufgabe gefiel uns. Damit konnten wir etwas anfangen, und wir machten uns ans Werk. Indem wir das uns von Stanislavskij gegebene Thema entwickelten, ließen wir uns von der Etüde immer mehr hinreißen. Wir entdeckten eine ganze Reihe sehr markanter komödienhafter Momente. Die Hauptsache aber war, daß wir einen Widerstand empfanden, daß wir begriffen, worin hier der Zusammenstoß, der Kampf, worin der Konflikt bestand.

»Sie verstehen, worauf es ankommt? Čičikov, der in einer sehr delikaten, komplizierten und gefährlichen Situation erschienen ist, stößt auf einen Menschen, dessen Aufgabe es ist, den Besuch Pavel Ivanovičs dazu zu benutzen, eine ganze Serie Fotografien über das Thema ›Die Ankunft Pavel Ivanovičs auf meinem Gute‹ zu machen. Fühlen Sie, wie verschieden ihre Aufgaben sind und wie jeder den anderen daran hindert, Ergebnisse zu erzielen? Wie schwer wird es Čičikov gemacht, den besessenen ›Fotografen‹, der seine sentimentalen, über den Wolken schwebenden Fotografien aufnimmt, zu überwältigen, ihn auf die Erde herabzuholen. Und wie schwer ist andererseits die Aufgabe Manilovs, in seinen ›Fotografien‹ die plötzlich auftauchenden toten Seelen unterzubringen!

Jeder von Ihnen muß in seine Handlungen ein Maximum an Temperament hineinlegen. Čičikov kann kaum seine Tollheit zügeln, und doch ist er gezwungen, liebenswürdig und zartfühlend zu sein. Er muß schließlich irgendein geschicktes Manöver erfinden, um die Initiative im Gespräch zu ergreifen. Und als dann schließlich das verhängnisvolle Wort ausgesprochen ist und Manilov, sprachlos vor Überraschung, sich die Frage vorlegt, ob er es nicht mit einem Verrückten zu tun hat, wieviel Anstrengung und Erfindungsgabe bedarf es da bei Čičikov, um ihn wieder zur Besinnung zu bringen und ihm einzureden, daß gerade das Geschäft mit den toten Seelen die Bande ihrer ungewöhnlichen Freundschaft endgültig festigen wird. Als Manilov schließlich davon überzeugt ist, brennt er vor Begeisterung und nimmt sich vor, eine idyllische Gruppe aufzunehmen, zu der sowohl seine Frau als auch seine Kinder gehören sollen. Da erwächst Čičikov seine schwerste Aufgabe, nämlich die, sich – koste es, was es wolle – aus dem Kreise des Manilovschen Hauses loszureißen. Manilovs Aufgabe aber ist es nun, lieber zu sterben, als Čičikov wieder loszulassen. Sie fühlen, was hier für ein Rhythmus herrscht? Sie spielen die Szene sehr lässig, dabei brauchen wir aber hier Leidenschaft! Versuchen Sie mal die erste Szene. Čičikov steht mit überfülltem Magen vom Tische auf, das Ehepaar Manilov aber will ihn zwingen, noch etwas zu essen. – Nein, hier handelt es sich nicht um eine Bitte. Ich habe absichtlich *zwingen* gesagt. Zwingen Sie, fordern Sie, drängen Sie! – Sie aber müssen ganz geschickte Ausflüchte finden. Machen Sie daraus eine ganze Szene! Dann geht derselbe Kampf wieder an der Tür los, wo es sich darum handelt, wie man in das Arbeitszimmer eintreten soll, und so weiter. Čičikov verläßt Manilov völlig in Schweiß gebadet. Verstehen Sie das alles?«

»Ja, natürlich.«

Gewiß stand uns noch große Arbeit bevor. Doch die hervorragenden konkreten Regieanweisungen Stanislavskijs ebneten uns den Weg zur Bewältigung des schwierigen dramaturgischen Materials und reizten uns durch die Möglichkeit, die Gogolschen Gestalten scharf und markant wiederzugeben.

»BEI NOZDRËV«

Bei der Arbeit an der Inszenierung der »Toten Seelen« veranstaltete Stanislavskij wiederholt einzelne Zusammenkünfte mit den Regisseuren. Er führte mit ihnen Gespräche und lenkte ihre Arbeit. Nach solch einer Zusammenkunft wendeten wir uns an Sachnovskij mit der Bitte, uns zu erzählen, worüber am letzten Abend bei Stanislavskij gesprochen wurde. Vasilij Grigor'evič zögerte erst ein wenig, aber einmal ins Reden gekommen, gab er uns den Inhalt der von Stanislavskij geäußerten Erwägungen wieder. Die Unterredung war im wesentlichen auf folgendes hinausgelaufen. Erstens war eine Anzahl kritischer Bemerkungen gefallen, die den Darstellern galten. Sie betrafen aber auch die gesamte Richtung, in der sich die Aufführung entwickelte. Stanislavskij hatte auf deren Schwächen hingewiesen und Mittel zu ihrer Behebung angegeben. Jedes seiner Worte hatte im Grunde immer wieder der schauspielerischen Darstellung gegolten. Nur in einer subtilen, aber saftigen schauspielerischen Darstellung sah Stanislavskij die Möglichkeit, Gogols Dichtung zu verkörpern.

»Vom Bühnenbild her brauche ich für jede Szene einen Hintergrund, der ohne abzulenken ermöglicht, die Augen der Darsteller zu beobachten. Arrangements sind gar nicht nötig. Pljuškin und Čičikov sitzen einander gegenüber und reden, und mich interessieren nur ihre lebhaften Augen.«

Nebenbei bemerkt verwarf Stanislavskij auf der Suche nach solch einem passenden Bühnenbild zwei Ausführungen fertiger Dekorationen V. V. Dmitrievs und begnügte sich erst mit der dritten, einer Kompromißlösung von Simov, die ihn nicht völlig befriedigte. Als er den ersten Entwurf Dmitrievs ablehnte, schlug er folgende Lösung vor: Am Spielort, das heißt da, wo die Szene abläuft (und der Ort muß immer begrenzt sein), soll alles voll und ganz real beschrieben und ausgeführt werden, doch je weiter man sich vom Zentrum entfernt, desto mehr verschwimmt die Form, bis sie sich letztlich in eine Kohleskizze auf einer Grundierung, ja sogar in graue Leinwand verflüchtigt. Die Dekoration sollte wie ein Entwurf, wie eine Skizze wirken. Im verkleinerten Maßstab des Bühnenmodells sah die Sache ziemlich interessant aus und versprach Erfolg, als aber die Dekorationen auf der Bühne standen und die lebendigen Schauspieler hinzutraten, wurde offensichtlich, daß solch eine Form der Dekoration die Aufmerksamkeit noch mehr ablenken mußte. Der Entwurf des Bühnenbildes wurde nun dem Bühnenbildner Simov übertragen, der ein System neutraler Volantvorhänge empfahl, die den überflüssigen Dekorationsraum bedeckten und nur die bespielten Räume frei ließen. Dieses Prinzip wurde dann auch bei der Aufführung angewandt.

Zweitens sprach Stanislavskij viel und hartnäckig immer wieder von der Methode der Arbeit mit dem Schauspieler.

»Sie, Vasilij Grigor'evič, verstehen es ausgezeichnet, dem Schauspieler etwas vorzumachen, etwas zu demonstrieren. Sie haben zweifellos schauspielerisches Talent und sollten einmal versuchen zu spielen. Aber das ›Vormachen‹ führt beim Schauspieler selten zum Ziel. Wichtig dagegen ist, daß man es versteht, für ihn ›Lockmittel‹ zu schaffen. Darin besteht die Kunst eines pädagogisch vorgehenden Regisseurs. Es gibt Schauspieler, die eine große Phantasie besitzen. Diese muß man nur in die richtigen Bahnen lenken. Es gibt aber auch Schauspieler, deren Phantasie man fortgesetzt wecken muß, denen man etwas zuwerfen muß, damit sie es entwickeln und vervielfachen. Diese beiden Schauspielertypen darf man nicht verwechseln. Bei ihnen darf man nicht die gleichen Methoden anwenden. Nichts darf man dem Schauspieler in fertigem Zustande bieten. Er soll selbst dahin gelangen, wohin Sie ihn haben wollen. Ihre Sache ist es, ihm zu helfen, indem Sie auf seinem Wege Lockmittel aufstellen, die ihn reizen. Man muß nur das Gefühl dafür haben, wen, was und unter welchen Umständen man reizen kann.«

Vasilij Grigor'evič war bemüht, nichts von dem auszulassen, was Konstantin Sergeevič gesagt hatte. Er schloß seine Erzählung mit folgenden Worten:

»Nun, damit habe ich wohl alles gesagt. Jetzt aber müssen Sie es vergessen. Stanislavskij hat uns nämlich ausdrücklich gebeten, daß wir darüber schweigen und nichts erzählen sollen.«

Dieses erstaunliche Vermögen Stanislavskijs, den Schauspieler zu »locken«, seine Phantasie und schöpferische Aktivität zu wecken, gab ihm die Möglichkeit, auf den Proben zuweilen Momente hohen künstlerischen Schwungs zu schaffen. Ich erinnere mich an eine Probe der Szene »Čičikov bei Nozdrëv«, einer markanten, temperamentvollen Szene, in der sich zwei Gauner treffen. Es ist Čičikovs erster Mißerfolg, der für ihn verhängnisvolle Folgen haben soll. Mit dem ihm eigenen Humor und Temperament spielt I.M. Moskvin den Nozdrëv. Auch mir gelang diese Szene besser und leichter als die anderen. Schon vor der Zusammenkunft mit Stanislavskij stand die Szene und war sehr eindrucksvoll. Wir brannten darauf, sie Stanislavskij vorzuführen, und hofften, ihn zu begeistern. Aber wegen einer Kleinigkeit mußte das Vorspielen verschoben werden. Zwar wurde die ganze Szene gut und intensiv dargestellt. Aber gegen Ende muß eine Partie Dame gespielt werden. Nozdrëv spielt mit Čičikov. Während des Spieles werfen sie sich immer dieselben Phrasen zu. »Ich habe schon ewig keinen Damestein mehr angefaßt«, sagt der eine. »Das kennen wir schon, wie schlecht Ihr spielt«, antwortet der andere.

Dieses Damespiel aber sollte uns alles verderben. Es hielt plötzlich die so schön in Schwung gekommene Szene auf. Wir begriffen nicht, was geschehen mußte, um zu vermeiden, daß dieses Spiel die sich ungestüm entwickelnde Szene aufhielt. Nozdrëv bewirtet Čičikov und bemüht sich, ihn betrunken zu machen, um dann den betrunkenen Pavel Ivanovič beim Abschluß irgendeines Geschäftes zu übervorteilen. Čičikov sucht sich vorm Trinken zu drücken, da er sich anschickt, sein Geschäft mit dem Kauf der toten Seelen abzuschließen. Nozdrëv, der gemerkt hat, daß sein Gast irgendein Anliegen hat, komplimentiert seinen Schwager hinaus und bleibt mit Čičikov allein. Und nun beginnen die beiden Gauner mit dem Versuch, sich gegenseitig zu fangen. Kaum hat Nozdrëv Čičikovs Wunsch, »Tote« zu kaufen, vernommen, als er ihn mit allen möglichen Vorschlägen zur Realisierung des Geschäftes überschüttet. Bald bietet er sie als Geschenk an, doch unter der Bedingung, daß Čičikov von ihm wohlfeil einen braunen Hengst oder eine Fuchsstute erwirbt oder einen Hund, dann schließlich einen jungen Hund kauft. Bald bietet er sie zum Tausch gegen eine Kalesche an, und endlich schlägt er vor, auf Gutsbesitzerart um sie zu spielen, ein »Spielchen« zu machen. Čičikov lehnt sämtliche Vorschläge ab und bringt Nozdrëv dadurch in Wut. In seiner Bedrängnis will er sich schließlich aus den zähen Klauen Nozdrëvs befreien und von seinem Gute verschwinden. Da hat er aber die Rechnung ohne den Wirt gemacht! Der von der Leidenschaft ergriffene Glücksspieler Nozdrëv kann sich nicht so leicht von seinem Opfer trennen. Er schlägt ihm vor, eine Partie Dame zu spielen.

»Das ist etwas anderes als das Kartenspiel, da kann man nicht mogeln. Hier kommt es auf das Können an.«

Čičikov läßt sich verführen, zumal er sich seiner großen Meisterschaft in diesem Spiel bewußt ist. Er nimmt am Tisch Platz und setzt hundert Rubel gegen alle toten Seelen Nozdrëvs.

Wie gesagt, bis hier ging alles glatt. Besondere Feinheit wies das Spiel vielleicht nicht auf, dafür aber war es leidenschaftlich, temperamentvoll, mitreißend und voll gesunden Humors. Sobald wir uns aber zum Damespiel setzten, war es vorbei. Dieses Finale blieb schwach und verdarb alles vorher Erarbeitete. Was wir auch probieren mochten, sei es die Kürzung der Spieldauer durch Beschleunigen des Tempos oder durch Striche oder das »Ausschmücken« einzelner Momente des Damespiels durch komische Gags, verschiedenartige Intonationen beim Dialog, eigenmächtige Zutaten und schließlich vollständige Herausnahme des Damespiels aus der Nozdrëv-Szene – nichts wollte uns befriedigen.

Der Mißerfolg mit diesem Szenenabschnitt war auch der Grund, die Vorführung vor Stanislavskij zu verschieben. Wir wollten selbst einen Ausweg finden und dann die Szene in ihrem vollen Glanz vor Stanislavskij spielen. Leider gelang uns das nicht, und so gingen wir zur Vorführung mit dem, was wir zu bieten hatten. Vielleicht werden wir irgendwie zurechtkommen, dachten wir, wenn nicht, dann mag er selbst einen Ausweg finden.

»Nun, was meinen Sie selbst, ist Ihnen diese Szene gelungen oder nicht?« fragte Stanislavskij nach der Vorführung. »Was halten Sie an Ihrer Darstellung für gelungen und was nicht?«

»Kann man nicht das Damespiel streichen?«

»Und warum?«

»Es verdirbt uns die ganze Szene. Wir haben es so und so probiert, aber es wird nichts. Es ist schwer zu spielen. Immer wirkt es irgendwie überflüssig und zwecklos.«

»Aber das Damespiel ist die wichtigste Stelle in der ganzen Szene. Finden Sie das denn nicht auch?«

»Es hält doch den Rhythmus der Szene nur auf.«

»Da haben wir es ja! Ein Moment höchster Spannung in der Szene, und plötzlich … Ja, hier ist ein toller Rhythmus.«

»Das begreifen wir nicht. Man sitzt doch nur da und zieht die Damesteine.«

»Waren Sie noch nie auf einem Schachturnier? Da sitzt man auch und zieht, aber dabei gibt es Augenblicke höchster Spannung. Sie sagen, daß Sie viel an dieser Szene gearbeitet haben. Das ist schön, aber offenbar arbeiteten Sie in der falschen Richtung. Erzählen sie, wie Sie gearbeitet, was Sie gemacht haben!«

Wir erzählten ihm alles, was wir erzählen konnten.

»Hm! Hm!« Pause. »Verzeihung, wie hoch ist Čičikovs Einsatz bei diesem Spiel?«

»Hundert Rubel.«

»Und der Nozdrëvs?«

»Nozdrëv? – Er… er… setzt nichts ein, er spielt um die toten Seelen.«

»Schön.« Pause. »Aber wieviel hat er denn?«

»Was wieviel?«

»Tote.«

Schweigen.

»Ich frage, wieviel tote Seelen Nozdrëv hatte.«

»Wieviel das waren, ist doch gar nicht angegeben. Wahrscheinlich eine ganze Menge, mehr wissen wir nicht.«

»Wie? Das wissen Sie nicht?! Und Sie, Vasilij Osipovič, Sie wissen es auch nicht?« wandte er sich zu mir.

»Keine Ahnung.«

»Mein Gott, mein Gott! – Wie soll ich das fassen? Das heißt also, Sie …
Was habe ich Sie denn gelehrt? Hm! Hm! … Sie bewegen sich ja auf
einer ganz anderen Linie. Ach, ach, ach! Alles müssen wir wieder von
vorne anfangen. Unter diesen Umständen konnten Sie natürlich die
Szene nicht spielen, soviel Mühe Sie sich auch gaben: Sie wissen ja
nicht einmal die Hauptsache, nämlich, um was gespielt wird, wie groß
Ihre Gewinnchancen sind. Es ist etwas anderes, ob jemand um fünf
Kopeken spielt oder ob es beim Spiel um ein ganzes Vermögen geht.
Das ist doch ein großer Unterschied!

Um eine Arbeit zu beginnen, müssen Sie vor allem erst wissen, was Sie
tun wollen. Wie würden Sie diese Szene hier nennen? ›Das Narrenspiel‹
oder ›Das Glücksspiel‹ oder ›Leben und Tod‹ oder wie noch? Sie haben
versucht, etwas zu machen, ohne etwas zu wissen. Darum ist es klar,
daß sich Ihre Arbeit nicht auf der richtigen Linie bewegte. Sie haben allerhand Äußerlichkeiten und Gags, aber nicht das Wesentliche gesucht.
Nun, denken Sie einmal nach, wieviel tote Seelen Nozdrëv wohl haben
mochte.«

Den ganzen Rest der Probe verbrachten wir in lebhafter Unterhaltung
über das Gutsbesitzerleben und die Leibeigenen. Meinungen wurden
vertreten, Vorschläge gemacht und einzelne Stellen der »Toten Seelen«
noch einmal gelesen. Nozdrëvs Platz unter den Gutsbesitzern mußte bestimmt, sein Besitz geschätzt und ungefähr errechnet werden, wieviel
tote Seelen bei ihm zu der fraglichen Zeit auf Grund der Revisions-
berichte als lebend gezählt werden konnten. Die Unterredung führte
Stanislavskij selbst. Mit erstaunlichem Geschick lenkte er sie immer
wieder auf die richtige Bahn. Er ließ keine Abweichung zu, die zu der
berührten Frage keine unmittelbare Beziehung hatte.

Schließlich kam man zu folgender Feststellung: Nozdrëv mochte bis zu
zweihundert tote Bauern haben, die man als lebend zählen konnte, die
also Čičikov gerade brauchte. Würde er gewinnen, so könnte er sie im
Vormundschaftsgericht zu zweihundert Rubel pro Seele verpfänden und
bekäme vierzigtausend Rubel in bar.

»Begreifen Sie jetzt, was für ein Spiel Čičikov spielte? Bei einem Risiko von hundert Rubel konnte er vierzigtausend Rubel, also ein ganzes
Vermögen gewinnen. Das vor allem müssen Sie mit aller Klarheit begreifen. Sie fühlen doch, was für ihn jeder Zug mit den Damesteinen bedeutete und wie ihm zumute war, als ihm dieser fette Braten infolge des
unehrlichen Spiels Nozdrëvs entging. Denken Sie über all das gründlich

nach, und bemühen Sie sich zu erkennen, was Sie unter den gegebenen Umständen tun würden.«

Damit entließ uns Stanislavskij bis zur nächsten Zusammenkunft, die ein paar Tage später stattfand und ausschließlich dem Damespiel gewidmet war. Konstantin Sergeevič stellte mir eine Anzahl Fragen über alle möglichen Kombinationen des Spiels. Er fragte mich, ob ich Karten spiele, ob ich viel verloren oder gewonnen habe, wie das gekommen sei, was ich im Augenblick der höchsten Spielleidenschaft getan habe, und so weiter. Ich erzählte ihm einige Episoden aus meiner Vergangenheit.

»Entnehmen Sie daraus, wie der innere Rhythmus des Spielers in den entscheidenden Augenblicken des Spieles verläuft! Können Sie mir sagen, wie er handelt? Sie müssen gewinnen, koste es, was es wolle. Vielleicht handelt es sich hier um eine Frage der Ehre, eine Lebensfrage oder was Sie wollen. Das Damespiel ist kein vom Glück abhängiges Spiel. Das Können, die Berechnung entscheidet. Was muß man in seinem Inneren mobilisieren, um den günstigen Moment für eine erfolgreiche Kombination nicht zu verpassen? Erinnern Sie sich an die Augenblicke aus Ihrem Leben, von denen Sie so interessant erzählt haben, nun, sagen wir, damals in Irkutsk, als Sie solch eine große Summe aufs Spiel setzten?«

»Ich fühlte damals, daß …«

»Nein, ich will nicht wissen, was Sie fühlten. Sagen Sie, wie Sie handelten. Nun, denken Sie mal nach!«

»Ich beobachtete, wie der Bankhalter seine Karten betrachtete, und bemühte mich zu erraten, wieviel Augen er hatte und was zu tun war, das heißt, ob ich noch Karten kaufen oder ob ich es bei fünf lassen sollte.«

»Und er?«

»Auch er beobachtete mich sehr aufmerksam, wie mir schien.«

»Weshalb meinen Sie, daß er das aufmerksam tat?«

»Ich sah das an seinen Augen.«

»Welche Augenfarbe hat Moskvin? – Warum prüfen Sie das erst jetzt? Das müssen Sie auch so wissen! Sie haben doch schon oft genug mit ihm bei den Proben Dame gespielt. Erinnern Sie sich wirklich nicht an seine Augen? An die Ihres Irkutsker Partners erinnern Sie sich gewiß noch heute, nicht wahr?! Woran fehlte es also bei Ihnen, was ging Ihnen ab? Inwiefern verstießen Sie in unserem Falle gegen die Eigenart des Glücksspiels? Sie schenkten Ihrem Partner Moskvin nicht die nötige

Aufmerksamkeit. Bei Ihnen fehlte das Element der Aufmerksamkeit, und zwar der verstärkten Aufmerksamkeit. Sie hätten Ihre Arbeit damit beginnen müssen, daß Sie Ihre Aufmerksamkeit trainierten, ihr Aufgaben stellten und die Fähigkeit entwickelten, die Handlungen des Partners aufmerksam zu verfolgen; meinetwegen zunächst die einfachsten, dann die komplizierteren und schließlich die subtilsten. Merken Sie sich folgendes: Wenn Sie nach der Darstellung irgendeiner Szene feststellen, daß sich alle kaum wahrnehmbaren Feinheiten der Handlungen Ihres Partners Ihrem Gedächtnis eingeprägt haben, dann wissen Sie, daß Sie selbst die Szene gut gespielt haben, daß Sie das besessen haben, was die Hauptsache für die Bühne ist: Konzentration. Damals, als Sie in Irkutsk Karten spielten, taten Sie das instinktiv, um sich vor der Katastrophe zu retten, die Ihnen drohte, falls Sie verlieren würden. Auf der Bühne droht Ihnen zwar keine wirkliche Gefahr, Sie wissen aber doch aus Erfahrung, wie Sie handeln müssen. Trainieren Sie also diese Handlungen! Spielen Sie gut Dame?«

»Nein, schlecht.«

»Setzen Sie Ihre Steine auf das Brett, und beginnen Sie zu spielen. Warum haben Sie diesen Zug gemacht? Ehe Sie ihn machen, überlegen Sie zwei, drei Züge voraus und versuchen Sie zu erraten, mit welchen Zügen Moskvin antworten könnte und in welcher Stellung sich Ihre Steine danach befänden. Konzentrieren Sie Ihre Aufmerksamkeit darauf. Haben Sie Moskvins Züge erraten? Spielen Sie weiter, überlegen Sie aber wieder zwei Züge voraus, und beobachten Sie dabei die linke Hand Moskvins! Er will Ihren Hundertrubelschein vom Tisch stehlen. Ivan Michailovič, versuchen Sie das zu tun, Sie aber, Vasilij Osipovič, müssen die Banknote rechtzeitig mit der Hand verdecken, bevor Ivan Michailovič auch nur die Hand in dieser Richtung ausstreckt. Und vor allem: denken Sie an Ihre Züge im Damespiel. Nun, setzen Sie das Spiel fort! Aber spielen Sie wahrhaftig und bis zu Ende! Wir werden beobachten, wer von Ihnen am besten spielt … Halt! – Sehen Sie, schon haben Sie Ihre Hundertrubelnote nicht mehr, das kommt von der Unaufmerksamkeit. Aufmerksamkeit, Aufmerksamkeit und nochmals Aufmerksamkeit! – Ivan Michailovič, Sie haben zu auffällig gemogelt. Čičikov wird sich gleich weigern, mit Ihnen weiterzuspielen. Sie müssen den geeigneten Augenblick abpassen. – Spielen Sie weiter!«

Unsere Übungen dauerten lange, bis endlich die Wendung eintrat, die stets das Ergebnis richtigen Strebens und beharrlicher Arbeit ist. Schon vertieften wir uns ernsthaft in unser Damespiel. Wir verfolgten aufmerksam jeden Zug des Gegners und rutschten sogar unruhig auf unseren Stühlen hin und her. Jetzt spürte man die gespannte Aufmerksamkeit zweier Spieler, ihren Rhythmus. Die zur Schau getragene äußere Ruhe beim Sprechen der Sätze »Ich habe schon ewig keinen Damestein mehr angefaßt« und »das kennen wir schon, wie schlecht Ihr spielt«, brachte das echte Empfinden zweier Spieler noch stärker zum Ausdruck. Ich sah, wie Moskvins Augen funkelten. Später wurde dieses Damespiel unsere Lieblingsszene im ganzen Stück.

Die nächste Unterredung mit Stanislavskij über die »Nozdrëv-Szene« fand lange nach der Aufführung der »Toten Seelen« statt, die übrigens zu einem Repertoirestück wurden, um dessen weitere Vervollkommnung die Regie und Stanislavskij selbst dauernd bemüht waren. Selbst für die Nebenrollen mußte die zweite Besetzung erst durch Stanislavskij geprüft und gebilligt werden, bevor man sie spielen ließ, von Hauptrollen ganz zu schweigen.

Den Nozdrëv sollte in der zweiten Besetzung B. N. Livanov spielen, ein begabter, ausdrucksvoller Schauspieler mit unbezähmbarer Phantasie und sprühendem komödiantischem Temperament. Seine Ungeduld beim Schaffen und der Wunsch, so schnell wie möglich die Gestalt zu erfassen (er war, nebenbei bemerkt, auch ein großartiger Karikaturist), schuf zunächst immer ein gewisses Chaos. Seine Darstellung war chaotisch, heftig, häufig auch oberflächlich und äußerlich. Da er ein begabter Mensch war, blieb ihm das nicht verborgen. Seine Mißerfolge quälten ihn, und er litt darunter so lange, bis er schließlich eine harmonische Form fand.

So erging es ihm auch mit seinem Nozdrëv. Die Rolle entsprach vollkommen seiner Veranlagung und gefiel ihm offenbar. Da ihm der Text der Dramatisierung nicht genügte, fügte er seiner Rolle unter Benutzung des Gogolschen Romans viel Neues hinzu. Er flocht einen ganzen Monolog ein, in dem er erzählte, wie lustig es auf dem Jahrmarkt gewesen sei und wie er mit Offizieren gezecht habe, wobei er dauernd von einem gewissen Leutnant Kuvšinnikov sprach, mit dem nach seiner Überzeugung Čičikov Freundschaft geschlossen hatte. Später wurde diese Szene stark gekürzt. Man zeigte sie schließlich Stanislavskij. Livanov spielte im großen und ganzen nicht schlecht, und doch hätte es besser sein können. Seiner Darstellung fehlte noch die echte innere Fröhlichkeit, das Mitreißende von Nozdrëv. Sein Spiel blieb mehr im Äußer-

lichen. Der Monolog war sehr schwierig und verlangte hohe schauspielerische Fähigkeiten sowie große Technik.

»Ja, mein lieber Freund, das ist ja alles ganz schön und gut, mehr oder
weniger. Doch es reicht nicht aus. Was Sie da erzählen, sehen Sie nicht
vor sich. Schildern Sie doch mal, was Sie mit den Offizieren auf dem
Jahrmarkt angestellt haben.«

Livanov, wie gesagt, ein Mensch mit viel Phantasie, fing nun an, dies
und jenes zu erzählen, was früher in einer Runde betrunkener Offiziere
sich hätte abgespielt haben können. Doch Stanislavskij hörte ihm nur
zerstreut zu, er schien seinen eigenen Gedanken nachzugehen. Schließlich sagte er:

»Das ist ja alles dummes Zeug, die reinsten Kinderpossen! Sind das etwa Offiziere? Pensionsfräulein sind das! Stellen Sie sich doch einmal
vor, was das für eine Gesellschaft war …«

Und nun legte er los, daß wir Mund und Ohren aufsperrten und kaum zu
uns kamen. Dann aber brachen wir in ein stürmisches Gelächter aus, das
wir mit knapper Not unterdrückten, um Stanislavskijs weiterer Erzählung folgen zu können. Er war glänzend aufgelegt. In immer neuen Bildern und immer lebhafter und farbenprächtiger schilderte er uns ein
ganzes Gelage sowie die Flegeleien der Offiziere auf dem Jahrmarkt,
und als er gar auf Einzelheiten einging, zum Beispiel, was gerade der
Leutnant Kuvšinnikov angestellt und wodurch er solchen Eindruck auf
Nozdrëv gemacht habe, rutschten wir geradezu vom Stuhl vor Lachen.
Es war uns unfaßbar, wie die Phantasie eines so bescheidenen und keu-
schen Menschen wie Stanislavskij solche Gestalten entstehen lassen
konnte. Das verlieh seinen Erzählungen noch den besonderen Witz.

Nachdem wir uns etwas beruhigt hatten, begannen wir mit der Wiederholung der Szene. Jetzt hörte sich jener Monolog ganz anders an. Liva-
novs Augen funkelten und blitzten. Vor seinem geistigen Auge zogen
die plastischen Schilderungen Stanislavskijs vorbei, er lebte förmlich
mit ihnen mit und setzte sein ganzes Temperament daran, um Čičikov
möglichst farbenprächtig und eindrucksvoll die Kneiperei der Offiziere
zu schildern. Als er aber den Leutnant Kuvšinnikov erwähnte und in
seiner Phantasie die von Stanislavskij eben erst entworfene Gestalt vor
sich sah, brachte er kaum das Wort »Leutnant« heraus. Bei dem Wort
»Kuvšinnikov« aber packte ihn ein richtiger Lachkrampf, von dem er
sich nur dadurch befreien konnte, daß er seinen Gefühlen freien Lauf
ließ und sich ausschüttete vor Lachen. Es war ein lebendiges, menschli-

ches Lachen, das aus dem Innersten kam. Es war ein im höchsten Maße ansteckendes Lachen. Das war Gogol.

Überhaupt war diese Probe lustig und fröhlich. Stanislavskij war in guter Stimmung, zu der nicht zuletzt Livanov beitrug, der ein sehr geistreicher Mensch war und bei der Arbeit und im Gespräch stets mit lustigen Scherzen für Abwechslung sorgte. Das tat er auch diesmal, und als wir unsere Szene erfolgreich beendet hatten, wandte sich Konstantin Sergeevič an ihn:

»Was sagen Sie nun, mein lieber Freund? Jetzt ist es einfach großartig, ein Meisterstück.«

»Nun ja«, antwortete Livanov, »aber ein zweites Mal werden wir nicht so spielen.«

»Auf keinen Fall.«

»Das ist es ja gerade! Sie sagen ›ein Meisterstück‹, aber was hat das schon für einen Sinn? Wenn zum Beispiel ein Maler solch ein Kunstwerk geschaffen hätte, würde er es sofort verkaufen. Bei uns aber ist alles für die Katz …!«

Stanislavskij mußte herzlich lachen, und als er Livanov entließ, beruhigte er ihn mit der Versicherung, daß auch unsere Kunst ihre Vorzüge habe. Livanov aber, der in seinem Scherz fortfuhr, wehrte mit dem Ausdruck der Hoffnungslosigkeit ab und grämte sich weiter um das unwiederbringlich verlorene Meisterstück.

»BEI PLJUŠKIN«

Bei einer der Proben zu den »Toten Seelen« im Arbeitszimmer Stanislavskijs in der Leont'evgasse kam es zu einem Gespräch über die neuen Strömungen in der Theaterkunst. Stanislavskij, der damals nicht mehr ins Theater ging, hörte sich unseren Bericht über die Moskauer Vorstellungen aufmerksam und mit großem Interesse an. Wir sprachen von formalistischen Regiekunstkniffen, die zu jener Zeit in bestimmten Theaterkreisen als besonders modern galten und die von ihnen als fortschrittliche Kunst geschätzt wurden, mit deren Hilfe man den »altersschwachen Akademismus« des Künstlertheaters ablösen zu können glaubte.

»All dem muß man mit männlicher Ruhe begegnen«, sagte Stanislavskij,»und sich weiterhin bemühen, seine Kunst und Technik zu vervollkommnen. Es gibt nun einmal in der Kunst falsche Wege des Suchens
und falsche Richtungen, die vorübergehend als neue Begriffe erscheinen und die Grundlagen der hohen realistischen Kunst bedrohen. Sie
sind aber nicht in der Lage, sie völlig zugrunde zu richten. Der Formalismus ist eine vorübergehende Erscheinung. Man muß abwarten, bis er
sich totläuft. Dabei darf man allerdings nicht die Hände in den Schoß
legen, sondern man muß arbeiten. Es muß jemand dafür sorgen, daß die
Keime der echten, großen, wirklichen Kunst, die jetzt von Unkraut
überwuchert sind, am Leben erhalten werden. Wir können ganz beruhigt sein – einmal kommt für sie die Zeit des Wachstums und der üppi-
gen Blüte. Das Unkraut wird vernichtet werden, aber die Keime muß
man bewahren. Diese schwere Aufgabe haben wir zu bewältigen; das ist
unsere heilige Pflicht gegenüber der Kunst.«
Konstantin Sergeevič sprach kühn und überzeugt. Seine Augen leuchteten. Als er aber dann die Schilderung einer Aufführung von Shakespeares»Hamlet« in einem der Moskauer Theater angehört hatte, einer
Inszenierung, bei der das Problem der großartigen Gestalt des Denkers
und Philosophen auf eine groteske Art und Weise gelöst und die poetische Gestalt Ophelias durch den Regisseur in die eines liederlichen
Frauenzimmers verwandelt worden war, wurde Stanislavskij auf einmal
traurig. Seufzend sagte er:»Hier ist nun die Kunst schon zugrunde gegangen.«
Und doch machte er sich gleich wieder energisch an die Arbeit. An
diesem Tage war er uns gegenüber besonders nörglerisch. Er stellte unerreichbar hohe Anforderungen. Grimmig fiel er über den geringsten
Fehler, über jeden Ausdruck schlechten Geschmacks her. Zuweilen war
er hart und ungerecht. Wir mußten für die büßen, die das Genie Shakespeares verhöhnt hatten.
Das wichtigste Kapitel über Pljuškin in Gogols»Toten Seelen« kommt
in der Dramatisierung etwas zu kurz. Pljuškin sitzt in seinem Zimmer.
Čičikov tritt ein, hält ihn für die Haushälterin und beginnt ein Gespräch
mit ihm. Später klärt sich das Mißverständnis auf, und Čičikov, der den
wahren Sinn seiner Kombinationen verschleiert, entlockt dem unglücklichen Greis dadurch die Zustimmung zum Verkauf der toten Seelen,
daß er ihm vorspiegelt, es sei eine gute Tat. Daraufhin verläßt er das
Haus des geizigen Gutsbesitzers. Den Pljuškin spielte der hervorragen-

de Schauspieler L. M. Leonidov, der alle Voraussetzungen für die Darstellung dieser Gestalt Gogols mitbrachte. Sowohl das Alter als auch die ganze scharf ausgeprägte Individualität dieses interessanten Menschen, sein durchdringender, argwöhnischer Blick, seine starke Tenorstimme, die zuweilen weibisch klingen konnte, und das unablässige Streben Leonidovs zur Tragödie – das alles sprach dafür, daß die Pljuškin-Rolle in besten Händen war und es dem Theater gelingen würde, die Gestalt des Gutsbesitzers Pljuškin, eines tief tragischen, von einer unheilvollen Leidenschaft verzehrten, einst bedeutenden Menschen, eines ausgezeichneten Administrators und guten Hausvaters auf die Bühne zu bringen. Aber wie sollte man all die komplizierten Charakterzüge zeigen, die in der Dichtung ausführlich, liebevoll und lebendig geschildert sind? All die vortrefflichen Gogolschen Beschreibungen und poetischen Abschweifungen lassen sich doch nicht in der Dramatisierung unterbringen. In dem Stück ist das nur eine kleine Episode, nichts weiter als ein geschäftliches Gespräch über den Verkauf toter Seelen, und damit basta!

Diese Tatsache machte Leonidov die ganze Zeit über nervös. Sein Gefühl sagte ihm, daß unter diesen Umständen nicht der richtige »Platz« für den Anlauf und Start seines Temperaments und seiner schauspielerischen Möglichkeiten gegeben war.

Leonidov verehrte Stanislavskij außerordentlich. Jede Probe mit Konstantin Sergeevič war für ihn ein aufwühlendes Erlebnis. Zur ersten Vorführung vor Stanislavskij wollte er nicht ungenügend vorbereitet kommen. Er arbeitete außerordentlich angestrengt und nörgelte sowohl an sich selbst als auch an mir als seinem Partner herum. Mit meiner Rolle wollte es nicht klappen, und so bemühte er sich, mir auf jede Art und Weise zu helfen, denn er wußte sehr wohl, daß ein schlechter Čičikov schließlich auch ihn zu Fall bringen würde.

Man merkte, daß die Szene nicht in Fluß kam. Die Intonationen Leonidovs waren zuweilen ungemein ausdrucksvoll; einzelne Stellen der Szene, die den Geizhals Pljuškin illustrierten, wurden von Leonidov sehr überzeugend gespielt. Und doch war die Szene nur hier und dort interessant, im großen und ganzen aber ziemlich langweilig. Sie konnte den Zuschauer nicht so weit fesseln, daß er dem Spiel mit gespannter Aufmerksamkeit folgte.

Damit meine ich die wenigen Zuschauer, die immer auf Proben anwesend sind. Wenn es uns aber schon nicht gelang, diese »unsere« Zuschauer mitzureißen, was konnten wir da erst von den unbekannten Zuschauern erwarten, die das Theater bei der Vorstellung füllen würden? Nun, das lag noch in weiter Ferne. Unmittelbar vor uns aber lag eine der wichtigsten Etappen: das Vorspielen vor Stanislavskij.

Ich glaube, daß ich Konstantin Sergeevič niemals bei einer Probe so konzentriert gesehen habe wie an jenem Tage, als wir ihm in seinem Arbeitszimmer die Pljuškin-Szene vorführten. Seine ganze Aufmerksamkeit galt dieses Mal nicht mir, sondern ausschließlich Leonidov.

Mein Spiel war schwach, ich fühlte meine Hilflosigkeit. Er aber ignorierte mich vollkommen. Ich existierte gar nicht für ihn. Dafür beobachtete er das Spiel Leonidovs, ohne einen Blick von ihm zu wenden. Er fürchtete, daß ihm die kleinste Bewegung Leonidovs, ein Seufzer, eine Intonation entgehen könnten. Wie erstarrt, vollkommen bewegungslos saß er da. Man konnte ihm den Gedanken vom Gesicht ablesen, auf das ich, wie ich reuevoll gestehe, bisweilen hinblickte. Seine Mienen verhießen nichts Gutes.

Wir waren fertig. Eine lange, qualvolle Pause trat ein.

Stanislavskij, der seinen Kneifer abgenommen hatte, richtete seinen Blick auf einen bestimmten Punkt. Anscheinend suchte er nach Worten für eine traurige Diagnose.

Blaß, mit gesenktem Blick wartete Leonidov.

Hoffnungslos, spielte ich vollkommene Gleichgültigkeit und Ruhe. Die Regisseure und Assistenten bereiteten sich zur Niederschrift der Bemerkungen vor.

»Hm! …Hm! … Sehr gut! Bei Ihnen, Leonid Mironovič, findet man viel Schönes …« (Lange Pause) … »Aber all das ist etwas gestaltlos, Sie spielen alles zu ›allgemein‹. Es fehlt die Zeichnung, und deshalb verfehlen Ihre schönen Farben vollständig die Wirkung. Es gibt in der Szene weder Anfang noch Entwicklung, noch Höhepunkt oder Ende. Pljuškin ist geizig – suchen Sie ihn doch, wo er gut ist – nein, nicht gut, sondern freigebig, ja Verschwender und Schlemmer, und machen Sie das zum Höhepunkt der Rolle. Dann setzt Ihr Geiz ein, und besonders kraß und großartig klingt in der Schlußszene der Satz: ›Nein, ich hinterlasse sie (die Uhr) ihm testamentarisch, nach meinem Tode soll er sie haben, damit er sich meiner erinnert.‹ Wodurch wird Ihr Geiz zum Ausdruck kommen? Nur durch die Vorgänge, die sich bei Ihnen ereignet haben. Diesen aber schenken Sie wenig Beachtung. Sie haben sich in sich selbst versenkt, in Ihre innere Welt und sind während der ganzen Szene bange, das Befinden eines Geizhalses zu verschütten. Das aber ist falsch. Gehen Sie von dem aus, was sich heute ereignet hat. Spielen sie jede Szene in allen Einzelheiten bis zu Ende. Nur auf diesem Wege werden Sie den Charakter enthüllen können.

Was ist geschehen? Pljuškin hat wie üblich Gerümpel gesammelt und ist nach Hause gekommen. Einen ganzen Korb voll Plunder hat er mitgebracht und wirft ihn auf den Haufen, der bereits auf dem Fußboden seines Zimmers liegt. Für Pljuškin aber ist das nicht etwa Kehricht oder Plunder, sondern eine kostbare Antiquitätensammlung.

Er war längere Zeit abwesend, daß Haus stand leer. Um ihn herum gab es aber seiner Meinung nach nichts als Banditen. Es war gar nicht so einfach, sich mit dem Korb voll Kostbarkeiten durchzuschleichen, ohne beraubt zu werden. Kaum ist er im Zimmer, mustert er alles mit unruhigem Blick, um sich zu vergewissern, daß während seiner Abwesenheit kein Fremder hier eingedrungen war.

Nachdem er sich etwas beruhigt hat, setzt er sich zu dem Haufen und beginnt, die einzelnen Stücke seiner Kollektion zu sortieren und zu zählen. In diesem Augenblick geht der Vorhang auf, und Ihre Szene beginnt.

Damit setzt die Handlung ein. Der Zuschauer sieht Pljuškin und sein Zimmer zum erstenmal. Alles interessiert ihn hier. Sie brauchen sich nicht zu beeilen. Spielen Sie hier die große Szene: ›Pljuškin sortiert seine Kostbarkeiten‹. Können Sie das spielen? Nur dies?

Spüren Sie, was für ein großartiges Material zu einer schauspielerischen Meisterleistung Ihnen hier gegeben ist?

Wenn Sie diese Szene mit allen ihren Einzelheiten organisch richtig spielen, können Sie, ohne ein einziges Wort zu sprechen, die Aufmerksamkeit der Zuschauer fesseln. Sie aber lassen sich diese Möglichkeit entgehen, beachten sie gar nicht und können nicht schnell genug zum Dialog mit Čičikov kommen.

Sie glauben, nur von dort käme Ihre Rettung. Aber das ist ein Irrtum. Noch bevor Čičikov bei Pljuškin den ersten Satz ausspricht, gibt es hier eine Menge Ereignisse und Erlebnisse, und all das ist für uns äußerst interessant. Da sehen wir einen Greis, der einem Bauernweib ähnelt, in einem Haufen Plunder wühlen und jeden Gegenstand, den er hervorzieht, sehr aufmerksam und liebevoll betrachten, gleichgültig, ob es sich um ein Hufeisen oder eine alte Sohle handelt. Er ist in seine Beschäftigung so vertieft, daß er gar nicht bemerkt, wie die Tür vorsichtig geöffnet wird und Čičikov hereinkommt. Der betrachtet Pljuškin aufmerksam und versucht zu erkennen, ob er ein Frauenzimmer oder ein Mannsbild vor sich hat. Sowie Pljuškin spürt, daß er beobachtet wird, dreht er sich um, und beider Blicke begegnen sich.

Wie wirkt das auf Pljuškin? Genau das ist eingetreten, was er am meisten fürchtet, was sein ständiger Alpdruck ist: Ein Bandit hat sich an seine Kostbarkeiten herangeschlichen, und was für ein Bandit! Keiner von denen, die hier in der Nähe seines Gutes wohnen – die kennt er alle. Nein, das ist ein neuer, zugereister und offenbar ganz großer Spezialist für Raub und Mord.

Was tun? Nach der ersten Verblüffung ergreift Pljuškin eine ganze Reihe von Vorsichtsmaßnahmen zur Rettung seines Lebens, wobei er jedoch seine Angst vor dem Banditen verbirgt. Er will ihn täuschen und dann versuchen, aus dem Zimmer zu springen und um Hilfe zu rufen.

Unter diesen Umständen ist es natürlich für Čičikov sehr schwer, sich auf das Gespräch einzustellen, und in diesem gegenseitigen Sichnichtverstehen, in ihrem Streben nach ganz entgegengesetzten Zielen (der eine will ein Gespräch anknüpfen, der andere ausreißen) liegt ebenfalls ein sehr interessantes schauspielerisches Moment.

Endlich sind die ersten Worte gefallen, die Lage ist mehr oder weniger geklärt, und der Dialog beginnt.

Sie aber fangen gleich mit dem Dialog an, lassen sich das Interessanteste, den Augenblick der Orientierung, des gegenseitigen Sichaufeinandereinstellens entgehen.

Im Leben würden Sie das nie versäumen, auf der Bühne aber geschieht es aus irgendeinem Grunde immer.

Ich versichere Ihnen, daß das sehr wichtig ist, daß es den Zuschauer am stärksten überzeugt und den Schauspieler auf den Weg der Wahrheit und des Glaubens an seine Handlungen führt. Und das ist das Wichtigste.

Die Momente der Orientierung können kurz, ja kaum wahrnehmbar sein. Es kann aber auch umgekehrt sein. Das hängt ganz von den Umständen ab.

Die Orientierung, das gegenseitige Sichabtasten muß keineswegs aufhören, sobald der Partner das Gespräch eröffnet. Die ersten Sätze sind gewöhnlich noch nicht wirklich aktiv, weil sich bis jetzt keiner von beiden auch nur ein vorläufiges Urteil über den andern gebildet hat. Sie tasten sich weiterhin gegenseitig ab, um dann möglichst erfolgreich auf den Partner einwirken zu können. Das gilt ganz besonders für einen so argwöhnischen Menschen wie Pljuškin.

Ehe dieser enträtselt, wer Čičikov ist, und bevor er daran glaubt, daß Čičikov nur ein Gesandter des Himmels sein kann, der seine große Gutmütigkeit und Demut durch eine Wohltat belohnen soll, hält er ihn bald für einen Räuber, bald für einen Gutsbesitzer, der zu Besuch gekommen ist und auf ein gutes Mittagessen hofft, bald auch für einen heruntergekommenen Husaren, der bei ihm Geld leihen will, und so weiter. Hier gibt es fortgesetzt Momente der Orientierung und des Sichaufeinandereinstellens und dann wieder der Neuorientierung und des Sichneueinstellens auf Grund der neuen Umstände.

All das ist gewissermaßen die Einleitung oder der erste Teil der Szene ›Pljuškin lernt Čičikov kennen‹ – das könnten Sie als Überschrift darübersetzen. Allein mit diesem Teil haben Sie es vorläufig zu tun. Vergessen Sie alles übrige, machen Sie mit aller Aufmerksamkeit nichts weiter als dies, und halten Sie alle Ihre Eindrücke fest.

Zweiter Teil: Pljuškin hat schließlich erkannt, daß er einen Wohltäter vor sich hat. Wie soll er sich ihm erkenntlich zeigen, wie ihn zu gewinnen suchen, um sich seiner Gunst auch für die Zukunft zu versichern? Pljuškin arrangiert ein ›Bankett‹. Er läßt den Samowar aufstellen und Zwieback von dem Osterkuchen bringen, den ihm vor drei Jahren eine Verwandte mitgebracht hat. Hier ist er nun der schwerreiche Gutsbesitzer, der gastfreundliche Mann, der ein Festmahl gibt, wie man es noch nicht erlebt hat. Spielen Sie also hier einen freigebigen, verschwenderischen Pljuškin, vergessen Sie seinen Geiz, stellen Sie sich nur die eine Aufgabe: Ihren Wohltäter so gut wie möglich zu bewirten, ihn durch den Elan Ihrer Freigebigkeit zu überraschen, um damit gleichzeitig die mit dem Verkauf der toten Seelen verbundenen Formalitäten so schnell wie möglich zu erledigen.

Während dieses zweiten Teiles der Szene gibt es zwei kritische Momente, die das ganze Geschäft um ein Haar scheitern lassen; einmal deswegen, weil Pljuškin nicht in die Stadt fahren kann, und das andere Mal, weil ein kleines, unbeschriebenes Blatt Papier verlorengeht. Diese Momente sind sehr schwerwiegend. Spielen Sie beide voll aus!

Der Verlust des Papiers ist für Pljuškin ein großes Ereignis. Hier ist die Hauptsache, daß Sie richtig suchen können. Nur dadurch, wie Sie suchen, können Sie die ganze Tiefe Ihres Erlebens wiedergeben. Es bedarf großer Konzentration und echter Aufmerksamkeit. Kurz, nicht erleben, sondern handeln sollen Sie. Endlich sind die Hindernisse beseitigt, und das Geschäft ist perfekt. Nicht nur tote, sondern auch entlaufene Seelen hat der wunderbare Wohltäter Pavel Ivanovič Čičikov gekauft.

Nun der dritte Teil der Szene. Hier handelt es sich darum, wie man diesem außerordentlichen Menschen, der so viel Gutes getan, einem eine so große Wohltat erwiesen und darüber hinaus noch die Bewirtung ausgeschlagen hat, in würdiger Form das Geleit geben kann.

Das ist wieder eine ganze Szene für sich mit der Überschrift: ›Das Geleit für Čičikov‹.

Denken Sie einzig und allein daran, wie Sie dem Gast Ihre Liebe, Achtung, und Dankbarkeit bezeigen können. Vergessen Sie ganz den mürrischen Pljuškin, den galligen Griesgram und Menschenhasser.

Nein, jetzt ist er außerordentlich liebenswürdig und menschenfreundlich. Spielen Sie Afanasij Ivanovič aus den ›Gutsbesitzern aus alter Zeit‹.

Und nun der Schlußteil der Szene: Pljuškin ist wieder allein. Zunächst lebt er noch in Sorge, ob er wohl seinen lieben Gast genügend geehrt habe. Plötzlich überfällt ihn die Furcht, daß er diesem Menschen gegenüber viel zu wenig seine Dankbarkeit zum Ausdruck gebracht habe. Bald läuft er zum Fenster, wo er den in die Kalesche einsteigenden Čičikov sieht, bald zu dem Plunderhaufen oder zum Schreibtisch. Dabei kämpft er mit dem Gefühl, etwas unternehmen zu müssen.

Schließlich gewinnen die guten, erhabenen Absichten die Oberhand. Der Entschluß ist gefaßt: Er wühlt geschäftig in den staubigen Fächern des Schreibtisches und sagt: ›Ich will ihm die Taschenuhr schenken.‹ Da hat er die Uhr gefunden. ›Er ist noch ein junger Mensch und braucht eine Taschenuhr, um seiner Braut zu gefallen …‹ und so weiter. Er bläst den Staub von der Uhr und läuft, nachdem er sie aufmerksam betrachtet hat, zur Tür, um sie noch rechtzeitig vor der Abfahrt dem Gast auszuhändigen. Auf halbem Wege bleibt er stehen.

Und hier kann das eintreten, was man eine Virtuosenpause, ein enthüllendes stummes Spiel nennt. Der Mensch, der soeben noch ganz spontan den brennenden Wunsch hegte, etwas zu verschenken, wird von Entsetzen gepackt, da ihm bewußt wird, daß er beinahe eine unverzeihliche Verschwendung begangen hätte, die ihn an den Rand des Ruins hätte bringen können.

Dieser Gedanke kam ihm nicht auf einmal – sein Entstehen und die Entwicklung muß in der Pause ausgedrückt werden. Nachdem Pljuškin alles restlos begriffen hat, erwächst ihm die Aufgabe, das um ein Haar aus dem Hause entwischte Kleinod so sicher wie möglich zu verstecken. Er findet keine Ruhe, bevor er es sicher verwahrt hat, und so trägt er es von einer Stelle zur anderen.

Endlich hat er für die Uhr einen sicheren Ort gefunden. Soll der Wohltäter aber leer ausgehen? Macht nichts: ›Ich hinterlasse ihm die Uhr testamentarisch. Er soll sie nach meinem Tode haben, damit er sich meiner erinnert.‹

So wird Pljuškin wieder er selbst. Beunruhigt kramt er nun in seinen Schätzen. Hat ihm der unerwartete Besucher auch nichts gestohlen?

Hier fällt der Vorhang.

Jeder dieser Abschnitte muß wahrhaftig und folgerichtig gespielt werden, muß den vorangehenden weiterentwickeln, und alle zusammen müssen eine ununterbrochen ansteigende Handlung bilden.

Denken Sie nicht an die Gestalt, nicht an das Erleben. Sie haben eine Reihe von Episoden zu spielen, die vom Erleben her sehr unterschiedlich sind. Man darf sie nicht alle mit ein und derselben Farbe des Geizes, des Mißmutes und so weiter anmalen. Bei Pljuškin finden wir auch Güte, Freigebigkeit und Freude. Dementsprechend sind auch alle seine Handlungen verschieden. In der schnellen Aufeinanderfolge von Handlungen, die sich häufig durchaus widersprechen, äußert sich auch die Aktivität des Geizhalses in Fragen des Profits. Entwickeln Sie jede Episode konsequent bis zu Ende, machen Sie aus dem Ganzen ein Ereignis. Schaffen Sie sich zunächst ein Schema Ihres physischen Verhaltens in jeder Episode, um diese dann zu einer einheitlichen Handlungslinie zu vereinigen. Das ist der sicherste Weg, um zu einer Verkörperung jener Idee zu kommen, die Gogol in die Gestalt Pljuškins gelegt hat.«

»Und wie soll meine Linie verlaufen, Konstantin Sergeevič?« fragte ich.

»Sie müssen es verstehen, sich in jeder Situation dem Charakter Ihres Partners anzupassen.

Pljuškin ist ein schwerer Fall. Aber auch ihn müssen Sie durchschauen, Sie müssen es fertigbringen, auch ihm zu gefallen. Wodurch aber? Versetzen Sie sich an Pljuškins Stelle, und denken Sie nach, was er braucht. Alle halten ihn für geizig, Sie aber sollen seine Güte und seine kluge Ökonomie bewundern, und zwar so, daß er Ihnen Glauben schenkt. Und das ist nicht so einfach. Erzählt er doch von seinem Nachbarn, dem Hauptmann, folgendes: ›Lieber Verwandter‹, sagt er, ›Onkelchen, On-

kelchen, die Hand küßt er mir sogar. Dabei bin ich soviel sein Onkelchen, wie er mein Opa‹. – Sehen Sie, er glaubt ihm nicht, obwohl der
Nachbar ihm die Hand küßt. Also muß man es schlauer anfangen.
Sie müssen sich in alle Sorgen Pljuškins hineindenken, sie verstehen,
ihm Mitgefühl entgegenbringen und sich vorübergehend selbst in Pljuškin verwandeln.
Vielleicht wäre es überhaupt gut, wenn Sie eine Zeitlang nicht Čičikov,
sondern alle anderen Gutsbesitzer probten, mit denen er zu tun hat. Das
wird zweifellos für Sie von Nutzen sein.

Als zweiter Darsteller des Pljuškin war B.J. Petker vorgesehen, der
ebenso wie ich vom Moskauer Komödientheater (ehemals Korsch) zum
Künstlertheater gekommen war. Dieser damals noch junge Künstler
spielte mit großem Erfolg Charakterrollen, und als die Frage einer
zweiten Besetzung für Leonidov akut wurde, fiel die Wahl auf ihn. Bei
dieser Gelegenheit konnte Stanislavskij den neuen Schauspieler in der
praktischen Arbeit kennenlernen.
Nach einer gewissen Einführung Petkers durch die Regisseure E. S. Teleševa und V. G. Sachnovskij wurde eine Probe mit Stanislavskij anberaumt.
Petker wurde ein oder zwei Stunden vorher hinbestellt. Was sich dort
während meiner Abwesenheit abgespielt hat, habe ich von Petker selbst
erfahren.
Auf die Minute genau schritt Petker durch die Pforte des kleinen Hofes,
in dessen Mitte Stanislavskij unter einem großen Leinwandschirm an
einem Tisch saß. In seiner Nähe hatten die Regisseure Teleševa und
Sachnovskij Platz genommen, ein Stückchen weiter der Bühnenbildner
Simov und der zum Theaterfestival nach Moskau gekommene türkische
Regisseur Mußchin-Bey, der sich für Probleme der Regie interessierte.
Ihm hatte Stanislavskij gestattet, dieser Probe beizuwohnen.
Stanislavskij begrüßte Petker sehr liebenswürdig und stellte ihn dem
Bühnenbildner Simov und Mußchin-Bey vor.
Danach bat Konstantin Sergeevič die Regisseure, über den Stand der
Proben und über die Stärken und Schwächen der Arbeit zu berichten.
Nachdem er auf einige Fragen beruhigende Antworten erhalten hatte,
fragte er:
»Und wie steht's mit dem Alter? Pljuškin ist doch wenigstens siebzig
Jahre. Es ist also eine sehr schwierige Aufgabe.«

Aber auch in dieser Hinsicht versuchten die Regisseure ihn zu beruhigen.

»Boris Jakovlevič ist sehr wandlungsfähig. Er hat schon viel Greise gespielt, das ist ihm also nichts Neues.«

»Hm! Hm! … Ich bin nur bange, daß es ›Greisen-Spielerei‹ wird. ›Guckt nur mal‹, soll man dann sagen, ›ein ganz junger Mann, und wie gut er einen Greis spielt.‹ Das genügt aber nicht und ist neben der Gogolschen Gestalt, neben dieser Verkörperung des Weltgeizes ganz uninteressant. Nun, versuchen wir es einmal. Fangen wir mit irgendeiner Stelle der Szene an! Vasilij Grigor'evič, soufflieren Sie mir den Text! Ich werde den Čičikov sprechen. So, nun mal los!«

B. J. Petker bemühte sich nach Kräften, mit erprobten Mitteln einen gebrechlichen, geizigen Greis darzustellen.

Konstantin Sergeevič gab die Stichworte und beobachtete seinen Partner aufmerksam. Dann unterbrach er plötzlich und fragte:

»Mit wem unterhalten Sie sich? Wer sitzt jetzt vor Ihnen?«

»Konstantin Sergeevič Stanislavskij – – –»

»Keine Spur, ein Gauner.«

»Was heißt das?«

»Sehen Sie, jetzt blicken Sie mich schon viel aufmerksamer an als während Ihres Spieles. Da spürt man schon etwas Lebendiges. Wenn ich ein berüchtigter Gauner bin, wie werden Sie mich da während des Gesprächs beobachten? Nun, betrachten Sie mich doch einfach als einen Gauner! Versuchen Sie, meine Absichten im voraus zu erraten, sie zu bestimmen! Vielleicht trage ich ein Messer bei mir! Denken Sie daran, wo auf Ihrem Hofe etwas liegt, um das Sie am meisten bangen. Spielen Sie nicht los, sondern überlegen Sie für sich. Immerzu wollen Sie gleich losspielen. Sie können aber noch nicht losspielen. Sammeln Sie Gedanken an!«

In diesem Augenblick streckte Konstantin Sergeevič die Hand nach dem Federhalter auf dem Tisch aus, um sich eine Notiz zu machen, aber Petker schnappte ihm mit einer flinken Bewegung den Halter vor der Nase weg und legte ihn zur Seite.

»So ist's recht. Jetzt versuchen Sie zu erraten, was ich noch vorhabe! Beobachten Sie mich! Nein, Sie sollen doch nicht mimen, sondern wirklich beobachten! Schon wieder spielt er los …! Lassen Sie uns ein wenig auf dem Hofe spazierengehen. Ich bin Ihr Nachbar, und das hier ist Ihr Anwesen. Erzählen Sie mir möglichst ausführlich, wie es darum bestellt ist. Was ist das für eine Scheune?« fragte er ernsthaft und zeigte auf ein Gebäude.

Petker antwortete mit allgemeinen Phrasen, aber Stanislavskij gab sich damit nicht zufrieden, sondern fragte immer eingehender nach jeder Kleinigkeit.

Da kam ein Fuhrmann mit einem Lastwagen in den Hof gefahren. Stanislavskij wandte sich dorthin und fragte im Gehen, was man da gebracht habe und wozu.

Petker gab Auskunft. Stanislavskij hörte ihm aufmerksam zu, wollte immer mehr wissen und ließ nicht locker, bis er eine vernünftige Antwort bekam. So gingen beide im Hof auf und ab und setzten sehr ernsthaft ihr Spiel fort. Dann nahmen sie wieder am Tisch Platz und unterhielten sich weiter über wirtschaftliche Dinge: Man sprach über die Mahd, die Ernte, die Bauern und so weiter.

Während dieses Gespräches kam ich zur Probe. Als ich Stanislavskij mit Petker im Gespräch vertieft sah, kam mir gar nicht der Gedanke, daß sie bei der Probe wären. Ich blieb vielmehr in einiger Entfernung stehen, um den geeigneten Moment für die Begrüßung abzuwarten.

Stanislavskij blickte flüchtig zu mir hin und flüsterte Petker leise zu: »Sehen Sie, da ist jemand gekommen. Seien Sie möglichst vorsichtig ihm gegenüber, lassen Sie ihn nicht zu dicht heran. Es ist ein Gauner.«

Ich begriff sofort die Situation und schaltete mich in das Spiel ein. Stanislavskij überließ nun uns das Feld, verwandelte sich schnell aus einem Gutsbesitzer in den Regisseur und beobachtete uns aufmerksam.

Ich ging auf Petker zu, der schnell aufsprang und davonlief.

»Hm! Hm! … Das ist Spielastik, Boris Jakovlevič. Sie brauchen nur ein paar Schritte zurückzutreten, das genügt. Nun, gehen Sie noch einmal auf ihn zu, Vasilij Osipovič. Hm … Schon wieder haben Sie überzogen! So begreift Čičikov doch gleich, daß Sie Angst vor ihm haben. Tun Sie nur das, was für Ihre Sicherheit unbedingt notwendig ist.«

Allmählich kam ich mit Petker ins Gespräch. Zunächst improvisierten wir mit unseren eigenen Worten, dann sprachen wir den Rollentext. Sobald unser Gespräch ins Theatralische entgleiste und seinen organischen Verlauf einbüßte, unterbrach uns Stanislavskij. Immer von neuem führte er uns zur Wahrheit zurück.

»Sie brauchen keine Spielastik. Sie haben nur zuzuhören und zu überlegen, worauf Čičikov mit seinem Gespräch hinaus will. Ich brauche vorläufig nur Ihre Aufmerksamkeit. Versuchen Sie zu erraten, weshalb der ungeladene Gast gekommen ist. Jetzt müssen Sie ihn auffordern, Platz zu nehmen … Nein, so geht's nicht. Da wird er Sie ja mit dem Messer treffen … Auch so geht's nicht. Richten Sie es so ein, daß es am bequemsten und zugleich für Sie am ungefährlichsten ist.«

Schritt für Schritt holte Stanislavskij das echte, lebendige Spiel aus dem Schauspieler heraus und beseitigte gleichzeitig alles Schauspielerhafte, Handwerkelnde und Theatralische. Schon war bei Petker der aufgesetzte Greisentonfall verschwunden. Verschwunden war seine übliche Spielmanier, und zum Vorschein kamen ein lebendiges Gesicht und ein aufmerksames, mißtrauisches Auge. Ich antwortete ihm offenbar in gleicher Weise, und wir beide spürten die uns verbindenden Fäden eines wechselseitigen Interesses.

Ich habe vorsichtig begonnen, meine Sache vorzutragen. Er hört mir zu und bemüht sich, das Ganze zu begreifen.

Uns ist wohl zumute. Die wenigen Zuschauer hören unserem Gespräch zu und verfolgen seinen Gang.

Nun ist der Augenblick da, wo Petker als Pljuškin die Wohltat, die man ihm erweisen will, in ihrem ganzen Umfang begriffen hat. Sein Gesicht hellt sich auf, nachdem Čičikov gesagt hat: »Aus Hochachtung für Sie bin ich bereit, auch die Unkosten für den Kaufbrief zu übernehmen.« Lange blickt er mich voll Verwunderung an. Unsere Zuschauer sind gespannt, was nun kommen wird. Petkers Gesicht verzieht sich krampfhaft. Konstantin Sergeevič, der bis dahin schweigend dagesessen hatte, um die in das richtige Fahrwasser gebrachte Szene nicht zu unterbrechen, souffliert vorsichtig:

»Jetzt überziehen Sie ruhig. Machen Sie mit dem Gesicht, was Sie wollen! Jetzt dürfen Sie es! Runzeln Sie das Gesicht, soviel Sie können, strecken Sie die Zunge heraus … noch mehr … noch mehr! Jetzt brauchen Sie nicht mehr bange zu sein … So ist's recht!«

Stanislavskij sprach und brach selbst in ein fröhliches Gelächter aus, in das alle Anwesenden einstimmten. Damit beendete Konstantin Sergeevič die Probe.

»Na, also! Sehr gut war das. Sie merken, wie vorsichtig man die Rolle ertasten, die feinen Spinnweben eines lebendigen, organischen Verhaltens der Gestalt flechten muß – und sehr vorsichtig flechten, um das Gewebe nicht zu zerreißen. Zerstoßen Sie es nicht mit dem dicken Seil der Theaterhandwerkelei, flechten Sie vielmehr geduldig aus diesen Spinnfäden das Gewebe einer hohen organischen Kunst. Später bekommt es seine Festigkeit, dann braucht man darum nicht mehr bange zu sein. Arbeiten Sie unentwegt weiter, forcieren Sie nichts, gehen Sie vorsichtig von den einfachsten organischen Handlungen des Lebens aus! Denken Sie vorläufig nicht an die Gestalt! Als Ergebnis Ihres richtigen Handelns unter den gegebenen Umständen der Rolle entsteht auch die Gestalt. Sie haben jetzt an einem Beispiel gesehen, wie man sich vorsichtig einen Pfad bahnen kann, indem man von einer kleinen Wahrheit zur anderen schreitet, wie man sich prüfen, seine Phantasie entfalten und zu einer scharf profilierten, ausdrucksvollen szenischen Handlung kommen kann. Arbeiten Sie in diesem Geiste weiter! Sie begreifen, was man tun muß?« – Mit diesen Worten wandte er sich an die Regie. »Nach einiger Zeit kommen Sie wieder und zeigen es mir!«

Nun fügte es sich aber, daß wir keine Gelegenheit mehr hatten, die Szene Konstantin Sergeevič vorzuführen, weil er mit anderen Dingen beschäftigt war. Einmal rief er mich an und fragte, wie sich die Rolle bei Petker entwickele. Wir sprachen ungefähr zwei Stunden. Ich spürte sehr deutlich, wie er sowohl an der Rolle als auch an dem neuen Schauspieler interessiert war, so daß es gar nicht so einfach war, die richtigen Antworten zu geben. Gab man ihm ausschließlich beruhigende Auskünfte, glaubte er einem nicht mehr und stellte dann listige Fragen, um einen wie ein Untersuchungsrichter zu ertappen. Sprach man aber von Mängeln oder negativen Erscheinungen, so »verpetzte« man einen Kollegen und regte Konstantin Sergeevič unnötig auf.

Ich half mir, so gut ich konnte. Auf die ihn beunruhigende Frage nach der Darstellung des Alters antwortete ich und tat dabei des Guten zuviel:

»Nun, darüber können Sie beruhigt sein … Petker wird mit dieser Aufgabe großartig fertig. Es ist erstaunlich, wie es ihm gelingt, einen sehr, sehr alten, kranken Mann darzustellen.«

»Hm! … Hm! … Entsetzlich, dieses ›Kranksein‹ … Was heißt krank? Psychisch krank? Dann ist es uninteressant. Die Idee ist hier die, daß Pljuškin von der Leidenschaft besessen ist, Schätze anzuhäufen. Er ist Čičikov noch mal, und zwar im Greisenalter. Seine Gelenke sind nicht mehr elastisch. Er kann weder schnell aufstehen, noch sich schnell setzen oder gehen. Auch sieht er schlecht. Das ist alles. Im übrigen ist er vollkommen gesund und normal.«

»Konstantin Sergeevič, bestellen Sie uns zu sich. Wir möchten Ihnen unsere Szene noch einmal zeigen.«

»Ich will versuchen es einzurichten. Aber Sie sehen ja, ich habe immer keine Zeit, es gibt so viele andere Dinge. Ich weiß deshalb nicht, ob es klappt. Sie aber wollen mich bitte von Zeit zu Zeit anrufen und mir erzählen, was bei Ihnen vorgeht ... Ich fürchte, auch Sie verheimlichen mir alles ... Hm ... hm ... Werden sie ganz offen zu mir sein, ohne Angst vor Klatscherei, ja?«

»Also gut, Konstantin Sergeevič.«

»Auf Wiedersehen!«

»BEI DER KOROBOČKA«

Welche Glückseligkeit, wenn es auch nur für Augenblicke gelingt, in jene Sphäre der Kunst vorzudringen, wo sie echt wird, wenn man auf der Bühne wahres Leben in seinen feinsten Äußerungen spürt! Da steht vor dir dein Partner, ein lebendiger Mensch. Du siehst ihn als etwas Reales. Aus seinem Gesichtsausdruck, aus der Bewegung seiner Pupille errätst du seine wahren Gedanken. Auch dein Denken ist wahr. Du kannst es dir erlauben, die Pausen zu machen, die du brauchst, um diese oder jene Lage zu erfassen. Du achtest nicht auf den Zuschauer, sondern führst mit deinem Partner oder deiner Partnerin fortgesetzt einen scharfen, spannenden Kampf, heute anders als gestern, und morgen anders als heute.

Dies zu erreichen, den Schauspieler von allem zu befreien, was ihn zäh auf dem Niveau der Handwerkelei festhält, und ihn an die Schwelle der Kreativität der organischen Natur heranzuführen ist das Ziel, auf das die Gedanken Stanislavskijs gerichtet sind. Um dieses Ziel zu erreichen, beherrscht er eine Menge pädagogischer Verfahren. Sie beruhen auf subtiler Kenntnis des schauspielerischen Schaffens und auf großer Erfahrung im Studium aller Schauspielerkrankheiten, in deren Ausmerzung das ganze Geheimnis seiner Methode besteht.

Die Rolle der Gutsbesitzerin Korobočka wurde Marija Petrovna Lilina, einer Mitbegründerin des Künstlertheaters und ausgezeichneten Schauspielerin, die früher eine Anzahl glänzender Rollen gespielt hatte, übertragen. Zu der erwähnten Zeit sondierte sie die Möglichkeiten für den Übergang in ein neues Rollenfach. Die Korobočka war eine ihrer ersten

Rollen alter Mütter. Deshalb fiel ihr dies irgendwie besonders schwer. Sie war eine Schauspielerin mit leicht erregbarem komödiantischen Temperament, die in ihrem Element war, wenn sie junge, bezaubernde Frauen und Mädchen zu spielen hatte. So verlor sie etwas den Kopf, als sie sich den ihr ungewohnten Charakter der greisen Gutsbesitzerin, und dazu noch nach Gogolschem Entwurf, erarbeiten mußte. Diesmal blieb die ihr sonst stets zur Verfügung stehende Intuition aus. Dazu versperrte sich Marija Petrovna noch sorgfältig alle Auswege, indem sie bei ihrer Arbeit an der Rolle die gar nicht zu ihr passende Methode mühsamer, zermürbender Analyse, überflüssiger Grübeleien und übermäßiger Selbstkontrolle anwandte und dadurch ihre wertvollsten Fähigkeiten blockierte: eine leicht erregbare Intuition, Naivität und ansteckendes Temperament. Was Konstantin Sergeevič einmal einer unserer Schauspielerinnen sagte, hatte auch für Marija Petrovna in vollem Umfang Gültigkeit.

»Sie brauchen auf der Bühne nicht alles zu begreifen, sondern nur ein Stückchen. Peinliche Genauigkeit ist zuweilen eine Geißel für den Schauspieler. Er beginnt zu grübeln und stellt eine Menge unnötiger Dinge zwischen sich und seinen Partner.«

Nachdem sie sich in dem Labyrinth aller möglichen Tüfteleien und überflüssiger Komplikationen verirrt hatte, mühte sich die von Kräften kommende arme Marija Petrovna ab, die Gogolsche Gestalt zu erarbeiten, und entfernte sich doch mit jeder neuen Probe Schritt für Schritt immer weiter von dem ersehnten Ziel. Konstantin Sergeevič versuchte ihr zu helfen, aber er konnte bei all seinem pädagogischen Genie anscheinend die Situation nicht retten. Marija Petrovna erlitt einen Schock und verstand überhaupt nichts mehr. Ihre Übungen mit Stanislavskij waren gleichsam ein Wiederaufleben der Gogolschen Szene Čičikovs mit der Korobočka.

Stanislavskij verglich die Szene »Čičikov bei der Korobočka« sehr treffend mit einer Reparatur irgendeines eigentümlichen Uhrwerks. Der Uhrmacher (Čičikov), der sich ausgezeichnet auf sein Handwerk versteht, versucht das Uhrwerk in Gang zu bringen, aber jedesmal im letzten Augenblick, wenn er das Pendel in Bewegung setzt, lockert sich aus unbekannten Gründen die Feder mit einem knackenden Geräusch, und er muß wieder ganz von vorn anfangen. Als erfahrener Meister läßt sich Čičikov nicht aus der Ruhe bringen, sondern beginnt gelassen, die winzigen Teilchen des Uhrwerks wieder zusammenzusetzen. Er zieht die

Schräubchen so lange an, bis der verhängnisvolle Moment eintritt, das heißt, bis es knackt und die Feder sich wieder vollkommen entspannt. Mit geradezu unerschöpflicher Geduld beginnt Čičikov die Arbeit von neuem, und so geht es weiter, bis er schließlich die Geduld verliert und in einem Wutanfall die Uhr mit aller Wucht auf den Boden wirft – und siehe da, mit einem Male geht sie wieder.

Das Uhrwerk befindet sich im Kopfe der Korobočka, und die ganze aktive Handlungsaufgabe besteht für Čičikov darin, tief in das Innere des Mechanismus einzudringen, zu erkennen, was daran nicht intakt ist, und die Störungen zu beseitigen, die die Korobočka daran hindern, Čičikov zu verstehen.

Die Korobočka will tatsächlich die toten Seelen verkaufen, weil das für sie ja vorteilhaft ist. Aber sie fürchtet, zu billig zu verkaufen, eine nicht alltägliche Gelegenheit zur Bereicherung zu verpassen und übers Ohr gehauen zu werden. Aus Čičikov möchte sie keineswegs das herauskriegen, was er sagt, sondern was er verschweigt, das, was bei ihm »zwischen den Zeilen steht«. So hat die Korobočka während der ganzen Szene nur eine sehr einfache Aufgabe, nämlich die, sich nicht übervorteilen zu lassen, nicht zu billig zu verkaufen. Deshalb muß sie Čičikov gehörig ausforschen und seine wahren Absichten auskundschaften. Korobočka ist natürlich eine schwachköpfige Närrin, wie Čičikov sie schimpft. Man darf hier aber nicht einfach Narrheit an sich spielen. Die sinnlose Aktivität der Korobočka, die Tatsache, daß sie da etwas Kompliziertes sieht, wo gar nichts ist, bringt ihre Narrheit viel besser heraus; das ist der beste Beweis dafür. Die Schauspielerin muß sich hier vor allen Dingen ganz und gar auf die Handlungen und Taten ihres Partners konzentrieren. Aber so einfach das auch scheinbar war, es wollte der Lilina bei allem guten Willen auch mit Stanislavskijs Unterstützung nicht gelingen.

»Sieh mal da«, sagte er einmal, »wie merkwürdig, daß eine so glänzende Schauspielerin, die auf der Bühne die subtilsten Dinge fertigbringt, jetzt mit einem Male nicht eine schauspielerische Elementaraufgabe lösen kann.« Immer wieder aufs neue trat er an Lilina heran und versuchte sie von den Fesseln zu befreien, die sie sich mit den ihrem Wesen widersprechenden Arbeitsmethoden angelegt hatte. Aber alles war vergeblich. Die Schauspielerin hatte einen Schock erlitten, sie konnte keine einzige freie, bewußte Handlung ausführen. Alles, was sie zu tun versuchte, trug die Spuren des Unnatürlichen und der äußersten An-

strengung. Schließlich war die Lilina gezwungen, die Rolle vorübergehend aufzugeben, um den Inszenierungsablauf nicht aufzuhalten und,
ohne sich an Termine zu binden, die Arbeit fortzusetzen. Die Rolle
wurde der Schauspielerin Zueva übertragen, die auch bei der Premiere
spielte.

Nach einiger Zeit, als die »Toten Seelen« im Künstlertheater schon oft
aufgeführt worden waren, erhielt ich von Stanislavskij eine Einladung
in die Leont'evgasse zu einer Probe der Szene »Bei der Korobočka« mit
der Lilina. Ich ging leichten Herzens hin, handelte es sich doch um eine
Probe für Lilina. Ich war ja nur Partner. Meine Rolle war ohnehin ausgearbeitet, nachdem ich sie so oft gespielt hatte. Und Stanislavskijs Unterricht gewissermaßen als Unbeteiligter zu verfolgen, war sehr interessant und lehrreich und bot keine Schwierigkeiten. Aber es kam anders.
Vollkommen unerwartet fiel Konstantin Sergeevič gerade über mich
her. Die ersten Sätze der Lilina beachtete er gar nicht; dafür aber bekam ich, ehe ich den Mund auftun konnte, von Stanislavskij einen An-
schnauzer, der mir keineswegs einen gemütlichen Zeitvertreib verhieß.
»Was machen Sie denn da?«
»Ich schüttele den Regen ab.«
»Erstens sieht das gar nicht danach aus, und zweitens können Sie doch
nicht mitten im Zimmer am Tisch den Regen abschütteln. Das ist doch
unhöflich gegenüber der Hausfrau.«
»Aber er sieht die Hausfrau ja gar nicht.«
»Das glaube ich nicht, Sie *müssen* sie sehen.«
»Wir haben an dieser Stelle aber ein solches szenisches Arrangement
festgelegt, doch in diesem Zimmer …«
»Für mich ist nicht das szenische Arrangement, sondern die Logik
wichtig. Wenn Sie vom Regen durchnäßt angekommen sind, wie wer-
den Sie da handeln hier und heute, also unter den gegebenen Umstän-
den? Entsetzlich! … Was machen Sie denn nur?«
»Ich will …«
»Ich glaube Ihnen nichts …«
Nachdem wir diese ersten Schwierigkeiten einigermaßen überwunden
hatten, begannen wir mit dem Dialog.
»Einen Tee, guter Herr?«
»Nicht übel, gute Frau.«
»Entsetzlich! – Ich verstehe kein Wort.«
»Nicht ü-bel, gu-te-Frau.«

»Weiter …«

»Was möchten Sie dazu, guter Herr? In der Flasche da ist Fruchtlikör.«

»Nicht übel, gute Frau, trinken wir Fruchtlikör.«

»Ach, ach, ach! Alles vergessen! Sie sprechen nur Worte, nichts als Worte. Wie werden Sie sich bei Tisch benehmen? Sie werden mit Tee und Likör bewirtet. Man ist Ihnen gegenüber zuvorkommend. Vergelten Sie also Gleiches mit Gleichem! Es bedeutet schon etwas, wenn man sich nach einem Marsch im Regen plötzlich im warmen Zimmer beim Tee befindet. Bei Ihnen merkt man davon nichts. Nun, fangen wir an!«

Je weiter wir im Text kamen, desto mehr nörgelte Konstantin Sergeevič an mir herum. Lilina, die, wie mir schien, ganz und gar nicht auf der Höhe war, schenkte er überhaupt keine Beachtung.

Allmählich geriet ich völlig in Verzweiflung. Ich wendete alle Kraft auf, um mich dem hypnotisierenden, unerbittlichen Blick Stanislavskijs zu entziehen. Noch eine letzte Anstrengung, und ich werfe alles hin und verlasse die Probe. Komme, was kommen mag. Aber plötzlich – was war denn das? – kam irgendeine warme, lebendige Intonation heraus. Ich streckte die Hand nach der Karaffe auf dem Tische aus, schenkte mir Likör ein, blickte auf die Korobočka, sah die klaren, aufmerksamen Augen der Lilina (bis dahin hatte ich sie wie im Nebel gesehen) und spürte das Bedürfnis, mit ihr zu sprechen.

»Erlauben Sie mir, nach Ihrem Namen zu fragen«, sagte ich. »Entschuldigen Sie, daß ich zu nächtlicher Stunde gekommen bin und mich hier so breit mache.«

Meine Entschuldigung klang sehr aufrichtig, Konstantin Sergeevič schwieg, übrigens hatte ich ihn auch bereits vergessen. Mich interessierte nur noch die mir gegenüber sitzende alte Frau. Allmählich kam ein angenehmes Gespräch mit ihr in Fluß. Sie erzählte von ihrem Leben, beklagte sich, daß sie soviel Pech im Leben gehabt habe, und plötzlich wurde alles irgendwie interessant. Ich wollte jetzt auf sie einreden und alle ihre toten Seelen für fünfzehn Rubel kaufen. Die alte Frau war offensichtlich beschränkt, also konnte man die Sache schnell erledigen.

»Treten Sie sie mir ab, gute Frau.«

»Wie macht man das denn?«

»Nun, ganz einfach abtreten.«

»Aber sie sind doch tot.«

»Wer sagt denn, daß sie noch leben? Sie bezahlen aber doch für sie, und ich will Sie von der Mühe und den Zahlungen befreien und Ihnen obendrein noch fünfzehn Rubel in bar geben. Nun, ist das klar?«

»Wirklich, guter Herr, das verstehe ich nicht recht.«

Ich sehe die lebhaften Augen der Lilina. Bald verschlingt sie mich gierig mit den Augen, bald gleitet ihr Blick über das Papiergeld. Ich erwarte von diesen Augen Antwort. Worte brauche ich nicht. An ihrer Pupille sehe ich, daß sie vom Zweifel geplagt wird.

»Begreifen Sie doch, gute Frau«, bemühe ich mich, ihr zu erklären, »das ist Geld, richtiges Geld. Es liegt nicht auf der Straße. Nun, wie teuer haben Sie Ihren Honig verkauft? Sünden haben Sie sich aufs Gewissen geladen, liebe Frau.«

Schon kann ich ohne Antwort ihre Absichten an ihren Augen ablesen, so stark lebt die Lilina in der Gedankenwelt der Korobočka.

»Nun schön, dort handelt es sich um Honig, aber hier ist nichts, und für das Nichts gebe ich Ihnen nicht bloß zwölf Rubel, sondern fünfzehn, und nicht in Silber, sondern in Papiergeld.«

Schon sehe ich einen Schimmer des Einverständnisses in Marija Petrovnas Augen aufleuchten, schon glaube ich, daß das Geschäft sogleich perfekt sein wird, da sagt sie plötzlich:

»Nein, ich habe vor allem Angst, einen Verlust zu erleiden.«

Mit einem Knacks war die Feder wieder zersprungen. Ich nahm Marija Petrovna gegenüber Platz und begann sie schweigend anzusehen. Ich studierte, von welcher Seite sie am leichtesten anzugreifen ist. Da hörte ich zu meiner Überraschung das Gelächter unserer Zuschauer. Ich achtete nicht darauf, sondern machte mich erneut daran, die Korobočka zu bearbeiten. Kaum hatte ich aber eine Verbindung mit ihr von Auge zu Auge hergestellt und mich angeschickt, auf den Kern der Sache zu kommen, als ich selbst beinahe in ein Gelächter ausgebrochen wäre, denn vor mir sah ich eine Lilina, die sich in eine äußerst komische Gogolsche Greisin, in die Gutsbesitzerin Korobočka verwandelt hatte. Ihre auf mich gerichteten Augen, in denen sich Angst und Neugier spiegelten, drückten solch eine Erzdummheit aus, in ihrem ganzen Wesen herrschte gegenüber meiner Person, meinen Handlungen und Gedanken ein solch echter Ernst, daß ich mir große Gewalt antun mußte, um mich zu beherrschen und die Sache mit dem gleichen Ernst zu behandeln, wie sie das tat.

Darauf kam die Szene ins richtige Gleis. Wir stellten uns gegenseitig Fragen. Jeder bemühte sich, die Gedanken und Absichten des Partners zu erraten, ihn zu betrügen, zu verwirren, zu überreden und zu erweichen. Man überfiel sich gegenseitig voller Wut, zog sich zurück, ruhte sich aus und nahm den Kampf wieder auf. In allen unseren Handlungen war Logik, Zielstrebigkeit und Überzeugung von der Wichtigkeit all dessen, was vor sich ging. Wir konzentrierten uns ausschließlich auf den Partner, an den Zuschauer dachten wir gar nicht. Die Frage, ob wir gut spielten, interessierte uns überhaupt nicht. Wir waren nur mit unserer Angelegenheit beschäftigt. Um jeden Preis mußte ich den komplizierten und kaum zu durchschauenden Mechanismus im Kopfe der Korobočka zum Funktionieren bringen. Und nur dies eine strebte ich an. Wir taten nichts Besonderes. Alles war einfach, ohne jedweden komischen Gag, und doch fielen die wenigen Zuschauer mit Stanislavskij an der Spitze buchstäblich vor Lachen vom Stuhl. Konstantin Sergeevič lachte so, daß er sich den Bauch halten mußte. Ich hatte den Eindruck, daß wir damals Gogol sehr nahe kamen. Es war jene Art von Groteske, gegen die selbst Stanislavskij nichts einzuwenden hatte.

»Was war los?« fragte Konstantin Sergeevič nach Schluß der Probe. »Sie sind von einer Welle der Intuition mitgerissen worden und haben die Szene großartig gespielt. Das ist in der Kunst das Wertvollste. Ohne das gibt es überhaupt keine Kunst. So werden Sie niemals wieder spielen. Sie können schlechter oder auch besser spielen. Aber das, was wir jetzt hier gesehen haben, ist unwiederholbar und deshalb wertvoll. Versuchen Sie das zu wiederholen, was Sie eben gespielt haben – es wird Ihnen nicht gelingen. So etwas läßt sich nicht festhalten. Festhalten kann man nur jene Wege, auf denen Sie zu diesem Ergebnis gelangten. Ich habe Sie, Vasilij Osipovič, gequält, damit Sie ein Empfinden für die Wahrheit der einfachsten physischen Handlungen bekamen. Das ist der Weg, um die Intuition zu mobilisieren. Ich habe Sie auf den Weg einfacher Folgerichtigkeit, auf den Weg organischer, echter Partnerbeziehung gedrängt. Nachdem Sie die Logik Ihres Verhaltens empfunden hatten, vertrauten sie Ihren Handlungen, und Sie haben auf der Bühne echtes, organisches Leben dargestellt. Diese Logik können wir beherrschen, so etwas kann man festhalten, weil es greifbar ist. Gleichzeitig ist es aber auch der Weg zur Intuition. Studieren Sie diesen Weg, und prägen Sie ihn sich ein – der Erfolg kommt dann von selbst. Ich habe Vasilij Osipovič nur geholfen, die ersten Schritte zu tun. Dann ist er selbständig weitergegangen, ohne die geringste Hilfe in Anspruch zu nehmen.«

»Und Marija Petrovna?«

»Marija Petrovna hat sich zunächst einfach für unsere Arbeit, für den Prozeß der allmählichen ›Animation‹ Toporkovs interessiert. Da dieses Interesse echt war, hat sie ihm damit gleichzeitig eine echte Aufmerksamkeit gewidmet. Diese Aufmerksamkeit ist echte Konzentration auf das Objekt. Wir lenkten sie von allem ab, was sie stören konnte, von allen hindernden Fesseln und brachten sie zur Wechselbeziehung mit einem lebendigen Menschen. So wirkten sie gegenseitig aufeinander ein. Ein Funke sprang über, der Knoten riß plötzlich, und daher rührte die Qualität der Leistung.«

Jetzt wurde mir klar, warum Stanislavskij bei dieser Probe nur mich angegriffen und Marija Petrovna vollkommen ignoriert hatte, obwohl die Probe eigentlich für sie angesetzt worden war. Es handelte sich eben um einen besonderen Weg zu der Individualität der Schauspielerin.

Viel später sagte Stanislavskij einmal bei einer Probe zum »Tartüff«: »Das System kennen viele. Anwenden können es aber vorerst nur einzelne. Ich, Stanislavskij, kenne zwar das System, kann es aber noch nicht anwenden oder, besser gesagt, fange erst an, es anwenden zu können. Um das von mir ausgearbeitete System zu beherrschen, müßte ich noch einmal geboren werden und, nachdem ich sechzehn Jahre gelebt habe, meine Schauspielerei von vorn beginnen.«

Dieser von Stanislavskij ausgesprochene Gedanke gibt allen Vulgarisatoren des Systems eine erschöpfende Antwort, gleichgültig, ob es sich um solche handelt, die das System akzeptieren, oder um solche, die es ablehnen.

»BEIM STAATSANWALT«

In dem Stück gibt es eine sogenannte »Kameralszene«. Die erschrockenen und niedergeschlagenen Beamten versammeln sich im Hause des Staatsanwalts zu einer »Kameral«-Konferenz anläßlich der skandalösen Gerüchte über Čičikov, die sich in der ganzen Stadt verbreitet haben und von denen unangenehme Folgen zu befürchten sind. Ich war an dieser Szene nur insofern beteiligt, als ich einmal ein Stichwort hinter der Tür zu sprechen hatte. So konnte ich also alle Feinheiten der Regiearbeit Stanislavskijs gewissermaßen als Unbeteiligter studieren. Die

Szene ist wohl die beste im ganzen Stück, gleichsam sein Höhepunkt. Gerade hier werden die Charaktere aller an der Entwicklung dieser seltsamen, unverständlichen Čičikov-Geschichte mit den toten Seelen Beteiligten bloßgelegt. Diese verhältnismäßig kleine, aber sehr drastische Szene ist vom Verfasser der Bühnenbearbeitung meisterhaft gestaltet worden. In ihr sind die am schärfsten formulierten Gedanken und Sätze der Gogolschen Dichtung zusammengefaßt. Wenn wir zu Beginn unserer Arbeit einen Hang zu allerhand Übertreibungen hatten, so waren die Regisseure, Sachnovskij und die Teleševa, in dieser Szene besonders eifrig bemüht, scharf ausgeprägte groteske Formen der schauspielerischen Interpretation zu suchen. Sie wollten offensichtlich selbst Gogol übertreffen. Soviel man sich aber auch abmühte und übte, soviel scharfsinnige Lösungen man auch ersann, keine von ihnen traf ins Schwarze. Sie führten nur zu einer übermäßigen Beanspruchung der physischen Kräfte der Schauspieler. Das, was bei Gogol so überzeugend und wahr klang und gleichzeitig so typisch für ihn war, sah in der Darstellung einfach wie eine unmäßige Übertreibung aus. Äußerlich wollte es drastisch und bissig sein, innerlich aber, daß heißt in seinem Wesen, war es kalt, leer und nicht einleuchtend. Die Schauspieler waren von all dem nicht überzeugt, was sie auf der Bühne gestalteten.

Als Stanislavskij die Arbeit an der Kameralszene in Angriff nahm, machte er zunächst einmal die äußerlichen Verfahren der Übertreibung in unseren Augen lächerlich, indem er den Schauspielern das Unlogische aufdeckte.

»Warum schneiden sie solche Grimassen, wenn Sie ins Zimmer kommen?«

»Aus Angst. Wir sind doch zu Tode erschrocken!«

»Angst dürfen Sie nicht spielen. Sie müssen sich vor der Gefahr retten, gewiß, aber die Gefahr ist nicht hier, sondern dort, woher Sie kommen. Hier in diesem Zimmer sind Sie ganz unter sich, und doch haben Sie Angst vor etwas. Sie haben keine Logik. An Stelle der Erleichterung bemühen Sie sich, Furcht zu ›spielen‹, und dazu noch so ungeschickt, so übertrieben. Eine ausgeprägte Form finden Sie nur auf dem Wege über die Logik Ihres Verhaltens. Wenn ich bei Ihnen keine Logik bemerke, können Sie mich nicht überzeugen, und wenn Sie auf den Händen gingen oder sich je fünf Nasen und acht Augenbrauen anklebten. Ich habe einmal einen hervorragenden Schauspieler gesehen, der in einem Vaudeville auf der Bühne seine Hose auszog und damit seine

Schwiegermutter schlug. Das war großartig, und niemand nahm daran Anstoß, weil es der Schauspieler verstand, den Zuschauer durch die Logik seines Verhaltens davon zu überzeugen, daß ihm nichts anderes übrigblieb, als gerade so und nicht anders zu handeln. Folgerichtig bereitete er uns Schritt für Schritt darauf vor. Sie wollen eine ausgeprägte Form finden. Bemühen Sie sich erst einmal, einen richtigen Inhalt, echte menschliche Gefühle, folgerichtige Handlungen zu finden, und dann steigern Sie all das schrittweise bis ins Extrem.«

Bei der Arbeit an dieser Szene verfuhr Stanislavskij gerade umgekehrt als wir bisher: keinerlei Übertreibungen, keine Mache. Jeder Versuch, des Guten zuviel zu tun, wurde im Keime erstickt.

»Was machen Sie denn da mit dem Taschentuch?«

»Ich wische den Schweiß ab.«

»Warum denn das?«

»Ihm ist der Angstschweiß ausgebrochen, und den wischt er nun ab.«

»So wischt man doch Schweiß nicht ab! Das ist ein gekünsteltes Spiel! Sie wischen ja gar nicht, sie mimen wieder Furcht. Versuchen Sie einmal richtig Schweiß abzuwischen!«

Die Etüde nimmt viel Zeit in Anspruch. Alle bei der Szene Mitwirkenden werden hineinverwickelt. Stanislavskij nörgelt mal an diesem, mal an jenem herum. Bei irgendwelchen Kleinigkeiten verweilt er lange, bei einfachen physischen Handlungen, die anscheinend gar keine besondere Bedeutung haben, und versucht dann deren äußerst genaue Ausführung zu erreichen. Nachdem er ein bestimmtes Moment des Stückes herausgegriffen hat, macht Stanislavskij die Probe gleichsam absichtlich zu Übungen in den einfachsten Elementen der Schauspieltechnik. Noch niemals war er bei der Anwendung seiner Methode so pedantisch gewesen.

Diese Szene wird jetzt drastisch, interessant und hinreichend spannend gespielt. Aber welch komplizierte, bis ins feinste gehende Arbeit Stanislavskij geleistet hat, um bei den Darstellern ein möglichst organisches Empfinden für die ablaufenden Vorgänge zu entwickeln, davon kann sich kein Mensch eine Vorstellung machen. Da tritt erst einer, dann der zweite, dann der dritte Beamte auf. Wie unglaublich lange befaßte sich Stanislavskij mit jedem Auftritt.

»Bedenken Sie, daß über jedem von Ihnen ein Damoklesschwert hängt. Die gemeinsame Gefahr verbindet. Versuchen Sie, beieinander Hilfe zu finden. Nachdem Sie hier eingetreten sind, ist Ihnen leichter zumute, sind Sie doch hier unter sich. Erkennen Sie das, und spielen Sie nicht mehr als Sie können, machen Sie kein gekünsteltes Spiel. Sie kommen herein und sehen, daß Sie unter sich sind. Entspannen Sie die Muskeln! Aber, aber! Nein, so nicht. Der Auftritt jedes Beamten muß eine Szene werden. Den ganzen Weg sind Sie wie unter Beschuß dahingeschlichen, doch sobald Sie die Schwelle überschreiten, ist hier relative Sicherheit. Suchen Sie sofort eine Bestätigung dafür in den Augen jedes Anwesenden, die wiederum bei Ihnen Rettung erhoffen. Nur das sollen Sie machen und nichts weiter. Einen Ausweg aus der Situation zu finden, das ist für jeden die durchgehende Handlung. Geben Sie auf jeden Vorschlag scharf Obacht! Was bedeutet das aber? Sie müssen sich augenblicklich auf jeden Anwesenden einstellen, der den Mund auftut, und an den Augen der anderen müssen Sie flink prüfend deren Meinung ablesen. Lassen Sie keinen aus dem Auge! Sie müssen sich gleichsam aneinanderklammern.«

Es wurde eine ganze Reihe Aufmerksamkeits-Etüden geübt. Stanislavskij befaßte sich lange Zeit nur mit dem ersten Erscheinen und dem Zusammentreffen der Beamten im Hause des Staatsanwalts und strebte dabei ein Höchstmaß an Folgerichtigkeit in ihrem Verhalten und Schärfung ihrer Aufmerksamkeit an. Er begann mit den einfachsten physischen Handlungen und erstrebte deren äußerste Genauigkeit und Vollendung. Er verlangte, daß man von einer verständlichen Logik ausgehe, nicht forciere und den Schauspieler mit Aufgaben, denen er nicht gewachsen ist, überanstrenge, sondern ihm nur den Weg bahne.

Indem er die Schauspieler ganz allmählich zur Beherrschung bald des einen, bald des anderen Elements des lebendigen menschlichen Verhaltens führte, erreichte Konstantin Sergeevič, daß die Mitwirkenden sich gegenseitig echte, konzentrierte Aufmerksamkeit widmeten. Das ergab schon eine unvergleichlich größere Wirkung und Schärfe, als es die vorangehenden, übertriebenen Leidenschaften vermocht hatten. Stanislavskij erzählte nicht, wie die Szene gespielt werden mußte, er zeigte den Schauspielern nichts. Indem er die ganze Feinheit und das Erfinderische seiner Methode anwandte, verleitete er die einzelnen Darsteller nicht zum Theaterspielen, sondern führte sie zur Logik und zum Glauben an die Echtheit ihrer Handlungen, wobei er ihnen half, ihr Eigenes, Lebendiges und Menschliches in der Rolle zu offenbaren. Die Initiative und Aktivität der Mitwirkenden berechtigten zu der Hoffnung auf eine weitere Entfaltung und Zuspitzung der Szene. Es war, als ob die Schauspieler allmählich das Wesen des Tumultes der Gogolschen Beamten durchschauten und richtig zu werten begannen. Schon schien es glaubhaft, daß jeder der Anwesenden den Buckel voller Sorgen hatte. Man spürte eine gewisse Atmosphäre der Konspiration. Die Darsteller glaubten schon an sich und ihre Handlungen, und so kam Wahrheit zustande. Das ließ sich gut anschauen, doch überschritt noch nicht die Grenzen einer Etüde. Die Arbeit ging weiter. Stanislavskij baute mühsam und vorsichtig das Skelett der Szene auf und umgab es dann mit lebendigem Fleisch.

Da kommt der Polizeimeister auf die Bühne. Er war in dem Hotel, in dem Čičikov wohnt. Alle stürzen sich auf ihn.

»Nun?«

»Er spült sich die Kehle mit Feigenmilch.«

»Entsetzlich!« ruft Stanislavskij. »Sie haben mit einemmal alles zerstört, was wir hier erarbeitet haben. Ich habe nichts von dem verstanden, was Sie sagten.«

»Er spült sich die Kehle mit Feigenmilch.«

»Sehen Sie wohl, welche wichtige Nachricht Sie mitbringen: ›Er spült sich die Kehle mit Feigenmilch.‹ Wie aber werten Sie diese Nachricht? Positiv oder negativ? Sehen Sie, nicht einmal darüber sind Sie sich im klaren, und doch versuchen Sie zu sprechen. Ach, ach, ach! – Nun, woher haben Sie denn diese Nachricht?«

»Aus dem Hotel.«

»Nun, erzählen Sie doch, wie Sie in das Hotel kamen, wie Sie dort alles organisierten, wie Sie spionierten, und so weiter.«

»Ich kam in das Hotel, fragte wo, das heißt in welchem Zimmer Čičikov wohnt und sah durchs Schlüsselloch, wie er sich den Mund spülte.«

»Ist das alles? Mein Gott, welche Armut an Phantasie! Das ist doch ein Ereignis! Der Polizeimeister ist einem Verbrecher auf der Spur. Das ist doch keine Kleinigkeit. Er muß einen ganzen Plan ausarbeiten und durch Vermittlung eines Dritten mit dem Hotelbesitzer ausmachen, daß dieser es ihm ermöglicht, unbemerkt und inkognito in das Hotel zu gelangen. Bedenken Sie doch, was andernfalls für ein Tumult entstehen würde! Vielleicht hat er sich auch verkleidet. Ja, wer weiß, was hier alles vorkommen kann. Und über all das müssen Sie sich klarwerden, überlegen, wieviel abenteuerliche Ereignisse sich dabei hätten ereignen können! Sie müssen doch berücksichtigen, daß die wertvolle Information – ›er spült sich die Kehle mit Feigenmilch‹ – dem Polizeichef nicht in den Schoß gefallen ist, sondern daß sie ihn große Anstrengungen, Talent, Erfindungsgabe und Geschick gekostet hat. Deshalb dürfen Sie diese Information, wenn Sie sie bringen, nicht so daherschwatzen, so billig verkaufen, wie Sie das eben getan haben. Sie bringen nicht die Vorgeschichte auf die Bühne mit, ja Sie kennen sie nicht einmal, haben sie nicht zur Hand! Hören Sie einmal, das ist wichtig für Sie alle! Jeder muß nicht nur das gut kennen, was er auf der Bühne spielt, sondern auch das, was dem vorausgeht, und zwar in allen Einzelheiten, aber auch das, was darauf folgt. Ohne dies können Sie selbstverständlich das nicht kennen, was Sie auf der Bühne spielen, denn all das ist doch voneinander abhängig.

Es muß ein ununterbrochener Filmstreifen der Rolle geschaffen werden. Wenn der fehlt, wird es nichts. Sie können doch nicht eine aus dem Zusammenhang herausgerissene Szene spielen. Nun also, versuchen Sie mir zu erzählen, wie der Polizeichef in dem Hotel zu Werke ging.«

Jeden Mitwirkenden dieser Szene unterzog Konstantin Sergeevič einer sorgfältigen »Bearbeitung«. Bald wandte er dies, bald jenes seiner Rezepte an, um ein Höchstmaß organischen Verhaltens bei ihm zu erreichen. Von einer »Groteske« oder einer Übertreibung konnte nicht mehr die Rede sein. Nur Logik und Wahrheit bei der Ausführung der Handlungen waren ausschlaggebend. Nach und nach wurden die Vorgänge im Zimmer des Staatsanwaltes »lebendig«. Die zu Tode erschrockenen, fassungslosen Beamten rennen wie Besessene im Zimmer hin und her, greifen mal diesen, mal jenen Vorschlag auf und verwerfen ihn wieder auf der Stelle, erschrecken über das geringste Geräusch, über ein Klingelzeichen oder das Schreien des Papageis. In diesem Zustande der Panik sind sie bereit, jeder beliebigen Version über die geheimnisvolle Tätigkeit Čičikovs Glauben zu schenken, wenn man nur die Wahrheit erfährt, um die Möglichkeit zu haben, dem Unheil – ganz gleich wie – zu entgehen.

Der Ernst, den Stanislavskij bei den Schauspielern in der Darstellung dieser Szene erreicht hatte, war deren wertvollste Eigenschaft. Hier zeigte sich der ganze Humor, um dessentwillen alle vorbereitenden Etüden, Übungen, das ganze mühsame und qualvolle Bearbeiten der Schauspieler stattgefunden hatten. Die Resultate waren jedenfalls erstaunlich.

Was für ein großartiger Hintergrund für die folgende Szene des Geflunkers von Nozdröv! Da kommt Nozdröv in den Sitzungssaal der in Angst schwebenden Beamten. Lustig, leicht angesäuselt und absolut nicht im Bilde, tritt er herein und begegnet keineswegs dem gewohnten Mißtrauen – im Gegenteil. Ungewollt beginnen die Beamten selbst, ihn zum Lügen aufzustacheln. Sie schauen ihm auf den Mund und fangen gierig jedes seiner Worte auf. Wie sollte er da nicht lügen? Mit welchem Ernst die Schauspieler bei der Sache waren, welcher Kontrast zur ersten Szene (»Salon im Hause des Gouverneurs«), wo alle auseinanderrennen, ihm ausweichen, sich bemühen, nach Möglichkeit jeden Verkehr mit Nozdrëv zu vermeiden. Hier ist es anders. Nozdrëv erzählt, und sie hören zu, ja geben ihm selbst die Stichworte für sein Geflunker.

»Ist er nicht ein Banknotenfälscher?«

»Allerdings.«

»Ist Čičikov vielleicht ein Spion?«

»Ist er.«

»Nicht auszudenken! In der Stadt läuft das Gerücht herum, Čičikov wäre – Napoleon.«

»Ohne Zweifel.«

Das ist ein gefundenes Fressen für Nozdrëv. Mit welchem Behagen badet er sich in dieser Atmosphäre einer nie dagewesenen Aufmerksamkeit für sein Geflunker. Wie leicht hatte es Moskvin, als er, gestützt auf diese wirklich echte Aufmerksamkeit, den Beamten die markanten Gogolschen Worte zuwarf. Der echte Ernst und die Aufmerksamkeit der Beamten für Nozdrëv erzeugten beim Publikum dieselbe gespannte Aufmerksamkeit für das, was auf der Bühne vor sich ging.

Und wie fabelhaft spielte Stanislavskij einmal, als er mit Moskvin arbeitete, einige Abschnitte aus der Rolle Nozdrëvs vor.

Hier ist es für den Nozdrëv-Darsteller wichtig, nicht zu »chargieren«, nichts zu »mimen«, da ihm die anderen die Situation voll »zuspielen«. Auch muß er gar nicht sehr betrunken sein. Das wäre schon nicht mehr so interessant. Bei einem Betrunkenen ist es nicht weiter verwunderlich, wenn er das Blaue vom Himmel lügt. Nozdrëv wurde trunken von der ihn umgebenden Atmosphäre des Vertrauens und der Aufmerksamkeit, die man ihm schenkte, und deshalb blühte er auf.

Diese Atmosphäre aber entstand dank der bewundernswerten Meisterschaft Stanislavskijs.

»BALL UND SOUPER BEIM GOUVERNEUR«

Bei der Arbeit an dieser Paradeszene stellte Konstantin Sergeevič Aufgaben, die die Linie der durchgehenden Handlung des Helden noch mehr verstärken sollten.

Der Ball und das Abendessen beim Gouverneur, die in der Dramatisierung einen ganzen Akt füllen, sind fast eine Art Pantomime. Der Text ist dabei relativ unbedeutend. Die Regie hat hier also Möglichkeiten, aus dem vollen zu schöpfen. Sie kann ein drastisches Genrebild eines Provinzballes schaffen und Prunk und Pracht entfalten. Konstantin Sergeevič verzichtete auf solch eine Lösung und gestaltete den ganzen Akt ziemlich anspruchslos, um die Aufmerksamkeit des Zuschauers nicht von der Hauptperson des Stückes, Pavel Ivanovič Čičikov, abzulenken, die sich in der Buntfarbigkeit des Szenenbildes hätte verlieren können. Den ganzen Ball und das Souper benutzte er nur als Hintergrund, um die Handlungen der Hauptperson hervorzuheben, der Hauptperson, die sich hier auf dem Gipfel des Ruhmes befand und vor den Augen der ganzen Gesellschaft von dessen höchster Höhe herabstürzte. Und wie meisterhaft, wie zweckmäßig war das eingerichtet!

Čičikov, der im Verlaufe dieses ganzen Aktes fünf, sechs Sätze sagte, stand die ganze Zeit über im Mittelpunkt der Aufmerksamkeit des Publikums. Wenn der Vorhang hochgeht, sieht der Zuschauer den Kolonadensaal des Gouverneurshauses. Man hört Musik. Die bejahrten Gäste, Damen und Herren, sitzen in Sesseln und auf Diwanen im Vordergrund, im Hintergrund tanzt die Jugend. Noch merkt man nichts von besonderer Ausgelassenheit und Fröhlichkeit, der Ball hat seinen Höhepunkt noch nicht erreicht. Da sehen wir, wie im Saale Gerüchtemacher hin- und herhuschen. Bald hier, bald dort kommt gleichsam etwas Leben in die Gruppen der Gäste. Offenbar verbreitet sich wie ein Lauffeuer die Neuigkeit im Saal. Schließlich hört man in den verschiedenen Ecken den entzückten Ausruf: »Pavel Ivanovič, Pavel Ivanovič!«

Allmählich richten sich alle Augen auf einen einzigen Punkt, auf die Eingangstür, durch die zur Freude aller in gutsitzendem Frack und Handschuhen der herrliche Pavel Ivanovič eintritt. Er geht von einer Gruppe zur anderen und wird überall aufs freudigste begrüßt und so weiter. Kurz, jeder Schritt Čičikovs wird von den Gästen durch ihr Benehmen unterstrichen, wird von ihnen umspielt. Jede der Damen ist darauf aus, ihm unbemerkt ein Kotillonsträußchen an den Frack zu heften. Als er, hingerissen von dem Gespräch mit der Gouverneurstochter, zum Tische schreitet, ist sein ganzer Frack von glänzendem Tand übersät. In dem riesigen Raum des Ballsaales und bei Tisch, inmitten der bunten Menge der Gäste, entgeht Čičikov keinen Augenblick der Aufmerksamkeit des Zuschauers, obwohl er im Grunde genommen überhaupt nichts macht; ihn »machen« die anderen. Der Glanz des Balles, das reichhaltige Souper, die luxuriös gekleideten Damen und vornehmen Kavaliere, all das ist von untergeordneter Bedeutung. Im Vordergrund steht immer Pavel Ivanovič Čičikov, und deshalb setzen »Ball und Souper« die Entwicklung der Intrige des Stückes fort und halten die Aufmerksamkeit des Zuschauers auf der wesentlichen Handlungslinie des Stückes fest.

Der Anfang der Arbeit an diesem Akt war etwas ungewöhnlich. Stanislavskij ging vor allem von der Ausarbeitung allgemeiner Rhythmen des Verhaltens der Gäste aus. Er arbeitete wie ein Dirigent mit seinem Orchester, indem er den am Tische sitzenden Schauspielern vorschlug, ihr Verhalten den mannigfaltigsten Rhythmen unterzuordnen. Es wurden einige rhythmische Einheiten festgelegt, beginnend mit dem Null-Zustand, das heißt dem Zustand der Bewegungslosigkeit, der sich bis zur höchsten Aktivität steigert. Am Tisch sitzen etwa zwanzig Schauspieler und unterhalten sich in aller Ruhe. Die einen sprechen, die anderen hören zu. Die Stimmen klingen tief und weich. Das ist Rhythmus Nr. 1. Der Rhythmus Nr. 2 weicht kaum davon ab, aber der Ton der Stimmen liegt schon etwas höher. Beim Rhythmus Nr. 3 sind die Stimmen noch höher, das Tempo ist noch schneller, und der Zuhörer hat schon das Gefühl, den Sprechenden unterbrechen zu müssen. Beim Rhythmus Nr. 4 ist die Stimmlage wieder höher; das Tempo wird nicht nur beschleunigt, sondern auch etwas zerhackt, der Zuhörer hört schon nicht mehr zu, sondern versucht den Sprecher zu unterbrechen. Beim Rhythmus Nr. 5 sprechen alle zusammen mit erhöhter Stimme, ohne einander zuzuhören, das Sprechen selbst hat Galopptempo angenommen und ist synkopisch. Beim Rhythmus Nr. 6 ist die Stimmhöhe, sind die Synkopen maximal, niemand hört dem anderen mehr zu, jeder ist nur noch bestrebt, sich den anderen verständlich zu machen, und so weiter. Das ähnelte allerdings eher einem Musikunterricht als einer Probe im Theater. Aber es war fabelhaft, es war begeisternd. Niemand konnte untätig bleiben, alle wurden unwillkürlich in den allgemeinen

Rhythmus hineingezogen, alle erlagen seinem Zauber und rechtfertig-
ten den Rhythmus.

Ich hatte damals schon eine gewisse Vorstellung vom Rhythmus, aber
mit solcher Klarheit und so konkret empfand ich ihn zum erstenmal.
Das war für mich etwas Neues. Ich war darüber verwundert, daß eine
anscheinend rein mechanische Übung solch eine lebendige, organische,
ungewöhnlich feine und bunte Linie des menschlichen Verhaltens
erzeugen kann. Es wäre aber ein Irrtum, zu glauben, daß man solch
Ergebnis leicht und einfach erreichen könne, daß man dafür nur eine
Rhythmenskala aufzustellen brauche, um dann mit der Bewegung beginnen zu können. Ich hatte später oft Gelegenheit, auf der Bühne die
Darstellung von Momenten der Spannung mit den Mitteln eines rein
äußerlichen Rhythmus zu beobachten. Dadurch entstand niemals der
richtige Eindruck, sofern es eine rein äußerliche Angelegenheit blieb.
Die Fähigkeit, den Schauspieler zur inneren Rechtfertigung des Rhythmus zu bringen, eine echte Spannung, eine lebendige, organische Aktivität zu schaffen, ist eine der schwersten Proben der Regiemeister-
schaft, und deshalb wird sie in der Regiepraxis so oft durch das
Klischee oder durch eine formale Stilisierung ersetzt.

Bei der weiteren Entwicklung der Arbeit an der Inszenierung des Gou-
verneursballes präzisierte Konstantin Sergeevič die Einzelheiten immer
mehr und wies jedem einen entsprechenden Platz in der Szene zu. Viel
Zeit und zähe Arbeit widmete er der Vervollkommnung der äußeren
Umgangsformen der beim Gouverneursball Mitwirkenden, zum Beispiel, wie der Lakai die Schüssel hereintragen und dem Gast die Speise
reichen, wie der Gast seinerseits die Speise seinen Damen reichen, wie
der Kavalier eine Dame zum Tanz engagieren, ihr einen Stuhl anbieten
und sie zu Tisch führen muß, wie Gäste essen, trinken und anstoßen,
wie sie Messer und Gabel halten, und so weiter. Zuweilen mühte er sich
stundenlang mit solch einer scheinbaren Kleinigkeit ab, um beim
Schauspieler Genauigkeit, Gewandtheit und Zweckmäßigkeit in der
Ausführung dieser Handlungen zu erzielen. Er ließ nicht nach, bevor
die Manieren der handelnden Personen eine vollendete Form gefunden
hatten, die dem Stil der Epoche und der charakteristischen Eigenart der
Gestalt entsprachen. Indem Stanislavskij in dieser Weise arbeitete, die
Schauspieler bald in dieser, bald in jener Richtung trainierte und sie in
der allgemeinen Aufgabe zusammenführte, schuf er schließlich die
herrliche, genaue Struktur einer Inszenierung, in deren Grenzen die

Schauspieler wunderbar improvisieren konnten und die dadurch im Verlaufe so vieler Jahre ihre Drastik und Frische bewahrt hat.

In einem Gespräch mit den Darstellern vor der Premiere der »Toten Seelen« sagte Stanislavskij:

»Ich bringe die Aufführung heraus, obwohl sie noch nicht fertig ist. Noch sind es nicht die ›Toten Seelen‹, noch ist das nicht Gogol, doch ich sehe in dem, was Sie machen, die lebendigen Keime einer künftigen Aufführung in Gogols Art. Gehen Sie diesen Weg weiter, und Sie werden Gogol erfassen. Doch allzu bald wird das noch nicht geschehen.«

Was mich betraf, so sagte er mir folgendes:

»Sie haben sich jetzt erst von Ihrer Krankheit erholt, gehen und etwas handeln gelernt. Stärken Sie diese noch schwache, aber lebendige Linie der Handlung. In fünf bis zehn Jahren werden Sie Čičikov spielen können, und in zwanzig Jahren werden Sie begreifen, was Gogol bedeutet.«

Die Kritik erhob gegen unsere Aufführung schwere Vorwürfe. Gewiß, bei der Premiere spielten wir die unsterbliche Dichtung nicht so, wie sie es verdient. Wer hätte das aber auch fertiggebracht? Die ästhetisierenden Kritiker stellten unsere Leistung der eines Theaters formalistischer Richtung gegenüber, eines Theaters, von dem schon die Rede war, und behaupteten, daß nur dies in der Lage wäre, die schwierige Aufgabe zu bewältigen, wenn es den ganzen Vorrat seiner Kunstkniffe benutze.

Das Leben hat gezeigt, wie irrig diese Auffassungen waren. Die formalistischen Theater mußten ihre Existenz längst aufgeben. Die Aufführung der »Toten Seelen« aber, in der die lebendigen Keime einer echten und tiefen Kunst durch einen großen Meister gehegt worden waren, setzt – wie es Stanislavskij vorhersagte – ihr gesundes Wachstum fort und läuft nun schon seit fünfzehn Jahren auf der Bühne. Sie erfreut sich unwandelbaren Erfolges beim Theaterbesucher. Zuweilen, bei besonders gelungenen Vorstellungen, erreichen die Schauspieler in einigen Szenen eine Feinheit der Darstellung, in der man den echten Gogol spürt.

Stanislavskijs Fürsorge für den Schauspieler reichte weit über die Grenzen des Theaters hinaus. Da Konstantin Sergeevič die ganze Bedeutung des Einflusses aller möglichen Dinge auf das Befinden des Schauspielers und sein Schaffen kannte, achtete er genau auf alles, was den Schauspieler außerhalb der Mauern des Theaters umgab. In ständiger Sorge darum, wie man dem Schauspieler in schweren Augenblicken helfen könne, ließ er keine Gelegenheit vorübergehen, ihm unter die

Arme zu greifen. Und das betraf nicht nur die führende Gruppe, sondern auch Schauspieler, die eine bescheidene Stellung innehatten, besonders die Jugend.

Zur Zeit, als ich die Truppe leitete, war es meine Aufgabe, mit Konstantin Sergeevič über unser künstlerisches Personal zu sprechen. Diese Unterredungen erfolgten häufig telefonisch. Er war ausgezeichnet darüber unterrichtet, wer unserem Theater Nutzen bringen konnte und wodurch beziehungsweise inwieweit das der Fall war. In unseren Gesprächen bemühte er sich, mir diese Urteilsfähigkeit beizubringen.

»Um eine hohe Kunst zu schaffen, braucht man Farben verschiedenster Nuancen. Einige von ihnen brauchen wir vielleicht nur in seltenen Fällen. Und doch müssen wir sie bei uns haben und aufbewahren. Das Künstlertheater hat dazu ein Recht. Unsere Palette ist unsere Truppe. Jeder Schauspieler ist als besondere, nicht wiederholbare Farbe wertvoll. Man muß ihn schätzen, so bescheiden auch die Stellung sein mag, die er bekleidet. Es ist für uns schwer, einen Ersatz für ihn zu finden. Ist er doch innerhalb unseres Theaters großgezogen und von seinem Geiste erfüllt worden.

Zu unseren Pflichten gehört die Sorge für die Erhaltung des Wertvollsten, was es im Theater gibt und ohne das ein Theater nicht existieren kann. Ich meine die Sorge um den Schauspieler. Diese Sorge muß nicht nur in den großen und wichtigen Fragen in Erscheinung treten, sondern auch in allen Kleinigkeiten, die den Alltag des Schauspielers betreffen. Spüren Sie, welche Verantwortung auf Ihnen ruht?«

»TARTÜFF«

Die letzte, unvollendete Arbeit Stanislavskijs im Künstlertheater war die Arbeit am »Tartüff« von Molière. Diese Arbeit hatte Konstantin Sergeevič kurz vor seinem Tode mit einer kleinen Gruppe von Schauspielern ausschließlich aus pädagogischen Gründen in Angriff genommen. Daher wäre es richtiger, hier nicht von der Arbeit an einer Inszenierung zu sprechen, sondern von der Arbeit an der Vervollkommnung der schauspielerischen Technik aller Mitwirkenden.

Die Suche nach immer neuen, immer vollkommeneren Methoden der Arbeit an sich selbst und an der Rolle war bekanntlich eine der Hauptsorgen Stanislavskijs während seines ganzen Lebens. Den Fortschritt – und sei es nur um eine einzige Stufe – konnte er sich nur vorstellen, wenn der Schauspieler in jeder Weise technisch vorbereitet ist, um große Schaffensaufgaben bewältigen zu können.

Inszenierungen, die zwar der Idee nach kühn waren, sich aber nicht mit dem Schauspieler beziehungsweise seinem Können deckten, in die sich der Schauspieler nicht einleben konnte, wurden von Stanislavskij kategorisch abgelehnt. Lieber etwas Geringeres, Einfacheres, dem der Schauspieler gewachsen war, als ein fruchtloses Wolkenstürmen mit untauglichen Mitteln.

Eine Regieidee, die nicht mit den Mitteln des Schauspielers verwirklicht wird, bleibt eine Idee und wird keine Aufführung. Wir mögen daran wohl die Phantasie des Regisseurs bewundern, aber solch eine Vorstellung geht niemals zu Herzen, und so ist sie eben überflüssig.

Stanislavskij war bestrebt, Molières unsterbliches Werk mit Hilfe einer neuen, vollkommeneren und überzeugenderen Schauspieltechnik zu verkörpern.

Die dem sowjetischen Theater gestellte Aufgabe, die dramatischen Werke der Klassik vorbildlich darzustellen, hielt er für außerordentlich aktuell. Aber die herkömmliche Darstellung des »Tartüff« und das handwerkelnde Herangehen an die Schauspielerei konnten in keiner Weise die stets kreative Natur des großen Bühnenkünstlers befriedigen. Da ihn die zeitgenössische Schauspieltechnik unbefriedigt ließ und er sich über sie immer mehr Gedanken und über das weitere Schicksal des Künstlertheaters Sorgen machte, benutzte Stanislavskij jede Begegnung mit Schauspielern oder Regisseuren, um seine neuen Ideen weiterzugeben. Jede seiner Proben verwandelte sich unweigerlich in eine Experimentierarbeit zur Erforschung der Natur des schauspielerischen Schaffens.

Seine Anstrengungen waren darauf gerichtet, daß nicht nur die Schauspieler die von ihm verfolgte Methode verstanden und beherrschten, sondern daß sie auch restlos von den Regisseuren verstanden wurde. »Verstehen« hieß nach seiner Auffassung »können«, und damit die Regisseure »können«, müssen sie auch einmal in einer Schauspielerhaut stecken. So entstand die Idee für eine Aufführung, bei der die Rollen ausschließlich mit Regisseuren besetzt waren. Stanislavskij begann die Idee zu verwirklichen. Ich war Zeuge der ersten Probe für diese geplante Inszenierung.

Etwa zehn Regisseure, darunter V.G. Sachnovskij, E.S. Teleševa, N.M. Gorčakov und andere versammelten sich im Probensaal in der Leont'evgasse. Anwesend waren auch bloße Beobachter, wie N.V. Egorov, der Verwaltungsdirektor des Theaters, die Sekretärin Konstantin Sergeevičs, R.K. Tamanceva, und einige Schauspielerinnen und Schauspieler des Theaters.

Die ganze Gesellschaft, die an dem großen Tisch Platz genommen hatte, wartete erregt auf das Erscheinen Stanislavskijs. Wenn ich mich nicht irre, war das im Frühjahr 1938, also einige Monate vor seinem Tode. Er fühlte sich nicht wohl. Seine Kräfte ließen bereits nach. Außerdem hatte er gerade eine Grippe überstanden, von deren Nachwirkungen er sich noch nicht ganz erholt hatte. Die Blicke aller Anwesenden waren auf die Tür gerichtet, durch die Stanislavskij kommen mußte. Es war schon ziemlich spät und dämmerte bereits. Da trat aus dem Halbdunkel eine seltsame Gruppe hervor. Zuerst eine Krankenschwester in weißer Tracht, dann die hohe, gebeugte Gestalt Stanislavskijs mit schneeweißem Haupt. Von beiden Seiten hatte man ihn untergefaßt und führte ihn. Nur mühsam einen Fuß vor den anderen setzend, begab sich Stanislavskij zum Tisch. Er begrüßte die Anwesenden mit einer allen geltenden Verbeugung und nahm Platz.

»Nun, was gedenken Sie zu spielen?« fragte er die Regisseure nach dem einleitenden Gespräch.

»Ja, wir möchten die ›Heirat‹ von Gogol probieren.«

»Die ›Heirat‹? Ach, ach, ach! Warum haben Sie denn solch ein schweres Stück ausgesucht? Na ja, schließlich ist es egal. Also, bitte!«

Vor einiger Zeit hatte ich einmal den unvollendeten und nicht veröffentlichten satirischen Roman eines sehr begabten, inzwischen verstorbenen sowjetischen Schauspieldichters gelesen. Darin erzählt der junge Schriftsteller von seinen Qualen während der Inszenierung seines Erstlingswerks im Theater. (Der Autor meinte das Künstlertheater.) Entsprechend satirisch wird darin auch ein Regisseur gezeichnet, als dessen Urbild unschwer Stanislavskij zu erkennen ist. In dem Kapitel, von dem ich erzählen will, wird geschildert, wie man die Probe dem Chefregisseur, also Stanislavskij, vorführt. Man spielte eine Liebesszene, deren schauspielerische Darstellung dem jungen Dramatiker besonders gut gefiel. Er war daher ganz verblüfft, daß die schöne Szene dem Regisseur durchaus nicht gefiel. Nachdem er sich die Szene angeschaut hatte, sagte der Regisseur etwa folgendes:

»Entsetzlich! Das ist doch eine Liebesszene! Sie aber lieben Ihre Dame überhaupt nicht. Wissen Sie, was das ist – Liebe? Das bedeutet: Alles für sie! Verstehen Sie? Für sie sitze ich, für sie gehe ich. Was ich auch immer tue, ich tue es für sie. Haben Sie verstanden?«

Und plötzlich schreit er:

»Requisite!!!«

Die erschrockenen Requisiteure kommen herbeigelaufen.

»Bringen Sie ein Fahrrad her!«

Dieser unerwartete Befehl brachte den unerfahrenen Autor wie den Darsteller des Liebhabers vollends aus der Fassung. Als man das Fahrrad gebracht hatte, forderte Stanislavskij den erbleichten Schauspieler auf, um seine Geliebte herumzufahren.

»Aber Sie müssen das für sie tun, verstanden?

Nur für sie ...«

»Aber ... ich ... kann doch nicht! Ich habe doch gar keine Ahnung vom Radfahren.«

»Für sie müssen Sie es einfach können. Nun, bitte schön!«

Der Autor des Romans glaubte offenbar, mit dieser Schilderung einer Probe die Grundsätze der Regiearbeit Stanislavskijs treffend und boshaft lächerlich gemacht zu haben.

Wenn man aber von einigen Übertreibungen, die dem Vorfall einen komischen Anstrich geben, absieht, so erkennt man, daß die Methode an sich, wie sie der Autor schildert, tatsächlich typisch für Stanislavskij ist. Uns allen ist dies sehr gut bekannt, und deshalb ruft es bei uns das Gefühl, auf das der Autor des Romans offenbar spekuliert, keineswegs hervor.

So etwas Ähnliches wie in diesem Roman ereignete sich auch bei der Probe mit den Regisseuren als Darstellern. Stanislavskij forderte die Versammelten, die künftigen Spieler der Gogolschen »Heirat«, auf, eine einfache Übung auszuführen.

»Bitte schön! Jeder von Ihnen soll einen Brief schreiben. Machen Sie das mit vorgestellten Gegenständen, aber in allen Einzelheiten, zum Beispiel, wie Sie den Federhalter nehmen, das Tintenfaß an seinen Platz rücken, es aufmachen und nachsehen, wieviel Tinte darin ist, wie Sie das Schreibpapier ergreifen und so weiter. Je mehr Einzelheiten, desto besser ist es. Beeilen Sie sich nicht, vertiefen Sie sich in Ihre Beschäftigung, machen Sie alles nur für sich, ohne zu demonstrieren.«

Konstantin Sergeevič beobachtete scharf die Ausführung der Etüde. Nicht nur die künftigen Darsteller, sondern überhaupt alle Anwesenden mußten dabei mitmachen. An allen Details nörgelte er herum. Er ließ ein und dasselbe mehrmals wiederholen. Aus irgendeinem Grunde richtete er seine Weisungen hauptsächlich an den Verwaltungsdirektor, der aus Interesse ebenfalls mitmachte.

Wie sich die Arbeit an der künftigen Aufführung des Gogolschen Stückes, die mit einer Übung in der einfachsten physischen Handlung begann, welche mit dem Geschehen des Stückes überhaupt nichts zu tun hatte, weiter entwickelt hätte und was ihre nächste Etappe gewesen wäre, entzieht sich unserer Vermutung. Es war die erste und letzte Probe. Sein Gesundheitszustand und andere Gründe erlaubten es Stanislavskij nicht, die Arbeit fortzusetzen, bei der zweifellos die Anwendung neuer experimenteller Methoden vorgesehen war. Man braucht ja nur das Eigentümliche der Aufgabe, die sich Stanislavskij stellte, zu bedenken.

Diese Arbeit mit einer Gruppe von Regisseuren war nur eine Episode während der Hauptarbeit, die von Stanislavskij schon längere Zeit mit einer Gruppe von Schauspielern unter der Leitung des Regisseurs M.N. Kedrov am »Tartüff« von Molière geleistet wurde.

Um sich eine möglichst produktive Arbeit und die erfolgreiche Verwirklichung seiner Absichten zu sichern, bat Stanislavskij, die Gruppe der von ihm ausgewählten Schauspieler und künftigen Mitwirkenden beim »Tartüff« von der übrigen Arbeit im Theater zu befreien, abgesehen von der Mitwirkung in den Aufführungen des laufenden Spielplanes.

Ich glaube, einer der Gründe für die Wahl dieses Stückes war, daß darin wenig Personen mitwirken und deshalb das Theater ohne Nachteil die kleine Schauspielergruppe von anderen Verpflichtungen entbinden und Stanislavskij voll zur Verfügung stellen konnte.

Der zweite Grund war Stanislavskijs Wunsch, zu zeigen, daß seine Methode universal und nicht nur auf das typische Künstlertheater-Repertoire (Čechov) anwendbar ist, wie das allgemein behauptet wurde.

Außerdem gefiel das Stück Stanislavskij offenbar. Er hatte bekanntlich schon einmal mit einer Inszenierung begonnen, sie aber aus irgendwelchen Gründen nicht zu Ende geführt. Als Mitwirkende wurden aufgenommen: Kedrov (Regisseur, Leiter der Gruppe und Darsteller des Tartüff), Knipper-Čechova und Bogojavlenskaja (Madame Pernelle), Koreneva (Elmire), Gejrot (Cleant), Bendina (Dorine), Bordukov (Damis), Micheeva (Marianne), Kisljakov (Valer) und ich als Orgon.

Im Laufe der Arbeit ergaben sich noch einige kleine Änderungen. Olga Knipper-Čechova konnte aus bestimmten Gründen nicht aktiv an dieser Arbeit teilnehmen, und so übernahm die Bogojavlenskaja die Rolle der Madame Pernelle. Erst nachdem der »Tartüff« schon viele Male im Künstlertheater aufgeführt worden war, wirkte Olga Knipper-Čechova in der Aufführung wieder mit und spielte ihre ursprüngliche Rolle ein paarmal. Bordukov schied aus und wurde durch Kommissarov ersetzt. Das geschah aber viel später, zu einer Zeit, da Stanislavskij schon tot war und die Inszenierung des Schauspiels ganz in Kedrovs Hand lag.

Kedrov selbst engagierte für Nebenrollen folgende Darsteller: Voinova (Zofe von Madame Pernelle), Kuročkin (Loyal) und Kirilin (ein Polizeibeamter).

Die Bogojavlenskaja und ich wirkten außerdem noch bei der Regiearbeit mit. Die Bogojavlenskaja nahm Kedrov einzelne Aufgaben in den Szenen mit jungen Schauspielern ab, während ich die Szenen korrigierte, in denen Kedrov selbst spielte.

Bei seinem ersten Gespräch bemühte sich Stanislavskij, mit jedem von uns restlose Klarheit über den Charakter der Arbeit und unser gegenseitiges Verhältnis zu schaffen. Er forderte uns zur Offenheit und Ehrlichkeit auf.

»Wenn Sie an dieser Sache nur die Möglichkeit interessiert, eine neue Rolle mit leicht aufgefrischter Technik zu spielen, so muß ich Sie von vornherein enttäuschen. Ich habe keineswegs vor, eine Aufführung zu machen. Regielorbeeren interessieren mich jetzt nicht. Ob ich ein Stück mehr oder weniger aufführe, ist nicht mehr wichtig. Für mich kommt es nur darauf an, Ihnen all das zu geben, was ich in meinem ganzen Leben gesammelt habe. Nicht irgendeine Rolle will ich Sie spielen lehren, sondern Rollen überhaupt. Ich bitte Sie zu überlegen. Der Schauspieler muß immer an sich selbst, an seiner Qualifizierung arbeiten. Er muß danach streben, so schnell wie möglich Meister zu werden, und zwar in allen Rollen, nicht nur in der, die er gerade einstudiert.

Sagen Sie mir bitte ehrlich, ob Sie lernen wollen. Seien Sie bitte aufrichtig! Sie brauchen sich nicht zu genieren. Sie sind doch erwachsene Menschen. Jeder von Ihnen hat schon einen Namen als Schauspieler, jeder hat das Recht, sich für einen vollendeten Meister zu halten, und kann damit rechnen, daß er sich dieser Meisterschaft bis zum Ende seines Lebens erfreuen wird. Ihnen mag es viel verlockender erscheinen, zwei oder drei glänzende Rollen zu spielen, als eine lange und lästige Lehre durchzumachen. Das würde ich vollkommen verstehen. Ich bringe daher auch demjenigen, der das ehrlich zugibt, mehr Achtung entgegen als dem, der sich heuchlerisch bei mir einschmeicheln will. Doch muß ich Sie ebenso ehrlich darauf aufmerksam machen, daß Sie ohne eine solche Lehre in eine Sackgasse geraten werden.

Die Kunst des Künstlertheaters verlangt ständige Erneuerung, ein ständiges beharrliches Arbeiten an sich selbst. Sie beruht auf der Nachschaffung und Wiedergabe echten organischen Lebens und duldet keine erstarrten, wenn auch noch so vortrefflichen Formen und Traditionen. Sie ist lebendig und wie alles Bestehende in ständiger Entwicklung und Bewegung. Was gestern noch gut war, taugt bereits heute nichts mehr. Ein und dieselbe Vorstellung ist morgen schon nicht mehr, was sie heute war. Für solch eine Kunst ist eine ganz besondere Technik erforderlich, und zwar nicht die Technik des Studiums bestimmter Theaterrichtungen, sondern eine Technik der Beherrschung der Gesetze der schöpferischen Natur des Menschen, die Kunst, auf diese Natur einzuwirken, sie zu leiten und bei jeder Vorstellung die eigenen schöpferischen Möglichkeiten, die eigene Intuition zu offenbaren. Das ist eine künstlerische Technik oder, wie wir sie nennen, eine Psychotechnik. Die durch diese Technik erzeugten Qualitäten müssen die Grundlage der Kunst unseres Theaters bilden und sie von der der anderen Theater unterscheiden. Diese Kunst ist herrlich. Aber – das wiederhole ich – sie erfordert ständige und beharrliche Arbeit an sich selbst. Anderenfalls wird sie rasch, schneller als Sie glauben, entarten, sich in ein Nichts verwandeln, und unser Theater wird unter das Niveau eines gewöhnlichen, in Handwerkelei betriebenen Theaters sinken. Es wird sogar unbedingt noch darunter sinken, weil es dort wenigstens solide Verfahren der Handwerkelei gibt, eingebürgerte Traditionen, die von Generation zu Generation weitergegeben werden. All das reicht aus, um die Existenz des Theaters in einer gewissen Qualität und auf einem bestimmten Niveau zu erhalten. Unsere Kunst dagegen ist sehr zerbrechlich, und wenn unsere Leute sie nicht ständig pflegen, sie nicht vorwärtsbringen, nicht entwickeln und vervollkommnen, dann stirbt sie bald ab.

Die Beherrschung der Technik ist Sache des gesamten Ensembles unseres Theaters, aller Schauspieler und Regisseure. Unsere Kunst ist kollektiv. Einzelne hervorragende Darsteller in der Aufführung nützen uns nichts. Man muß sich eine Vorstellung als die einheitliche harmonische Verbindung aller ihrer Elemente, als ein geschlossenes Kunstwerk denken.

Am Ende meines Lebensweges will ich Ihnen die Grundlagen dieser Technik vermitteln. Das kann man nicht in Worten tun und auch nicht in schriftlicher Form. Das muß vielmehr in der praktischen Arbeit erlernt werden. Wenn wir dabei gute Resultate erzielen und Sie die Technik verstehen, dann werden Sie sie verbreiten und unbedingt weiterentwickeln.

Ich möchte Ihnen eine Art Spickzettel geben. Im Grunde genommen enthält das ›System‹ fünf bis zehn Ratschläge, mit denen Sie ein Leben lang für alle Ihre Rollen den richtigen Zugang finden.

Machen Sie sich klar, daß jeder große, anspruchsvolle Schauspieler nach einer bestimmten Zeit, sagen wir nach vier, fünf Jahren, aufs neue in die Lehre gehen muß. Man muß die Stimme, die sich mit der Zeit abnutzt, wieder in Form bringen. Sein schöpferisches Wesen muß man von dem Schmutz säubern, der hängengeblieben ist, etwa von der Koketterie, dem Verliebtsein in sich selbst und so weiter. Es ist unbe-

dingt erforderlich, daß man täglich an der Erhöhung seiner schauspielerischen Kultur arbeitet und nach fünf, sechs Jahren auf ein halbes Jahr
oder gar noch länger in die Lehre zurückkehrt.
Verstehen Sie jetzt, welche Aufgabe vor Ihnen steht? Ich wiederhole:
Denken Sie an keine Aufführung, sondern an das Lernen und immer
wieder an das Lernen. Wenn Sie das wollen, dann lassen Sie uns anfangen, wenn nicht, dann wollen wir uns in aller Freundschaft trennen. Sie
gehen dann wieder an Ihre Arbeit im Theater, ich aber stelle eine andere Gruppe zusammen und tue das, was ich der Kunst gegenüber für meine Pflicht halte.«

DER WEG VOM ICH ZUR ROLLE

Dann begann der praktische Unterricht. Anfangs wurde er von Kedrov
unter der Leitung Stanislavskijs durchgeführt und trug einen ganz besonderen Charakter. Doch darauf komme ich später zu sprechen.
Man weiß, daß Stanislavskij in der Weiterentwicklung und Stärkung der
realistischen Grundlagen den notwendigen Weg sah, den das Theater
gehen muß. Nur eine von Ideen gelenkte realistische Kunst, die das
»geistige Leben des Menschen« richtig und wahrhaftig widerspiegelt,
ist das Mittel, das am stärksten auf den Zuschauer wirkt und ihn erzieht.
Für seine immer ausgesprochen realistischen Absichten suchte Stanislavskij die markanteste, wahrhaft organische Verkörperung. Zu diesem
Zwecke mußte er den Schauspieler vor allem dem Leben zuwenden und
ihn von dem ganzen Wust handwerkelnder Gestaltungsverfahren und
Schablonen befreien, die vor dem Zuschauer sein lebendiges, menschliches Wesen verbergen. Er sagte:
»Bei der Arbeit muß man erstens immer von sich selbst, von seinen
natürlichen Eigenschaften ausgehen, zweitens nach den Gesetzen des
Schaffens verfahren und drittens sich der Logik eines anderen Menschen, nämlich des Menschen der Rolle, unterordnen. Ich kann nicht
eine einzige Rolle spielen, wenn ich nicht den Augiasstall in meiner
schöpferischen Seele gründlich gesäubert, nicht die alten Schablonen
hinausgeworfen habe.«
Stanislavskij suchte jene Höchstform der realistischen Schauspielkunst,

die eine Weiterentwicklung der Traditionen des russischen Theaters ist, eine Form, die in höchstem Maße zeitgemäß, fortschrittlich und überzeugend sein sollte.

Er empfiehlt, bei der Arbeit von sich selbst auszugehen, von den eigenen natürlichen Eigenschaften und sich selbst dabei der Logik eines anderen unterzuordnen. Indem der Schauspieler sich die Logik des anderen zu eigen macht und sie auf der Bühne verkörpert, handelt und lebt er doch gleichzeitig mit seinen eigenen Gefühlen. Er tastet, riecht, horcht und sieht mit der ganzen Feinheit seiner eigenen Organe und Nerven. Er handelt echt, aber mimt keine Handlung, demonstriert sie nicht.

»Die Kunst beginnt dann«, sagt Stanislavskij, »wenn es nicht lediglich eine Rolle gibt, sondern ein ›Ich‹ unter den durch das Stück ›vorgegebenen Umständen‹. Wenn das nicht der Fall ist, so verliert man sich in der Rolle, schaut sie von der Seite an und kopiert sie. Wenn Sie nach dem System arbeiten, werden Sie richtig und gut oder richtig und schlecht handeln, aber Sie werden das Richtige nicht bloß vorführen wie – sagen wir einmal – Coquelin.

Richtig vorführen ist eine sehr schwierige Kunst. Sie verlangt, daß man viel Zeit, Mühe, Geduld und Genauigkeit aufbringt, was wir nicht können und auch nicht gern tun. Und das ist wohl auch gut so, denn die Kunst Coquelins beeindruckt nur, solange man sie anschaut, die Kunst der Ermolova aber dringt in das Leben, in die Seele ein.«

Stanislavskij gab den Schauspielern Anregungen und lehrte sie, die szenischen Ereignisse unmittelbar und jedesmal auf neue Art aufzufassen.

»Meine Methode, die verhilft zur Fähigkeit, sich zu einem augenblicklich erforderlichen Empfinden hinzulocken. Ich will heute, hier und jetzt handeln, sagen wir einmal, Čičikov anprangern, ihn verhaften und so weiter. Man hat Sie für einen Teil der Rolle, eine Geste, eine Intonation gelobt. Geben Sie nichts darauf, versuchen Sie nicht, das festzuhalten, tauschen Sie es gegen etwas Interessanteres ein, damit es nicht Schablone wird. Nehmen Sie einen Schwamm und wischen Sie es weg.« Man kann nicht behaupten, daß Stanislavskij, als er uns den letzten Unterricht erteilte, etwas vollkommen Neues brachte, etwas allen früheren Lehrsätzen seines Systems Entgegengesetztes. Das wird auch aus der Schilderung der »Tartüff«-Proben hervorgehen. Doch bekam die Stanislavskij-Methode eine vollendetere Form und größere Konkretheit, die in ihrer Definition als »Methode der physischen Handlungen« zum Ausdruck kam.

Wir wissen, daß Stanislavskij während des ganzen Lebens in seinem System immer nach neuen Stützpfeilern fahndete und sie mal in dem einen, mal in dem anderen Element sah. Mal war es der Rhythmus, mal die Idee, mal die Aufgabe und so weiter.

Jetzt führte er die ganze Grundlage des Systems auf die physische Handlung zurück. Er war bemüht, alles zu verjagen, was diesen Begriff verdunkeln oder verwischen konnte. Wenn jemand von uns ihn an die früheren Verfahren erinnerte, tat er ganz naiv, so, als ob er nicht verstünde, um was es sich handele. So stellte ihm jemand einmal folgende Frage:

»Was ist in dieser Szene das Wesen des Zustandes?«

Konstantin Sergeevič machte ein erstauntes Gesicht und fragte:

»Wie? Wesen des Zustandes? Was ist das denn? Das habe ich noch nie gehört.«

Das stimmte aber nicht. Seinerzeit war dieser Terminus von Stanislavskij selbst in Umlauf gesetzt worden. Jetzt aber hinderte er ihn daran, unsere Aufmerksamkeit zu konzentrieren und in die gewünschte Bahn zu lenken. Er fürchtete jede Art von Rückschau, die ein Vorwärtsschreiten zum Ziele hätte hemmen können.

Als eine der Schauspielerinnen ihm sagte, sie sei im Besitze ausführlicher Aufzeichnungen aller seiner Proben, an denen sie vor einigen Jahren unter seiner Leitung beteiligt gewesen sei, und wisse jetzt nicht, was sie mit diesem Reichtum anfangen solle, antwortete Stanislavskij:

»Verbrennen Sie alles!«

Die lebenswichtigste und am meisten überzeugende Eigenschaft unserer Kunst ist die Wahrhaftigkeit. Alles, was man aufrichtig sagt und tut, ruft keinen Zweifel hervor. Ein ehrliches, offenherziges Lachen wirkt immer ansteckend, ein falsches, geheucheltes dagegen ist widerwärtig. Wahrhafte Tränen werden Sie immer rühren; gespielten Gram aber und falschen Tränen werden Sie niemals Glauben schenken. Wahrhaftigkeit macht den Menschen anziehend. Ein Schauspieler, der auf der Bühne wahrhaftig sein kann, muß auf das Publikum bezaubernd wirken. Deshalb kann man das Anziehende, das Bezaubernde am Schauspieler auch nicht von seinem Schaffen trennen. Derselbe Schauspieler, der in einer gelungenen Rolle, in der er Wahrhaftigkeit erreicht hat, bezaubernd ist, wird umgekehrt in einer Rolle, in der ihm diese Eigenschaft abgeht, ganz unerträglich wirken. Wir kennen viele Schauspieler, die im gewöhnlichen Leben bezaubernd sind, ein schönes Äußeres und eine gute

Stimme haben. Da es ihnen aber an schauspielerischem Talent fehlt, verflüchtigt sich ihr Zauber, sobald sie die Bühne betreten.

In der Fähigkeit, auf der Bühne wahrhaftig zu sein – darin besteht die schauspielerische Begabung.

Welche gemeinsame Eigenschaft verbindet denn alle unsere großen Schauspieler? Die Wahrhaftigkeit ihres Verhaltens auf der Bühne. Wodurch war K. A. Varlamov groß? Worin bestand sein unnachahmlicher Humor? Etwa in seinem Bauch, seinen dicken Beinen, seiner grotesken Figur oder seiner Stimme? Keineswegs. Es hat andere Schauspieler gegeben, die, was das Äußere betrifft, es mit ihm aufnehmen konnten. Und doch steht Varlamov in der ganzen Theatergeschichte einzig da. Varlamov war deshalb Varlamov, weil er ein unübertroffenes Talent war, und die Haupteigenschaft seines Talentes war die Fähigkeit, sich einer szenischen Erfindung in höchstem Maße hinzugeben und auf der Bühne organisch zu handeln. Dieselben Eigenschaften besaß auch die Schauspielerin V. V. Strel'skaja. Wenn diese beiden großen Schauspieler sich auf der Bühne begegneten, dann wirkten sie Wunder. Sie verwischten die Grenze zwischen Bühne und Leben. Nicht selten traten sie in den hohlsten und dümmsten Lustspielen, Vaudevilles und Szenen auf und eroberten die Herzen der Zuschauer durch die Aufrichtigkeit und Wahrhaftigkeit der Darstellung. Diese Eigenschaft oder, anders ausgedrückt, diese schauspielerische Begabung war beiden Schauspielern in solchem Überfluß, in solch reichem Maße gegeben, daß es Varlamov, der in seinem ganzen Leben nicht an sich gearbeitet hatte, vergönnt war, seine Laufbahn als großer Schauspieler zu vollenden. Er wäre aber zweifellos noch größer gewesen, wenn er auch die anderen Eigenschaften, die jeder Künstler braucht, besessen hätte. V. N. Davydov hat einmal gesagt: »Gebt mir das Talent Varlamovs, und ich erobere die ganze Welt.« Und doch, wie wertvoll ist das, was Varlamov besaß, wenn schon es allein ihm solch großen Ruhm einbringen konnte.

Das Gefühl für die Wahrheit, die Fähigkeit, sich leicht, voller Glauben und rückhaltlos den Ereignissen des Stückes hinzugeben, ununterbrochen die logische Linie seiner Handlungen einzuhalten, aufrichtig einer fremden Logik wie der eigenen zu glauben, das sind die Forderungen, die Stanislavskij an die Schauspieler stellt. Das wollte er bei uns, den Darstellern des »Tartüff« erreichen. Solche Eigenschaften werden mühelos von der Intuition eines Varlamov erzeugt. Sie können aber in gewissem Grade auch durch beharrliche Arbeit erreicht werden. Das war die Meinung Stanislavskijs.

Die Frage aber, wie man arbeiten muß, um dieses Ziel zu erreichen, ist außerordentlich schwierig, und zu ihrem Studium waren wir gerade von Stanislavskij eingeladen worden.

Er hatte uns wiederholt vor einem kalten, vernünftelnden Herangehen an die schöpferische Arbeit gewarnt. Er verlangte von uns Handlungen und keine Erwägungen.

»Wenn der Schauspieler Angst hat, den Willen aktiv werden zu lassen, wenn er nicht schaffen will, dann ergeht er sich in Erwägungen. Das ist, als ob ein Pferd auf der Stelle tritt, weil es nicht die Kraft hat, die Fuhre vom Fleck zu bringen. Um kühn zu handeln, darf man nicht auf der Stelle treten. Man muß sich zur Begeisterung für die Handlung erziehen. Wenn ich etwas tue, dann tue ich es kühn. Die Handlung geht vom Willen, von der Intuition aus, das Erwägen vom Gehirn, vom Kopf. Mein System dient nur dazu, der schöpferischen, organischen Natur des Schauspielers den Weg frei zu machen. Sie brauchen es immer dann, wenn sich bei Ihnen nichts von selbst ergibt.«

Indem Stanislavskij die organische Natur als die entscheidende Kraft beim Schaffen des Schauspielers bestätigte, schuf er gleichzeitig ein System der Zugangswege zu ihr.

Die Elemente des physischen Verhaltens des Schauspielers beim Erarbeiten der Gestalt sind nie von Stanislavskij übersehen worden. Ich erinnere mich, wie oft er schon während der Proben zu den »Defraudanten« die Aufmerksamkeit der Schauspieler auf die große Wichtigkeit einer Kontrolle der Reinheit und Vollendung jeder beliebigen und sogar der unbedeutendsten physischen Handlung lenkte. Das war in noch größerem Maße bei der Arbeit an den »Toten Seelen« der Fall. Auch in vielen früher von mir beschriebenen Augenblicken kommt das zum Ausdruck. In der letzten Periode seiner Tätigkeit aber, das heißt gerade vor der Arbeit am »Tartüff«, maß Stanislavskij diesem Element den absoluten Vorrang an Wichtigkeit zu. Man darf aber nicht glauben, daß die physischen Handlungen und die anderen regiemethodischen Verfahren für Stanislavskij Selbstzweck waren, wie das oft bei einigen unbegabten Anhängern seines Systems der Fall ist. Jedes regiemethodische oder pädagogische Verfahren Stanislavskijs diente nur der Erreichung des Hauptzweckes, nämlich der möglichst vollständigen Verkörperung des Ideengehalts des auf der Bühne zu Gestaltenden. Die Auswahl der physischen Handlungen, der gegebenen Umstände und so weiter ist immer durch die Endabsichten bedingt.

Auch wäre es ein Irrtum, die physische Handlung nur als eine ausdrucksvolle Körperbewegung bei der Wiedergabe einer Handlung anzusehen. Nein, es ist eine echte zweckgerichtete Handlung, die unbedingt auf das Erreichen eines Zieles zusteuert und sich im Augenblick ihrer Ausführung in etwas Psychophysisches verwandelt.

Bei der Zusammenarbeit mit uns begann Stanislavskij seine Unterweisungen stets mit den Worten:

»Nun, welche Abfolge gibt's hier in physischer Hinsicht?«

Das bedeutet, daß man die Szene in die Sprache der physischen Handlungen übersetzen mußte, und je einfacher die Handlungen, desto besser. So wurde zum Beispiel die große Szene zwischen Tartüff und Elmire mit den wechselnden langen Monologen auf folgende ganz einfache physische Handlung zurückgeführt: Mit kaum bemerkbaren Aufmunterungen will Elmire erreichen, daß Tartüff einen unüberlegten Schritt tut und in die Falle geht.

»Wie werden Sie das anfangen? Ich brauche jetzt keinen Text. Schaffen Sie ein Schema Ihrer Handlungen, aus dem sich ergibt, wie Sie Tartüff in Ihre Netze locken und wie Sie allen seinen Neigungen Rechnung tragen werden. Sie dagegen machen Ihr Verhalten davon abhängig, was Sie sich heute, hier und jetzt gegenüber Elmire, einer Hausfrau und vornehmen Dame, erlauben können«, sagte er zu Kedrov, dem Darsteller des Tartüff.

Oder nehmen wir die Szene, in der Orgon Marianne sucht, um sie zu veranlassen, den Ehekontrakt zu unterschreiben, Elmire, Cleant und Dorine aber dem entgegenwirken. Welche physische Handlung gibt es in dieser Szene?

»Reden Sie mir nicht vom Gefühl! Ein Gefühl kann man nicht festhalten. Dem Gedächtnis einprägen und festhalten kann man nur eine physische Handlung! Hier kann man diese Handlung mit dem Wort ›verbergen‹ umschreiben. Sie müssen Marianne vor dem harten Vater verbergen. Tun Sie das also! Wie Sie es machen sollen? Wenn Sie es schablonenhaft mimen, dann würde das so aussehen: Sie verdecken sie mit Ihrem Körper, Hände nach hinten, unruhiger Blick und so weiter. Was dagegen bei schöpferischer Gestaltung herauskommt, weiß ich noch nicht. Doch die Hauptsache ist: Sie müssen sie verbergen.«

Kategorisch verbot er uns, den Text zu lernen. Das war unerläßliche Bedingung für unsere Arbeit, und wenn jemand plötzlich bei der Probe Molières Verse zu sprechen begann, dann brach er sofort die Probe ab. Es galt gleichsam als Hilflosigkeit eines Schauspielers, wenn er sich an den Text, an Worte klammerte, und dazu noch an die Worte des Autors. Wenn dagegen der Schauspieler das Schema der rein physischen Handlungen, auf denen diese oder jene Szene aufgebaut war, mit einer minimalen Anzahl notwendigster Worte zeigen konnte, dann galt das als eine Höchstleistung. Worte sollten hier nur eine untergeordnete Rolle spielen.

Kategorisch verbot uns Stanislavskij die üblichen Arbeitsmethoden der anderen Theater. Bei unseren Proben gab es weder Auswendiglernen des Rollentextes noch Festlegen des szenischen Arrangements. Der Text wurde ausschließlich durchgelesen, um festzustellen, was für eine Abfolge es hier in physischer Hinsicht gäbe.

Stanislavskij sagte uns wiederholt:

»Sie sollen alles ohne festen Text, ohne szenisches Arrangement, nur mit der Kenntnis des Inhalts jeder Szene nach dem Schema der physischen Handlungen spielen, und Ihre Rolle wird wenigstens zu fünfunddreißig Prozent fertig sein. In erster Linie müssen Sie Ihre physischen Handlungen folgerichtig anordnen. So muß man die Rolle vorbereiten lernen.

Ehe der Maler zur Wiedergabe der feinsten und kompliziertesten psychologischen Einzelheiten seines Bildes übergeht, muß er je nach seiner künstlerischen Idee in einer Zeichnung auf der Leinwand sein Modell ›setzen‹, ›stellen‹ oder ›legen‹, damit man ihm glaubt, daß es tatsächlich ›sitzt‹, ›steht‹ oder ›liegt‹. Das ist ein Schema des zukünftigen Bildes. Der Künstler mag noch so viel Feinheiten in das Bild hineinlegen, wenn er aber schon in der Positur die einfachsten physikalischen Gesetze mißachtet, wenn hier die Wahrheit fehlt, wenn die auf dem Bilde dargestellte Person nicht ›sitzt‹, dann werden auch alle Feinheiten ihren Zweck verfehlen.

Genau dieselbe Bedeutung hat in der Schauspielkunst die Abfolge der physischen Handlungen der Rolle. Der Schauspieler muß ebenso wie der Maler das Modell ›setzen‹, ›stellen‹ oder ›legen‹. Bei uns aber wird das insofern kompliziert, als wir selbst sowohl Künstler als auch Modell sind und wir nicht eine statische Positur, sondern einen organisch handelnden Menschen in den mannigfaltigsten Stellungen suchen müssen. Und solange dieses Schema nicht gefunden und gezeichnet ist, solange der Schauspieler nicht an die Wahrheit seines physischen Verhaltens in diesem Schema glaubt, darf er an nichts anderes denken.«

Dieser Arbeit an der Schaffung eines Schemas der physischen Handlungen aber legte Stanislavskij in der letzten Periode seines Suchens entscheidende Bedeutung bei.

»Bei der Arbeit an der Rolle«, sagte er, »muß man zuerst die Kette der physischen Handlungen fixieren. Dabei ist es nützlich, sie sogar schriftlich festzuhalten. Zweitens muß man ihr Wesen prüfen, und drittens muß man anfangen, kühn und ohne langes Überlegen zu handeln. Sobald Sie aber zu handeln anfangen, werden Sie sofort das Bedürfnis empfinden, diese Handlungen zu rechtfertigen.«

Das ist der Weg, auf dem der Schauspieler sicherer und näher an jene Darstellung heranzukommen vermag, die Stanislavskij zum Unterschied von der »Kunst des Vorführens« »Kunst des Erlebens« genannt hat. Echtes, organisches Verhalten, Wahrhaftigkeit des Erlebens, Glaube an die künstlerische Erfindung, das heißt, alle Eigenschaften, die im Theater wirklich überzeugen, die das Herz des Zuschauers erobern und auf seine Seele einwirken, das sind die Eigenschaften und die Kunst, die den großen Meistern des Theaters eigen waren und die uns als Vorbilder dienen.

»Es ist unmöglich, die Rolle sofort und auf einen Schlag zu beherrschen«, lehrt Konstantin Sergeevič. »Es gibt in ihr viel Unklares, Unverständliches und vieles, was schwer zu bewältigen ist. Beginnen Sie daher mit dem, was am offenkundigsten erscheint, mit dem, wozu man am ehesten Zugang findet und was am leichtesten zu fixieren ist. Suchen Sie die Wahrheit der einfachsten physischen Handlungen, die die Ihnen ins Auge fallen. Die Wahrheit der physischen Handlungen führt Sie zum Glaubhaften. Alles weitere geht in das ›ich bin‹ über und mündet dann in das Handeln, in das Schöpfertum. Ich öffne Ihnen die Zugänge zum Schöpfertum.«

Die Methode der physischen Handlungen verhilft dem Schauspieler glaubhaft zu wirken, in die Sphäre echter Gefühle und tiefen Erlebens einzudringen und so auf kürzestem Wege zum Schaffen der Bühnenfigur zu gelangen. Gleichzeitig aber ist es auch eine Methode, die die Weiterexistenz der Bühnengestalt sichern und vervollkommnen hilft.

»Wenn der Weg der physischen Handlungen mit Ihren persönlichen, lebendigen ›gegebenen Umständen‹ schön glatt gewalzt ist«, fuhr Stanislavskij fort, »wenn er von Ihnen festgestampft ist, dann ist es nicht schlimm, wenn die Gefühle einmal verlorengehen. Kehren Sie zu den physischen Handlungen zurück, und eben diese physischen Handlungen werden die Ihnen abhanden gekommenen Gefühle zurückrufen.« Die physischen Handlungen lenken aber nicht nur den Schauspieler im Prozeß seiner Arbeit an der Rolle auf den richtigen Weg. Sie sind auch das Hauptausdrucksmittel seiner Kunst. Nicht zufällig bezeichnet Stanislavskij den Schauspieler als den Meister der physischen Handlungen.

Nichts gibt den seelischen Zustand eines Menschen so exakt und überzeugend wieder wie sein physisches Verhalten, das heißt eine ganze Reihe von physischen Handlungen. Nicht umsonst haben bedeutende Darsteller so oft zu diesem Mittel ihre Zuflucht genommen. Wenn wir uns die einzelnen szenischen Meisterleistungen der Ermolova, Savina, Davydovs und Dalmatovs ins Gedächtnis rufen, dann sagen wir in den weitaus meisten Fällen:

Erinnern Sie sich noch, wie sie damals, als man ihr das und das sagte, nervös die Handschuhe auszog, sie auf den Diwan warf und zum Tisch ging?

Oder:

Erinnern Sie sich: Als ihr Mann seinen Zigarettenstummel auf den Aschenbecher legen wollte, wo die Zigarre ihres Geliebten lag, wie sie ihm da schnell einen anderen Aschenbecher hinstellte?

Erinnern Sie sich an das Spiel mit dem Spiegel bei der Duse im letzten Akt der »Kameliendame«?

Es ließe sich eine Unzahl von Beispielen anführen. Der hervorragende Sprecher V. N. Davydov, der die Kunst des Dialogs und Monologs virtuos beherrschte, pflegte dennoch den Höhepunkt jeder seiner Rollen mit einer »Virtuosenpause«, einem stummen Spiel zu krönen, bei dem er mit einem Minimum an Worten oder gar ohne jedes Wort nur durch eine Reihe fein durchdachter und ausgewählter physischer Handlungen die geheimsten Gefühle der Gestalt überzeugend zum Ausdruck brachte und gerade erst in diesem Augenblick deren ganzes Wesen endgültig vor den Augen des Zuschauers enthüllte.

»Alle unsere fünf Sinne kann man auf kleinste physische Handlungen festlegen und sie notieren wie auf einem Spickzettel«, sagte Stanislavskij bei einer der »Tartüff«-Proben.

Nachdem er die physischen Handlungen als Hauptelement des schauspielerischen Ausdrucks erkannt hatte, war Stanislavskij gegenüber den

Schauspielern auf diesem Gebiet äußerst anspruchsvoll. Er verlangte stets eine saubere und geschickte Darstellung. Er versuchte, wenn man sich so ausdrücken darf, eine gute »Diktion« der physischen Handlungen zu erreichen. Zu diesem Zweck empfahl er, den Übungen mit vorgestellten Gegenständen besondere Beachtung zu schenken. Diese sollten zur täglichen »Toilette« des Schauspielers gehören. Die Übungen zum Hantieren mit vorgestellten Gegenständen entwickeln beim Schauspieler die Konzentrationsfähigkeit, eine Eigenschaft, die in unserer Kunst so notwendig ist. Der Schauspieler, der diese Übungen macht, kompliziert sie mit jedem Male immer mehr, zerlegt sie in die kleinsten Einzelglieder und entwickelt dadurch seine »Diktion« der physischen Handlungen.

Es könnte so scheinen, als wäre das Unterschreiben eines Schriftstückes nicht mehr als nur *eine* Handlung. Für den Schauspieler aber kann es sich dabei je nach den Umständen um hundertundeine Handlung handeln. Gewiß kann das reine Unterschreiben eines Schriftstückes manchmal bedeutungslos sein. Dann wäre eine übertriebene Detaillierung dieser einfachen Handlung überflüssig. In einem anderen Fall aber kann es für den Schauspieler der interessanteste Moment seiner Rolle sein, und dann bedarf er hundert und mehr möglicher Nuancen zur Ausführung dieser, im Grunde genommen, einfachen Handlung.

Um es noch einmal zu sagen: Bei seinen letzten Arbeiten mit Schauspielern stützte sich Stanislavskij hauptsächlich auf die Methode der physischen Handlungen.

»Diese Technik, nach der ich trachte, kennt niemand. Und doch muß man sie erstreben«, sagte er bei der Probe.

DIE ERKUNDUNG

Die Arbeit am »Tartüff«, die Stanislavskij zu pädagogischen Zwecken in Angriff genommen hatte, wurde dementsprechend mit aller methodischen Strenge und Sorgfalt durchgeführt. Den eingebürgerten Traditionen und Gewohnheiten der Probenarbeit wurden keine Konzessionen gemacht. Es wäre auch schwierig gewesen, sie unter den außergewöhnlichen Bedingungen, die uns jedesmal von Stanislavskij oder Kedrov gestellt wurden, anzuwenden. Der erste Abschnitt unserer Probenarbeit, den man »Erkundung« nennen könnte, bestand im Kennenlernen der einzelnen Szenen und des ganzen Stückes. Kedrov, der die Proben leitete, bemühte sich, jeden Darsteller dahin zu bringen, daß dieser den Inhalt oder richtiger die Handlung des Stückes klar und deutlich erzählen konnte. Die Wiedergabe mußte sich streng auf die Handlungslinie in ihrer ganzen Klarheit beschränken. Keinerlei überflüssige Schönrederei wurde geduldet. Es war nur die Frage zu beantworten: Was ereignet sich, was geht vor?

Die Handlungslinie des Stückes sollte so einfach und ungekünstelt erzählt werden, wie ein zehnjähriges Kind, wenn es das Stück gesehen hätte, erzählen würde. Zu Anfang empfahl man auch eine schriftliche Wiedergabe der Ereignisse in der Art eines Protokolls, etwa so: »Ein gewisser berüchtigter Bandit hat sich unter dem Schein der Frömmigkeit Zutritt zu dem Hause des wohlhabenden Bürgers Orgon verschafft ...« Der Charakter dieser Wiedergabe änderte sich in Verbindung mit den vom Regisseur gestellten Fragen und mit der Individualität des Erzählers. Sie war aber stets auf die zukünftige Erfüllung von Aufgaben physischer Handlungen gerichtet und trug dadurch einen schöpferischen Keim in sich. Es galt als gelungene Leistung des Erzählers, wenn er durch irgendein sehr klares und treffendes Verbum diese oder jene Entwicklungsetappe des Kampfes im Hause Orgon bezeichnete. Endziel einer solchen Erzählung war die Feststellung der durchgehenden Handlung und Gegenhandlung des Stückes. Danach war es naheliegend, die Streitkräfte der einen und der anderen Seite zu verteilen und dann jeden zu fragen:

»Nun, wo ist denn Ihr Platz in diesem Kampf, wenn er sich so und so entwickelt? Wie ist Ihre Stellung, Ihre Strategie, Ihre Logik des Verhaltens?«

Und dann kam ein noch komplizierteres, schwereres und verantwortungsvolleres Moment in die Proben, das vom Schauspieler Überlegung und Phantasie verlangte und die Fähigkeit, das Rollenmaterial zu analysieren. Das ist schon der erste Versuch, die Konturen der zukünftigen Zeichnung, die Logik des Verhaltens, die Logik des Kampfes zu skizzieren. Der Bericht über dessen Wendepunkte, über alle Erfolge und Mißerfolge soll jetzt nicht mehr in der Form der Erzählung eines unbeteiligten Zuschauers geschehen, sondern im eigenen Namen als Erzählung eines Menschen, der an den sich abspielenden Ereignissen äußerst interessiert ist. Mit anderen Worten, erzählen soll derjenige, der diese Ereignisse selbst erlebt hat und wünscht, die Zuhörer durch deren merkwürdige Entwicklung zu fesseln. Und wiederum wurden neben den mündlichen Darlegungen Versuche literarischer Wiedergabe gemacht. Hierbei wurde auch die literarische Qualität gewürdigt, weil der Schauspieler auf der Suche nach möglichst genauer literarischer Form der Darstellung unwillkürlich gezwungen ist, tiefer in die von ihm geschilderten Handlungen einzudringen und sie tiefer schürfend zu analysieren. Es ist nicht nötig, daß der Schauspieler in diesem Sinne besondere Resultate erzielt, wichtig sind seine Versuche. (Überhaupt sind bei unserer Arbeit mißlungene Versuche nicht umsonst; die Ergebnisse stellen sich vielleicht erst später ein, wenn der Schauspieler sie am wenigsten erwartet.)

Vom Tische aus kann man natürlich nicht zur vollen Klarheit über die künftige Rollenzeichnung gelangen. Hier handelt es sich nur um die erste Erkundung, um das, womit man beginnen kann und was im Prozeß der Verwirklichung noch allen möglichen Veränderungen unterworfen sein mag. Noch ist das eine reine Kopfarbeit, was man hier macht, und doch wußte ich deren kolossale Bedeutung nach Schluß der Arbeit am »Tartüff« und in meiner ganzen weiteren Praxis vollauf zu würdigen. Vielen mag all das etwas naiv erscheinen.

»Was ist denn schon dabei? Selbstverständlich muß man erst einmal das Sujet des Stückes kennenlernen, den Ablauf der eigenen Rolle feststellen und dann proben. Was gibt's denn da schon Neues?«

Neu ist hier gerade die Qualität der Arbeit, ihre Sorgfalt. Dieser »Erkundungsperiode« wurde von uns bedeutend mehr Zeit gewidmet als gewöhnlich. Und sie war nicht unnütz vertan. Jede Zusammenkunft zeitigte neue Resultate. Ein solches Vorbereitetsein des Schauspielers für die weiteren Arbeitsetappen hatten wir noch nie gesehen. Jedem von uns war die Geschichte der Familie Orgon in allen Feinheiten klar. Wir begannen schon, an sie als eine wahre Begebenheit zu glauben. In uns war der Wunsch gereift, so schnell wie möglich zu versuchen sie wiederzugeben. Das verdankten wir gerade jener besonderen Methode, mit der die Regie gemeinsam mit den Schauspielern diesen »Erkundungs«-Teil der Arbeit durchführte.

Dabei wurde viel Scharfsichtigkeit und Beharrlichkeit angewandt. Es kam darauf an, die Phantasie des Schauspielers anzuregen, sein Interesse an den Vorgängen zu wecken. Er mußte lernen, die Vorgänge so auszuwählen und zu bewerten, daß er aktivierendes Material bekam. Er sollte fähig sein, in größter Fülle und Klarheit alle Charakterzüge der künftigen Gestalt aufzudecken und tief in die Idee des Autors einzudringen.

Die weitere Arbeit zeichnete sich durch eine charakteristische Eigenschaft aus, nämlich durch die Zügelung der »Impulse«, des Temperaments der Schauspieler, ihres Strebens, schnellstens zu Ergebnissen zu gelangen. Kennen wir im gegenwärtigen Stadium der Arbeit doch schon alle das Stück ebenso gut wie die Handlungslinien unserer Rollen, und treten doch schon Umrisse der Gestalten in Erscheinung.

»Lassen Sie uns bald proben, und seien es auch nur einzelne kleine Szenen.«

Wir glaubten, daß wir soweit wären. Aber nein, wieder hielt man uns auf. Diesmal allerdings ging die Arbeit nicht mehr am Tisch vor sich, auch erinnerte sie immerhin an eine Probe. Und doch trug sie wie alles bisher einen für uns ungewohnten Charakter. Für die Arbeit bekamen wir nicht ein einzelnes Zimmer oder einen Saal oder eine Bühne zugewiesen, sondern zwei übereinanderliegende Etagen von Garderobenräumen hinter der Bühne. Sie sollten das zweistöckige Haus des reichen Bürgers Orgon mit einer Riesenzahl von Zimmern darstellen. Den Schauspielern wurde aufgetragen, sich mit der Lage der Zimmer im Hause vertraut zu machen, sich mit deren Verteilung unter die Familienangehörigen zu beschäftigen und dabei mit allem Ernst und aller Sachlichkeit zu Werke zu gehen. Die Zimmerverteilung sollte nicht das Spielen einer szenischen Episode sein, sondern eine echte Entscheidung der Frage, wie man in einem Hause mit zwanzig verschieden großen Zimmern eine Familie von zehn Köpfen, die sich nach Alter, Stellung, Charakter und Bedürfnissen unterscheiden, unterbringen kann. Wo soll man das Speisezimmer, wo das Schlafzimmer, die Gesindestube und so weiter einrichten? Alles soll bequem und zweckmäßig verteilt werden. Jeder von uns soll seine Interessen hartnäckig verteidigen und keinerlei Schmälerung dulden. Doch sollen alle Streitigkeiten so ausgetragen werden, wie man es auf Grund des Tones, der in diesem Hause herrscht, erwarten muß. Das war ziemlich interessant. Wir berieten uns lange. Als vollzählige Familie wanderten wir den Korridor entlang, maßen die Zimmer aus, zeichneten Pläne, stritten uns und nahmen alle möglichen Fälle an, zum Beispiel: Und wenn die Frau des Hauses krank wird? Wird ihr das Schlafzimmer recht sein, das man ihr zugewiesen hat? Es wird aus dem und dem Grund zu laut sein und so weiter. Ein anderes Schlafzimmer wurde ausgesucht, und entsprechend änderte sich auch alles übrige. Nach einer Anzahl Proben hatten wir uns ziemlich angemessen auf die Zimmer verteilt und begannen uns »einzuleben«. Nach dem Gong kamen alle aus ihren Zimmern und versammelten sich im gemeinsamen Speisezimmer. Dorine bediente die Speisenden und lief treppauf, treppab. Das Leben ging ruhig und friedlich seinen Gang, und so blieb es, bis Tartüff in das Haus eindrang.

Auch Familienereignisse wurden arrangiert, zum Beispiel eine Erkrankung der Hausfrau. Das ganze Verhalten der Hausbewohner wurde dieser Tatsache untergeordnet. Zwar versammelte man sich wie sonst zum Mittagessen und begab sich danach auf sein Zimmer oder ging spazieren. Aber bei all dem trug man dem Umstande Rechnung, daß ein schwerkranker und dazu von allen geliebter Mensch im Hause lag.

Weiter versuchten wir die Sache durch den einen oder anderen Umstand beziehungsweise durch das eine oder andere Ereignis wie etwa »Das erste Erscheinen Tartüffs im Hause« zu verschärfen. Noch wußte niemand, wer er wirklich war, und deshalb nahm man ihn tatsächlich als einen Gottesmenschen auf. Tartüffs Verhalten erweckte zunächst bei niemand Verdacht, war er doch ein Muster an Sanftheit und Demut. Dementsprechend waren auch alle ihm gegenüber durchaus wohlwollend. Auf dieser Handlungsgrundlage wurde eine Reihe sehr interessanter Etüden gespielt, zum Beispiel »Tartüff hat die Zügel schießen lassen« bis zu dem Thema »Der Hausherr ist verrückt geworden«. Das Spiel mußte von derselben naiven Überzeugung und der Offenherzigkeit beseelt sein wie die Spiele der Kinder. Das gefiel uns. Wir gingen gern zur Probe und spielten bald dies, bald jenes. Zuweilen gelang uns etwas, und wir empfanden Genugtuung. Es kam aber auch vor, daß es nicht klappte, und dann waren wir niedergeschlagen und enttäuscht und sagten uns: »Mit was für Kinkerlitzchen geben wir uns als erwachsene Menschen da ab!«

Im Theater erzählte man sich Wahres und Unwahres über unsere Studien und belächelte uns meist. Obwohl die Mitwirkenden weitermachten, und das zuweilen mit großer Hingabe, waren sie selbst doch nicht restlos von der Zweckmäßigkeit dieser Studien überzeugt. Schließlich aber waren die Aufgaben, die wir uns stellten und die die Regisseure zu lösen versuchten, doch schöpferischer Art, und indem wir sie lösten, schritten wir auf dem sichersten Wege zum Ziel. All das begriffen wir erst viel später.

Stanislavskij sagte einmal:

»Sie fahren in großer Gesellschaft auf einem Dampfer irgendwohin. Da sitzen Sie nun auf Deck und nehmen Ihr Mittagsmahl ein. Sie essen, trinken, schwatzen und flirten mit den Damen. All das machen Sie sehr gut. Ist das aber Kunst? Nein. Das ist Leben. Jetzt stellen Sie sich einmal einen anderen Fall vor! Sie sind zur Probe ins Theater gekommen. Auf der Bühne wird ein Deck errichtet und der Tisch gedeckt. Sie treten auf und sagen sich: ›Wenn wir in lustiger Gesellschaft Dampfer führen und zu Mittag äßen, was würden wir da tun?‹ Und mit diesem Augenblick setzt Ihre schöpferische Tätigkeit ein.«

In der Folge wurden unsere Spiele im Hause Orgons über Themen durchgeführt, die den Geschehnissen in Molières Stück immer näherkamen, zum Beispiel »Die erzürnte Madame Pernelle, die Mutter des Hausherrn, verläßt demonstrativ das Haus. Die erschrockenen Familienangehörigen bemühen sich, sie zurückzuhalten.«

Oder: »Orgon überredet die Tochter, einen Ehevertrag zu unterschreiben, die übrigen Familienmitglieder flehen ihn an, das nicht zu tun.«

»Nur um Gottes Willen keinen Molièreschen Text, keine szenischen Arrangements!« Dies gab uns Stanislavskij noch mit auf den Weg.

Nachdem wir eine Zeitlang auf diese Weise an den Szenen gearbeitet hatten, beschlossen wir, die Ergebnisse unserer Anstrengungen Stanislavskij zu zeigen. Wir begannen mit der Szene, in der die erzürnte Madame Pernelle das Haus verläßt, also mit dem Anfang des Stückes. Die Darsteller hielten sich zwar an den allgemeinen Ablauf der Szene, sprachen aber den Text mit ihren eigenen Worten. Wir kamen gar nicht dazu, lange zu spielen. Nach ganz kurzer Zeit wurde die Probe von Stanislavskij unterbrochen. Er sagte:

»Sie handeln nicht, sondern sprechen Worte, allerdings nicht die Worte des Autors, aber Worte, an die Sie sich gewöhnt haben, die für Sie zum Text geworden sind. Sie klingen wie ein auswendig gelernter Text, nur ist dieser Text weniger vollkommen als der von Molière. Mich aber interessieren hier nicht Worte, sondern Ihr physisches Verhalten. Was geht hier in physischer Hinsicht vor? Setzen Sie sich bitte alle, und hören Sie aufmerksam zu! Die Lage in der Familie Orgon ist außerordentlich gespannt. Der Hausherr ist verreist und hat seine Mutter zum Schutze Tartüffs dagelassen. Orgons Mutter vergöttert diesen frommen

Mann. Was soll da der zurückkehrende Sohn denken, wenn sie sich entschlossen hat, dem eigenen Haus den Rücken zu kehren und Tartüff allein zu lassen? Was für einen Skandal wird das im Hause geben? Wie wird dabei Tartüff gewinnen, und wie wird der weitere Kampf mit ihm dadurch erschwert? Sie müssen alles mögliche tun, um die erzürnte Greisin zurückzuhalten, um sie zu begütigen. Sie aber darf nicht nur nicht vor Ihren Argumenten kapitulieren, sondern nicht einmal jemand gestatten, den Mund aufzutun. Wenn jemand versucht mit ihr zu streiten, muß sie ihn sofort vernichten, ihn beleidigen und ihm jede Lust nehmen, den Streit fortzusetzen. Hier haben wir es mit Molière und nicht mit Čechov zu tun. Wenn hier schon ein Skandal vorkommt, dann ein richtiger Skandal, und wenn ein Kampf, dann ein richtiger Kampf. Das ist hier kein Schachspiel, sondern ein Boxkampf. Nun schön, was gibt's hier in physischer Hinsicht? Beschreiben Sie Ihr Verhalten! Was kann Sie hier in Begeisterung versetzen?

Stellen Sie sich wutschnaubende Tiger in einem Käfig vor, die darauf lauern, den Tierbändiger zu zerreißen; er behält sie nur dadurch in seiner Gewalt, daß er keinen von ihnen aus den Augen läßt. Ihre Absichten liest er an ihren Augen ab, erstickt sie im Keime und bannt die Tiere an ihren Platz. Wenn einer der Tiger den Versuch macht, ihn anzufallen, dann wird er ihm mit der Peitsche derart das Fell gerben, daß er den Schwanz einzieht und die Flucht ergreift. Berücksichtigen Sie, daß sich im Käfig nicht nur ein Tiger befindet, sondern daß es ihrer fünf, sechs sind und daß jeder bereit ist, zum Verzweiflungssprung anzusetzen, und nur darauf wartet, daß der Tierbändiger eine einzige Sekunde den Blick von ihm abwendet. Nun, wie werden Sie da handeln? Versuchen Sie es, versuchen Sie! Ja, Sie alle sitzen nicht im richtigen Rhythmus. Suchen Sie erst den richtigen Rhythmus! Sie da, mein Lieber. Sie meinen wohl, Sie hätten es sich im Stuhle bequem gemacht, um sich auszuruhen und Zeitung zu lesen, nicht aber, um sich zu raufen! (Der Schauspieler steht auf.) O nein, stehen Sie nicht auf! Man kann auch im Sitzen zum Sprung bereit sein. Nun, so handeln Sie! Nein, das ist nicht richtig. Ich bitte jeden von Ihnen, im Sitzen den inneren Rhythmus zu finden, einen tollen Rhythmus. Er drückt sich in irgendwelchen sehr kleinen Handlungen aus. Nein, nein, all das ist nicht richtig. –

Können Sie wirklich solch eine einfache Sache nicht machen? Wo ist denn Ihre Technik? Sobald man Ihnen Ihren ›rettenden‹ Text abnimmt, verlieren Sie alles. Ich aber will, daß Sie handeln lernen, vor allem physisch handeln. Die Worte und Gedanken werden Sie im weiteren Verlauf der Arbeit zur Festigung und Entwicklung dieser Handlungen brauchen. Jetzt aber bitte ich Sie, sich einfach zu einer Rauferei vorzubereiten. Ist das denn wirklich so schwer?«

Uns fiel es in der Tat schwer. Wir konnten unter keinen Umständen das finden, was er von uns verlangte. Und so sehr sich auch Stanislavskij mit uns abmühte, alles war vergeblich.

»Ach, ach, ach! ... Ihnen fehlt der Wille. – Das ist entsetzlich. So kann man nicht arbeiten.«

Wir versicherten ihm, daß es uns nicht an gutem Willen fehle, sondern daß wir den dringenden Wunsch hätten, die Aufgabe zu erfüllen, daß aber dabei nichts herauskäme, weil uns all das tatsächlich ungewohnt wäre. Wir könnten nicht mit der Handlung beginnen, wenn wir auf der Stelle sitzen blieben, und schon gar nicht in einem »tollen Rhythmus«. Dabei ergäbe sich etwas Falsches. Wir glaubten uns nicht und kämen in Verwirrung. Ja, wir meinten sogar, daß das Ganze unmöglich wäre.

»Vollkommener Unsinn! Der Rhythmus kann sich an den Augen, in den kleinsten Bewegungen bemerkbar machen. Das sind doch ganz elementare Dinge. Ich bitte Sie, in einem bestimmten Rhythmus zu sitzen – und dann die Rhythmen Ihres Verhaltens zu ändern. Das muß ein Schüler der dritten Schulklasse fertigbringen.«

An seiner empfindlichsten Stelle getroffen, fragte einer der Darsteller: »Können Sie das denn selbst, Konstantin Sergeevič?«

Wir waren alle platt und erwarteten den Ausbruch eines Sturmes. Stanislavskij aber antwortete prompt, fast ohne Pause und ruhig: »Selbstverständlich. Sie wollen einen tollen Rhythmus. Bitte schön!«

Der auf dem Diwan sitzende Stanislavskij verwandelte sich augenblicklich. Vor uns sahen wir einen aufs Äußerste beunruhigten Menschen, der wie auf Kohlen saß. Bald zog er die Uhr aus der Tasche, blickte kaum darauf und steckte sie wieder ein, bald schickte er sich an, aufzuspringen, bald ließ er sich wieder auf den Diwan fallen, bald erstarrte er vollkommen und war jeden Augenblick zu einem Verzweiflungssprung bereit. Er machte eine Unzahl schneller Bewegungen. Jede dieser Bewegungen war innerlich gerechtfertigt und höchst überzeugend. Das Schauspiel war großartig. Wir gerieten alle in Begeisterung, er aber setzte seine Übung fort, als ob nichts geschehen wäre. Nach einer gewissen Zeit fragte er ruhig:

»Wenn Sie wollen fahre ich in einem anderen Rhythmus fort.«

Er begann dasselbe Spiel, aber diesmal sahen wir einen vollkommen ruhigen, ausgeglichenen Menschen, der sich gleichsam anschickte, sogleich schlafen zu gehen, diesen Moment aber hinausschob. Es war sehr überzeugend.

»Aber wie kommen wir dahin?« fragten wir.

»Nur durch tägliche Übungen. Alles, was Sie jetzt machen, ist sehr schön. Doch müssen Sie noch das Studium des Rhythmus hinzufügen. Sie können die Methode der physischen Handlungen nicht beherrschen, wenn Sie den Rhythmus nicht beherrschen. Ist doch jede physische Handlung unlöslich mit einem Rhythmus verbunden, durch den sie charakterisiert wird. Wenn Sie immer alles in ein und demselben, Ihnen eigenen Rhythmus machen, wie wollen Sie da auf diese Weise zu einer Verwandlung kommen?«

»Wie aber, wenn mir nun wirklich, wie Sie behaupten, ein schlaffer Rhythmus eigen ist?« fragte jener kühne Schauspieler. »Wir sollen doch von uns, von unseren Eigenschaften ausgehen? Was soll ich dann tun, wenn mir persönlich ein toller Rhythmus vollkommen abgeht?«

»Das kommt ganz auf die Gelegenheit an. Nehmen wir einmal an, es träte Sie jemand mit dem Absatz auf die Hühneraugen. Würden Sie dann in demselben schlaffen Rhythmus verharren?«

»Ja, aber hier …«

»Ihr schlaffer Rhythmus wird sehr schnell aufhören, wenn Sie an einer empfindlichen Stelle getroffen werden. Hier in diesem Stück werden Ereignisse gespielt, die Sie vielleicht nicht so berührt haben, wie es notwendig gewesen wäre. Wie aber, wenn es andere Ereignisse wären? Verhalten Sie sich einmal so, wie Sie, und gerade Sie, sich verhalten würden, wenn Sie an einer empfindlichen Stelle getroffen wären. Mit Hilfe der vorgeschriebenen physischen Handlungen sollen Sie zunächst einmal das Verlangen nach neuen Handlungen üben. Führen Sie aber diese neuen Handlungen nicht aus, sondern stellen Sie nur fest: Dies kann ich tun und empfinden, jenes aber kann ich noch nicht tun und empfinden. Unter Wahrung der Logik der Handlungen üben Sie die Rolle mit Ihren eigenen Worten, nicht mit denen des Autors. Selbst beim Studium des Rollentextes sollen Sie die Worte nicht laut aussprechen. Arbeiten Sie ruhig und unerschrocken. Schaden Sie sich nicht selbst durch solche Kritik wie ›Zum Teufel, es klappt nicht!‹

Was bedeutet Überzeugungskraft auf der Bühne? Man muß kühn handeln und bestimmt, das heißt klar und logisch. Der Zuschauer wird Ihre

Handlungen beobachten. Indem Sie ruhig weitermachen, werden Sie sich an Ihrem Arbeitsprozeß begeistern, und das ist schon die halbe Glaubhaftigkeit. Um aber das Herz des Zuschauers zu erobern, müssen Sie diese halbe Glaubhaftigkeit zu einer ganzen machen.«

Damit war die Probe zu Ende. Nachdem Stanislavskij noch einmal auf die große Bedeutung der Beschäftigung mit dem Rhythmus hingewiesen hatte, entließ er uns, nicht sehr zufrieden mit den Ergebnissen unserer Arbeit. Im Gespräch mit Kedrov klagte er über Mangel an gutem Willen bei den Schauspielern. Er sprach sogar den Verdacht aus, daß einige den Unterricht überhaupt nicht mehr fortzusetzen wünschten. Man müßte alle noch einmal gehörig befragen und eine Siebung vornehmen.

Als wir uns auf das nächste Vorspiel vorbereiteten, nahmen wir uns all das zu Herzen, was bei der letzten Probe geschehen war. Täglich übten wir uns im Rhythmus und machten, wie es schien, einige Fortschritte. Wir suchten den Rhythmus in der Szene, die wir zum Vorspiel vorbereiteten. Absichtlich nahmen wir diesmal eine andere Szene (»Orgon mit dem Ehekontrakt«). Sie beginnt damit, daß die erregten Verwandten, die die unglückliche Marianne in Schutz genommen haben, darüber beratschlagen, wie man Orgons unglaubliches Vorhaben, seine Tochter mit Tartüff zu verheiraten, verhindern kann. Während der stürmischen Beratung kommt Orgon mit dem Kontrakt in der Hand ins Zimmer gestürzt.

Die hervorgehobenen Worte: »die e r r e g t e n Verwandten«, »während der s t ü r m i s c h e n B e r a t u n g kommt er ins Zimmer g e s t ü r z t« dienten als Merkmale der Rhythmen, in denen die Handlung sich vollziehen sollte.

Lange und ausführlich erzählten wir Stanislavskij vor Beginn der Szene, was wir hier machen wollten: wie wir s t ü r m i s c h beraten, wie alle e r r e g t sind, wie Orgon h e r e i n s t ü r z t, wie die Verwandten Widerstand leisten wollen, und so weiter.

Konstantin Sergeevič unterbrach unser Gerede.

»Wenn Schauspieler in solchen Szenen Überlegungen anstellen und sagen, ›wir werden Widerstand leisten, wir wollen dies und jenes tun‹, dann werden diese Überlegungen ihren Willen schwächen. Überlegen Sie also nicht, sondern leisten Sie Widerstand. Nun, wie werden Sie jetzt handeln?«

Wir begannen mit der Szene und spielten, wie es schien, gar nicht schlecht.

»Was spielen Sie denn da? Halten Sie eine stürmische Beratung ab? Durchs Haus läuft ein Verrückter mit dem Messer. Er sucht seine Tochter, um sie zu erstechen, und Sie halten eine ›stürmische Beratung‹ ab. Retten müssen Sie, nicht beratschlagen! Das ist ja alles Theaterspiel. Was gibt's hier in physischer Hinsicht? Entscheiden Sie erst einmal das. Durch welche Tür kann der Verrückte eindringen? Auf diese Tür konzentrieren Sie Ihre ganze Aufmerksamkeit oder, noch besser, nicht auf die Tür, sondern auf ihre Messingklinke. Überlegen Sie inzwischen, wo Sie Marianne verstecken können, streiten Sie, zanken Sie sich untereinander, aber lassen Sie keine Sekunde die Hauptsache außer acht, den Verrückten, der mit einem Messer durchs Haus läuft. Öffnet er erst die Tür, ist es zu spät. Die geringste Bewegung der Türklinke, und Marianne muß versteckt sein, so daß bei Orgon auch nicht ein Schatten des Verdachts aufkommt, daß sie hier ist. So müssen Sie handeln!«

Alles war scheinbar einfach, so einfach wie bei allen Vorschlägen Stanislavskijs und bedurfte keiner weiteren Erläuterungen. Aber wir brauchten nur an die Arbeit zu gehen, um gleich zu merken, wie weit wir von der Vollendung entfernt waren und daß wir auch in den besten Varianten nicht einmal den hundertsten Teil dessen erfüllten, was verlangt wurde. Alles lief auf Wiederholungen mehr oder weniger geschickten, aber theatralischen Getues hinaus.

»Nun, vergessen Sie einmal das Stück, so daß nichts davon übrigbleibt, weder Orgon noch Marianne oder sonst jemand. Nur Sie, Sie selbst sind da, und nun spielen Sie! Toporkow verläßt das Zimmer und geht auf den Korridor. Dort hält er sich von der Tür entfernt auf. Sie sind alle hier in diesem Zimmer und bemühen sich festzustellen, wo Toporkov ist. Das Spiel besteht in folgendem: Niemand der im Zimmer Anwesenden hat das Recht, sich von der Stelle zu rühren, bevor sich die Türklinke bewegt. Sobald sie sich aber bewegt, verstecken Sie Marianne. Verstecken Sie sie, wohin Sie wollen, aber machen Sie es so, daß sie verschwunden ist, wenn die Tür aufgeht und Toporkov ins Zimmer stürzt. Kurz, sorgen Sie dafür, daß er nicht mehr mitkriegt, wo Sie Marianne versteckt haben. Toporkov aber soll, sobald er eingetreten ist, sagen, wo Sie sie versteckt haben. Wenn er es nicht sagen kann, hat er verloren. Sagt er es aber, dann hat die ganze Gesellschaft verloren. Nun, bitte! Fangen Sie mit dem Spiel an, ich werde mich inzwischen mit den Regisseuren unterhalten.«

Nach diesen Worten nahm Konstantin Sergeevič seinen Kneifer ab, womit er zum Ausdruck brachte, daß er sich nicht im geringsten um uns kümmerte. Dann zog er einige Aufzeichnungen aus der Tasche und wandte sich an die Regisseure. Wir begannen mit dem Spiel. Anfangs wollte es nicht klappen. Es erwies sich als unmöglich, Marianne in so kurzer Frist zu verstecken. Ich stürmte in das Zimmer, als sie gerade Marianne ergriffen. Selbst wenn es ihnen gelungen wäre, sie zu verstecken, hätte ich doch gemerkt, wo sie verborgen war. Allmählich aber steigerte sich von einem Versuch zum andern die Leidenschaft der Spielenden. Man beschuldigte sich gegenseitig der Ungeschicklichkeit, es kam zum Wortwechsel – um jeden Preis wollte man den Sieg über mich davontragen. Aber auch ich war nicht faul. Als einer von ihnen meinte, daß man nicht nur die Türklinke beobachten, sondern aufmerksamer auf das Geräusch meiner näher kommenden Schritte lauschen sollte, zog ich die Schuhe aus und ging auf Strümpfen. Kurz wir gerieten in diesem Spiel so sehr in Leidenschaft, daß wir die Regisseure und Stanislavskij vergaßen. Die aber hatten schon längst ihre Besprechung beendet und verfolgten unser leidenschaftliches Spiel wie Sportenthusiasten einen Fußballkampf. Marianne zu verstecken gelang allerdings nicht. Die Bedingungen waren für die, die sie verstecken sollten, zu schwer.

Im Augenblicke der höchsten Spannung unterbrach uns Stanislavskij und sagte:

»So, das ist nun kein Theater mehr, sondern echte, lebendige Handlung, echte Aufmerksamkeit und wirkliches Interesse. Und das brauche ich von Ihnen in dieser Szene. Sie haben sie zwar noch nicht gespielt, aber die Hauptsache, das, was im physischen Verhalten dieser Leute liegt, müssen Sie nach dem heutigen Spiel begreifen. Glauben Sie alle wirklich an das, was sie soeben gemacht haben, daran, wie Sie gehandelt haben, und streben Sie bei jeder weiteren Probe nach einer gleich starken Aufmerksamkeit, Aktivität und Wahrheit, dem gleichen Rhythmus und all dem, was das Resultat echter Begeisterung für die Episode war. Vergessen Sie den Zuschauer, er ist einfach nicht da, existiert für Sie nicht. Je vollkommener Sie das tun, mit um so größerer Aufmerksamkeit wird er Ihre Handlungen beobachten, so wie wir Sie jetzt beobachtet haben. Das ist ein Gesetz der Bühne.«

Nach diesen Bemerkungen wandte sich Konstantin Sergeevič an die Regisseure und sagte:

»Und haben Sie gesehen, welch vortreffliches, mannigfaltiges und unerwartetes szenisches Arrangement während dieses Spieles jedesmal vorhanden war? So etwas kann man einfach nicht erfinden. So müßte es jedesmal auf neue Art und Weise sein. Ich träume von einer Vorstellung, bei der die Schauspieler nicht wissen, welche der vier Wände sich heute vor dem Zuschauer öffnen wird.«

Beim Abschied bat Stanislavskij jeden von uns noch einmal, alles bei der Probe Geschehene gehörig zu prüfen und zu würdigen und das Gefundene in Zukunft zu vervollkommnen.

»Berücksichtigen Sie«, sagte er, »daß man Gefühle nicht dem Gedächtnis einprägen und festhalten kann! Nur die Abfolge der physischen Handlungen kann man dem Gedächtnis einprägen, befestigen und ›feststampfen‹, so daß sie ein leichter, gewohnter Weg wird. Beginnen Sie bei der Probe dieser Szene mit den einfachsten physischen Handlungen, machen Sie sie in höchstem Grade wahrhaftig, suchen Sie die Wahrheit in der geringsten Kleinigkeit. Dadurch werden Sie den Glauben an sich und an Ihre Handlungen gewinnen. Berücksichtigen Sie alles, was sich auf Ihre Handlungen bezieht, besonders den Rhythmus, der wie alles die Folge dieser oder jener gegebenen Umstände ist. Wir wissen zwar, wie die einfachsten physischen Handlungen gemacht werden, aber je nach den gegebenen Umständen gehen diese physischen Handlungen in psychophysische über.«

Wie es schien, war er mit dem Ergebnis der Probe im allgemeinen zufrieden.

ÜBUNGEN UND SZENEN

Die Proben zum »Tartüff«, die mit scheinbar fernliegenden Übungen begonnen hatten, näherten sich in einzelnen Elementen der Schauspieltechnik unmerklich dem Molièreschen Stück. Wir setzten die täglichen Etüden als »Schauspielertoilette« fort.

Unsere Proben hatten immer ihre gleiche, besondere Eigenart, aber im Gespräch mit uns berührte Konstantin Sergeevič zuweilen schon solche Themen, die er früher auf jede Weise vermieden hatte. Allerdings besann er sich dann schnell eines anderen und bemühte sich, alles wieder in die Sphäre der von ihm gestellten pädagogischen Aufgaben überzuleiten und dadurch unser Streben, in die Zukunft zu schauen, zu begrenzen.

204

So kamen wir einmal auf die beiden Hauptgestalten des Stückes, Orgon und Tartüff, zu sprechen, und es entstand die Frage: Auf welche Weise gelang es Tartüff, Orgon mit absoluter Sicherheit in seine Hand zu bekommen? Wodurch bezwang und überrumpelte er ihn oder, wie Stanislavskij sagte, wodurch verblüffte er ihn? Denn in der Tat mußte man etwas Besonderes tun, um einen vollkommen normalen Menschen wie Orgon so zu blenden. Wenn man nämlich annimmt, daß Orgon ein Schwachkopf ist, den man mit dem einfachsten und primitivsten Übertölpelungsverfahren hineinlegen kann, dann lohnt es sich nicht, das Stück zu spielen. Nein, hier bedarf es einer raffinierten Kunst. Tartüff ist ein gefährlicher Spitzbube. Gefährlich ist er gerade dadurch, daß er Leute hinters Licht führen kann, die alles andere als dumm sind, und wahrscheinlich ist er Meister in der Beherrschung der verschiedenartigsten und raffiniertesten Betrugsmanöver. Diese wechselt er je nach seinem Opfer.

Aus dem Text wissen wir, daß die erste Begegnung Orgons mit Tartüff in der Kirche stattfand, wo Orgon von dem Eifer, mit dem Tartüff betete, beeindruckt war.

> Mit einer Inbrunst bat er, weint' und flehte,
> daß alles rings die Köpfe nach ihm drehte.
> Dies Seufzen, Stöhnen, diese Stoßgebete!
> Die kalten Fliesen küßt' er hundertmal!

Auf diese Weise wollte Stanislavskij die übliche Schablone eines betenden Scheinheiligen vermeiden, methodisch neue Wege gehen und sofort darauf aufmerksam machen.

Oder nehmen wir einen anderen, besonders markanten Moment, da Tartüff bei dem Versuch, Elmire zu verführen, ertappt wird, keine Möglichkeit zur Rechtfertigung hat und doch trocken aus dem Wasser steigt. Wie macht er das? Freilich, er spricht einen ganzen Monolog, bei dem er die Sache sehr geschickt verwickelt, aber in solchen Augenblicken wird man ihm doch kaum das Recht zubilligen, große Reden zu halten. Die Beweise sind offenkundig, der Ehemann befindet sich in äußerster Wut, die Atmosphäre ist aufs unerträglichste geladen. »Ja oder nein«, fragt Orgon. Dreist antwortet Tartüff: »Ja.« Und trotzdem – ich wiederhole es – steigt er trocken aus dem Wasser.

Nun, wie macht er das? Natürlich kann man wiederum sagen, daß
Orgon dem Tartüff so sehr Glauben schenkt, daß für ihn das Ereignis
nichts weiter ist als die übliche Intrige der im Schmutz der Sünde ver-
sinkenden Verwandten. Man kann behaupten, daß er leichtgläubig ist
und sogar daran glaubt, daß Tartüff Elmire für seine höheren Zwecke
verführen wollte, ja daß er sich deshalb schließlich noch darüber freut.
Nun, eine solche Version haben wir selbstverständlich entschieden verworfen. So dumm ist Orgon natürlich nicht. Er liebt seine Frau. Die Beweise sprechen eindeutig gegen Tartüff. An alles hat Orgon geglaubt,
nun ist er in eine unbeschreibliche Wut geraten. In diesem Augenblick
wird Tartüff vor die außerordentlich schwierige Aufgabe gestellt, sich
aus dieser kritischen Situation herauszuwinden, nicht etwa durch Erörterungen, das heißt durch einen Appell an den Verstand – das kommt
später. Was könnten hier schon Erörterungen ausrichten? Hier bedarf es
einer Anzahl den Gegner blendender, verblüffender Maßnahmen. Aber
welcher? Darüber sprachen wir viel mit Kedrov. Wir nahmen uns bekannte Scheinheilige vor und bemühten uns, in das Wesen ihrer Methoden der Menschenbeeinflussung einzudringen. Auf einer der Proben bei
Stanislavskij schnitten wir auch dieses Thema einmal an.
»Ganz richtig. Versuchen Sie also jetzt, Toporkov zu verblüffen, aber
so, daß er wirklich ganz sprachlos ist.«
»Ja, aber womit sollen wir ihn denn verblüffen? Dafür kennen wir uns
gegenseitig zu gut. Jedenfalls ist das sehr schwer.«
»Wieso? Was ist denn da so schwer? Man muß nur dreist sein. Machen
Sie einmal hier in meiner und der anderen Gegenwart einen ›Jux‹, den
Sie sich vielleicht nur erlaubten, wenn Sie mit sich allein wären. Nun
überlegen Sie nicht lange! Wer kann's?«
Niemand wagte es.

»Ihnen fehlt es eben an Lausbüberei! Ein Schauspieler muß dies Mittel
unbedingt beherrschen. Ich nenne es Lausbüberei.«
Halb im Scherz, halb im Ernst und ein wenig verlegen begannen wir,
mit Kedrov Lausbüberei zu üben, wobei wir uns bemühten, in der
Kühnheit der Methoden einander zu überbieten. Konstantin Sergeevič
ließ uns gewähren, und die Schlag auf Schlag folgenden Übungen
zogen sich ziemlich lange hin. Je weiter das ging, desto mutiger und
kühner wurden wir, und als wir schließlich bis an die Grenzen des Möglichen gegangen waren, machten wir halt.

»Nun, sehen Sie, das war sehr gut. Hier ist eine endlose Menge von Variationen möglich.«

Nachdem er zu diesem Thema einige interessante und drastische Fälle aus dem Leben erzählt hatte, machte er uns folgenden Vorschlag: »Versuchen Sie herauszufinden, wie Sie einen Menschen aufhalten können, der in rasender Wut über Sie herfällt, um Ihnen auf der Stelle den Garaus zu machen. Es bedarf dazu sehr kühner Mittel. Scheuen Sie sich nicht vor deren Anwendung! Nur denken Sie bitte nicht an das Verfahren selbst, sondern an den Angreifer, und entscheiden Sie auf der Stelle, wie Sie ihn hier und jetzt aufhalten können. Morgen wäre es vielleicht schon ganz anders. Überraschen Sie Toporkov, verblüffen Sie ihn jedesmal auf neue Art und Weise. Andernfalls wird er Ihnen einen Schlag mit dem Knüppel versetzen.«

Ergebnis dieser Übungen war die großartige Erfindung Kedrov-Tartüffs in der Szene mit Orgon im dritten Akt. Der gefangene und überführte Tartüff steht beim Diwan inmitten des Zimmers mit dem Evangelium in der Hand und blickt sich auf der Suche nach einem Auswege aus der Situation wie ein gehetztes Tier um. Ihm nähert sich Orgon, langsam schleichend wie ein ergrimmter Panther mit dem zum Schlag erhobenen Knüppel, und sagt boshaft und sarkastisch:

O Gott, ist es zu glauben, was er spricht?

Es folgt eine Pause unheimlicher Spannung, und dann antwortet Tartüff:

Ach, Bruder, ja, ich bin ein Bösewicht …

Schon holt der Knüppel zum Schlage aus, da ertönt plötzlich ein scharfer, durchdringender Aufschrei. Unbemerkt hat Tartüff dem Diwan einen geschickten Fußtritt versetzt. Der Diwan stürzt um, seine Füße ragen in die Luft, und der Knüppel des durch das unerwartete Ereignis verblüfften Orgon schwebt in der Luft. Orgon hat den Knüppel fallen lassen und blickt sich verstört um. Er begreift gar nicht, was geschehen ist. Hat da nicht ein himmlischer Blitz seinen Frevel bestraft? Fragend schaut er Tartüff an. Der aber beachtet ihn gar nicht, sondern sitzt auf dem Fußboden, küßt den von Orgon fallengelassenen Knüppel und ist in ein intimes Gespräch mit dem irgendwo da oben schwebenden Gott vertieft. Anscheinend berät er sich mit Gott darüber, was mit Orgon zu geschehen habe. Wird man ihm verzeihen, oder wird er bestraft werden? Schon die Haltung Tartüffs und sein unverständliches Gespräch mit jemand konnten ihren Eindruck auf Orgon nicht verfehlen. Er hat den Kopf verloren und weiß nicht, was er machen soll. Tartüff aber, der all das berücksichtigt, beginnt den Faden seiner Gedanken weiterzuspinnen:

…

ein Rabenaas, ein Frevler, ein Verbrecher,
nie sah die Sonne einen ärgern Schächer.

Und schon hört ihm Orgon zu. Er vernimmt im Tonfall des »Heiligen« nicht nur Töne der Bußfertigkeit, sondern auch solche der beleidigten Unschuld. Und im weiteren beginnt Orgon zu begreifen, daß diese Bußfertigkeit generellen Charakters ist und sich auf alle Sünden Tartüffs bezieht, nicht aber auf den vorliegenden Fall, der nichts weiter ist als eine Provokation seiner Feinde.

Nachdem er den ersten Hieb pariert hatte, war es für Tartüff nicht mehr schwer, Orgon zu bearbeiten und seine ganze Wut in die entgegengesetzte Richtung zu lenken.

Gelegentliche Erfolge wechselten sich ziemlich häufig mit Mißerfolgen ab. Zuweilen war Konstantin Sergeevič über die kläglichen Ergebnisse, die wir ihm nach längerer Arbeit vorführten, sehr betrübt. Ihn bedrückte nicht so sehr der Stand der Vorbereitung dieser oder jener Szene als vielmehr der Stand in der Aneignung der Methode. Einmal spielten wir die berühmte Szene aus dem dritten Akt (Orgon, Dorine, Marianne) sehr ordentlich, aber Stanislavskij lächelte nicht einmal, und beim Abschluß sagte er betrübt:

»Na also, die Szene ist fertig. Man kann sie im Künstlertheater spielen. Doch hätten Sie das auch ohne mich fertiggebracht. Dafür habe ich Sie nicht um mich versammelt. Sie wiederholen nur das, was Sie schon lange können. Es ist aber nötig, daß Sie vorwärtskommen, und deshalb schlage ich Ihnen die Methode vor. Ich glaubte, daß ich Ihnen Ihre Aufgabe erleichtere, Sie aber sträuben sich und wollen zum Alten zurückkehren. Nun, dann gehen Sie eben zum Künstlertheater, dort werden Sie das Stück bald aufführen können.«

Schließlich aber kam doch der Augenblick, wo wir zur nächsten Stufe der Probenarbeit gelangten, der Stufe nämlich, wo wir den Text brauchten. Die von uns gefundenen und ausprobierten Schemata sollten größere Ausdruckskraft und Vollendung im Gedanken, im Wort erhalten. Ich kann mich nicht erinnern, daß Stanislavskij oder die Regisseure den Übergang zur neuen Stufe angeordnet hätten. Vielmehr ergab es sich allmählich von selbst auf Grund des bei uns entwickelten inneren Bedürfnisses. Allerdings mußten wir nicht selten zum Anfangsstadium der Arbeit zurückkehren.

Unentwegt machten wir vor jeder Probe unsere »Schauspielertoilette«. Doch standen wir jetzt schon vor anderen Aufgaben, vor komplizierteren, die bereits in gewissem Grade die darstellerische Form der Szene ergaben. Kurz, wir arbeiteten schon am Wort. Dem erarbeiteten »Verlangen« nach der Handlung mußte man die Erfüllung und Vollendung in der Wort-Handlung geben. Man mußte die handelnden Personen des Stückes in einer aktiven mündlichen Auseinandersetzung miteinander verketten. Dafür war der Boden durch die ganze vorangehende Arbeit bereitet. Doch waren Stanislavskijs Anforderungen auf diesem Gebiete so groß, daß uns auch auf dieser Stufe Verdruß nicht erspart blieb. Keine einzige leere Phrase, kein einziges Wort, das nicht durch »bildhafte Vorstellungen« gerechtfertigt war, wurde von Stanislavskij geduldet.

»Es ist nicht notwendig, daß man sich selbst zuhört, notwendig aber ist, daß man das, wovon man spricht, lebhaft vor sich sieht, prägnant selbst in den kleinsten Einzelheiten, so wie im Leben. Um so markanter wird es dann auch auf der Bühne sein, und der Zuschauer wird es desto deutlicher erblicken.«

Soweit die innere Seite des Spieles – was die äußere anbelangt, gilt folgendes:

»Die handelnden Personen des Stückes sind Franzosen, ihre Gefühle lebhaft, ihre Gedanken klingend und rasch wie ein Federstrich, ohne erläuterndes Verweilen. Schnell und leicht fließen sie dahin. Ein Gedanke ist ein ganzer Satz. Und durch die Versform des Textes wird das noch komplizierter.« Niemand von uns beherrschte wirklich die Kunst des Rezitierens, keiner hatte eine Ahnung vom Rhythmus, vom Versmaß. Stanislavskij stellte aber auch hier hohe Ansprüche.

»Der Versrhythmus muß im Schauspieler leben, gleichgültig, ob er spricht oder schweigt. Mit dem Rhythmus muß man für die Dauer der ganzen Aufführung geladen sein, dann kann man auch zwischen den Worten und Sätzen innehalten. Alles fügt sich dann in den notwendigen Rhythmus.«

Lange Zeit wurde mir die wichtige Szene zwischen Orgon und Dorine im ersten Akt zur Qual. Der vom Lande in die Stadt zurückgekehrte Orgon fragt Dorine aus, was sich während seiner Abwesenheit im Hause zugetragen habe. Indem er die Einzelheiten der schrecklichen Erkrankung seiner Frau anhört, stellt er immer wieder ein und dieselbe Frage:

Und Herr Tartüff?

Und trotz der tröstlichen Nachrichten über seinen Liebling sagt er jedesmal – bald mit Besorgnis, bald mit Tränen der Rührung:

Der arme Mann!

Und das fünf-, sechsmal im Laufe der Szene. Mit ganzem Herzen empfand ich den Humor und Reiz dieser Szene, aber ihn wiederzugeben – das wollte mir einfach nicht gelingen. Soviel ich auch die Aussprache von »Und Herr Tartüff?« und »Der arme Mann!« variierte – die Sätze blieben tot und ließen sich nicht in das hübsche Spitzenmuster von Dorines Bericht hineinweben. Sie hingen in der Luft, waren schwerfällig und unecht. Ich glaubte mir selbst nicht mehr und verzweifelte fast. Oft genug erlebt man, daß die Szene, die einem bei der Lektüre des Stückes am besten gefällt, auf die man so große Hoffnungen setzt, einem später am schwersten fällt oder überhaupt nicht gelingt. So ging es auch mir in diesem Falle. Alle bemitleideten mich, gaben mir Ratschläge und Hinweise, wie man die Szene spielen müsse. Ich selbst konnte das erzählen, aber wenn's ans Spielen ging …

»Nun, was hindert Sie denn hier?« fragte Konstantin Sergeevič, als ich ihm diese Szene hilflos vorstammelte.

»Ich weiß es selbst nicht, aber ich fühle, daß das ganz und gar nichts taugt, was ich mache. So geistreich und elegant die Szene auch ist, sobald ich mich daran mache, wird alles stumpf, schwerfällig und uninteressant.«

»Hm, hm! Ich glaube, Sie sehen nicht, was Sie sehen müßten. Sie sehen nur die äußere Seite der Szene, insbesondere ihre Eleganz, und diese möchten Sie spielen. Dabei müßte vor Ihrem inneren Auge das Schlafzimmer der Ehefrau und Tartüffs Zimmer erscheinen, die Räume also, von denen Ihnen Dorine berichtet. Sie hören ja gar nicht zu. Bemühen Sie sich, die Gedanken Ihrer Partnerin zu verstehen. Hören Sie, was Dorine erzählt:

Vorgestern blieb die gnäd'ge Frau im Bett
mit Kopfweh und mit hoher Fieberglut.

Hören Sie zu, und keinerlei Bewegungen, weder mit den Händen, noch mit dem Kopf! Ihr Auge aber, Ihr treues Auge, hängt gleichsam an Dorines Lippen:

›Wollen Sie bitte ausführlich erzählen!‹

210

Sie machen alles mit einer kleinen Pause nach jedem Worte. Das Schwergewicht liegt bei Ihnen auf den Zungenmuskeln. Dagegen fehlen Ihnen die bildhaften Vorstellungen. Sie kennen Ihr Schlafzimmer gar nicht, und dabei müßten Sie es in allen Einzelheiten kennen. ›Vorgestern blieb die gnäd'ge Frau im Bett‹, sagte Dorine. Schon müssen Sie im Geiste das Schlafzimmer sehen. Es ist Nacht, und Ihre Frau liegt im Fieber. Niemand im ganzen Haus schläft, alle rennen hin und her. Man hat nach dem Arzt geschickt. Eis wird herbeigebracht. Ringsum Lärm und Gelaufe… Doch gestatten Sie! Dort auf dem Gang, der zum Schlafzimmer führt, befindet sich die Zelle Tartüffs, der Raum, wo er mit Gott verkehrt, und schon ist die Frau vergessen, vergessen ist alles auf der Welt. Nicht schnell genug kann er erfahren, wie es Tartüff geht. ›Und Herr Tartüff?‹ fragt er. Und gerade das müssen Sie üben. Denken Sie nicht daran, wie Sie diese Worte aussprechen sollen. Hören Sie vielmehr aufmerksam Dorine zu, und überlegen Sie, was unter diesen Umständen mit Tartüff geschehen konnte. Auf Ihre Frage: ›Und Herr Tartüff?‹ antwortet Dorine:

Der saß wie eine Säule
und aß und aß, Rebhühner, gleich zwei Stück,
und dann noch eine halbe Hammelkeule.

Mein Gott! Was muß sich der Mann in der Nacht abgerackert haben, daß er solch einen ungewöhnlichen Appetit gehabt hat:

Der arme Mann!

Sie hören ihr zu und stellen Ihre Vermutungen an, solche, die nicht im Text stehen, deren Ergebnis aber der Text ist. In dieser Fähigkeit zuzuhören steckt das ganze Geheimnis der Szene. Dorine wiederum muß den Eindruck berücksichtigen, den jeder ihrer Sätze auf Sie macht, und je nach diesem Eindruck das eine oder das andere sagen. Sie muß Ihnen die Gedanken an den Augen ablesen. Sie ist doch so schlau und kennt Sie nur zu gut. Deshalb läuft parallel zum Text noch ein unausgesprochener Dialog zwischen Ihnen beiden her. Wenn man die gesprochenen Sätze des Textes mit Ihren nicht ausgesprochenen Gedanken verbindet, dann ergibt sich etwa folgendes:

DORINE: … da wurd' es besser.

ORGON: *(Nun, Gott sei Dank, daß alles gut abgelaufen ist. Ich kann mir vorstellen, wie alle gejubelt und sich gefreut haben. Und in ihrer Freude haben sie gewiß den unglücklichen Tartüff, der bestimmt die Kranke durch sein Gebet geheilt hat, vergessen. Wahr-*

scheinlich haben sie dem Ärmsten auch nichts zu essen gegeben,
und da sitzt er aus Bescheidenheit in seiner Zelle.)
DORINE: *(Aha, wie man sieht, macht er sich schon wegen seines
Scheinheiligen Gedanken!)*
ORGON: Und Herr Tartüff?
DORINE: *(Ich hab's ja gewußt. Na warte nur, jetzt werde ich Dir's aber
geben!)* Benahm sich wie ein Held … Und zum Ersatz für ihr ver-
gossenes Blut *(… aha, jetzt ist er unruhig geworden.)*
ORGON: *(Herr Gott, was hat er denn getan? Hat er sein Blut gegeben?
Oder was? Nun, um Gottes willen, sprich doch schneller!)*
DORINE: *(Ach, Sie interessiert, welches Opfer er gebracht hat?)* Trank
er nachher vier große Glas Burgunder.
ORGON: *(Mein Gott! Und dabei ist er doch Abstinenzler! Wie sehr muß
er Euch doch alle liebhaben! So sehr hat er sich gefreut, daß er
zum Schaden seiner Gesundheit …)* Der arme Mann!

Natürlich sind hier umständliches Nachdenken und lange Überlegung
nicht am Platze«, sagte Stanislavskij. »Die Gedanken jagen bei den
temperamentvollen Franzosen blitzschnell durch den Kopf. Die Situation ist für sie in diesem Fall viel zu klar, um dabei lange nachzudenken.
Über alle ihre Feinheiten orientieren sie sich im Vorbeigehen.

Vergessen Sie aber nicht, womit das laut gesprochene Stichwort verwachsen, mit welchen Gedanken es verflochten ist. Bedenken Sie, daß
der Mensch nur zehn Prozent dessen ausspricht, was in seinem Kopfe
steckt. Neunzig Prozent bleiben unausgesprochen. Auf der Bühne aber
vergißt man das. Man hantiert nur mit dem, was laut ausgesprochen
wird, und verstößt damit gegen die Lebenswahrheit.

Wenn Sie an dieser oder jener Szene arbeiten, dann müssen Sie vor allem sämtliche Gedanken wiederherstellen, die dieser oder jener Replik
vorangehen. Man braucht sie nicht auszusprechen, muß aber in ihrer
Welt leben. Vielleicht kann man sogar versuchen eine Zeitlang zu proben, indem man alles laut ausspricht, um sich seine stummen Stichworte und die seines Partners und die Reihenfolge der Gedanken besser anzueignen, weil auch der nicht ausgesprochene Gedanke mit dem Partner
zusammenhängt.

In der Szene, die Sie gerade vorgeführt haben, muß man vor allen Dingen lernen, gut zuzuhören und die verborgenen Gedanken des Partners
zu erraten. Das gilt besonders für Orgon. Dann stellen sich die klassi-

schen Stichworte ›Und Herr Tartüff?‹ und ›Der arme Mann!‹ von selbst ein. Es ist nicht notwendig, daran zu denken. Und Dorine darf nicht vergessen, daß sie all das als eine Vorstellung für Cleant veranstaltet, um hiermit die Richtigkeit dessen zu beweisen, was sie gerade in ihrer langen Erzählung von Tartüff berichtet hat.

Das Mädchen macht sich Ihnen ins Gesicht
ja lustig über Sie …

sagt Cleant, nachdem Dorine gegangen ist, zu Orgon. Merken Sie, welche Aufgabe Sie haben? Sie müssen andauernd Orgon provozieren, damit er sich so verhält, wie Sie es brauchen.

In diesen Elementen Ihres Verhaltens müssen Sie sich gehörig auskennen und hauptsächlich das proben, was nicht im Text, sondern zwischen den Zeilen steht. Die Bendina (Darstellerin der Dorine) sollte jedesmal vor Beginn der Probe irgendeine Art der Provokation erfinden und Toporkov so zum Narren halten, daß er unbedingt auf den Leim geht. Dann wird Dorine begreifen, was sie in dieser Szene mit Orgon zu machen hat.

Sie wollten die Szene meistern, ohne vorher die Wege dafür zu bahnen. Ohne die Gedankenfolge und die bildhaften Vorstellungen zu ordnen und einzuüben, streckten Sie Ihre Hände gleich nach dem eigentlichen Ergebnis aus und wollten es im Flug nehmen. Die Szene erscheint nämlich nur so leicht, und sehen Sie, Sie hatten keinen Erfolg. Möglicherweise hätte es auch gelingen können. Nachdem es aber nun nicht gelungen ist, haben Sie hier einen Weg zur Überwindung der Schwierigkeiten. Die Szene ist tatsächlich sehr schwer. Bedenken Sie, daß es sich hier um ein klassisches Beispiel einer Molièreschen Komödie handelt.«

Nachdem er von Dorine alle notwendigen Informationen über den Stand der Dinge im Hause erhalten hat, schickt Orgon die Zofe fort und bleibt mit seinem Schwager Cleant allein. Zwischen ihnen entwickelt sich eine längere Unterhaltung. Cleant macht Orgon zunächst vorsichtig und dann immer deutlicher auf das Abnorme in seinem Familienleben aufmerksam, das zusammen mit Tartüff ins Haus eingezogen ist. Orgon dagegen versichert Cleant, daß erst von dem Augenblicke an, da dieser fromme Mann sich bei ihnen niedergelassen habe, seine Familie ein schönes, frommes, gottgefälliges Leben führe.

Beide äußern ihre Meinung in weitläufigen Reden. Die Szene trägt einen »Konversations«-Charakter, und so hat man sie gewöhnlich auch gespielt. Mal sprach dabei der eine seinen Text, und der andere wartete ab, mal war es umgekehrt. Die einen sprachen leidenschaftlicher und temperamentvoller, die anderen kühler und räsonierend, aber alles war bloßes Gerede und nichts weiter. Man spielte diese Szene wie eine in jedem Stück unvermeidliche, etwas langweilige Exposition, und es war peinlich, daß sie gerade einen Akt abschloß. Eine »Abkühlung« des Zuschauers am Aktschluß ist natürlich immer nachteilig für die Aufführung.

Wie soll man die Szene anpacken, wie sie auf das Niveau jener stürmischen und interessanten Ereignisse heben, die ihr vorangehen, und nicht nur auf dieses Niveau, sondern noch bedeutend höher? Das waren unsere Sorgen.

ORGON und CLEANT

CLEANT:
> Das Mädchen macht sich Ihnen ins Gesicht
> ja lustig über Sie. Ich will Sie nicht
> erzürnen, Schwager, doch – ich kann's verstehn.
> Wann hat man solche Laune schon gesehn!
> Besitzt der Mensch denn magische Gewalt?
> Sie scheinen von nichts andrem mehr zu wissen.
> Nachdem Sie aus dem Elend ihn gerissen,
> gehn Sie in der Verblendung –

ORGON:
> Schwager, halt!
> Sie kennen ja den Mann nicht, den Sie schelten.

CLEANT:
> Ich kenn' ihn selber nicht, das lass' ich gelten;
> doch welcher Art er ist, seh' ich daran –

ORGON:
> Wenn Sie ihn kennten, wären Sie beglückt
> und jeden Tag erneut von ihm entzückt.
> Er ist ein Mann – ein Mann – kurzum, ein Mann!
> Wer seinem Lehren folgt, der findet Frieden,
> dem gilt die ganze Welt nur noch als Mist.
> Ich ward ein andrer, seit er mir beschieden;

denn ich begriff, daß alles eitel ist.
Er hat mich frei gemacht von ird'schen Bürden;
wenn Mutter, Weib und Kind mir sterben würden,
ich lächelte dazu und bliebe kühl.
CLEANT:
Was für ein edles menschliches Gefühl!
ORGON:
Ja, würden Sie den Mann nicht lieben, Schwager,
den Sie getroffen hätten wie ich ihn? –
Bei jeder Messe lag er bleich und hager,
zerknirscht mir gegenüber auf den Knien.
Mit einer Inbrunst bat er, weint' und flehte,
daß alles rings die Köpfe nach ihm drehte.
Dies Seufzen, Stöhnen, diese Stoßgebete!
Die kalten Fliesen küßt er hundertmal!
Wenn ich dann aufstand, lief er zum Portal
und reichte mir geweihtes Wasser dar. –
Durch seinen Diener hört' ich, wer er war,
und daß es ihm entsetzlich schlecht erging.
Ich bot ihm Geld; die Summe war gering;
doch nur die kleinste Münze nahm er sich.
»Die Hälfte wäre schon zuviel für mich.«
Als er nicht nachgab, teilt' er an die Armen
vor meinen Augen alles andre aus. –
Ich nahm ihn später dann zu mir ins Haus.
Dem Himmel Dank! Er ist für uns ein Segen!
Denn alles sieht er. Meiner Ehre wegen
bekümmert er sich selbst um meine Frau.
Er warnt mich, schaut sie einer auch nur an,
und zeigt mehr Eifersucht als ich, ihr Mann. –
Besonders gegen sich ist er genau.
Er findet Sünden in den kleinsten Dingen.
Ihn kann ein Nichts fast zur Verzweiflung bringen! –
Ach, hätten Sie ihn neulich nur erblickt,
Wie schwer er litt, weil, betend auf dem Lager,
versehentlich er einen Floh geknickt.
CLEANT:
Sie sind nicht recht bei Troste, lieber Schwager!

Erzählen mir hier solche Narretei,
die bei Vernünft'gen doch nur Lachen weckt!
ORGON:
Das riecht verdächtig nach Freigeisterei!
Sie sind ein wenig von ihr angesteckt,
und ich befürchte schon seit langer Zeit,
es werde sich noch schwer an Ihnen rächen.
CLEANT:
So hört man euresgleichen immer sprechen.
Ein jeder soll so blind sein, wie ihr seid.
Hat einer noch ein Paar gesunde Augen
und will für euren Firlefanz nicht taugen,
ist er ein Freigeist, treibt mit Heil'gem Scherz! –
Doch macht ihr mir nicht angst, ihr armen Schlucker,
ihr könnt mir nichts, und Gott sieht nur aufs Herz!
Wir sind doch nicht die Sklaven eurer Mucker!*
[Den falschen Helden gleichen diese Frommen.
Von wahrhaft Tapfern hab' ich nie vernommen,
daß sie den Mut stets auf der Zunge tragen.
Genauso sind es nicht die echten Frommen,
die sich vor Heiligkeit fast überschlagen.
Wie, oder glaubt ihr denn, daß Heuchelei
und Frömmigkeit genau das Gleiche sei?
Gebt ihr denselben Namen allen beiden?
Wollt ihr die Maske nicht vom Antlitz scheiden?
Wie kann man blauen Dunst für lautre Klarheit,
den Schein für echtes Sein, den flücht'gen Schemen
für Wirklichkeit, die Lüge für die Wahrheit
und falsches Geld für bare Münze nehmen?
Zu wunderlich ist mancher Menschen Treiben!
Sie können niemals schlicht und einfach bleiben.
Vernunft hat ihnen viel zu enge Schranken;
da brechen sie nach allen Seiten aus.
Doch nehmen Sie den edelsten Gedanken –
durch Übertreibung wird stets Tollheit draus.
Dies alles nur so nebenbei, Verehrter.]

* Die von eckigen Klammern umschlossenen Dialogteile waren in der hier geschilderten Inszenierung gestrichen.

ORGON:

Nicht wahr, Sie sind ein Denker, ein Gelehrter,
und alle Weisheit wohnt in Ihrem Kopf?
Wahrhaft erleuchtet sind nur Sie! In Ihnen
ist uns ein Cato, ein Prophet erschienen.
Und jeder andre ist ein dummer Tropf!

CLEANT:

Gelehrter bin ich nicht und weit entfernt,
mich mit dem Schein der Weisheit zu umkleiden.
Ich habe, lieber Schwager, nichts gelernt,
als echt und falsch genau zu unterscheiden.
Nichts schätz' ich höher als den wahrhaft Frommen;
vor solchen Menschen zieh' ich tief den Hut;
mir ist nie etwas Schönres vorgekommen
als eines reinen Glaubens stille Glut. –
Doch nichts in aller Welt ist mir verhaßter
als diese Frömmelei, die als ein Pflaster
der Eigensucht der Scharlatan benutzt,
der feile Heuchler, der mit Scheingebärden
der Frömmigkeit das höchste Gut auf Erden
durch frechen Mißbrauch ungestraft beschmutzt.
[Mir sollen alle die vom Halse bleiben,
die mit dem Heil'gen schnöden Schacher treiben
und sich mit Beten, Bücken, Augenrollen
nur eine fette Pfründe kapern wollen!
Sie suchen eifrig auf des Himmels Pfaden
den irdischen Besitz, nach dem sie dürsten.
Entsagung pred'gen sie am Hof der Fürsten
und wollen dafür Ämter, Würden, Gnaden.
Ihr Glaube hindert sie am Bösen nie.
Rachsüchtig, treulos, tückisch, hüllen sie,
um jemand zu verderben, dunkle Triebe
ins strahlende Gewand der Gottesliebe.
Das macht bei ihnen die Gefahr so groß:
Als Waffen dienen ihrem Hasse solche,
die jeder ehrt, stets führen sie den Stoß
nach ihrem Gegner mit geweihtem Dolche.
Es gibt nur allzuviel von dieser Sorte. –

Die echten Frommen kann man leichter zählen.
Doch findet man noch immer hier am Orte
dergleichen, um zum Vorbild sie zu wählen.
Ich nenne Polydor, Oront, Periander
und Ariston, Alcidamas, Clitander.
Wer leugnet, daß sie fromm sind? Aber sie
posaunen ihre Tugenden nicht täglich
ins Land hinaus und prunken damit nie.
Bei aller Frömmigkeit sind sie verträglich.
Sie nennen's Pharisäertum, sich wegen
des lieben Nächsten ständig aufzuregen.
Auch schätzen sie das heft'ge Tadeln nicht;
ihr Tun ist's, was beschämend zu uns spricht.
Sie sehn nicht immer gleich den Teufel, denken
gerecht und billig von den andern, geben
sich niemals ab mit Tücken und mit Ränken.
Selbst gut zu sein, das ist ihr ganzes Streben.
Sie wollen nicht in wilder Glaubenswut
den Sünder, nein, die Sünde nur vernichten.
Kurzum, sie nehmen's mit des Himmels Pflichten
nicht strenger, als der Himmel selbst es tut.
Ja, das sind meine Leute, das sind Sitten,
die können uns ein gutes Vorbild sein! –
Ihr Heil'ger ist aus andrem Holz geschnitten.]
Sie preisen ihn, Sie glauben an den Mann.
Ich fürchte nur, Sie blendet falscher Schein.

ORGON:

Sind Sie jetzt fertig, Schwager?

CLEANT:

Ja.

ORGON:

Alsdann: Ihr Diener!

CLEANT:

Halt! Noch eins! Genug des Streits!
Sie gaben dem Valer, Mariannes Freier,
Ihr väterliches Jawort doch bereits?

ORGON:

Hm!

CLEANT: Und die Hochzeit war schon festgesetzt?
ORGON: Gewiß.
CLEANT: Sind Sie denn andren Sinnes jetzt?
ORGON: Vielleicht.
CLEANT: Sie haben vor, Ihr Wort zu brechen?
ORGON: Das sag' ich nicht.
CLEANT:
    Versprechen ist Versprechen.
    Erfüllen Sie's! Was hindert Sie daran?
ORGON: Tja!
CLEANT:
    Um ein einz'ges Wort so viel Geschichten!
    Ich frag' im Auftrag von Valer hier an.
ORGON: Dem Himmel Dank!
CLEANT: Was kann ich ihm berichten?
ORGON: Nun, irgend was!
CLEANT:
    Sie müssen doch enthüllen,
    was Ihre Absicht ist!
ORGON:
    Das zu erfüllen,
    was Gott befiehlt.
CLEANT: Warum verschieben Sie die Feier?
ORGON: Weiß nicht.
CLEANT:
    Wozu die Redereien!
    Bleibt es bei Ihrem Wort? Ja oder nein?
ORGON: Adieu! *(Ab.)*
CLEANT:
    Die Hochzeit liegt noch sehr im Weiten!
    Ich will Valer schon immer vorbereiten!

Nein! Das sind natürlich keine Erörterungen zweier Räsoneure, das ist keine Diskussion, kein akademischer Disput. Das ist vielmehr ein Kampf zweier Gegner auf Leben und Tod. Irgendein Zufall hat vielleicht im letzten Augenblick die Hand Orgons vom Totschlag zurückgehalten. (Der lästernde Cleant wird ohnehin der himmlischen Strafe nicht entgehen.) Wenn der eine der Streitenden seinen Text spricht, verhält sich der andere keineswegs abwartend. O nein! Man kann ihm mit einem Menschen vergleichen, der auf eine heiße Herdplatte geraten ist. Jeder Gedanke des einen ist ein scharfer Stich in die Nerven des anderen. Die beiden Verwandten trennen sich nach diesem Handgemenge als Todfeinde. Das ist der Wendepunkt des Stückes. Von diesem Augenblick an sind die Beziehungen zwischen Orgon und seinen Verwandten und seiner Familie in eine neue Phase getreten. Der Kampf zwischen beiden Seiten hat eine neue Verschärfung erfahren. Orgon hat den festen Entschluß gefaßt, seine einzige Tochter Marianne Tartüff zur Frau zu geben, und er will damit seinen Feinden jede Waffe aus der Hand schlagen.

Zu diesen Erkenntnissen gelangten wir, als wir die Szene eingehend studierten. Doch es genügt nicht, Erkenntnisse zu besitzen; man muß sie auch anwenden können. Wie sollten wir die Szene aufbauen? Alles, was wir festgestellt hatten, war noch sehr »allgemein«. Schön, ein Zweikampf auf Leben und Tod, aber woraus besteht er denn? Welches sind die einzelnen Glieder dieses Kampfes? Worin besteht die konkrete Aufgabe der beiden Kämpfenden? Was für Kampfmethoden werden angewandt? Was gibt's hier für eine Abfolge in physischer Hinsicht? Und dann, wie soll man das praktisch wiedergeben, womit soll man die Arbeit beginnen, was soll geübt werden? Wir arbeiteten, so gut wir konnten, wie wir es vermochten, unter der Leitung Kedrovs, der uns sehr vernünftige und kluge Weisungen gab, und als wir gewisse Ergebnisse erzielt hatten, begaben wir uns in die Leont'evgasse, um weitere Belehrungen zu holen.

Wie zu erwarten stand, war das erste, worauf Stanislavskij unsere Aufmerksamkeit lenkte, die Vervollkommnung des von uns schon bis zu einem gewissen Grade gefundenen physischen Verhaltens der beiden Kämpfenden. Dies »Sitzen auf der heißen Herdplatte« wurde von uns analysiert und in allen möglichen Varianten ausgeführt. Das ganze Schema der Rauferei der wütenden Verwandten wurde von uns eingehend ausgearbeitet, und zwar ohne den Text oder überhaupt Worte zu sprechen, mit Ausnahme derjenigen, die uns unwillkürlich während der Probe entschlüpften. Die Hauptsache war für uns das physische Verhalten der handelnden Personen. Jetzt ist einer von seinem Platz aufgesprungen und hält den anderen fest, indem er ihn in den Sessel zurückdrückt (selbstverständlich nicht physisch, sondern durch seelischen Druck). Der im Sessel Sitzende gleicht einem gehetzten Tier; jede

Sekunde ist er zum Sprung bereit. Er wartet auf einen günstigen Augenblick, um dem verhaßten Feind an die Kehle zu fahren und ihn mit den Krallen zu zerfleischen. Jener aber, der diesen mißhandelt hat, tut so, als ob er alles gesagt habe und weiterer Wortwechsel ihn nicht interessiere. Ruhig sitzt er im Sessel und hat sogar eine Zeitschrift in die Hand genommen. Das bringt den Gegner noch mehr in Wut. Er läßt seine ganze Erfindungsgabe spielen, um den anderen aus der Fassung zu bringen. Aber er braucht sich gar nicht zu bemühen. Die Kaltblütigkeit seines Gegners ist gekünstelt. Sie sehen, wie bei ruhiger Haltung seines Oberkörpers der eine Fuß in ganz kurzen Intervallen zuckt. Hier spürt man seinen echten Rhythmus. Und tatsächlich, plötzlich fliegt die Zeitschrift in die entfernteste Ecke des Zimmers. Wie von einer Tarantel gestochen, springt er auf, und die beiden Gegner stehen sich Auge in Auge wie zwei kämpfende Hähne gegenüber.

Als wir auf diese Weise die Szene probten, fanden wir viel Interessantes, das später in die Partitur der Aufführung überging. Die Mehrzahl der Funde aber, die uns den Zugang zu dieser Szene erschlossen hatten, fand später keine Verwendung. Die Rauferei wurde in beherrschteren und schicklicheren Formen ausgetragen, was ihre innere Spannung keineswegs schwächte, sondern eher noch hervorhob.

»Cleant gibt aber doch letzten Endes seinen Standpunkt auf«, bemerkte ein Darsteller. »So besteht also im großen und ganzen seine Handlung in der allmählichen Aufgabe seiner Positionen.«

»Die Aufgabe der Positionen ist das Resultat, die Handlung aber ist das ›Ich will nicht aufgeben‹«, antwortete Konstantin Sergeevič.

Nachdem wir das Schema des physischen Verhaltens der Szene begriffen und empfunden hatten, mußten wir uns das Wortmaterial aneignen. Dazu bedurfte es beharrlicher schöpferischer Arbeit. Die rhetorischen Ergüsse Cleants werden dadurch so schwierig, daß dieses Rhetorische fortgesetzt überwunden werden muß. Orgon aber muß bei der Wiedergabe seiner leidenschaftlichen Entgegnungen jene Drastik voll Kraft und Saft und jenen Humor anstreben, mit denen Molière sie geschrieben hat.

Natürlich begann Stanislavskij wie immer so auch hier beim Ursprung. »Ständig müssen Sie auf Ihre Diktion achten und daran üben, und zwar täglich, ja stündlich und nicht nur alle fünf Tage eine Viertelstunde lang. Beim Sprechunterricht fünfzehn Minuten richtig, aber einhundertneunzehn Stunden und fünfundvierzig Minuten im Alltagsleben falsch sprechen, das ist Unsinn. Die Worthandlung ist das Vermögen des Schauspielers, den Partner mit seinen bildhaften Vorstellungen anzustecken. Zu diesem Zwecke aber müssen Sie selber alles klar und deutlich vor sich sehen, so daß Sie Ihren Partner veranlassen können, das, was Sie ihm erzählen, ebenso klar und deutlich zu erblicken. Der Bereich der Worthandlung ist riesig groß. Man kann einen Gedanken sowohl durch einen Satz als auch durch Intonationen, Ausrufe und Worte wiedergeben. Die Wiedergabe eines Gedankens, das ist die Handlung. Ihre Gedanken, Worte und bildhaften Vorstellungen sind nur für den Partner bestimmt. Ist das bei Ihnen so? Sie, Vasilij Osipovič, haben jetzt gerade eine Szene gespielt, und dabei hat Ihnen die linke Schulter gebrannt. Sie haben die ganze Zeit den Zuschauer gespürt. Das darf nicht sein. Alles muß auf den Partner eingestellt sein. Wonach haben Sie in dieser Szene getrachtet?«

»Cleant zu überzeugen.«

»Schön! Sie sehen den Augenausdruck, mit dem er Sie anschaut. Sie müssen erreichen, daß dieser Ausdruck anders wird, daß sein Blick sich aufhellt. Was müssen Sie zu diesem Zwecke tun? Sie müssen ihm Ihre bildhaften Vorstellungen vermitteln. Er muß alles mit Ihren Augen sehen. Sprechen Sie nicht für das Ohr, sondern für das Auge. Sowohl Drohungen als auch das Flehen, schmeichelnde Überredungsversuche und alles, was Ihnen beliebt, können hier vorkommen. Und alles nur für den Partner. Beobachten Sie die Wirkungen Ihrer Anstrengungen am Augenausdruck Ihres Partners. Lassen Sie nicht zwischen sich und ihn etwas anderes treten. Zugegeben, daß das passiert. Das Publikum lenkt immer ab. Deshalb muß man in der Lage sein, sich wieder vom Publikum abzuwenden und zum Objekt zurückzufinden. Sie machen in dem Satz

Ja, würden Sie den Mann nicht lieben Schwager,

hinter ›Ja‹ eine Pause. Was soll die Pause an dieser Stelle? Das ist ein ›aufgesetztes‹ Spiel. Das machen Sie für sich selbst, aber nicht für Cleant. Welchen Gedanken will Orgon denn hier ausdrücken?

Ja, würden Sie den Mann nicht lieben, Schwager,
den Sie getroffen hätten wie ich ihn?

Sie liebten ihn, statt ihn zu hassen. Das will Orgon hier sagen. Warum sollte er also eine sinnlose Pause hinter ›Ja‹ machen? Das haben Sie sich zur Ausschmückung der Phrase ausgedacht. Dabei hören Sie sich selbst zu, um festzustellen, ob es gut klingt. Versteifen Sie sich nie im vorhinein auf Worte und Handlungen. Sonst tritt bei Ihnen etwas Bewußtes an Stelle der Intuition in Tätigkeit. Vorbereiten kann man nur die Aufmerksamkeit und eine ›schöpferische Toilette‹, von der ich gesprochen habe. Einen Gedanken muß man vollständig aussprechen. Ob er überzeugend klingt oder nicht, das kann nur Ihr Partner beurteilen. An seinen Augen, an deren Ausdruck prüfen Sie dann, ob Sie etwas erreicht haben oder nicht. Wenn nicht, dann müssen Sie sogleich andere Verfahrensweisen erfinden, andere bildhafte Vorstellungen und Farben einsetzen. Richter darüber, was ich auf der Bühne richtig oder falsch mache, ist nur mein Partner. Ich selbst kann das nicht beurteilen. Die Hauptsache ist aber bei der Arbeit an der Rolle, daß Sie dieses innere Sehen bei sich entwickeln. Sie sagen zum Beispiel:

den Sie getroffen hätten wie ich ihn?
Wissen Sie denn aber selbst genau, wo Sie ihn trafen? Können Sie mir darüber bis ins einzelne berichten? Können Sie mir sagen, wo die Kirche steht, in der Sie Tartüff zum ersten Male beim Gebet gesehen haben, wie sie innen ausgestattet ist und so weiter, kurz all das, was auf Sie solch einen Eindruck gemacht hat? Wenn Sie das alles nicht sehen, können Sie die Aktivität, den Farbenreichtum und das Temperament nicht aufbringen, um Cleant zu überzeugen. Sie können nur dann jemand von der Richtigkeit Ihres Handelns überzeugen, wenn Ihre bildhaften Vorstellungen konkret und detailliert sind, und nur dann ist diese Überzeugung organisch. Andernfalls reden Sie nur mit aller Gewalt auf den Partner ein, und das wird den Zuschauer nicht überzeugen.

Um in sich das Gefühl der begeisterten, naiven Liebe Orgons zu Tartüff zu entwickeln, einer Liebe, von der er besessen ist, soll man nicht mit dem Aufwühlen und Vergewaltigen seiner Gefühle beginnen. Sich ein Gefühl für etwas aufzuzwingen, ist unmöglich. Arbeiten Sie für sich die ganze Geschichte der Entstehung dieser Liebe aus, ohne irgendeine Einzelheit zu vernachlässigen. Hier muß Ihre Phantasie einsetzen. Die Geschichte muß reich an interessanten Begebenheiten und rührenden Einzelheiten sein. Die Gestalt Tartüffs muß in Ihrer Vorstellung mit allen hervorragenden menschlichen Eigenschaften, die in der Natur existieren, ausgestattet werden. Sie müssen in Ihrer Einbildung die Gestalt eines ungewöhnlichen Menschen schaffen, und zwar so, daß Sie ihn überdeutlich vor sich sehen. Das kann irgendein bekannter, von Ihnen verehrter Mensch sein, der noch lebt oder tatsächlich gelebt hat, nun, zum Beispiel Leo Tolstoi oder sonst jemand. Wenn Sie Ihre Geschichte ausarbeiten, dann malen Sie diese Gestalt des frommen Mannes in Ihrer

Phantasie aus. Danach versuchen Sie, das Ihrem Partner zu schildern. Sparen Sie dabei nicht an Farben, verändern Sie sie kühn! Es können ganz überraschende Züge sein. Das bestimmt den Rhythmus der Szene. Wenn es nichts wird, dann bedeutet das, daß Sie nicht das Richtige in Ihrer Vorstellung sehen. Sie müssen dann eben Tartüff in Ihrer Vorstellung anders sehen, weil der Tartüff, den Sie jetzt sehen, entweder zu unbedeutend ist oder Sie nicht begeistert, so daß Sie nichts zu erzählen haben. Merken Sie sich: Bei Molière gibt's ebenso wie bei Gogol keine Stelle ohne Glut. Das heißt, wenn Sie davon erzählen wollen, wie Tartüff betete, dann müssen Sie Ihr ganzes Temperament und Ihren ganzen Eifer in diese Erzählung legen. Das ist nur dann möglich, wenn Sie den Stoff für die Erzählung so ausgebaut haben, daß er diesen Eifer erzeugt. Da führt Molière zum Beispiel als typischen Fall die Geschichte vom Floh an:

Er findet Sünden in den kleinsten Dingen.

Ihn kann ein Nichts fast zur Verzweiflung bringen! –

Ach, hätten Sie ihn neulich nur erblickt,

wie schwer er litt, weil, betend auf dem Lager,

versehentlich er einen Floh geknickt.

Sehen Sie dieses Bild deutlich vor sich, dieses Musterbeispiel der größten Herzensgüte Tartüffs. Wie er nachts von seinem Bett aufspringt, nackt und vor Kälte zitternd, wie er Licht anmacht und seinem Diener Lorenz von dem geschehenen Malheur berichtet, wie sie dann längere Zeit zu zweit den Floh suchen, wie ihn Tartüff, nachdem er ihn gefunden, mit seinem Atem wärmt und sich bemüht, ihn wieder zum Leben zu erwecken, wie er ihn dann auf ein reines Blatt Papier legt und die ganze Nacht betet und bitter weint. Solch ein Bild oder ein ähnliches muß vor Ihren geistigen Augen entstehen, wenn Sie sich bemühen, durch diese Erzählung in Cleant ein Gefühl der Ehrfurcht vor der Heiligkeit Tartüffs zu erwecken.

Und immer wieder aufs neue wiederhole ich: Alles nur für Cleant! Rütteln Sie ihn sowohl durch Drohungen als auch durch Tränen auf, je nachdem, was Ihnen vorteilhafter erscheint. Wenn das nicht wirkt, dann nehmen Sie noch mehr Farben dazu, passen Sie sich noch besser an, und denken Sie nicht an die Intonation. Zu sprechen brauchen Sie keinen einzigen Satz, aber malen müssen Sie ein ganzes Bild. Zerbrechen Sie das Bild einer Venus nicht, und zeigen Sie sie nicht in Stücken vor, zeigen Sie die ganze. Das Publikum lenkt den Schauspieler vom Schaf-

224

fen ab. Durch den Willen, den Rhythmus und drastische bildhafte Vorstellungen müssen Sie den Partner fesseln. Daher ist es schrecklich, wenn ein Schauspieler einen schwachen Willen hat. Richten Sie alle Anstrengungen darauf, das Verhältnis Cleants zu Tartüff zu ändern. Das Spiel mit Partnern ist ein Schachspiel. Da Sie die künftigen Züge Ihres Partners nicht sehen können, müssen Sie seine Stimme, seine Intonation, seinen Blick und die Bewegung jedes Muskels beobachten. An Ihrem Partner müssen Sie sich darüber orientieren, was Sie weiter zu tun haben. Dann wird eine echte Handlung zustande kommen.

Jetzt stellen Sie sich folgendes vor: Auf der einen Seite steht der sich mit Leib und Seele für seine Sache einsetzende Orgon, auf der anderen der aufmerksam zuhörende Cleant, und je weiter es geht, um so aufmerksamer hört er zu. Schon ist Orgon überzeugt, daß er den gottlosen Cleant auf den rechten Weg geführt hat. Als er seine Flohgeschichte erzählt hat, blickt er triumphierend auf seinen Gesprächspartner. Dieser aber konstatiert lediglich ein Faktum und sagt:

Sie sind nicht recht bei Troste, lieber Schwager!

Empfinden Sie, was das für Orgon bedeutet? Das ist Molières Komödie. Man muß, wenn man diese Szene spielt, jedesmal von vorn anfangen, darf nichts von früher gefundenen, lieb gewordenen Verfahrensweisen mitbringen, sonst könnte sich das in schauspielerisches Virtuosentum verkehren, ich aber brauche jedesmal eine lebendige, organische Handlung. Merken Sie sich nur Ihre Aufgaben, die in folgendem bestehen:

Jeder ist absolut davon überzeugt, daß er recht hat und will um jeden Preis den anderen auf der Stelle und unverzüglich zu seinem Standpunkt bekehren, und zwar leidenschaftlich will er das. Erfüllen Sie diese Aufgabe heute, hier und jetzt. Überschütten Sie sich gegenseitig mit Ihren bildhaften Vorstellungen. Der eine sieht in Tartüff den Heiligen, der um eines getöteten Flohes willen Tränen vergießt, der andere aber einen Banditen, der die Absicht hat, die ganze Familie auszurotten. Das müssen Sie sich gegenseitig unter die Nase reiben.«

Bei der Arbeit an dieser Szene kehrte Konstantin Sergeevič bald zum Schema der physischen Handlungen zurück, bald konzentrierte er seine Aufmerksamkeit ausschließlich auf das Wort. Viele Male ließ er im Streben nach phonetischer Reinheit diesen oder jenen Satz wiederholen. Bei der Prüfung unserer bildhaften Vorstellungen kehrte er aber immer wieder zur Abfolge der physischen Handlungen zurück.

So fragte er zum Beispiel:
»Da sagen Sie gerade ›überzeugen‹. Was ist das für eine Handlung, eine psychische oder eine physische?«
Und zu Cleant gewandt:
»Sie sagen, daß es Ihnen zuwider ist, Orgon zuzuhören. Das ist keine Handlung, sondern ein Zustand. Welches ist nun aber hier die physische Handlung? Erstens ist man in der Lage, ›nicht zuzuhören‹, das ist schon eine einfache physische Handlung, zweitens ›gelassen zu erscheinen‹, auch das ist eine Handlung.
Wie werden Sie das aber machen? Hier kann es tausend verschiedene Verfahrensweisen geben. Diese werden nicht im Kopf für jeden konkreten Fall ausgedacht. Hauptsache ist: man muß zu ›diskreditieren‹ verstehen oder stimulieren können. Sie werden sich so verhalten, daß Sie nicht zuhören, daß Sie gelassen erscheinen und dadurch alles ignorieren, was von Ihrem Partner ausgeht. Zunächst einmal machen Sie das, was gewöhnlich ein Mensch tut, der aufmerksam und interesssiert einem andern zuhört, und dann tun Sie das Gegenteil. Ihr Verhalten ist die Stimmgabel für das Verhalten Ihres Partners, jede Veränderung Ihrer Positur ist sein Stichwort.«
Wir führten nun das aus, was Stanislavskij angegeben hatte. Ich trug ein und dieselbe Stelle des Dialogs bei verschiedenem Verhalten Cleants vor. Bald hörte er mir aufmerksam und ruhig zu und ermunterte mich dadurch, in der Enthüllung meiner Seele fortzufahren, bald setzte er all meine leidenschaftlichen Äußerungen herab, gähnte von Zeit zu Zeit, vertiefte sich in irgendeine auf dem Tisch liegende Zeitschrift oder pfiff eine lustige Weise vor sich hin. Und dann gab es noch eine dritte Situation, bei der Cleant darauf wartete, Orgon jeden Augenblick zu unterbrechen, um sich selbst in einer donnernden Rede zu entladen. Darauf wurden alle drei Verhaltensweisen während des Dialoges angewandt, und zwar bald in der einen, bald in der anderen Reihenfolge. Diese Übungen nutzten uns zweifellos sehr. Unter dem Zwang, fortwährend Cleant zu beobachten, wurde ich vollkommen von dem beobachtenden Blick des Regisseurs Stanislavskij abgelenkt. Mir wurde leichter zumute, ich begann, an mich und meine Handlungen zu glauben. Aktivität wurde in mir lebendig, besonders in dem Augenblick, als es galt, die Aufmerksamkeit Cleants wieder auf mich zu lenken und nicht zuzulassen, daß er mich unterbrach. So kamen drastischere und überraschendere Farben und Intonationen zustande.

226

Stanislavskij gab sich damit noch nicht zufrieden und verlangte immer mehr Mannigfaltigkeit in den Farben und in der Anpassung an den Partner.

»Bedenken Sie, daß es zahllose Arten menschlicher Anpassungsweisen und Gefühlsäußerungen gibt und daß sie fast niemals direkt sind. Begeisterung wird nicht immer durch Begeisterung wiedergegeben, sondern oft durch etwas direkt Entgegengesetztes. Man kann sich begeistern, indem man entrüstet sagt: ›Was dieser Schauspieler vortrefflich spielt!‹ Diesen Satz kann man begeistert, aber auch mit Entrüstung als höchster Bekundung der Begeisterung aussprechen. Man kann ihn aber auch mit Rührung, mit Geringschätzung und so weiter sagen, wobei man ein und dasselbe Gefühl zum Ausdruck bringt.«

Alle diese Beispiele demonstrierte uns Stanislavskij sehr überzeugend. Auf der Stelle ließ er mich mehrmals auf verschiedene Art und Weise den Teil meiner Rede wiederholen, in dem ich für Tartüff eine Lanze breche. Er ließ mich diesen Teil bald mit Entrüstung, bald mit Geringschätzung, bald mit Rührung, mit Verzweiflung, bald warnend, bald spottend, bald betrübt und so weiter vortragen. Und doch sollten all das verschiedene Ausdrücke eines einzigen Entzückens sein. Es handelt sich um folgende Stelle:

Wenn Sie ihn kennten, wären Sie beglückt
und jeden Tag erneut von ihm entzückt.
Er ist ein Mann – ein Mann – kurzum, ein Mann!

Von Zeit zu Zeit bekam ich, wenn ich die ersten beiden Zeilen mit Begeisterung gesprochen hatte, von Stanislavskij das Kommando: »Mit Entrüstung!«

Ich stellte mich dementsprechend um. Darauf gab Stanislavskij das Kommando: »Verzweiflung!«

Schon ging ich von der Entrüstung zur Verzweiflung über. Überhaupt interessierte sich Stanislavskij sehr für diese Szene. Lange und beharrlich arbeitete er an ihr, sei es, weil er sie für besonders wichtig hielt, sei es, weil er sie für technische Übungen als besonders brauchbar ansah.

Ich vermute, daß Stanislavskij bei der Arbeit mit uns alle Elemente seines Systems durchnahm. Besondere Beachtung aber schenkte er den Momenten der menschlichen Wechselbeziehungen. Nach einer Vorführung sagte er:

»Was haben Sie heute falsch gemacht? Es gibt keine Wechselbeziehung. Es sind keine Objekte da. Für kurze Augenblicke existiert zwar eine Wechselbeziehung, aber sie geht entweder wieder verloren, oder das Objekt ist zu schwerfällig für das französische Stück.«

Stanislavskij klagte oft darüber, daß die Schauspieler diesen höchst bedeutsamen Lebensprozeß ignorieren, daß sie ihn nicht studieren, daß sie keine Ahnung von allen seinen feinsten Bestandteilen haben und besonders nicht von dem Wichtigsten und Wesentlichsten, von der primären, der Handlung vorausgehenden Orientierung, die nicht nur dem Menschen, sondern auch jedem Tier eigen ist.

Wiederholt sagte er uns:

»Achten Sie darauf, wie ein Hund das Zimmer betritt. Was macht er vor allem? Er kommt herein, prüft schnuppernd die Luft, stellt dann fest, wo sein Herr ist, geht zu ihm hin, macht ihn auf sich aufmerksam, und erst dann, wenn er das getan hat, nimmt er mit ihm ›das Gespräch‹ auf. Ganz genauso, nur mit größeren Feinheiten und größerer Mannigfaltigkeit benimmt sich auch der Mensch.

Was aber macht der Schauspieler? Er geht direkt auf die Bühne, so wie es das szenische Arrangement vorsieht, geht zu der vorgeschriebenen Stelle und beginnt sofort mit dem Gespräch, ohne sich darum zu kümmern, ob man dazu aufgelegt ist, ihn anzuhören oder nicht. Man stelle ihm statt einer Frau einen Mann hin, und er wird es nicht einmal merken, sondern seine Liebeserklärung dem Manne machen. Ohne eine richtige Orientierung ist der organische Lebensprozeß gestört. Der Schauspieler lügt, seinem Handeln fehlt die Glaubhaftigkeit und er gerät auf den Weg der schauspielerischen Handwerkelei. Nur durch die Beachtung aller Feinheiten des Verhaltens kann man zum Wahrheitsempfinden auf der Bühne, zur Kreativität der eigenen organischen Natur gelangen.

Aus welchen Elementen besteht nun die Wechselbeziehung? 1. Aus der Orientierung, 2. aus dem Objektsuchen, 3. aus dem Auf-sich-aufmerksam-Machen und 4. aus dem Abtasten (mit dem inneren Auge).

Das Wesen der Wechselbeziehung besteht darin, daß einer nimmt und der andere gibt. Die Zugangswege zur Wechselbeziehung sind folgende: 1. die Orientierung, 2. das Lossteuern auf das Objekt, 3. das Auf-sich-aufmerksam-Machen, 4. das Abtasten, 5. das bildhafte Vorstellungsvermögen, das heißt, Sie müssen einen anderen zwingen, mit Ihren Augen zu sehen, 6. niemals an die Aussprache eines Wortes denken, sondern an das innere Bild, das heißt daran, wie man dieses Bild und das Ereignis am besten überträgt.

Soeben haben Sie die Szene eines heftigen Streites zweier Menschen gespielt und unmittelbar mit dem Streit begonnen. Den sehr wichtigen, ihm vorangehenden Teil, die Orientierung, das gegenseitige Sichabtasten, Sichaufeinandereinstellen, das Auffinden der ›Wellenlänge‹, auf der Sie dieses Gespräch am bequemsten beginnen, haben Sie übersprungen. Diese Feinheiten, diese kleinen physischen Handlungen spielen sich teilweise vor Beginn des Gespräches, teilweise bei den ersten fünf bis zehn Sätzen ab. Sie sind das Anfangsglied der ganzen weiteren Handlungslinie in der betreffenden Szene. Sie überspringen sie einfach und verstoßen dadurch gegen die Wahrheit.

Ein Mann kommt zu einem anderen und bittet ihn um irgendeine Gefälligkeit. Ehe er aber zur Sache kommt, ja ehe er überhaupt die ersten Worte ausspricht, wird er schon die Erfolgsaussichten feststellen, während der andere ungefähr den Zweck seines Kommens errät. Das ist das Ergebnis ihres schnellen Abtastens, ihres Orientierens und des aufmerksamen Beobachtens des Benehmens und Verhaltens des anderen. Nachdem sie einige Höflichkeitsphrasen gewechselt und sich unter Berücksichtigung aller Umstände, darunter auch der Stimmung des Gesprächspartners, auf die Distanz eingestellt haben, von der aus sie das Gespräch im gegebenen Fall am bequemsten führen können, wird der eine von beiden mit der Darlegung des Kernes der Sache oder seiner Bitte beginnen.

Das sind alles psychologische Feinheiten, die für den Menschen bei seinem normalen Umgang mit anderen Menschen unbedingt eine Rolle spielen. Sie darf man in unserer Kunst keinesfalls außer acht lassen, denn sie sind für uns von entscheidender Bedeutung. Sie überzeugen sowohl den Schauspieler als auch den Zuschauer von der Echtheit und Wahrheit all dessen, was auf der Bühne geschieht. Diese Feinheiten sind ein sehr wichtiger Bestandteil unserer Technik, der schauspielerischen Technik einer Kunst des Erlebens.

Die Szene Ihres Streites muß damit beginnen, daß Sie sich gegenseitig abtasten und studieren, sich aufeinander einstellen, sich dann bis zu Ihrem Höhepunkt steigern und mit einem vollständigen Bruch enden. Nur solch eine Darstellung zwingt den Zuschauer, Ihren Kampf mit unverminderter Aufmerksamkeit zu verfolgen und bis zu seinem logischen Abschluß im Zustande der Spannung zu verharren. Wenn Sie gegen die elementare Logik verstoßen, wird Ihnen der Zuschauer nicht mehr glauben, er wird gleichgültig werden. Seine Aufmerksamkeit können Sie nur dann wiedergewinnen, wenn Sie zur Einhaltung der schärfsten Logik menschlicher Wechselbeziehung zurückfinden. Man darf nicht bloß auf der Bühne verweilen, sondern muß an der Kunst arbeiten, zu sprechen und zu handeln. Sobald man auf die Bühne tritt, soll der erste Satz schon den Kammerton angeben. Nach vier, fünf Sätzen soll man feststellen: Hier handele ich, hier aber mime ich bloß, hier befinde ich mich nur auf der Bühne, hier aber lebe ich. Jetzt muß ich eine richtige Wechselbeziehung in Fluß bringen. So! Und jetzt muß ich Atem und Stimme richtig führen. So, nun ist alles in Ordnung.

Der Schauspieler muß in der Lage sein zu unterscheiden, was an seiner Darstellung gut und was schlecht ist, und zwar in aller Ruhe, ohne aufgeregt oder benebelt zu sein. Was brauchen Sie auf der Bühne? Aufmerksamkeit plus Feinfühligkeit, Konzentration auf die gegebenen Umstände. Das ist die unabdingbare Voraussetzung für die Herstellung eines schöpferischen Befindens des Schauspielers auf der Bühne. Es wird dann zur Stelle sein, wenn Überzeugungskraft plus Wahrheit existieren. Mit Hilfe dieser beiden Eigenschaften ergibt sich das ›Ich bin‹, und Sie werden wahrhaftig handeln. Man muß in der Lage sein, auf der Bühne folgende Unterscheidungen vorzunehmen: ›Hier lüge ich, hier aber entsteht Wahrheit; hier handele ich, hier aber stehe ich bloß auf der Bühne; hier achte ich auf das Publikum, hier aber habe ich wirklich gehandelt.‹

Es gibt Theater, wo man die Unwahrheit liebt und sie pflegt. Andere wieder haben Angst davor. Ich muß Ihnen dazu folgendes sagen: Haben Sie keine Angst vor der Unwahrheit, denn sie ist die Stimmgabel für die Wahrheit. Man soll sie nicht pflegen, aber man soll sie auch nicht fürchten.

Es gab bei mir keine einzige Rolle, die ich nicht mit Schablonen begonnen hätte. Wenn ich mich ganz ruhig fühle und annehme, daß ich wie ein Gott spiele, so bedeutet das, daß ich schablonenhaft spiele, und das Objekt meines Schaffens ist in dem betreffenden Augenblick der Gedanke: ›Ich spiele wie ein Gott.‹

Oft bemüht sich der Schauspieler, um jeden Preis gut zu spielen. Doch das ist unausführbar und undenkbar. Nicht um zu spielen, muß man die Bühne betreten, sondern um zu handeln und zu siegen. Auch Ruhe kann man nicht ›spielen‹. Auf Ruhe muß man ein Recht haben. Überhaupt kann man Gefühl, Leidenschaft und Handlung nicht spielen, man muß wirklich handeln. Und noch etwas: Je weniger man sich krampfhaft bemüht, desto mehr dringt zum Zuschauer. Was bedeutet denn: ›Gib dir mehr Mühe!‹? Das ist nichts als ›Koketterie‹ mit dem Publikum, der Zuschauer ist das Objekt; und das ist eines der größten Laster der Schauspieler. Die nützlichste ›Koketterie‹ mit dem Publikum besteht darin, daß man von ihm keine Notiz nimmt.«

Beim Übergang von den Fragen der Schauspielertechnik zur Erörterung der Chancen einer künftigen Aufführung gab Konstantin Sergeevič außerordentlich wertvolle Festlegungen für einzelne Szenen, Gestalten und den Wesenskern des Stückes, seine Idee, indem er auf die Möglichkeiten einer äußerst vertieften Deutung hinwies.

»Man vermeide die gewöhnliche, in den Theatern übliche Molière-Darstellung, wo auf der Bühne nicht Menschen, sondern altbekannte und einem längst überdrüssig gewordene Molière Theaterfiguren auftreten – die Masken. Das ist entsetzlich, immer langweilig und überzeugt nicht. Es ist ein Vorurteil, wenn man annimmt, eine Komödie so spielen zu müssen. Sie sollen an die Echtheit dessen, was auf der Bühne geschieht, glauben und sich an die Stelle der im Stück handelnden Personen versetzen. Drama, Komödie, Tragödie existieren nicht für den Schauspieler. Es gibt für ihn nur das Ich, den Menschen unter den gegebenen Umständen. Was ist denn hier geschehen? Rasputin hat sich in Orgons Haus eingenistet und stört das Familienleben. Die Haupthandlung des Stückes, deren Träger alle handelnden Personen mit Ausnahme Orgons und seiner Mutter sind, ist die Befreiung von dem Rasputin Tartüff. Für Orgon und seine Mutter dagegen besteht die Handlung darin, Tartüff fest und für immer im Schoße der Familie anzusiedeln und seinem Willen ihre weitere Existenz unterzuordnen. Darum entfaltet sich in dem Stück ein erbittertes Ringen, in dem jeder mit der ihm eigenen Logik handelt und kämpft.

Erinnern Sie sich: Auf der Bühne ertönte ein Schrei. Das war aber nicht Kraft, sondern Schwäche. Die Wucht einer Stimme ergibt sich, wenn man hingerissen wird durch ein richtiges, intuitiv gefundenes Verlangen. Das erzeugt richtige Anpassungen und Farbschattierungen.›Forte‹ ist nicht ›piano‹, und ›piano‹ ist nicht ›forte‹, und damit basta! Man kann nicht eines mit dem anderen gleichsetzen.

Der Darsteller des Orgon braucht überhaupt nicht an die komische Seite der Rolle zu denken. Humor und Komik entstehen im Laufe der Ereignisse von selbst. Für Orgon ist das, was geschieht, eine wahre Tragödie. Wenn man sich richtig in seine Lage hineindenkt und an seine

Stelle versetzt, wird man etwa folgende Überlegungen anstellen: Ich treffe auf meinem Wege einen Menschen, durch den ich mit Gott selbst verkehren kann. Daran glaube ich aus ganzem Herzen. Ich will das Glück meiner ganzen Familie, die ich sehr liebe. Ich will ihr ein glückliches und schönes Leben verschaffen und nehme deshalb im Hause einen wahrhaft frommen Menschen auf. Das ist meine größte Tat, der Wendepunkt zu einer lichten Zukunft, und das ist so offensichtlich, daß nur ein Blinder es nicht sehen kann. Plötzlich aber wird das nicht nur nicht als ein besonderes Glück und himmlische Gabe aufgenommen, sondern, im Gegenteil, man inszeniert eine niederträchtige Hetze gegen den Abgesandten Gottes. Lästernd bemüht man sich, ihn zu verleumden und ihn aus dem Hause zu ekeln.

Orgon ist aufrichtig bestrebt, seine Angehörigen zur Vernunft zu bringen, sie vor der himmlischen Strafe zu bewahren und ihre dem Verderben geweihten Seelen zu retten. Er bricht mit seiner Frau und seinem Schwager, jagt seinen Sohn aus dem Hause und verflucht ihn. Und plötzlich muß er, unter dem Tisch hockend, sich mit eigenen Augen und Ohren von seinem verhängnisvollen Irrtum überzeugen. Er hat weder Leo Tolstoi noch Jesus Christus, sondern einen ganz gewöhnlichen Spitzbuben bei sich beherbergt. Ist das etwa keine Tragödie?

Der Höhepunkt der Molièreschen Komödie ist die Szene, in der Orgon unter dem Tisch mit anhört, wie Tartüff seiner Frau Liebeserklärungen macht, hervorkommt und den berühmten Satz spricht:

Der Mensch ist ja ein wahres Ungeheuer!

Gewöhnlich versuchen die Darsteller Orgons an dieser Stelle ein homerisches Gelächter hervorzurufen. Wenn es Ihnen, Vasilij Osipovič, gelingt, hier nicht ein Gelächter, sondern ein aufrichtiges Mitgefühl mit sich zu erwecken, so wird das ein Triumph für Sie sein. Denken Sie sich gehörig in den tiefen Sinn des Stückes hinein! Betrachten Sie das Wesen der in diesem vorkommenden Ereignisse nicht mit den Augen des Schauspielers, sondern als Mensch. Versetzen Sie sich an Orgons Stelle! Alle diejenigen, die in dem Stück Ihre Angehörigen sind, wie Frau, Tochter, Sohn und so weiter, müssen Sie sich näherbringen und liebgewinnen. Begreifen Sie, daß Sie mit ansehen müssen, wie diese ihrem Untergang entgegengehen, und was es für Sie bedeutet, alle Beziehungen zu ihnen abzubrechen. Wie stark muß bei Ihnen der Glaube an die Heiligkeit Tartüffs sein, wenn Sie trotzdem Ihre Familie aufs Spiel setzen. Merken Sie, wie hier Ihr Temperament gespeist wird, bis zu welchem Pathos Sie sich steigern können, wenn Sie Tartüff in Schutz nehmen, vorausgesetzt, daß Sie all das oben Gesagte zu würdigen wissen und restlos begreifen? Hier haben Sie es schon mit Shakespeareschen Leidenschaften zu tun. Sie wollen Tartüff auf sich aufmerksam machen. Die Aufmerksamkeit eines einfachen Menschen auf sich zu lenken ist schließlich etwas ganz anderes, als die eines Christus, und daher Ihr Pathos. Es ist hier vollkommen gerechtfertigt, besonders da Christus sich anschickt, Ihr Haus zu verlassen. Spüren Sie, was das für einen gläubigen Menschen bedeutet? Das aber, die Tragödie Orgons, muß man vor allen Dingen erst einmal verstehen. Die komische Seite ist eine Sache für sich. Sie tritt als Mißverhältnis zwischen Ihrem Benehmen und dem, was im Hause tatsächlich geschieht, in Erscheinung. Das Gefühl für das Komische Ihrer Lage wird bei Ihnen schon von selbst kommen. Darüber brauchen Sie sich nicht zu beunruhigen. Sie müssen sich um andere Dinge sorgen. Bemühen Sie sich vor allem, in Orgons Seele einzudringen und alle Ereignisse von seinem Standpunkt aus zu werten. Erleben Sie eine Tragödie, und Sie werden dadurch zu einer großen Komödie gelangen. Hier handelt es sich nicht um die Hartnäckigkeit eines Narren. Hier ist vielmehr ein Mensch, der das Beste, das Heiligste und Lichteste in seinem Leben, ja das Leben selbst verteidigt. Je mehr Sie sich von diesen Gedanken, diesen bildhaften Vorstellungen durchdringen lassen, um so mehr bereichern Sie die Rolle, und um so schärfer und unerbittlicher brandmarken Sie das gemeine Laster der Scheinheiligkeit. Und das ist das Ziel unserer Aufführung, deren Überaufgabe und die Idee des Molièreschen Stückes.

Versuchen Sie aber nicht, alles auf einmal zu meistern. Das geht über Ihre Kraft, Sie würden sich dabei überanstrengen. Ebnen Sie bei der Probe allmählich die Startbahn für den Höhenflug. Stärken Sie die Linie der physischen Handlungen, entwickeln und bereichern Sie Ihre bildhaften Vorstellungen.

Man kann schließlich alles als komische Anekdote spielen. Aber was hätte solch eine Aufführung für einen Zweck? Ein hochehrenwertes Publikum zu zerstreuen? Lohnt es sich etwa, deshalb im Theater zu arbeiten? Jede unserer Aufführungen muß durch eine Idee belebt sein. Abgesehen davon, daß wir ein Stück in seiner ganzen Länge spielen und den wesentlichen Fabelstrang darbieten, müssen wir uns jedesmal eine Überaufgabe stellen.

Ich erinnere mich, wie wir einmal zu einem Gastspiel nach Petersburg gekommen waren. Vor dem Beginn des Gastspieles probten wir viel in dem Theater, in dem wir auftreten sollten. Zuweilen dauerten die Proben bis zwei, drei Uhr nachts. Als ich einmal, müde von der Arbeit, auf die Freitreppe des Theaters hinaustrat, um zum wohlverdienten Schlaf ins Hotel zu fahren, war ich von dem sich mir bietenden Anblick überrascht. Draußen herrschte starker Frost. Im Dunkel der Nacht leuchteten hier und da Lagerfeuer, und der ganze Platz war voller Menschen. Die einen wärmten sich am Feuer und rieben sich die Hände, Füße und Ohren, die anderen hatten sich zusammengerottet und stritten heftig über irgend etwas. Über dem Platz stand der Rauch der Lagerfeuer. Tausende von Stimmen schwirrten durch die Luft. Da ich nichts von all dem begriff, fragte ich jemand, der neben mir stand: ›Was ist denn da los?‹ – ›Die warten alle auf Eintrittskarten für Ihre Vorstellungen.‹ Mein Gott, dachte ich, welche Verantwortung tragen wir, wenn wir die geistigen Bedürfnisse all dieser die ganze Nacht durch frierenden Menschen befriedigen wollen, welch große Ideen und Gedanken müssen wir ihnen bringen!

Denken Sie einmal darüber nach, ob wir ihnen sagen dürfen ›Wir sind quitt‹, wenn wir ihnen nur eine lustige Anekdote erzählt haben. Ich konnte in jener Nacht vor Aufregung und Verantwortungsgefühl lange nicht einschlafen. Es kam mir der Gedanke, daß es außer der Überaufgabe einer Aufführung noch eine Über-Überaufgabe geben müßte. Ich kann sie jetzt noch nicht definieren, aber in jener Nacht fühlte ich, daß die Menschen, die ich auf dem Platz gesehen hatte, noch viel mehr empfangen müßten, als wir für sie bereithielten.

Der Zuschauer soll sich in Orgon erkennen. Er mag an irgendeiner Stelle herzlich lachen, wenn er sich der komischen Situationen erinnert, in die er selbst durch übergroße Vertrauensseligkeit und Unvorsichtigkeit geriet, er mag nachdenklich werden, sich schelten und sich über die Niedertracht der Menschen empören, die ein Schmarotzerleben führen und ihren Wohlstand auf die schwachen Charakterseiten ihrer Nächsten gründen. Hier und da mag er sogar Tränen vergießen. Deshalb hört diese Komödie doch nicht auf, eine Komödie zu sein. Sie erhält nur einen scharfen Stachel, und der Zuschauer geht bereichert aus dem Theater nach Hause.«

ÜBER DAS ÄUSSERE CHARAKTERBILD

Kein einziges Element der Schauspielertechnik wurde von Stanislavskij im Unterricht außer acht gelassen. Wenn in der ersten Arbeitsperiode die ganze Aufmerksamkeit ausschließlich auf die physische Handlung konzentriert war, wurden danach mit der gleichen Sorgfalt und Beharrlichkeit auch die anderen Bestandteile einer Bühnenhandlung von ihm ausgeformt: das Wort, der Rhythmus, der Sinn, das bildhafte Vorstellungsvermögen, das Versesprechen und so weiter. All das trat, und zwar jedes zu seiner Zeit und in verschiedenen Arbeitsstadien ins Blickfeld Stanislavskijs und wurde zum Gegenstand unserer Übungen.

Das kommt übrigens, wie mir scheint, in den Schilderungen der Tartüffproben bereits klar zum Ausdruck. Ich möchte zum Schluß nur noch ein paar Worte über ein wichtiges Element unserer Technik sagen, das die körperliche Verwandlung betrifft: über das äußere Charakterbild. Bei der Schilderung der Proben habe ich diese Frage wenig berührt, weil ich mich nicht an einen einzigen Fall erinnern kann, wo Stanislavskij sich speziell mit dieser Frage befaßt hätte. Dafür hatte er seine Gründe. Sie hängen mit dem zusammen, was er für seine Hauptaufgabe bei unserer Erziehung hielt. Es wäre allerdings ein Irrtum, wollte man annehmen, daß er dieser Seite der Sache überhaupt eine untergeordnete Bedeutung beigemessen hätte.

Da er selbst ein hervorragender Charakterschauspieler und großer Meister der körperlichen Verwandlung war, führte er natürlich auch seine Schüler zu dieser Meisterschaft, wobei er allerdings wie immer seine eigenen Wege ging.

Da für ihn die Bühnenkunst nichts anderes war als eine Kunst des Erlebens und der körperlichen Verwandlung, durchkreuzte Stanislavskij jeden Versuch, Gefühl und Gestalt zu mimen.

»Sie müssen in der Gestalt handeln. Doch brauchen Sie sich darüber nicht zu beunruhigen und Sorgen zu machen. Es stellt sich von selbst ein, und zwar als Ergebnis Ihres Strebens zum aktiven Handeln unter den gegebenen Umständen.«

Ganz genauso muß auch die Suche nach den Elementen des äußeren Charakterbildes vor allem von einem tiefen Eindringen in die innere Welt der Gestalt ausgehen. Besondere äußere Charakterzüge können vom Schauspieler leichter gefunden werden, wenn er sich die ganze

Linie des Verhaltens der Gestalt angeeignet hat, wenn sie ihm in Fleisch und Blut übergegangen ist. Der richtig gefundene innere »Kern« der Gestalt bedingt mit Sicherheit auch das Finden des »Kerns« ihrer äußeren Erscheinung. Das äußere Gepräge ist die Ergänzung. Es krönt die Arbeit des Schauspielers. Wenn er sich zu früh um das äußere Charakterbild kümmert, kann der Schauspieler zum Kopieren verleitet werden. Solch ein vorzeitiges Bemühen kann sich als Hemmnis auf dem Wege zur Aneignung eines lebendigen, organischen Gewebes des Verhaltens erweisen.

Bedeutet das nun, daß Stanislavskij uns vorschlägt, in jeder Rolle nur uns selbst, unsere Lieblingsmanier zu wiederholen, die Rolle zu uns, auf das Niveau unserer persönlichen Möglichkeiten herunterzuziehen? Keineswegs. Wenn der Schauspieler sich der Aufgabe stellt, die Handlungslinie einer Figur zu verkörpern, dann geht er bei seinem Suchen vor allem von sich selbst, von seinen natürlichen Eigenschaften aus. Doch muß er, indem er sie im Arbeitsprozeß schöpferisch entwickelt, allmählich danach streben, sie zu erweitern und den Maßstäben anzupassen, die das Stück verlangt oder die der Phantasie der Schöpfer einer Aufführung, das heißt der des Schauspielers und des Regisseurs, richtig dünken.

Stanislavskij setzte alles daran, uns vor jenen vulgären Verfahren der Schauspielerarbeit an der äußeren Charakteristik zu schützen, die noch im Theater vorkommen, dem Wunsch nämlich, von Anfang an das lebendige Gesicht hinter dieser oder jener Maske zu verbergen. Man bedient sich zu diesem Zweck einer abgeschmackten Auswahl von kleinen »Charakter«-Zügen, zum Beispiel lispelnde Aussprache, Stottern, Verstellung der natürlichen Stimme, Hin- und Herrücken der Brille auf der Nase (Doktor), Streichen des Bartes (Oberst) und so weiter, kurz, all dessen, was dem Schauspieler ermöglicht, sich an das anzuklammern, was ihm am leichtesten erreichbar und am gewohntesten ist, das heißt an die äußerliche Darstellung der Gestalt. Das führt aber den Schauspieler nicht zur Schaffung der Gestalt im ganzen, sondern nur zur Darstellung ihrer äußeren Hülle, das heißt zum Mimen eines Charakters, zum Mimen der Figur. All das wurde von Stanislavskij – ich wiederhole es – als eine verderbliche Erscheinung angesehen, die die organische Entwicklung einer lebendigen szenischen Gestalt hindert und in der Lage ist, sie zugrunde zu richten.

Gewiß, wenn sich der Schauspieler die logische Abfolge des Verhaltens einer Gestalt, ihres Benehmens aneignet, dann findet er gleichzeitig, ohne daß er es will und vielleicht auch ohne daß er es merkt, diese und jene Züge ihres äußeren Charakterbildes. Das ist unvermeidlich, so sehr er sich auch anfangs bemühen mag, das Äußere der zukünftigen Gestalt zu verscheuchen, um sich auf das Vordringliche und Wichtigere zu konzentrieren. Die äußere Gestalt wird gleichwohl irgendwo in seiner Phantasie undeutlich sichtbar sein. Von Zeit zu Zeit wird sie in diesem oder jenem Aussehen erscheinen und sich in Erinnerung bringen. Davor braucht man sich auch gar nicht zu fürchten. Alles was sich während der Arbeit natürlich und ohne Gewaltanwendung anreichert, muß vom Schauspieler dankbar aufgenommen und angeeignet werden.

Nicht ausgeschlossen sind auch die Möglichkeit und Notwendigkeit eines direkten Suchens der äußeren Charakterzüge in einer verhältnismäßig frühen Periode der Arbeit an der Rolle. Stanislavskij fand aber auch hier besondere Wege, und zwar solche, die dem Schauspieler die Möglichkeit äußerlichen Kopierens nehmen. Man braucht sich nur der Tartüff-Probe zu erinnern, da Kedrov als Tartüff nach Wegen suchte, um Orgon zu verblüffen. Ist das nicht etwa schon das Suchen besonderer äußerer Charakterzüge Tartüffs? Das ist zweifellos der Fall. Aber die Veranlassung für dieses Suchen war vor allen Dingen ein Suchen danach, die aktive Handlung, die in der Verblüffung Orgons bestand, zu realisieren, und so war es auch in allen ähnlichen Fällen.

In der abschließenden Periode der Arbeit an der Rolle ist die Frage der äußeren Zeichnung der Rolle von größter Bedeutung. Die Lösung dieser Frage darf aber nichts anderes sein als die logische Vollendung alles vorher Angehäuften und muß dadurch bedingt sein.

Nach der Generalprobe zu den »Pickwickern« von Dickens in der Inszenierung von V. J. Stanicyn kam ich mit Stanislavskij ins Gespräch. Ich spielte den Diener Pickwicks, Sam Weller. Wir unterhielten uns telefonisch, und ich gebe das Gespräch hier aus dem Gedächtnis wieder. Konstantin Sergeevič sagte mir folgendes:

»Was die äußere Seite angeht, ist bei Ihnen alles in bester Ordnung. Sie sind jung, sehr gewandt und bewegen sich vortrefflich. Aber Sie wissen noch nicht, wofür Sie das alles brauchen. Ist die Gewandtheit etwa um der Gewandtheit willen da? Dann wäre das Theater ein Zirkus. Ihre Handlungen sind unbestimmt, sie sind durch keinen gemeinsamen Zweck verbunden, teilweise widersprechen sie sich, einige sind ganz überflüssig. Bei Ihnen ist noch nicht der ›Kern‹ der inneren Gestalt ge-

reift, der alle Ihre Antriebe und Handlungen verbinden und der bewirken würde, daß Sie von Ihren Handlungen überzeugt sind.«
»Aber was könnte denn der Kern in dieser Rolle sein, Konstantin Sergeevič?
»Nun, überlegen Sie einmal! Es ist schwer, das auf Anhieb zu sagen. Vielleicht ist Sam Weller die Kinderfrau Pickwicks. Versuchen Sie also einmal, Ihr ganzes Verhalten diesem einheitlichen Zweck unterzuordnen, der darin besteht, daß Sie Pickwick großziehen und betreuen. Wählen Sie aus dem, was Ihnen zur Verfügung steht, das aus, was Sie für diesen Zweck brauchen. Das übrige werfen Sie ohne Bedauern fort, so schön es an sich auch sein mag. Dann bekommt die Gestalt Aktivität und Zielbewußtheit. Soweit das, was die innere Seite anbelangt. Der äußere ›Kern‹ kann, zumal Ihr Sam so gewandt und flink ist, sowohl ein Akrobat als auch ein Affe oder etwas ähnliches, was Sie mehr entflammt, sein.«
Einer der größten Schauspieler des russischen Theaters, V. N. Davydov, wiederholte in seinen Gesprächen mit Schauspielschülern immer wieder: »Erst müssen Sie einmal den Stamm der Rolle finden, dann die Hauptverzweigungen, darauf die kleineren Äste, danach die Zweiglein und Blättchen und schließlich die kleinen Adern in den Blättchen.«
Auch Stanislavskij erblickte den Weg zur Erschaffung der Gestalt in einer bestimmten Abfolge, in der Aneignung und Festigung der Handlungslinie der Rolle. Das steht an erster Stelle. Alles übrige, auch die äußere Zeichnung der Rolle, kommt danach. Aber natürlich enthält bereits jedes der erarbeiteten Elemente der Rolle unbedingt alle übrigen. Bei der Aufstellung des Schemas der physischen Handlungen, das die erste Arbeitsetappe ist, befindet sich der Schauspieler bis zu einem gewissen Grad schon auf der Suche nach dem Charakter. Das eine ist ohne das andere nicht möglich. Wichtig ist, daß er in dieser Zeit nicht daran denkt. Wenn aber der Augenblick für den Übergang zur Arbeit an dem äußeren Charakter, an der Erschaffung des Antlitzes der Gestalt heranrückt, dann spricht Stanislavskij ganz offen darüber.
Wenn er jedoch einem Schauspieler diese oder jene charakteristischen Veränderungen des Äußeren auferlegte, dann ging er allmählich und vorsichtig zu Werke. Er war bestrebt, den Schauspieler nicht mit Aufgaben zu überlasten, vor allem nicht mit solchen, denen er nicht gewachsen war. Auch half er ihm, sich in jeder Einzelheit auf logischem Weg zurechtzufinden.

»Was ist ein korpulenter Mensch? Wodurch unterscheidet sich sein Verhalten von dem eines hageren Menschen? Der Rumpf eines korpulenten Menschen ist immer nach hinten zurückgelehnt, seine Füße stellt er seitlich. Und warum ist das so? Der Schwerpunkt des korpulenten Menschen ist nach dem Bauch verlagert, und dieser Umstand zwingt ihn, sich zurückzulehnen, um sein Gleichgewicht zu erhalten. Die fetten, dicken Schenkel aber erlauben ihm nicht, die Füße so dicht zusammenzubringen, wie das der normale Mensch kann. Daher auch die ganze Veränderung seines Ganges.«

Als er diese Hinweise gab, forderte Stanislavskij sogleich einen Schauspieler auf, im Zimmer mit seitlich gestellten Füßen und einem imaginären Schwergewicht auf und ab zu gehen und anschließend allmählich zu versuchen, diesen neuerworbenen Charakterzug an der einen und mal an der anderen Stelle seiner Rolle anzuwenden, und das so lange, bis der Schauspieler sich dieser neuen Eigenschaft seines Verhaltens angepaßt hat und mit ihr so weit verwachsen ist, daß sie für ihn etwas Gewohntes, zum Leben gehörendes und Organisches geworden ist und der Zuschauer an seine Korpulenz auch ohne Wattepolsterung glaubt. Wenn der Schauspieler dann die Wattepolsterung anlegt, wird sie an seinem Leibe nichts Ungewohntes sein und nicht wie ein Fremdkörper wirken.

»Was ist ein alter Mensch? Für ihn ist charakteristisch, daß seine Gelenke nicht mehr so richtig funktionieren. Er kann sich weder setzen noch erheben, ohne sich mit den Händen auf irgendeinen Gegenstand zu stützen. Das müssen Sie vor allen Dingen erst einmal erlernen. Die Logik des Verhaltens eines Betrunkenen besteht nicht darin, daß er schwankt, sondern darin, daß er sich bemüht, nicht zu schwanken. Versuchen Sie, wie man das macht.«

Indem Konstantin Sergeevič auf diese Weise alle Details des äußeren Charakterbildes analysierte, zeigte er dem Schauspieler zugleich Wege zu deren Aneignung und machte ihn zu diesem Zweck auf die entsprechenden Übungen aufmerksam. Man braucht sich nur an die Übung mit dem Quecksilbertropfen auf dem Kopf zu erinnern, die er mir zur Ausführung der Čičikovschen Verbeugung bei einer der Proben der »Toten Seelen« Gogols zeigte.

Ist denn nun aber solch eine Reihenfolge tatsächlich unverbrüchliches Gesetz, kann es nicht auch umgekehrte Wege geben? Kann ein Schauspieler, der nach der Lektüre seiner Rolle sogleich deren ganzes äußeres

Bild oder einzelne charakteristische Einzelheiten der Rolle deutlich vor sich sieht, mit der Darstellung eben dieser Züge beginnen und zu denselben Ergebnissen gelangen, das heißt zur vollkommenen Beherrschung des ganzen Komplexes der Eigenschaften der Gestalt? Natürlich ist diese Möglichkeit nicht von der Hand zu weisen. Davon zeugen die Äußerungen einiger Schauspieler, und davon spricht Stanislavskij in seinem Buch »Mein Leben in der Kunst«. Und doch hat die ganze langjährige Regisseur- und Schauspielererfahrung Konstantin Sergeevičs, eine Erfahrung, mit der man rechnen muß, ihm gezeigt, daß der Weg vom Inneren zum Äußeren am zuverlässigsten, am organischsten ist und unserer Kunst am nächsten liegt, einer Kunst, die dazu berufen ist, die geistige Seite der menschlichen Gestalt wiederzugeben und nicht ihre äußeren Eigenschaften zu kopieren. An der Zweckmäßigkeit dieser Seite der Methode Stanislavskijs zu zweifeln würde bedeuten, seine Methode überhaupt in Zweifel zu ziehen. Man darf auch nicht vergessen, daß Stanislavskij selbst seine Methode für den Fall als Mittel anbietet, »wenn die Rolle nicht gelingt«. Glückt sie aber bei der Umkehrung der Methode oder überhaupt ohne sie, so kann man das als eine Ausnahme betrachten und diesen Meistern anheimstellen, so zu arbeiten, wie sie es für nötig halten.

Beim Rückblick auf meine viezigjährige Schauspielerlaufbahn und nach gewissenhafter Prüfung aller meiner Erfolge und Mißerfolge behaupte ich, daß der von Stanislavskij gezeigte Weg meiner ganzen Schauspielermentalität und meiner Individualität immer gelegen hat. Das war sogar schon der Fall, als ich vor meiner Begegnung mit Stanislavskij diesen Weg tastend und »stolpernd« beschritt. Abweichungen von diesem Wege brachten mir stets Mißerfolge und Enttäuschungen.

240

DIE AUFFÜHRUNG DES »TARTÜFF«

Im Jahre 1938, nach Stanislavskijs Tod, war die verwaiste Schauspielergruppe, die am »Tartüff« arbeitete, voller Ungewißheit. Die Fortsetzung der Experimentierarbeit ohne Konstantin Sergeevičs Leitung hielten wir aus vielen Gründen für unmöglich. Es wäre aber auch schade gewesen, die Arbeit einzustellen. Das einzig richtige schien zu sein, die angefangene Arbeit durch eine Aufführung des Schauspiels abzuschließen. Die Theaterleitung hatte aber keine Ahnung davon, wieweit unsere Vorbereitungen gediehen waren. Nicht einmal wir selbst konnten es sagen. Die Arbeit Stanislavskijs unterschied sich so sehr von dem allgemein Üblichen, daß es nun schwer war festzustellen, ob wir das abschließende und verantwortungsvollste Stadium, die Bühnenreife, schon erreicht hatten.

Wir wußten, daß wir viel gearbeitet und geübt, hier und da gewisse Erfolge erzielt und das Stück gut durchforscht hatten. Auch hatte jeder seine Rolle gehörig studiert. Wir konnten wohl auch einige Szenen spielen. Beim Spielen waren wir uns aber nicht darüber klar, ob das Gespielte gut oder schlecht war. Auch hatten wir uns schon so daran gewöhnt, wie alles ausssah, daß wir das Empfinden dafür verloren. Nur eines konnten wir sicher entscheiden, nämlich, ob eine Szene nach den Maßstäben, die wir selbst dafür geschaffen hatten, richtig oder falsch von uns gespielt wurde. Allerdings hatten wir noch keinen einzigen Akt ganz durchgespielt. Auch waren noch nicht alle Szenen geprobt. Den letzten Akt hatten wir überhaupt noch nicht in Angriff genommen. Unsere Stimmung war keineswegs optimistisch. In den Wandelgängen des Theaters glaubte man nicht an die Möglichkeit einer Aufführung des »Tartüff« und an ihren Erfolg beim Publikum.

Als die Theaterleitung von uns keine bestimmte Meinungsäußerung zu dieser Frage erhalten konnte, beschloß sie, sich das Erarbeitete anzusehen und danach gemeinsam mit der Regie über das weitere Schicksal des Schauspiels zu entscheiden.

Die erforderliche Zeit und ein Raum für die Proben sollten uns zur Verfügung gestellt werden, damit wir ein oder zwei vollständige Akte »fertigmachen« konnten, um sie der künstlerischen Leitung (V. G. Sachnovskij) und den Mitgliedern der Direktion vorzuführen. Von diesem Augenblick an lebte unsere Gruppe wieder auf. Das Stück erschien im

Probenplan, und wir stürzten uns in die Arbeit. Jetzt nahm sie schon mehr einen Produktionscharakter an. Wir mußten die einzelnen erarbeiteten Bruchstücke miteinander verbinden, Ordnung hineinbringen, hier und da das »Gerüst« unseres Bauwerkes wegräumen, um wenigstens einen Teil des künftigen »Gebäudes« zeigen zu können. Wir arbeiteten fleißig und mit Begeisterung, wollten wir doch alles, was von uns abhing, tun, um dem Namen unseres Lehrers keine Schande zu machen, und wenn man von einigen kleinen Reibungen absieht, die in einem schöpferisch arbeitenden Kollektiv unvermeidlich sind, kann man behaupten, daß wir Hand in Hand arbeiteten.

Zur Vorführung kamen wir ohne die geringste Vorstellung oder nur Ahnung, ob wir Erfolg haben oder durchfallen würden. M. N. Kedrov, jetzt alleiniger Leiter der Gruppe, gab uns nur eines mit auf den Weg: Er bat uns inständig, wir sollten uns nicht anstrengen und nichts »spielen«. »Keine Gefühle, kein Temperament, prüfen Sie nur ihre Handlungen«, sagte er.

Das Ergebnis der Vorführung übertraf alle unsere Erwartungen.

Schon die ersten Schritte, die ersten Sätze, als man noch nichts »spielte«, sondern sich nur »mit den Augen abtastete« und sich auf die Situation »einstellte«, erregten die lebhafteste Aufmerksamkeit der Anwesenden. Das mußte sich natürlich auch auf das Befinden der Darsteller auswirken. Wir alle rissen uns noch mehr zusammen, konzentrierten uns noch mehr. Es zeigte sich, daß all das, was für uns schon Gewohntes, Alltägliches geworden war, was wir gar nicht mehr bemerkten, diese ganze Technik, die wir offenbar in gewissem Grade schon beherrschten, für die der Probe Zuschauenden etwas Neues, eine angenehme Überraschung war. Sie erregte ihr Interesse, fesselte ihre Aufmerksamkeit, und in demselben Maße, wie diese wuchs, nahm auch unsere Konzentration auf die Ereignisse des Stückes zu. Je weiter aber die Probe fortschritt, um so mehr wurden wir von diesen Ereignissen hingerissen. Jeder von uns wurde in den turbulenten Strom des Familienstreites im Hause Orgon hineingezogen. Die Aufeinanderfolge und Logik unserer Handlungen stärkten unsere Überzeugungskraft und lösten Temperament und Aktivität aus. Die Schauspieler waren nicht wiederzuerkennen, die Begabung eines jeden von ihnen offenbarte sich in einer neuen, ungewohnten Eigenschaft. Sie erlebte gleichsam eine unerwartete Blüte. Alles, was wir in der langen, vorangegangenen Zeit gemacht hatten, die ganze mühsame, beharrliche Arbeit Stanislavskijs und Kedrovs, deren Sinn uns oft nicht ganz verständlich gewesen war und deren Früchte wir solange nicht gesehen hatten, brachte uns plötzlich solche für uns unerwarteten Resultate. Als ich das Spiel meiner Kollegen beobachtete, war ich überrascht, wie leicht sie, ohne zu zaudern, von einer Aufgabe zur anderen übergingen und sie genau und überzeugend ausführten, als ob es niemals eine Probenarbeit mit Schwierigkeiten, Zweifeln und Schweiß gegeben hätte. Von meiner Darstellung kann ich nichts weiter sagen, als daß ich in der Szene mit Cleant, wo ich mich bemühte, diesen von der Heiligkeit Tartüffs zu überzeugen, zum erstenmal wirklich den ganzen Sinn dessen, was Stanislavskij als »bildhaftes Vorstellungsvermögen« definiert hatte, und dessen tiefe Bedeutung für unsere Kunst begriff. Ich kann mich sehr gut erinnern, daß ich bei dieser Probe zum ersten Male meine Begegnung mit Tartüff im richtigen Lichte sah, daß ich wirklich deutlich sah, wie er in der Kirche betete, wie er über den Floh weinte und überhaupt, wie sein ganzes Äußere beschaffen war. Es kam mir der leidenschaftliche Wunsch, das alles so ausführlich und klar wie möglich Gejrot als Cleant mitzuteilen, und ärgerlich dachte ich immerzu: »Wie kann er all das nur nicht begreifen?« Daß er es nicht begriff, konnte ich erkennen, bald an dem Ausdruck seiner Augen, bald an den skeptisch nach unten gezogenen Mundwinkeln, die jeden Augenblick bereit waren, sich zu einem sarkastischen Lächeln zu verziehen, bald an dem ungeduldigen Achselzucken und so weiter. Nicht der geringste stillschweigende Widerstand entging meiner Aufmerksamkeit. Ich las alle seine Gedanken, und jeder von ihnen war Öl in mein Feuer. Ich wiederhole, daß ich nicht sagen kann, ob ich gut spielte, aber diese Eigenschaften waren bei mir in der Szene mit Cleant unstreitig vorhanden, und als Gejrot nach Schluß der Szene sagte, daß er zum ersten Male mein ungewöhnlich lebhaftes und »sprechendes« Auge gesehen hätte, begriff ich, daß ihn bei dieser Probe dasselbe bewegt hatte. Uns wurde bewußt, daß wir beide die Schwierigkeiten überwunden hatten, die uns noch am Tage vorher unüberwindlich erschienen waren.

Diese Vorführung war für uns ein Triumph. Mit Erfolg hatten wir die erste Arbeitsetappe abgeschlossen. Die Meinung über unsere Gruppe änderte sich grundlegend. Die Wandelgang-Gespräche bekamen eine andere Richtung. Der künstlerische Leiter des Theaters, V.G. Sachnovskij, hatte am folgenden Tage eine längere Unterhaltung mit der Regie. Daran nahmen außer Sachnovskij Kedrov, Bogojavlenskaja und ich teil.

Sachnovskij war von der »neuen Qualität« der schauspielerischen Darstellung überrascht. Er sagte:

»Ich hätte niemals geglaubt, daß man dieses Stück von Molière, wie übrigens auch jedes andere Stück von ihm, in solch einer Qualität spielen kann, daß das in ihm dargestellte Leben so überzeugend wirkt. Ich glaube, daß jeder Hereinkommende nicht ›aus den Kulissen‹ auf die Bühne, sondern tatsächlich in ein Zimmer kommt, und zwar ganz gewiß in einer für ihn wichtigen Angelegenheit, die ihm ernstlich Sorge bereitet. Durch tausend Fäden familiärer Wechselbeziehungen sind Sie untereinander verbunden. Ich glaube, daß Elmire tatsächlich Orgons Frau und Marianne seine Tochter ist und daß es sich hier nicht einfach um Schauspieler und Schauspielerinnen handelt, die diese Rollen spielen. Kurz, ich glaube, und ich glaube ohne jede Einschränkung, daß das eine echte Familie ist, ich verstehe die ganze Leidenschaftlichkeit, mit der die Familienmitglieder um die Rettung ihres Heimes kämpfen, und ich habe Mitgefühl mit ihnen. Ich konnte die Entwicklung dieses Kampfes nicht gleichgültig beobachten, sondern war jede Sekunde auf dem Sprung, um mich einzumischen, obwohl ich das Stück fast auswendig kenne. So hat mich das aufgeregt und erschüttert. Sie haben mich von jener Zwangsvorstellung einer traditionellen Molière-Darstellung, die bis jetzt auf allen Bühnen der Welt besteht, vollkommen frei gemacht. Bei ihrer Darstellung überwog die wesentlichste Eigenschaft, daß Sie das Leben der handelnden Personen nicht von Ihrem eigenen trennten. Sie brachten Ihre echten, lebendigen Gefühle und Erlebnisse mit und warfen die abgetragenen Kleider der Molière-Schablone vollkommen ab. Nur fürchte ich, daß diese später, wenn Sie Molièresche Kostüme und Perücken anlegen, in Ihr Schauspiel eindringen werden.«

Es braucht nicht gesagt zu werden, welche Befriedigung dieses Urteil bei uns auslöste. Wir hatten also doch in gewissem Maße gerade das erreicht, was Stanislavskij mit uns erreichen wollte. Unsere Aufgabe blieb es, das Erworbene nicht zu verlieren, es zu entwickeln und unsere Arbeit bis zur vollen szenischen Wiedergabe des Molièreschen Stückes weiterzuführen.

M. N. Kedrov übernahm die Ausführung dieser verantwortungsvollen Mission und war in der folgenden Zeit bestrebt, die neuen Probleme zu lösen, die bei der Änderung des Arbeitszieles auftauchten. Wenn man die ganze vorangehende Periode als Periode der Arbeit an der Vervollkommnung der Schauspieltechnik, an der Umerziehung des Schauspie-

lers, der Aneignung einer neuen Methode für die Arbeit des Schauspielers an sich selbst bezeichnen kann, dann kam es für die nächste Zeit darauf an, auf Grund des Gefundenen ein abgeschlossenes Bühnenwerk, eine Synthese aller Elemente des Theaters, das heißt eine Aufführung zu schaffen. Nicht die Aufführung eines Erfinders spaßiger Masken, sondern großer Leidenschaften, eine Komödie mit ungewöhnlich zugespitzten Situationen, in der die Intensität der Leidenschaft jeder handelnden Person auf die Spitze getrieben ist. Wir wollten, daß der »Tartüff« erneut das lebendige, leidenschaftliche und aktuelle Stück würde, das er vor etwa dreihundert Jahren war, daß er heute wie damals mit zorniger Kraft die Heuchelei enthüllen und die Scheinheiligkeit strafen sollte. Die Voraussetzungen dafür waren schon von Stanislavskij selbst geschaffen worden. Am 4. Dezember 1939 wurde der »Tartüff« nach langer, ernster Arbeit von M. N. Kedrov aufgeführt. Auf den Plakaten und Programmen stand als Nachsatz:
Diese Arbeit wurde unter der künstlerischen Leitung des Volkskünstlers K. S. Stanislavskij begonnen und ist seinem Andenken gewidmet.
In einer Ansprache anläßlich der »Tartüff«-Aufführung sagte M. N. Kedrov:
»Als wir dieses Werk einstudierten, arbeiteten wir nach der Methode der physischen Handlungen. Worin besteht das Wesen dieser Methode? Stanislavskij sagte, daß wir den Schauspieler betrügen, wenn wir von ›physischen Handlungen‹ sprechen. In Wirklichkeit handelt es sich um psychophysische Handlungen, und doch nennen wir sie physische, um überflüssige Philosophiererei zu vermeiden; sind doch die physischen Handlungen eine ganz konkrete und leicht festzuhaltende Sache. Die Genauigkeit aber der Handlung, die Konkretheit ihrer Ausführung bei der jeweiligen Aufführung, das ist die Grundlage unserer Kunst. Wenn ich die Handlung und ihre Logik genau kenne, so ist das für mich die Partitur. Wie ich aber die Handlung heute, hier, bei gerade diesem Publikum vollziehen werde, das ist schon ein kreatives Moment, eine Partitur aber habe ich.«
Stanislavskij, der der Arbeit am »Tartüff« eine allseitige Erziehung des Schauspielers im Geiste einer sehr fortgeschrittenen Richtung zugrunde legte, und Kedrov, der die von jenem begonnene Arbeit abschloß, haben eine Aufführung geschaffen, bei der das menschliche Thema durchklang. Gewöhnlich wird Molière »äußerlich dargeboten«: eine Aufführung um der Aufführung willen. Die Inszenierung erglänzt in kaltem

Feuerwerk, wobei um des »Bühnenwirksamen« willen ein Gag den anderen ablöst. Die vulgäre Tradition, Molière zu spielen, ist im Künstlertheater verschwunden. An ihre Stelle sind der Mensch und die menschliche Lebenswahrheit getreten, die die Darsteller zu einer höheren Form der Bühnenwirksamkeit führen. Darin liegt, wie mir scheint, das Bedeutende der Künstlertheaterinszenierung und ihr Grundsätzliches.

Die Aufführung hatte beim Publikum offensichtlich großen Erfolg. Auch die Kritik verhielt sich sehr wohlwollend. Uns fiel es besonders angenehm auf, daß sie gerade die Eigenschaften hervorhob, die zu erreichen wir uns bemüht hatten. Ich selbst kann natürlich kein Urteil über die Ergebnisse, zu denen wir bei diesem Unternehmen gelangten, abgeben, da ich mich im dichtesten Gewühl seiner Ereignisse befand und nicht als Unbeteiligter zuschauen konnte.

Eines aber stand für alle am »Tartüff« Mitwirkenden fest: das Vorhandensein der schöpferischen Atmosphäre, die während der Darstellung auf der Bühne und hinter den Kulissen herrschte. Ich spreche nicht nur von den Schauspielern, die sich ihrer großen Verantwortung voll bewußt waren. Auch das ganze technische Personal, mit dem Kedrov einige besondere Besprechungen durchgeführt hatte, begriff die Bedeutung dieser Vorstellung und arbeitete schöpferisch an ihr mit.

Wir spürten gleichsam die unsichtbare Anwesenheit Stanislavskijs in unserer Mitte. Der Wunsch eines jeden von uns, seinem Andenken keine Schande zu machen, war unsere Über-Überaufgabe.

SCHLUSSWORT

»Je mehr ich mich mit den Fragen unserer Kunst befasse«, sagte Stanislavskij einmal, »in um so kürzere Formeln läßt sich meine Definition
der hohen Kunst fassen. Wenn sie mich fragen, wie ich sie definiere,
werde ich Ihnen antworten: Das ist eine Kunst, in der es eine Ü b e r a u f -
g a b e und eine d u r c h g e h e n d e H a n d l u n g gibt. Schlechte Kunst
dagegen ist eine, bei der es keine Überaufgabe und keine durchgehende
Handlung gibt.«
Daraus geht hervor, daß die Hauptforderung, die Stanislavskij an die
Kunst stellte, die Forderung eines ideellen Gehalts war. Die Wiedergabe
der Idee eines Bühnenwerkes konnte er sich aber nicht mit den Mitteln
einer nüchternen, handwerkelnden Schauspielertechnik vorstellen. Er
träumte von einer künstlerischen Technik, die mit echten menschlichen
Gefühlen arbeiten und von echten menschlichen Erlebnissen und Leidenschaften sprechen könnte.
»Eine Rolle spielen, das bedeutet, auf der Bühne das geistige Leben
des Menschen wiedergeben«, sagte Stanislavskij. »Kann man aber das
geistige Leben eines Menschen schaffen, ohne einen wirklich echten
Lebensablauf auf der Bühne erarbeitet zu haben? Selbstverständlich
schafft die Tatsache an sich, daß das sich auf der Bühne Abspielende organisch ist, noch kein Werk der Bühnenkunst. Doch gibt der Schauspieler oder Regisseur, indem er ein organisches Gewebe formt und das
Notwendige auswählt, alles Überflüssige aber verwirft, dem Ablauf des
Lebens auf der Bühne Überzeugungskraft und Ideenrichtung. Dadurch
schafft er die Eigenschaften, die in erster Linie für ein echtes Kunstwerk charakteristisch sind. Dies wird qualitativ um so höher stehen, je

organischer sein Gewebe ist, je näher die Darstellung des Lebens dem Original kommt.«

Da er mit dem Stand der zeitgenössischen Schauspielertechnik nicht zufrieden war, sagte Stanislavskij wiederholt:»Unsere Kunst ist vorläufig noch dilettantisch, weil wir keine echte Theorie von ihr haben. Wir kennen ihre Gesetze nicht, wir kennen nicht einmal die Elemente, aus denen sie sich zusammensetzt. Nehmen Sie zum Beispiel die Musik. Es gibt eine ganz präzise Musiktheorie. Der Musiker hat alles, was er braucht, um seine Technik zu entwickeln. Ihm steht eine Unmenge von Übungen und Etüden zur Ausbildung aller Eigenschaften, die seine Kunst verlangt, zur Verfügung: Behendigkeit der Finger, Entwicklung des Gefühls für Rhythmus und des Gehörs, Beherrschung des Violinbogens und so weiter. Er weiß ganz genau, daß das Element seiner Kunst der Ton ist. Er kennt die Tonleitern genau, mit denen er arbeiten muß. Kurz, er weiß, was er zu seiner Vervollkommnung zu tun hat, und wir kennen keinen einzigen Geigenspieler, der an dem bescheidenen Pult der zweiten Geige sitzt und nicht täglich neben seiner produktiven Arbeit vier, fünf Stunden übt. Und so steht es auch mit allen anderen Künsten. Nennen Sie mir aber auch nur einen Schauspieler, der, abgesehen von den Proben und der Vorstellung, etwas für die Vervollkommnung seiner Meisterschaft tut! Sie können mir keinen einzigen nennen, denn es kann ihn schon aus dem einfachen Grunde nicht geben, weil er gar nicht wüßte, wie er das bei unserer Kunst machen sollte. Wir kennen eben die Elemente unserer Kunst nicht. Wir haben keine Tonleitern, wir haben keine Etüden und keine Übungen. Wir wissen nicht, wie wir trainieren und was wir entwickeln sollen. Und das erstaunlichste ist, daß das nur wenige Menschen bewegt. Man sieht darin sogar den besonderen Reiz unserer Kunst, deren Entwicklung und Schicksal nicht irgendeine lästige, nach Mathematik schmeckende Theorie bestimmt. Nein, bei uns steht alles in Apollos Hand.«

Stanislavskij, der in seinem Schaffen die Gipfel der Regie- und Schauspielkunst erklommen hat, zeichnete sich darüber hinaus noch dadurch aus, daß er deren elementare Grundlagen gründlich studierte. Er hat eine Methode geschaffen, die unbegrenzte Möglichkeiten für die Entwicklung der Schauspieltechnik, für eine vollständigere Erschließung der Schauspielerindividualität, für das weitere Wachstum des Schauspielers und auch für das Wachstum und den Fortschritt der Theaterkunst überhaupt bietet.

Wenn er das Spiel großer Schauspieler beobachtete, bemühte sich dieser Mann, vor allem zu begreifen, welche besondere Eigenschaft ihr Spiel wirklich zu einer großen Kunst machte. Er war bestrebt zu verstehen, in welcher Weise sie das erreichen, welcher Methode sie sich bei der Arbeit an der Rolle bedienen und worin überhaupt der schöpferische Prozeß beim Schauspieler besteht, welches seine schöpferische Natur ist. Er wollte ergründen, ob es nicht möglich ist, nach Feststellung der Elemente der Schauspielkunst eine Technik zu schaffen, die es einem gewöhnlichen Schauspieler gestattet, durch verstärktes tägliches Training und entsprechende Arbeit an sich selbst seine Schauspielergrenzen leichter zu überwinden und seine schauspielerische Technik bis zu dem Grade zu vervollkommnen und zu verfeinern, daß sie sich schon eine künstlerische Technik nennen kann, eine Technik, die der sicherste und kürzeste Weg zum Schöpfertum der organischen Schauspielernatur ist.

Die Arbeit Stanislavskijs mit dem Schauspieler lief hauptsächlich darauf hinaus, in ihm die Kräfte zu hemmen, die der freien Entfaltung seiner schöpferischen Natur im Wege stehen. Zur Ausführung dieses oder jenes szenischen Momentes hat die übliche Handwerkelei zwei, drei, höchstens zehn Mittel, die Natur aber eine unzählige Menge. Deshalb dürfen Sie sie nicht vergewaltigen, sondern müssen ihren Gesetzen entsprechend verfahren. Das ist der einzig richtige Weg. Er führt über beharrliche Arbeit an sich selbst zur höchsten schauspielerischen Technik, die Sie in Einklang mit der Natur bringt. Über die Wahrheit und Glaubhaftigkeit führt der Weg zum organischen Schaffen. Um unsere organische Natur mit ihrem Unterbewußtsein arbeiten zu lassen, muß man einen normalen Lebensablauf auf der Bühne schaffen.

Man kann sich die Entwicklung der Theorie und Technik irgendeiner Kunst schwerlich vorstellen, solange ihre Elemente unbekannt sind. Die Elemente jeder beliebigen anderen Kunst liegen offen vor unseren Augen. Wer wird daran zweifeln, daß das in der Musik der Ton, in der Malerei die Farbe, im Zeichnen die Linie, in der Pantomime die Geste und in der Literatur, der Poesie das Wort ist? Und wie sieht's in unserer Kunst aus? Fragen Sie ein paar Leute vom Theater! Jeder wird die Frage verschieden beantworten und in der Regel nicht die richtige Antwort geben, die schon vor tausend Jahren bekannt war und die eine unwiderlegbare Wahrheit ausdrückt: »Das Hauptelement unserer Kunst ist die Handlung, die echte, organische, produktive und zweckmäßige Handlung«, wie Stanislavskij es ausdrückt.

Die Gestalt auf der Bühne ist vor allen Dingen die Gestalt eines handelnden Menschen. Der Schauspieler ist berufen, bei der Aufführung
die vom Dramatiker vorgezeichnete Linie der Handlung der von ihm
darzustellenden Person zu verkörpern. Nachdem er die Episoden des
Stückes untersucht und erfaßt hat, stellt der Schauspieler für sich die
Logik der einzelnen Glieder des zukünftigen, allgemeinen, ununterbrochenen kämpferischen Ablaufs fest. Das ist schon der Anfang der Arbeit
an der Rolle. Die Feststellung der »Aufgabe«, der »durchgehenden
Handlung«, des »Kernes« der Rolle, all das fällt ihm nicht gleich in
den Schoß, sondern ist das Ergebnis langen Suchens und der Lösung
anfänglich sehr einfacher, in die Augen springender »Aufgaben« der
Rolle. Wenn er dann von einer Episode zur anderen weiterschreitet, gewinnt der Schauspieler allmählich Klarheit über die ganze Linie seines
Verhaltens, seines Kampfes und dessen Logik im Verlauf des ganzen
Stückes. Diese Linie muß im Bewußtsein des Darstellers ununterbro-
chen sein. Sie beginnt für den Schauspieler lange vor Beginn des
Stückes, endet jenseits der Grenzen des Stückes und wird auch dann
nicht unterbrochen, wenn er nicht auf der Bühne steht. Die Verkörpe-
rung der Linie soll deutlich und klar sein. Sie soll keine unnötigen
Zweifel hervorrufen und im höchsten Maße wahr und organisch sein.
Ein Mensch, der sich im Leben diesen oder jenen Ruf schaffen, das Vertrauen seiner Umgebung verdienen will, ist gezwungen, in seinen
Handlungen umsichtig zu sein, nirgends gegen die Logik und richtige
Aufeinanderfolge der Handlungen zu verstoßen und bei deren Ausführung wahrhaftig zu sein.
Die Überzeugungskraft des Schauspielers auf der Bühne beruht auf
denselben Grundsätzen. Die Schaffung einer folgerichtigen Handlungslinie im Verhalten der handelnden Personen und ihre lebendige, organische Verkörperung ist die Grundlage, das Fundament der künftigen,
vollendeten Gestalt auf der Bühne, und deshalb soll die Arbeit des
Schauspielers an der Rolle eben mit dem Suchen dieser Linie des
Handelns, ihrer »Organik« beginnen. Das ist der richtigste und wohl
auch der einzig richtige Weg. Die szenische Darstellung einer beliebigen Handlung verlangt die Mobilisierung aller Elemente, aus denen
sich das Verhalten des Menschen zusammensetzt. Im Leben geht diese
Mobilisierung unbewußt vor sich, und zwar als natürliche Reaktion
auf dies oder jenes Ereignis von außen. Auf der Bühne aber sind alle
Ereignisse erdacht und können beim Schauspieler keine natürlichen

Reaktionen auslösen. Auf welche Weise kann er also zur Verkörperung der organischen Linie im Verhalten der szenischen Gestalt gelangen?

Stanislavskij machte uns auf das aufmerksam, was in jeder menschlichen Handlung am handgreiflichsten, am konkretesten ist, nämlich auf ihre physische Seite. In seiner Praxis als Regisseur und Pädagoge legte er besonders in den letzten Jahren dieser Seite des Rollenlebens als dem organisierenden Prinzip der Arbeit an der Gestalt entscheidende Bedeutung bei. Die Trennung der physischen Seite des menschlichen Verhaltens von allen seinen übrigen Elementen ist natürlich etwas Willkürliches, ein pädagogischer Kunstgriff, den Stanislavskij erfunden hat. Indem er die Aufmerksamkeit des Schauspielers von der Gefühlssphäre ablenkt und sie auf die Ausführung »rein physischer« Handlungen hinlenkt, hilft er dem Schauspieler gleichzeitig, einen organischen, natürlichen Weg zum Eindringen in die Sphäre der Gefühle, die diese Handlungen ausfüllen, zu bahnen.

»Schaffen Sie ein ganz einfaches Schema der physischen Handlungen der Rolle«, sagte Stanislavskij. »Gehen Sie folgerichtig den Weg dieser Handlungen, und Sie beherrschen schon wenigstens fünfunddreißig Prozent der Rolle.«

Das Schema der physischen Handlungen ist das Gerippe, an dem sich alles das ansetzt, was das Wesen der menschlichen Gestalt ausmacht. Gleichzeitig ist es die Methode, die prüft, ob das szenische Verhalten organisch ist, und die zur ausdrucksvollsten Widerspiegelung aller Gefühle, Erlebnisse und überhaupt alles dessen, was die Bühnengestalt ausmacht, hinführt.

Die Meisterschaft, zu der Stanislavskij anspornte, fällt einem selten mühelos in den Schoß. Sie kann durch Eifer, durch große, beharrliche, tägliche Arbeit im Laufe des ganzen Lebens erreicht werden. Darauf zu rechnen, in die Reihen der genialen Menschen aufgenommen zu werden, denen alles als »Gabe des Himmels« in den Schoß fällt, ist sinnlos, denn geniale Menschen sind eine Seltenheit. Besser ist es, sich ein für allemal die Erkenntnis zu eigen zu machen, daß unsere Kunst sehr schwierig ist und daß man diese Schwierigkeit durch Beharrlichkeit überwinden muß. Leider aber sind es nur wenige, die das wirklich einsehen, weil unsere Kunst dem Außenstehenden als so einfach und leicht erscheint; ja, je besser und vollkommener das Spiel des Schauspielers ist, desto leichter und einfacher wirkt seine Kunst.

Ein Schauspieler, der sich die hohe Technik und Meisterschaft angeeignet hat, die ihm die Möglichkeit geben, eine lebendige und in ihrer Natürlichkeit überzeugende Menschengestalt zu schaffen, nimmt mit Recht den Ehrenplatz ein, der in unserem Lande für jeden echten Künstler vorgesehen ist. Seine in die Tiefe gehende, feine, beeindruckende Kunst steckt das Publikum an, das ihm für die Minuten edler innerer Bewegung dankbar ist. Es nimmt diese mit nach Hause und zehrt lange von den Eindrücken, die das Schauspiel bei ihm hinterlassen hat. Solch einem Schauspieler, der die Kunst der Wahrheit beherrscht, kann niemand anders als mit Hochachtung begegnen, und jeder erkennt die Macht dieses Künstlers über sein Herz an.

Um diese Wahrheit auf der Bühne zu schaffen, muß man bei sich die Fähigkeit entwickeln, sie zu empfinden. Das ist dasselbe, was für den Musiker das musikalische Gehör ist. Diese Eigenschaft ist in gewissem Grade angeboren, doch kann man sie auch entwickeln. Die Bühnenwahrheit und das organische Verhalten verlangen vom Schauspieler ständige und unablässige Arbeit an sich selbst im Laufe seiner ganzen Tätigkeit, aufmerksames Studium des Lebens und lebendigstes Gefühl für die eigene Zeit. Die feinsten Nuancen, aus denen die menschlichen Wechselbeziehungen gewoben sind und die ihren Ausdruck oft in kaum bemerkbaren physischen Handlungen der Menschen finden, müssen vom Schauspieler gründlich studiert und in den Kreis seiner täglichen Übungen einbezogen werden. Das, was wir im gewöhnlichen Leben leicht und unbewußt ausführen, müssen wir noch einmal bewußt erfassen und bis zum Leichten, Unbewußten und Gewohnten auf der Bühne entwickeln. Dafür gibt es eine ganze Reihe von Übungen, die von Stanislavskij und seinen Schülern empfohlen worden sind.

Die öffentlichen Äußerungen unserer führenden Vertreter des Theaterlebens, Theaterwissenschaftler und Kritiker, richteten sich oft gegen die Technik, die Stanislavskij vorgeschlagen hat. Sie wurde mit Etiketten wie »Mathematik«, »Feinmechanik« und so weiter versehen. Das kommt daher, daß die Fragen der neuen Technik nur von wenigen in der Praxis studiert wurden und deshalb nur wenigen verständlich waren. Ihr Studium bereitet große Schwierigkeiten. Aber weder der Regisseur, der dazu berufen ist, gemeinsam mit dem Schauspieler ein Bühnenwerk, das heißt eine Aufführung, zu erarbeiten, noch der Schauspieler, durch den der Regisseur die Idee des Bühnenautors an den Zuschauer heranträgt, haben das Recht, Möglichkeiten für die Entwicklung ihrer Meisterschaft, ihrer Technik unbeachtet zu lassen, so schwer ihnen all ihre Aufgaben im Anfang auch vorkommen mögen. Regisseure und Schauspieler, die diese Technik nicht beherrschen und gleichzeitig nicht mit den üblichen Verfahren einer theatergemäßen Handwerkelei vorliebnehmen wollen, suchen Ausdrucksmittel entweder in einer stilisierten Darstellungsmanier, oder sie vertauschen die Kunst des dramatischen Schauspielers mit anderen, danebenliegenden Künsten, überzeugt, daß sie gerade unserer Kunst neue Wege erschließen. Welch tiefer Irrtum! Das dramatische Schauspiel, seinem Wesen nach eine Widerspiegelung des menschlichen Lebens, kann nur dann am überzeugendsten wirken, wenn es mit den Mitteln einer lebendigen, organischen Handlung dargestellt wird. Die Möglichkeit, eine echte, lebendige, künstlerische Menschengestalt zu schaffen, ist eine glückliche Eigentümlichkeit der Kunst des Schauspielers, und es wäre sinnlos, auf diese herrliche Eigentümlichkeit zu verzichten und die Kunst dadurch verarmen zu lassen. Die Schaffung einer lebendigen Menschengestalt verlangt aber – das wiederhole ich – eine besonders hohe Meisterschaft, eine besondere Technik, die vollkommen verschieden von der ist, die wir oft dafür halten, die aber in Wirklichkeit nur eine handwerkelnde Technik darstellt und nur etwas Kunstähnliches schafft. Diese beiden Techniken unterscheiden sich voneinander wie die Pflanzenzüchtung in einem Treibhaus von der fabrikmäßigen Herstellung künstlicher Blumen. Oft gelten gewisse Schauspieler, die keinen besonderen Ruf als Künstler genießen, sondern in dieser Beziehung eher unrühmlich bekannt sind, aus irgendeinem Grunde doch als Schauspieler, die die Technik ihrer Kunst beherrschen. Von ihnen sagt man gewöhnlich: »Ja, er ist geschmacklos und ungeschliffen, aber er hat eine sehr ausgefeilte Technik.« Eine Technik aber, die grobe, geschmacklose Kunst erzeugt, ist entweder überhaupt keine Technik oder jedenfalls nicht die, von der hier die Rede ist. Die Fähigkeit, den naiven Zuschauer mit vielmals bewährten billigen Effekten zu verblüffen, gewandt und mit deutlicher Diktion komische Phrasen oder sentimentale Sentenzen zu »servieren«, Beifall einzuheimsen, sich einen guten Auftritt und Abgang zu verschaffen, die Ovationen des Publikums nach Schluß der Vorstellung in die Länge zu ziehen, die Aufmerksamkeit des Publikums von seinem Partner abzulenken, seine Sätze zu überspielen oder sie geschickt zu benutzen, um den Erfolg des anderen für sich zu buchen, und so weiter – das ist nichts anderes als eine Mustersammlung von Mitteln einer handwerkelnden Routine. Sie mögen grob sein wie die oben angeführten oder feiner, so daß nur anspruchsvollere Zuschauer ihren handwerkelnden Charakter durchschauen, in jedem Fall aber können sie ihrem ganzen Wesen nach nicht zu dem gerechnet werden, was bei Stanislavskij künstlerische Technik heißt, und deshalb können sie uns nicht interessieren.

So ist also die Gestalt des lebendigen, des wahrhaft lebendigen Menschen die Aufgabe der hohen Kunst. Ein Schauspieler, dem es auch nur einmal gelungen ist, eine vollständige Verschmelzung seiner Person mit der zu schaffenden szenischen Gestalt zu verwirklichen, nimmt unbedingt das Geschehen eines für ihn großen Ereignisses wahr und empfindet künstlerisches Glück. Das kommt allerdings nicht sehr oft vor, und daher rührt das ständige Unbefriedigtsein des Künstlers, der einmal dieses große Glück empfunden hat. Unbefriedigt ist er von all dem, was in seinem Schaffen Ersatz ist, und das selbst dann, wenn dieses Erzeugnis einer Handwerkelei beim Publikum Erfolg hat. Nein, erst wenn der Schauspieler im wahrsten Sinne des Wortes in das Leben eines anderen, von der Vorstellungskraft geschaffenen Wesens eingedrungen ist, wenn die Logik dieses Wesens zu seiner Logik geworden ist und die Handlungen, die von dieser Logik diktiert wurden, durch die gehorsamen Organe des Schauspielermenschen in all ihren Feinheiten verrichtet, das subtilste Erleben von seinen eigenen Nerven wahrgenommen, die Ereignisse von seinem Gehirn gedeutet werden, dann erst beginnt er die Freude des Meisters zu empfinden, der ein wahrhaft künstlerisches Werk schafft.

Indem er sich auf die großen Traditionen der ganzen russischen Theaterkultur stützte, kam Stanislavskij beim Studium der Technik der Regie- und Schauspielkunst zu Ergebnissen und Schlußfolgerungen, die einzigartig in der Weltgeschichte der Kunst sind.

ANHANG

ANMERKUNGEN

EINFÜHRUNG von Dieter Hoffmeier
Die Schreibweise russischer Namen variiert in den Fällen, wo die früher übliche lautgerechte Umschrift noch auf den Buchtiteln benutzt worden ist.

1) Jerzy Grotowski verwendet das Buch von Toporkov wegen der klaren und praktikablen Sicht auf die Methode der physischen Handlungen heute noch immer bei seinen Experimenten im »Centro per la Sperimentazione e la Ricerca Teatrale« in Pontedera (Italien). Siehe: Thomas Richards: Theaterarbeit mit Grotowski an physischen Handlungen, Berlin 1996 (Alexander Verlag).

2) Die erste russische Edition der GESAMMELTEN WERKE Stanislavskijs erschien von 1954 bis 1961 in acht Bänden. Die zweite, erweiterte russische Edition der GESAMMELTEN WERKE soll neun Bände (in elf Büchern) umfassen und erscheint seit 1988. Sieben Bände waren bis Ende 1995 erschienen.

3) Die Materialien sind in deutscher Übersetzung vollständig publiziert in: Stanislavskij: Die Arbeit des Schauspielers an der Rolle, Materialien für ein Buch, Berlin 1993 (Henschel Verlag). Die in den Jahren davor unter diesem Titel erschienenen Ausgaben sind sämtlich unvollständig.

4) Der »Plan zur Arbeit an der Rolle« ist unter anderem abgedruckt in: Stanislavskij: Die Arbeit des Schauspielers an der Rolle, a.a.O., S. 289 ff.

5) Siehe: Stanislavskij: Die Arbeit des Schauspielers an der Rolle, a.a.O., S. 292 ff.

6) Ein längerer Auszug aus dem berüchtigten Beschluß ist abgedruckt bei: Krzysztof Meyer: Dmitri Schostakowitsch, Leipzig 1980 (= Reclams Universal-Bibliothek, Band 809), S. 144 ff.

7) Unterschiede der einzelnen Fassungen sind in den »Literaturgeschichtlichen Anmerkungen« zu: Michail Bulgakov: Gesammelte Werke, Band 8 [Die Tage der Turbins / Die Flucht], Berlin 1993, S. 205 ff. genauer dargelegt.

8) Tat'jana Bačelis: Mejerchol'd i Stalin, in Mejerchol'dovskij sbornik, Vypusk pervyj, Tom II, Moskva 1992, str. 44. Übersetzung aus dem Russischen: Dieter Hoffmeier.

9) Michail Bulgakov: Gesammelte Werke, Band 8, a.a.O., S. 202.

10) A. Ninov: Briefe von Michail Čechov und Stalin (1927–1929), in: Kunst und Literatur, Berlin, 38. Jahrgang, Heft 4/Juli–August 1990, S. 402.

11) Auf der Zusammenkunft des Künstlerischen Rates hatte der Regisseur Sudakov am 9. Oktober 1928 berichtet, welche zum Teil widersinnigen und gewaltsamen Abänderungen am Stück erfolgt waren, um die Aufführungsgenehmigung doch noch zu bekommen.

12) Zitiert nach: A. Smeljankij: Michail Bulgakov v Chudožestvennom teatre, Moskva 1989, str. 166. Übersetzung aus dem Russischen: Dieter Hoffmeier.

13) Julie Curtis (Hrsg.): Manuskripte brennen nicht, Michail Bulgakov, Eine Biographie in Briefen und Tagebüchern, Frankfurt am Main 1991, S. 85.

14) Julie Curtis (Hrsg.): a.a.O., S. 87.
15) Michail Bulgakov: Die Treppe ins Paradies, Erzählungen, Feuilletons, Tagebücher, Briefe, Berlin 1991, S. 563.
16) Bulgakov: Die Treppe ins Paradies, a.a.O., S. 566 f., und: Julie Curtis (Hrsg.): a.a.O., S. 126. Die unterschiedlichen Übersetzungen sind von mir hier kompiliert worden, D.H.
17) Bulgakov: Die Treppe ins Paradies, a.a.O., S. 565 f.
18) Bulgakov: a.a.O., S. 568.
19) Bulgakov: a.a.O., S. 573, und: Julie Curtis (Hrsg.): a.a.O., S. 132.
20) Zitiert nach: A. Smeljanskij: a.a.O., S. 220 f. Übersetzung aus dem Russischen: Dieter Hoffmeier.
21 Julie Curtis (Hrsg.): a.a.O., S. 99.
22) Zitiert nach: A. Smeljanskij: a.a.O., S. 221 f. Übersetzung aus dem Russischen: Dieter Hoffmeier.
23) Die Seitenangaben beziehen sich auf die Ausgabe: Nikolai Gogol: Die toten Seelen, Mit 37 Fotos nach Tonplastiken von Anatoli Kaplan, Berlin und Weimar 1981. – Der Text der Bühnenfassung des Künstlertheaters ist abgedruckt in: Michail Bulgakov: Stücke 2, Berlin 1990, S. 251 ff.
24) Giambattista Piranesi (1707 oder 1720– 1788), italienischer Kupferstecher. Von dessen Radierungen zerstörter antiker Bauwerke in Rom ließ sich Sachnovskij anregen.
25) Eine genaue Beschreibung der »Revisor«- Inszenierung Meyerholds ist abgedruckt bei: Dieter Hoffmeier/Klaus Völker (Hrsg.): Werkraum Meyerhold, Berlin 1995 (Edition Hentrich), S. 87–125.
26) Zitiert nach: A. Smeljanskij: a.a.O., str. 240 ff. Übersetzung aus dem Russischen: Dieter Hoffmeier.
27) A. Smeljanskij: a.a.O., str. 243 f.
28) Zu weiteren Einzelheiten vgl.: Meyerhold: Schriften, Zweiter Band, Berlin 1979, S. 112 und 535.
29) Irina Vinogradskaja (Hrsg.): Žizn' i tvorčestvo K.S. Stanislavskogo, Letopis', Tom četvërtyj 1927–1938, Moskva 1976, S. 260. Übersetzung aus dem Russischen: Dieter Hoffmeier.
30) Aus Erinnerungen Elizaveta Teleševas, Zitiert nach: Irina Vinogradskaja (Hrsg.):
a.a.O., str. 222. Übersetzung aus dem Russischen: Dieter Hoffmeier.
31) Zitiert nach: A. Smeljanskij: a.a.O., str. 244. Übersetzung aus dem Russischen: Dieter Hoffmeier.
32) Zitiert nach: A. Smeljanskij: a.a.O., str. 211: auch: Julie Curtis (Hrsg.): a.a.O., S. 161 f.
33) Siehe: Dieter Hoffmeier: Stanislavskij – Auf der Suche nach dem Kreativen im Schauspieler, Neue Einblicke in sein Werk, Stuttgart 1993, S. 102 ff., besonders 106.
34) N. Čuškin: V Sporach o teatre, in: Vstreči s Mejerchol'dom, Sbornik vospominanij, Moskva 1967, str. 421. Übersetzung aus dem Russischen: Dieter Hoffmeier.
35) N. Čuškin: a.a.O., str. 418 f. Übersetzung aus dem Russischen: Dieter Hoffmeier.
36) Irina Vinogradskaja (Hrsg.): a.a.O., str. 258. Übersetzung aus dem Russischen: Dieter Hoffmeier.
37) N. Čuškin: a.a.O., str. 419. Übersetzung aus dem Russischen: Dieter Hoffmeier.
38) Konstantin S. Stanislavskij: Briefe 1886– 1938, Berlin 1975, S. 603.
39) Stanislavskij repetiruet, Zapisi i stenogrammy repeticij, Moskva 1987, str. 333.
40) Stanislavskij repetiruet, a.a.O., str. 393 f. Übersetzung aus dem Russischen: Dieter Hoffmeier.
41) Julie Curtis (Hrsg.): a.a.O., S. 228.
42) Michail Bulgakov: Gesammelte Werke, Band 11 [Die Kabale der Scheinheiligen (Molière) / Alexander Puschkin / Batum], Berlin 1995, S. 222–225 passim.
43 Irina Vinogradskaja (Hrsg.): a.a.O., str. 440 f.
44) Julie Curtis (Hrsg.): a.a.O., S. 232.
45) Julie Curtis (Hrsg.): a.a.O., S. 244.
46) Julie Curtis Hrsg.): a.a.O., 224.
47) K.S. Stanislavskij: Sobranie sočinenij, Tom vtoroj, Rabota aktëra nad soboj, Čast' 1, Moskva 1989, str. 465.
48) K.S. Stanislavskij: Sobranie sočinenij, Tom šestoj, Stat'i, reči, otkliki, zametki, vospominanija 1917–1938. Moskva 1994, str. 396.
49) Irina Vinogradskaja (Hrsg.): a.a.O., str. vtoroj 1906–1915, Moskva 1971, str. 365.
50) K.S. Stanislavskij: Sobranie sočinenij, Tom pjatyj, Dnevniki, zapisnye knižki, zametki, Kniga 2, Moskva 1994, str. 366. Überset-

zung aus dem Russischen: Dieter Hoffmeier.

51) Ebenda.

52) Mariana Stroeva: Režissërskie iskanija Stanislavskogo 1917–1938, Moskva 1977, str. 374. Übersetzung aus dem Russischen: Dieter Hoffmeier.

53) So hatte Meyerhold sein ehemaliges Vorbild 1921 in dem Artikel »Stanislavskijs Einsamkeit« bezeichnet. Vgl. Meyerhold: Schriften, Zweiter Band, Berlin 1979, S. 30.

54) Boris Pasternak nannte in jenen Jahren einmal in Verbitterung über die verängstigte, lieber die Augen schließende Haltung gegenüber unterdrückten Künstlern Bulgakov ein »illegales Phänomen«. Die Bezeichnung träfe auch auf Meyerhold zu, dessen Wirken noch lebhaft in aller Erinnerung, dessen Namen aber zu nennen bis 1955 strikt untersagt war. »Der Name Meyerhold unterlag sechzehn Jahre einem strengen Verbot«, teilte Tat'jana Bačelis mit. Vgl. Mejerchol'dovskij sbornik, Vypusk pervyj, Tom vtoroj, Moskva 1992, str. 49.

STANISLAVSKIJ BEI DER PROBE –
Erinnerungen von Toporkov

S. 51 »Lermontovs Gedicht ›Auf den Tod des Dichters‹« … Die deutsche Übersetzung von Arthur Luther ist abgedruckt in : M.J. Lermontov: Ausgewählte Werke, Moskau 1948 (Verlag für fremdsprachige Literatur), S. 83 ff.
»den Schlußmonolog Čackijs …«
Der aus dem westlichen Ausland nach Rußland zurückkehrende und schließlich enttäuschte Aleksandr Čackij ist eine der Hauptrollen in Aleksandr Griboedovs Komödie »Gore ot uma« [Verstand schafft Leiden]. Die deutsche Übersetzung des Schlußmonologs ist abgedruckt in: Alexander S. Gribojedow: Verstand schafft Leiden, Komödie, Leipzig o.J. (= Reclams Universal-Bibliothek Nr. 9096), S. 96 ff.
»den Monolog des Dmitrij Samozvanec …«
Der »selbsternannte« Demetrius (so lautet die Übersetzung des Beinamens) ist eine der beiden Titelgestalten in Aleksandr

Ostrovskijs zweiteiligem Historiendrama »Der falsche Dmitrij und Vasilij Šujskij«, das 1867 entstand.

S. 55 »I.M. Uralov bei der Arbeit an der Rolle des Stadthauptmanns …«
In der »Revisor«-Inszenierung des Künstlertheaters von 1908 spielte Uralov den Stadthauptmann (Premiere: 18.12.1908). Regie führten Stanislavskij, Nemirovič-Dančenko und Moskvin gemeinsam. Stanislavskij begann damals, zum Mißfallen Nemirovič-Dančenkos, schauspielpädagogische Übungen in die Regiearbeit einzuführen.

S. 56 »Uralov kam vom Künstlertheater nach Petersburg …«
Uralov wechselte 1911 an das Alexandra-Theater.

S. 57 »Gastspiele des Künstlertheaters in Petersburg …«
Seit 1901 fanden fast regelmäßig im Jahresabstand Gastspiele des Künstlertheaters in der damaligen kaiserlichen Metropole statt. Sie dauerten ein bis zwei Monate meist im Frühjahr (zwischen März und Mai). »Der Kirschgarten« wurde am 1.4.1904 erstmals in Petersburg gezeigt, gehörte aber auch in späteren Jahren stets zum Gastspiel-Repertoire. Vermutlich bezieht sich Toporkov hier auf die Gastspiele zwischen 1907 und 1909, als er die Schauspielschule beim Alexandra-Theater besuchte. Er war 1907 achtzehn Jahre alt.

S. 58 »eine fast zwanzigjährige Schauspielerpraxis …«
Nach dem Besuch der Schauspielschule war Toporkov zunächst in seiner Heimatstadt Petersburg von 1909 bis 1914 beim Theater eines gemeinnützigen Vereins engagiert, der den merkwürdigen Namen trug: Popečitel'stvo o narodnoj trezvosti [Verein zur Pflege eines enthaltsamen, vernünftigen Volksbetragens]. Nach dem ersten Weltkrieg gehörte Toporkov von 1919 bis 1927 zum Korsch-Theater in Moskau, ehe er ins Künstlertheater wechselte.

S. 60 »eine der Moskauer Aufführungen …«
Mit hoher Wahrscheinlichkeit bezieht sich Toporkov hier auf Meyerholds Inszenierung des »Großmütigen Hahnrei« von Crommelynck, die 1922 entstanden war.

Sie zeigte in exemplarischer Weise die Anwendung der sogenannten Biomechanik des Schauspielers. Stanislavskij hatte am 26. September 1926 eine Aufführung besucht. Pavel Markov, Chefdramaturg des Künstlertheaters, der ihn begleitete, berichtete später, Stanislavskij »habe sich zur Aufführung ›scharf ablehnend‹ verhalten und ›in ihr nichts Neues‹ erblicken können. Er habe jedoch nicht gereizt reagiert, sondern ›mehr Enttäuschung‹ empfunden. Meyerhold hatte das wohl vorausgesehen. Wie sein enger Mitarbeiter Korenev bezeugte, sei er angesichts der Nachricht, sein Lehrer würde sich den ›Hahnrei‹ ansehen, derart nervös geworden, daß er sich an diesem Tage lieber auf die Datsche ›verkroch‹. Korenev mußte statt seiner den Ehrengast empfangen. Stanislavskij verhielt sich taktvoll, ›doch war offensichtlich, daß er die Aufführung ablehnte‹.

Hingegen sah er sich eine Ausstellung über fünf Jahre Meyerhold-Theater (1920–1925) mit höchstem Interesse an, Fotografien und besonders Bühnenbildmodelle zu ›Morgenröte‹ und ›Das Mandat‹ von Ėrdman, dessen Aufführung er im Vorjahre besucht und zum Teil beeindruckend gefunden hatte. ›Die Modelle machten einen großen Eindruck auf Stanislavskij, und er betrachtete sie lange und angespannt. Er schätzte die Kühnheit der Experimente und Entdeckungen Meyerholds, die neuartige Bühnengestaltung, die Dynamik der sich bewegenden Wände und konzentrischen Kreise, die überraschenden Kombinationen von natürlichen und stilisierten Elementen.‹ (Aus dem Tagebuch von N. Čuškin)« [Zitiert nach: Irina Vinogradskaja (Hrsg.): Žizn' i tvorčestvo K. S. Stanislavskogo, Letopis', Tom tretij 1916–1926, Moskva 1973, str. 567 f.]

S. 62 »das erst in groben Zügen geprobte Stück …«

Das Stück »Die Geldveruntreuer« (Defraudanten) war eine Komödie mit satirischen Zügen. Kataev hatte sie nach Motiven seines gleichnamigen Romans verfaßt. Er stellte seine Haupthelden aber nicht als zeitgenössische Kriminelle bloß, die eine Summe von Staatsgeldern unterschlagen hatten und folglich ergriffen und bestraft werden mußten, sondern ihn fesselten vor allem die merkwürdigen Beweggründe ihrer Veruntreuung. Es waren arme Teufel, Menschen in ganz untergeordneter Stellung, die an den Zeitumständen litten. Es gab massenhaft Not und Armut, andererseits wuchs unter den Bedingungen der NÖP, einer Wiederzulassung kapitalistischer Kleinwirtschaften, der »Bazillus« egoistischer Bereicherung. Um ihrem öden Leben, ihrer kommunalen Wohnung und den ewig jammernden oder wütenden Frauen einmal zu entfliehen und »ein prächtiges Dasein« zu genießen, unterschlugen die beiden, von Alkohol benebelt, ohne jegliche Vorsichtsmaßnahme eine größere Summe und verordneten sich selber eine »Dienstreise«, ganz egal wohin, Hauptsache wegfahren. Ihre irrealen Träume scheiterten letztlich.

Dieses Stück sollte einer Spielplanlinie zugeordnet werden, die sich auf komische und satirische Weise mit zeitgenössischen Mißständen befaßte. Auch andere Theater gingen damals ähnlich vor. Meyerhold beispielsweise inszenierte Ėrdmans »Das Mandat« und die großen Satiren Majakovskijs, die eine wütende Betroffenheit bei den damaligen Machthabern auslösten. Auch Stanislavskij gedachte kühn vorzugehen. Aber er mußte letztlich einsehen: »Kataev ist ein glänzender Beobachter, scharf und genau, doch kein Gogol! Er bäumt sich nicht gegen die Welt auf!« Das war naiv geäußert. Wie man einen neuen Gogol behandelt hätte, zeigte sich bald darauf am Schicksal Bulgakovs.

S. 62 »eine Nebenrolle …«

Es war die Rolle des Scholte, die dann von Chmelév übernommen wurde.

S. 63 »Tag der Vorführung …«

Ende Mai 1927 sah sich Stanislavskij das bisher Erarbeitete an. Die Leseprobe hatte im Januar stattgefunden. Er war mit der Arbeit Sudakovs unzufrieden und beschloß, die Inszenierung »grundlegend umzuarbeiten«.

S. 88 »Endlich kam das Stück heraus.«

Die Premiere fand am 20. April 1928 statt.

S. 88 »Das Schauspiel hielt sich nicht lange …«

Es erlebte nur 18 Vorstellungen, für das

Künstlertheater eine ungewöhnlich niedrige Zahl.

»In einem Brief, den mir Konstantin Serge-evič ...« Eine kurze Inhaltsangabe des Brie-fes ist zu finden in: Konstantin S. Stanislavskij, Briefe, Berlin 1975, S. 782.

S. 89 »Im Frühjahr fuhr das Theater ...«
Das Gastspiel des Künstlertheaters dauerte vom 19. Juni bis zum 15. Juli 1928. Die Spielzeit des Theaters wurde in Leningrad (jetzt wieder St. Petersburg) am 15. 7. mit einer Aufführung der »Defraudanten« been-det.

S. 89 »Suvorintheater ...«
Die Bühne war nach dem Theaterbesitzer benannt, dem Vorsitzenden der Peters-burger Gesellschaft für Kunst und Literatur, Aleksej Suvorin (1834–1912), einem Schriftsteller, Dramatiker, Übersetzer und Verleger, der zeitweilig auch mit Anton Čechov befreundet gewesen war. Später wurde die Bühne in »Kleines Theater« um-benannt.

S. 92 »den ›Kirschgarten‹ wieder aufführen ...«
Die Premiere der überarbeiteten und zum Teil neubesetzten Aufführung des »Kirsch-gartens« fand am 15. Mai 1928 statt. Von der ursprünglichen Besetzung aus dem Jahre 1904 wirkten noch mit: Ol'ga Knip-per-Čechova (Ranevskaja), Stanislavskij (Gaev), Leonidov (Lopachin), Kačalov (Trofimov) und Moskvin (Epichodov). Ei-nige Rollen wurden aus Spielplangründen doppelt besetzt. So übernahm Toporkov die zweite Besetzung für Moskvin.

S. 101 »mit den Regisseuren der Aufführung ...«
Regisseure der Aufführung waren, wie in der Einführung schon erwähnt, Vasilij Sachnovskij und Elizaveta Teleševa. Der Autor der Dramatisierung, Michail Bulga-kov, fungierte gleichzeitig als Regieassi-stent.

S. 105 »gegen unsere Aufführung gerichteter Aufsatz ...«
Andrej Belyjs Aufsatz »Der unverstandene Gogol« wurde am 20. Januar 1933 in der Zeitschrift »Sovetskoe iskusstvo« [Die so-vetische Kunst] veröffentlicht.

S. 110 »im Sonnengeflecht ...«
Das ist die Bezeichnung für das sich strah-lenförmig ausbreitende Geflecht der sym-pathischen Nerven im Bauchraum.

S. 114 »und was Čackij ...«
Čackij ist eine Hauptgestalt in Griboedovs Komödie »Gore ot uma« [Verstand schafft Leiden].

S. 115 »was das für Chlestakov ...«
Chlestakov ist die Titelfigur in Gogols Komödie »Der Revisor«.

S. 135 »Aber gegen Ende muß eine Partie Dame gespielt werden ...«
Um das Eindringen in die schauspieleri-schen Aufgaben besser beurteilen zu kön-nen, muß man den Text der Szene heranzie-hen:

IM HAUSE NOZDRËVS

An der Wand Säbel, zwei Flinten und ein Bild Suvorovs. Heller Tag. Das Mittagessen geht zu Ende.

NOZDRËV Doch, probier mal. Das ist Burguni-on und Schampanion zusammen. Schmeckt wie Pflaumen ... *Schenkt ein.*

MIŽUEV *stockbetrunken* Na, ich fahr los ...

NOZDRËV Nein und nein. Ich laß dich nicht weg.

MIŽUEV Ach, mein Freund, sei nicht so ekel-haft, ich muß wirklich weg.

NOZDRËV Von wegen! Blech, Blech. Wir legen jetzt eine kleine Bank auf.

MIŽUEV Nein, leg du sie nur alleine auf. Meine Frau ist in größter Sorge, wirklich, ich muß ihr doch vom Jahrmarkt erzählen ...

NOZDRËV Hol doch der Satan deine Frau. Was wollt ihr schon zusammen machen?

MIŽUEV Nein, mein Lieber, sie ist eine her-zensgute Frau ... so treu und anständig. Was sie für mich nicht alles schon getan hat ... du kannst mir glauben, ich hab ja Trä-nen in den Augen.

ČIČIKOV *leise* Laß ihn fahren, was brauchen wir ihn.

NOZDRËV Das ist auch wahr. Ich kann solche Schlafmützen nicht leiden. Los, scher dich zum Teufel, du Schlappschwanz, mach Männchen vor deiner Frau.

MIŽUEV Nein, mein Lieber, du sollst mich nicht Schlappschwanz nennen. Ich schulde ihr mein Leben. Sie ist wirklich gutherzig, schenkt mir solche Zärtlichkeiten. Sie will wissen, was ich auf dem Jahrmarkt erlebt hab.

259

NOZDRËV Na dann fahr, lüg ihr die Hucke voll. Hier hast du deine Mütze.

MIŽUEV Nein, mein Lieber, du solltest nicht so von ihr reden.

NOZDRËV Na, dann scher dich schleunigst zu ihr!

MIŽUEV Ja, mein Lieber, ich fahre. Entschuldige, daß ich nicht bleiben kann.

NOZDRËV Fahr schon, fahr schon ...

MIŽUEV Ich würd ja von Herzen gern, aber ich kann nicht ...

NOZDRËV Scher dich doch zum Teufel!

Mižuev ab.

Solch ein Dreckskerl. Da zieht er nun ab. Seine Frau wird eine Menge Einzelheiten von ihm hören über den Jahrmarkt. Sein Beinpferd ist nicht übel, das möcht ich ihm seit langem abknöpfen. *Nimmt ein Kartenspiel.* Na, so zum Zeitvertreib, ich halte eine Bank von dreihundert Rubel.

ČIČIKOV Ach, daß ich's nicht vergesse: Ich hätte eine Bitte an dich.

NOZDRËV Nämlich?

ČIČIKOV Gib mir zuerst dein Wort, daß du es tust.

NOZDRËV Bitte.

ČIČIKOV Ehrenwort?

NOZDRËV Ehrenwort.

ČIČIKOV Ich hätte also eine Bitte: Du hast doch bestimmt eine Menge Bauern, die gestorben sind, aber noch in der Revisionsliste stehen?

NOZDRËV Ja, hab ich. Warum?

ČIČIKOV Laß sie auf meinen Namen überschreiben.

NOZDRËV Was willst du denn mit ihnen?

ČIČIKOV Ach, ich brauch sie eben.

NOZDRËV Dahinter steckt bestimmt irgend ein Kniff. Also beichte mal.

ČIČIKOV Was für ein Kniff? Mit solch einem Nichts kann man keinen Kniff machen.

NOZDRËV Wozu brauchst du sie dann?

ČIČIKOV Ach, warum so neugierig? Einfach so, eine verrückte Laune.

NOZDRËV Also schön, wenn du es nicht sagst, kriegst du sie auch nicht.

ČIČIKOV Na weißt du, mein Lieber, das ist unanständig von dir. Erst gibst du mir dein Wort, und dann machst du einen Rückzieher.

NOZDRËV Na, wie du willst, aber ich tu's nicht, ehe du mir sagst, was du damit willst.

ČIČIKOV *leise* Was soll ich ihm bloß sagen ... Hm ... *Laut* Ich brauche die toten Seelen, um mir eine angesehene Stellung zu verschaffen.

NOZDRËV Erstunken und erlogen.

ČIČIKOV Na, dann will ich dir die Wahrheit sagen ... Ich möchte heiraten; nun mußt du wissen, die Eltern meiner Braut, die wollen hoch hinaus ...

NOZDRËV Erstunken und erlogen ...

ČIČIKOV Na weißt du, das ist beleidigend ... Warum soll ich durchaus lügen?

Eine Gewitterwolke zieht herauf. Das Gewitter scheint sich bald entladen zu wollen.

NOZDRËV Ich kenn dich schließlich: du bist ein ausgemachter Gauner, das will ich dir in aller Freundschaft sagen. Wenn ich dein Vorgesetzter wäre, ich ließe dich am nächsten Baum aufknüpfen. Das muß ich dir offen sagen, nicht um dich zu beleidigen, sondern in aller Freundschaft.

ČIČIKOV Alles hat seine Grenzen ... Wenn du jemand mit solchen Redensarten imponieren willst, mußt du schon in die Kaserne gehen. *Pause.* Wenn du sie mir nicht schenken willst, verkauf sie mir.

NOZDRËV Verkaufen? Ich kenne dich doch, du Schuft, du gibst mir bestenfalls ein Butterbrot dafür.

ČIČIKOV Ach, du bist ja gut! Deine toten Bauern sind wohl mit Brillanten besetzt?

NOZDRËV Na, hör mal zu: Um dir zu beweisen, daß ich durchaus kein Knauser bin, geb ich sie dir umsonst. Kauf mir den braunen Hengst ab, dann geb ich sie dir dazu.

ČIČIKOV Ich bitte dich, was soll ich mit dem Hengst?

NOZDRËV Was du mit ihm sollst? Ich habe zehntausend Rubel dafür bezahlt, und du kriegst ihn für viertausend.

ČIČIKOV Was soll ich mit dem Hengst?

NOZDRËV Du verstehst mich nicht, du brauchst mir jetzt nur dreitausend zu bezahlen, die restlichen tausend gibst du mir später.

ČIČIKOV Ich brauche keinen Hengst, hol ihn der Kuckuck.

NOZDRËV Na, dann kauf die Fuchsstute.

ČIČIKOV Ich brauch auch keine Stute.

NOZDRËV Für die Stute und das graue Pferd nehm ich zusammen nur zweitausend.

ČIČIKOV Ich brauche aber keine Pferde.

NOZDRËV Du kannst sie ja wieder verkaufen,

du kriegst auf jedem Jahrmarkt das Dreifache dafür.

ČIČIKOV Dann verkauf sie doch selber, wenn du so sicher bist, das Dreifache zu kriegen.

NOZDRËV Ich möchte, daß du den Vorteil hast.

ČIČIKOV Schönen Dank für die gute Absicht. Ich brauche die Fuchsstute nicht.

NOZDRËV Dann kaufe mir Hunde ab. Ich verkaufe dir ein Paar, da läuft es dir kalt den Rücken herunter. Stichelhaarig mit Schnurrbart …

ČIČIKOV Was soll ich mit schnurrbärtigen Hunden? Ich bin kein Jäger.

NOZDRËV Wenn du keine Hunde willst, dann kaufe mir die Drehorgel ab.

ČIČIKOV Was soll ich mit der Drehorgel? Ich bin doch kein deutscher Leiermann, der damit auf der Straße bettelt.

NOZDRËV Das ist doch keine Drehorgel, wie die deutschen Leiermänner sie haben. Das ist ein Orchestrion … Ganz aus Mahagoni. *Zieht Čičikov zu dem Orchestrion. Es spielt »Malbrough s'en va-t-en guerre«. In der Ferne beginnt es zu grummeln.* Ich gebe dir die Orgel und die toten Seelen, und du gibst mir deine Kutsche und dreihundert Rubel in bar.

ČIČIKOV Und womit soll ich dann fahren?

NOZDRËV Ich geb dir einen andern Wagen. Du mußt ihn bloß frisch lackieren lassen, dann ist er tadellos.

ČIČIKOV Dich Gierschlund reitet ja der Teufel!

NOZDRËV Den Wagen, die Orgel und die toten Seelen …

ČIČIKOV Ich mag nicht …

NOZDRËV Hör mal zu, legen wir eine kleine Bank auf? Ich setze die toten Seelen auf eine Karte … dazu die Drehorgel … Wenn du Schwein hast, kannst du höllisch viel gewinnen. *Deckt die Karten auf.* So was von Schwein. Da liegt sie …

ČIČIKOV Wer?

NOZDRËV Die verfluchte Neun, auf die ich alles verloren hab. Mir ahnte schon, daß sie mich im Stich läßt, aber ich hab die Augen zugekniffen … und mir gedacht, hol's der Satan, hin ist hin. Du willst nicht spielen?

ČIČIKOV Nein.

NOZDRËV Du bist ein dreckiger Filz.

ČIČIKOV *beleidigt* Selifan! Fahr vor … *Nimmt seine Mütze.*

NOZDRËV Ich hatte gedacht, du wärst ein anständiger Mensch, aber du hast ja überhaupt kein Benehmen …

ČIČIKOV Warum beschimpfst du mich? Bin ich schuldig, weil ich nicht spiele? Verkauf mir die Seelen!

NOZDRËV Einen glatzköpfigen Teufel verkauf ich dir! Ich hätte sie dir umsonst gegeben, aber jetzt kriegst du gar nichts!

ČIČIKOV Selifan!

NOZDRËV Warte. Hör mal zu … wir spielen Dame, und wenn du die Partie gewinnst, gehören sie dir. Das ist schließlich keine Bank, da kann man nicht mogeln. Ich will dir sogar sagen, ich kann gar nicht spielen …

ČIČIKOV Also meinetwegen, Dame spiel ich.

NOZDRËV Ich setz die Seelen gegen hundert Rubel.

ČIČIKOV Fünfzig sind genug.

NOZDRËV Fünfzig, das ist doch gar kein Satz … Dann setz ich zu den toten Seelen noch einen Hund mittlerer Größe und ein goldenes Petschaft für die Uhrkette.

ČIČIKOV Na, von mir aus …

NOZDRËV Wieviel gibst du mir vor?

ČIČIKOV Warum sollte ich? Ich spiele selber schlecht.

Sie spielen

NOZDRËV Das kennen wir schon, wie schlecht ihr spielt.

ČIČIKOV Ich habe ewig keinen Stein mehr angefaßt.

NOZDRËV Das kennen wir schon, wie schlecht ihr spielt.

ČIČIKOV Ich habe ewig keinen Stein mehr angefaßt.

NOZDRËV Das kennen wir schon, wie schlecht ihr spielt.

ČIČIKOV Ich habe ewig keinen Stein … Hehe, was soll das? Nimm den Stein zurück!

NOZDRËV Welchen?

ČIČIKOV Den Stein da … Und den auch! Nein, mit dir kann man nicht spielen! So wird nicht gezogen, drei Steine auf einmal …

NOZDRËV Wofür hältst du mich? Meinst du ich mogle?

ČIČIKOV Ich halte dich für gar nichts, aber ich werde nie wieder mit dir spielen. *Wirft die Steine durcheinander.*

NOZDRËV Ich werde dich zwingen, zu spielen. Daß du sie durcheinandergeworfen hast, macht gar nichts, ich habe alle Züge im Kopf.

ČIČIKOV Nein, mit dir spiele ich nicht mehr.

NOZDRËV Also, du willst nicht weiterspielen? Sag's mir ins Gesicht.

ČIČIKOV *sieht sich um* Selifan ... Wenn du spielen würdest wie ein ehrlicher Mensch, aber jetzt kann ich nicht mehr.

NOZDRËV Ach, du kannst nicht mehr? Du kannst nicht mehr? Du Schuft! Wenn du siehst, du gewinnst nicht, kannst du nicht mehr? Hundetochter! Schlagt ihn! *Stürzt sich auf Čičikov, der fliegt aufs Büfett. Ein Donnerschlag.*

NOZDRËV Es brennt! Bello! Harras! *Er pfeift, man hört Hundegebell.* Schlagt ihn! Porfiri! Pawluschka!

Selifans verzerrtes Gesicht erscheint im Fenster. Nozdrëv packt die Drehorgel, schleudert sie nach Čičikov, sie zerfällt und spielt »Malbrough...« Plötzlich hört man Glöckchen klingeln, ein Dreigespann hält schnarrend.

POLIZEIHAUPTMANN *kommt herein* Darf ich fragen, wer von den Herren ist Herr Nozdrëv?

NOZDRËV Darf ich vor allem fragen, mit wem ich die Ehre habe?

POLIZEIHAUPTMANN Ich bin Polizeihauptmann.

Čičikov rutscht behutsam vom Büfett.

Ich komme, Ihnen zu eröffnen, daß ein Gerichtsverfahren gegen Sie eingeleitet ist.

NOZDRËV Unsinn! In welcher Sache?

Čičikov verschwindet, auch Selifans Gesicht verschwindet.

POLIZEIHAUPTMANN Sie haben den Gutsbesitzer Maximov in betrunkenem Zustand durch Schläge mit einer Rute tätlich beleidigt.

NOZDRËV Sie lügen! Ich habe noch nie einen Gutsbesitzer Maximov gesehen.

POLIZEIHAUPTMANN Mein Herr, ich mache Sie darauf aufmerksam ...

NOZDRËV *dreht sich um, sieht, daß Čičikov weg ist, stürzt zum Fenster* Haltet ihn! *Pfeift.*

Glöckchen klingeln, man hört ein Geräusch, als ob jemand hinter der Bühne eine Ohrfeige bekommt, und Selifans Geschrei: »Helft uns, Leute, Überfall ...«, dann hört alles auf, und es bleiben nur die

Klänge von »Malbrough« und der verdutzte Polizeihauptmann. Dann wird es dunkel, das Gewitter bricht los, ein Sturzregen.

S. 141 »die übrigens zu einem Repertoirestück wurden ...«

»Die toten Seelen« liefen jahrzehntelang. Der Herausgeber sah am 20. Dezember 1968 die 851 (!) Aufführung. Da stand die Inszenierung bereits sechsunddreißig Jahre lang in unglaublicher Frische auf dem Spielplan.

S. 144 »Als er dann die Schilderung einer Aufführung von Shakespeares ›Hamlet‹ in einem der Moskauer Theater angehört hatte ...«

Das bezieht sich auf die Inszenierung der »Tragischen Geschichte von Hamlet, Prinz von Dänemark« mit »Interpolationen aus Werken des Erasmus von Rotterdam« am Staatlichen Vachtangov-Theater. Der Gesamtentwurf der Inszenierung stammte von Nikolaj Akimov, der auch das Bühnenbild entworfen hatte. Ihm unterstanden für diese Produktion fünf (!) Regisseure, und zwar Sachava, Antokol'skij, Rapoport, Simonov und Ščukin. Die Premiere fand am 15. Mai 1932 statt.

Akimov verhielt sich dem Stück gegenüber ironisch und vereinfachend. Ophelia sah er nur funktional. Ihre Hauptfunktion bestünde darin, »Hamlet auszuspionieren. Ferner bewirkt diese Funktion«, so schrieb er, »daß bei Ophelia der Traum entsteht, Hamlet zu ehelichen – der ganz legitime, ehrgeizige Traum eines Mädchens von nicht königlichem Geblüt, einen Prinzen zu heiraten.« Dementsprechend wurde die Opheliafigur verändert. Man formte sie zu einer gewöhnlichen Kokotte aus der Provinz, zu einem rotwangigen Dummchen. Ihre Sätze sagte sie in betrunkenem Zustand, so daß sie in der Tat nicht bei Verstande war. Sogar der Schluß der Rolle wurde entsprechend abgeändert. Betrunken mit einem ihrer üblichen Kumpane heimkehrend, stolperte sie und ertrank im Fluß. Damit war auch die Figur Hamlets beeinträchtigt. Man begriff nicht, weshalb er sich einem solchen Mädchen näherte.

Hamlets Streben wurde »auf einen Kampf

um den Thron« reduziert. Selbst seinen berühmtesten Monolog zerhackte man in einen Dialog mit Horatio und verdrehte ihn auch in der Aussage durch Untertexte:»König sein oder nicht sein, das ist hier die Frage!« Einen anderen Monolog sprach Hamlet beim Rasieren. Ein dritter Monolog wurde ihm chorisch ergänzt von den angereisten Schauspielern, die äußerlich primitiven Spaßmachern ähnelten, mit Clownsgesichtern, Melone, dicken Bäuchen, ausgeweiteten Hüften, wirren Haarsträhnen und Handpuppen auf den Fingern. Sie echoten:»Was ist ihm Hekuba?« Auch das Verfahren der »ostranenie« wendete Akimov an. Den Begriff prägte Šklovskij 1916. Das ist eine Vorform der »oču doždenie«, der »Verfremdung«, doch nicht im Sinne Brechts. In dem Augenblick, wo Claudius einen Befehl erteilte oder eine Verfügung traf, zog sich Gertrud Strümpfe über die Beine. Oder noch ein Beispiel! Während des Mono- bzw. Dialogs »Sein oder Nichtsein« warf Hamlet eine Münze: Kopf oder Zahl. Auch lebende Pferde wurden auf die Bühne geführt.

S. 144 »Pljuškin sitzt in seinem Zimmer …«
Der Text der Szene lautete wie folgt:

BEI PLJUŠKIN

Es klopft ans Fenster. Pljuškin blickt argwöhnisch.
ČIČIKOV Hören Sie, gute Frau, ist der gnädige Herr zu Hause?
PLJUŠKIN Nein. Was wollen Sie?
ČIČIKOV Ich komme in Geschäften.
PLJUŠKIN Kommen Sie ins Haus. *Öffnet die Terassentür. Schweigen.*
ČIČIKOV Wo ist der gnädige Herr? In seinem Zimmer?
PLJUŠKIN Hier ist er.
ČIČIKOV *sieht sich um* Wo denn?
PLJUŠKIN Herr, sind Sie blind oder was? Hier! Der Hausherr bin ich.
Schweigen.
ČIČIKOV Nachdem ich von Ihrer Sparsamkeit und Ihrer mustergültigen Wirtschaftsführung gehört habe, empfinde ich es als meine Pflicht, Sie persönlich kennenzulernen

und Ihnen meine Hochachtung auszudrücken …
PLJUŠKIN Der Teufel soll dich holen mitsamt deiner Hochachtung. Nehmen Sie bitte Platz. *Pause.* Ich sehe schon lange keine Gäste mehr bei mir. Und ehrlich gestanden, ich sehe auch wenig Sinn darin, Besuch zu bekommen. Das ist so eine ungehörige Sitte, sich gegenseitig zu besuchen, es kostet Geld und Zeit, und man muß auch ihre Pferde mit Heu füttern. Ich habe längst zu Mittag gegessen, meine Küche ist niedrig und schlecht, und der Schornstein ist ganz zerfallen; wenn ich heize, brennt mir noch das Haus ab.
ČIČIKOV So ist das also.
PLJUŠKIN Und so ein ärgerlicher Zufall, ich habe kein einziges Bündel Heu in der Wirtschaft. Woher soll es auch kommen? Mein Land ist klein, meine Bauern sind faul … und es kann mir passieren, daß ich auf meine alten Tage betteln gehen muß.
ČIČIKOV Aber man hat mir gesagt, Sie hätten mehr als tausend Seelen.
PLJUŠKIN Wer hat das gesagt? Mein Herr, Sie hätten ihm ins Gesicht spucken sollen! Das war ein Witzbold, der Sie nur zum besten halten wollte. In den letzten drei Jahren hat das verfluchte Fieber mir eine ganze Menge Mushiks hinweggerafft.
ČIČIKOV Was Sie nicht sagen! Viele?
PLJUŠKIN Hundertzwanzig kommen zusammen.
ČIČIKOV Wirklich, hundertzwanzig?
PLJUŠKIN Mein Herr, ich bin zu alt, um zu lügen. Ich gehe auf die Siebzig zu.
ČIČIKOV Mein Beileid, Verehrtester, mein Beileid.
PLJUŠKIN Für Ihr Beileid kann ich mir nichts kaufen. Hier in der Nähe wohnt ein Hauptmann, weiß der Teufel, wo der herkommt, er sagt, er wäre mit mir verwandt. Onkelchen, sagt er, und küßt mir die Hand. Wenn ich sein Onkel bin, ist er mein Großvater. Wenn der mit seinem Beileid anfängt, stimmt er ein Geheul an, daß ich mir die Ohren zuhalten muß. Wahrscheinlich hat er sein Geld als Offizier durchgebracht, deshalb macht er jetzt in Beileid.
ČIČIKOV Mein Beileid ist nicht von der Art wie das vom Hauptmann. Ich bin bereit, für alle

gestorbenen Bauern die Abgabenzahlung zu übernehmen.

PLJUŠKIN *prallt zurück* Wie denn das? Das ist doch Ihr Schaden!

ČIČIKOV Wenn ich Ihnen gefällig sein kann, nehme ich den Schaden auf mich.

PLJUŠKIN Ach, lieber Herr! Ach, mein Wohltäter! Was Sie mir altem Mann für eine Freude machen! Ach, lieber Gott! Ach, ihr Heiligen ... *Pause.* Ja, aber gestatten Sie, Sie wollen also Jahr für Jahr die Steuern zahlen? Schicken Sie das Geld an mich oder ans Finanzamt?

ČIČIKOV Das machen wir so: Wir schließen einen Kaufvertrag, als ob sie noch lebten und Sie sie mir verkauft hätten.

PLJUŠKIN Ja, einen Kaufvertrag. Aber solch ein Kaufvertrag kostet Geld.

ČIČIKOV Aus Hochachtung für Sie bin ich bereit, auch noch die Verbriefungskosten zu übernehmen.

PLJUŠKIN Mein Gott, mein Gott! Ich wünsche Ihnen und Ihren Kinderchen alles Glück. Auch Ihren Kinderchen. *Argwöhnisch.* Es wäre nicht schlecht, den Kaufvertrag bald abzuschließen, denn heute lebt man noch, und was morgen ist, weiß nur Gott.

ČIČIKOV Von mir aus sofort. Aber zur Verbriefung werden Sie sich in die Stadt bemühen müssen.

PLJUŠKIN In die Stadt? Wie denn das? Ich soll mein Haus ohne Aufsicht lassen? Meine Leute sind doch sämtlich Diebe und Spitzbuben, die stehlen an einem Tag soviel weg, daß nicht mal ein Nagel übrigbleibt, an den ich meinen Kaftan hängen kann.

ČIČIKOV Haben Sie nicht wenigstens einen Bekannten in der Stadt?

PLJUŠKIN Was für einen Bekannten? Alle meine Bekannten sind weggestorben, oder sie sind nicht mehr meine Bekannten. Ach, lieber Herr, ich habe ja doch einen. Ich kenne den Vorsitzenden, der hat mich in alten Zeiten sogar besucht. Wie sollte ich ihn nicht kennen! Wir waren Tischkameraden. Wir sind zusammen über die Zäune gestiegen. Ob ich ihm schreibe?

ČIČIKOV Natürlich ihm.

PLJUŠKIN Ja, ich schreibe ihm!

Der leuchtende Sonnenuntergang wirft einen Strahl auf Pljuškins Gesicht.

Wir waren Schulfreunde ... *Erinnert sich.*

Später war ich verheiratet ... Nachbarn kamen zu Besuch ... Mein Garten, mein Garten ... *Sieht sich wehmütig um.*

Meine Frau war freundlich, gesprächig ... Alle Fenster im Hause standen offen ... Aber die gute Hausfrau ist gestorben, und seitdem ist es leer.

PLJUŠKIN Auf meine Tochter konnte ich mich nicht verlassen ... Habe ich nicht recht? Sie ist mit einem Stabsrittmeister von irgendeinem Regiment durchgebrannt ...

PLJUŠKIN Es ist ein Fluch ... Jetzt bin ich alter Mann allein, bin Wächter und Bewahrer ...

ČIČIKOV *düster* Und die Tochter?

PLJUŠKIN Sie kam wieder. Mit zwei kleinen Kindern. Einen Osterkuchen zum Tee hat sie mir mitgebracht und einen neuen Schlafrock. *Betrachtet seine Lumpen.* Ich habe ihr vergeben, vergeben, aber gegeben habe ich ihr nichts. So ist sie wieder weggefahren... Auf dem Tisch hat doch ein sauberes Viertelblatt Papier gelegen, und ich weiß nicht, wo es geblieben ist, meine Leute taugen ja nichts. Mavra, Mavra!

Mavra kommt herein, abgerissen, schmutzig.

Wo hast du das Papier hingetan, du Diebin?

MAVRA Bei Gott, gnädiger Herr, ich habe kein Papier gesehen, bloß ein kleines Stück, mit dem der gnädige Herr das Schnapsglas zugedeckt hat.

PLJUŠKIN Ich seh's dir an den Augen an, daß du es gemaust hast.

MAVRA Wozu sollte ich es mausen? Es ist nutzlos für mich, ich kann ja nicht schreiben.

PLJUŠKIN Du lügst, du hast es dem Kirchendiener hingebracht, der schmiert ja dauernd was, du hast es ihm gebracht.

MAVRA Der Kirchendiener ... der hat Ihr Stück Papier nicht zu sehen gekriegt.

PLJUŠKIN Warte nur, beim jüngsten Gericht werden dich die Teufel dafür mit glühenden Zangen kneifen.

MAVRA Was sollen sie mich kneifen, wenn ich das Viertelblatt nicht mal in die Hand genommen habe. Andere Weiberschwächen, na ja, aber stehlen, das hat mir noch niemand vorgeworfen.

PLJUŠKIN Wenn ich ihn nur finden könnte, ich hatte ein großartiges Likörchen, wenn sie ihn mir nicht schon weggetrunken haben. Meine Leute stehlen ja so. Ist er das nicht?

Den hat noch meine Selige gemacht. Meine Beschließerin, diese Gaunerin, hat ihn nicht mal zugekorkt, diese Kanaille. Da sind lauter Insekten und alles mögliche Ungeziefer reingefallen, aber ich hab den ganzen Dreck rausgeschöpft, jetzt ist er sauber, ich schenk Ihnen ein Gläschen ein.

ČIČIKOV Nein, ergebensten Dank ... Ich habe schon gegessen und getrunken. Ich muß weg.

PLJUŠKIN Sie haben schon gegessen und getrunken? Ja, natürlich, einen Mann der guten Gesellschaft erkennt man daran, daß er nicht ißt, sondern satt ist. Leben Sie wohl, mein Herr, Gott möge Sie segnen. *Begleitet Čičikov hinaus.*

Das Abendrot erlischt. Schatten.

PLJUŠKIN *kommt wieder herein* Mavra! Mavra! *Niemand antwortet. Man hört, wie Čičikovs Glöckchen sich entfernen.*

Vorhang

(Zitiert nach: Michail Bulgakov: Stücke 2, Berlin 1990, S. 274 ff.)

S. 145 »Leonidov verehrte Stanislavskij außerordentlich.«

Leonid Mironovič Leonidov (1873–1941), dessen eigentlicher Familienname Wolfensohn lautete, gehörte seit 1903 zum Künstlertheater. Er war Schauspieler, Regisseur und später auch Theaterpädagoge. Mit Stanislavskij verbanden ihn freundschaftliche Beziehungen, die zuweilen auch Züge einer Arbeitsfreundschaft annahmen. Er beschrieb mit scharfer Beobachtungsgabe, doch humorvoll auch störende Eigenheiten in der Arbeitsweise Stanislavskijs. (Siehe: Dieter Hoffmeier: Stanislavskij – Auf der Suche nach dem Kreativen im Schauspieler, Stuttgart 1993, S. 57.) Das hinderte ihn nicht daran, von Stanislavskijs Genie fasziniert zu sein. Um 1935 schrieb er beispielsweise in sein Notizbuch, als spräche er schon zu Nachgeborenen: »Greifen Sie irgendein Theater in der Welt heraus und Sie werden dort etwas von Stanislavskij vorfinden. Über Jahre hinweg wird er ihm noch Nahrung zuführen. Man hat ihn noch nicht begriffen. Er wird ewig dasein, wie die Pyramiden, wie Michelangelo, Raffael, Dante, Rembrandt oder Beethoven. – Für ihn gibt es nichts Höheres als die Kunst. Frau, Kinder und materiellen Wohlstand – alles gäbe er hin für die Kunst. Und wie alle großen Menschen ist er einsam, unverstanden. Er wird verhöhnt, man macht sich über ihn lustig. Wahrhaftig, wer höhnt denn über ihn und mokiert sich? Nichtiger Durchschnitt. Den gibt es massenweise, er aber ist einzig.« (Irina Vinogradskaja (Hrsg.): a.a.O., Tom četvërtyj, str. 391.)

S. 149 »das könnten Sie als Überschrift darübersetzen ...«

Szenen in Abschnitte zu gliedern und durch Überschriften dann einprägsam zu kennzeichnen – dieses Verfahren wendete Stanislavskij Leonidov gegenüber schon zwei Jahre zuvor beim »Regieplan ›Othello‹« an.

S. 150 »Virtuosenpause«

Stanislavskij beobachtete die Technik eines wirkungsvollen, innerlich gerechtfertigten stummen Spiels zuerst bei berühmten reisenden Virtuosen, die Ende des 19. Jahrhunderts in Rußland gastierten. Näheres dazu: Stanislavskij: Ausgewählte Schriften, hrsg. von D. Hoffmeier, Band 2, Berlin 1988, S. 412.

S. 164 »sogenannte ›Kameralszene‹ ...«

Es handelt sich um den Anfang des vierten Aktes der Komödie, um das zehnte Bild der Bühnenfassung der »Toten Seelen«. Als Ort hatte Bulgakov zunächst das »Arbeitszimmer des Polizeimeisters« vorgesehen. Stanislavskij verlegte die Handlung aber in das »Haus des Staatsanwalts«, um dem Geschehen mehr Gewicht zu geben.

S. 165 »vom Verfasser der Bühnenbearbeitung ...«

Hier umgeht Toporkov den Namen des Dramatikers Bulgakov, der die »Komödie nach dem Poem von Nikolaj Gogol« ja verfaßt hatte.

S. 168 »Feigenmilch ...«

Mit Feigensaft gesüßte Milch.

S. 170 »Kontrast zur ersten Szene (›Salon im Hause des Gouverneurs‹) ...«

Hier bezieht sich Toporkov auf eine Szene aus dem Anfang der Aufführung, auf das zweite Bild im ersten Akt. Dort war Čičikov auf einer Abendgesellschaft beim Gouverneur in den Kreis der Gutsbesitzer eingeführt worden und auch mit dem schon halb betrunkenen, gewaltig bramarbasierenden Nozdrëv zusammengetroffen.

S. 171 »die in der Dramatisierung einen ganzen Akt füllen ...«
Nämlich den dritten Akt.

S. 174 »im Verlaufe so vieler Jahre ihre Drastik und Frische bewahrt ...«
Wie schon öfter erwähnt, stand die Inszenierung mehr als vier Jahrzehnte in unverminderter Frische auf dem Spielplan des Künstlertheaters, zum Teil noch in Originalbesetzung.
»›Ich bringe die Aufführung heraus ...‹«
Die Premiere fand am 28. November 1932 statt.
»Die Kritik erhob schwere Vorwürfe. [...]
Die ästhetisierenden Kritiker stellten unsere Leistung der eines Theaters formalistischer Richtung gegenüber ...«
Bei den Kritikern ist vor allem Andrej Belyj gemeint, der unter der Überschrift »Ein unverstandener Gogol« am 20. Januar 1933 in der Zeitschrift »Sovetskoe iskusstvo« unter anderem betont hatte, daß Gogol in seiner unglaublichen Hyperbolik, der Art seines Übertreibens, und in seinen lyrischen Abschweifungen, in seiner ausweglosen Trauer »auf der Bühne des Künstlertheaters« nicht vorkäme. Dieser Inszenierung stellte er die Aufführung des »Revisor« im Meyerhold-Theater als Beispiel eines wahren Verständnisses der Gogolschen Stilistik gegenüber. »Uns allen«, schrieb er, »ist noch der geniale Kunstgriff in frischer Erinnerung, den Meyerhold in seinem ›Revisor‹ anwandte, als er die Formen des Textes auf die stilistische Basis Gogolscher Verdopplungen stellte. Das Künstlertheater begab sich auf die Suche nach Alltagsdetails der Epoche.« Belyj (eigentlich: Boris Bugaev) hatte bereits ein Buch über »Die Meisterschaft Gogols« verfaßt, das viele Theater- und Filmleute beeindruckte, Meyerhold ebenso wie Eisenstein. Alle großen russischen Schriftsteller und Regisseure haben sich – immer wieder – an Gogol produktiv gerieben. Das gilt auch für Stanislavskij und Bulgakov, erst recht für Belyj. Über seine Rezension der Aufführung sprach beispielsweise Eisenstein mit Hochachtung. Er nannte einen »glänzenden Verriß der MChAT-Inszenierung«. (Eisenstein: Yo Ich selbst,

Memoiren, Zweiter Band, Berlin 1984, S. 812.)

S. 178 »satirischen Roman eines sehr begabten, inzwischen verstorbenen sowjetischen Schauspieldichters ...«
Es handelt sich um Michail Bulgakov und seinen satirischen Theaterroman »Aufzeichnungen eines Toten«. Er wurde erst 1965, also fünfzehn Jahre nach dem Tode des Verfassers überhaupt zum erstenmal gedruckt. Toporkov durfte den Namen des Schriftstellers 1950 vermutlich nicht nennen (oder er wagte es nicht).

S. 179 »mit dieser Schilderung ...«
Der originale Vorfall ist nachzulesen im Kapitel 16 »Eine gelungene Hochzeit« des erwähnten Romanfragments von Bulgakov. (Michail Bulgakov: Theaterroman / Aufzeichnungen eines Toten, Berlin 1969, S. 178.)

S. 180 »aus irgendwelchen Gründen nicht zu Ende geführt ...«
Die im Spätherbst 1912 begonnenen Proben waren am 11. Januar 1913 abgebrochen worden. Zu den Ursachen siehe Einführung von Dieter Hoffmeier, S. 41.

S. 183 »DER WEG VOM ICH ZUR ROLLE«
Die Überschrift wurde 1952 erst von den deutschen Herausgebern eingefügt.

S. 184 »wie – sagen wir einmal – Coquelin.«
Benoit Constant Coquelin (1841–1909, französischer Schauspieler. Schauspielmethodische Äußerungen von ihm wertete Stanislavskij unter anderem im Kapitel »Die Kunst des Vorführens« in seinem theaterästhetischen Hauptwerk »Über verschiedene Richtungen in der Theaterkunst« aus. Vgl. Stanislavskij: Ausgewählte Schriften, hrsg. v. D. Hoffmeier, Band 2, Berlin 1988, S. 26 ff.

S. 192 »DIE ERKUNDUNG«
Diese Überschrift stammt von den deutschen Herausgebern aus dem Jahre 1952.

S. 204 »ÜBUNGEN UND SZENEN«
Die Überschrift wurde erst von den deutschen Herausgebern 1952 hinzugefügt.

S. 205 »Die kalten Fliesen küßt' er hundertmal!«
Für die Zitate aus dem »Tartüff« wurde die Übersetzung von Paul Mochmann benutzt.

S. 206 »Lausbüberei ...«
Stanislavskij bringt hier eine eigene Wort-

prägung »nachalin«, abgeleitet von dem Wort »nachal« = Frechling, Unverschämter.

S. 224 »versehentlich er einen Floh geknickt …«

Hier – wie auch auf S. 217 – wurde die deutsche Übersetzung der russischen angepaßt. Bei Molière heißt es »im Zorn«.

S. 229 »bei seinem normalen Umgang mit anderen Menschen …«

»Umgang« ist im Russischen das gleiche Wort, das in der Terminologie Stanislavskijs mit »Wechselbeziehung« übersetzt wird.

S. 241 »DIE AUFFÜHRUNG DES ›TARTÜFF‹«

Die vollständige Überschrift bei Toporkov lautet:

DIE ERSTE VORFÜHRUNG VOR DER KÜNSTLERISCHEN LEITUNG UND DIE AUFFÜHRUNG DES ›TARTÜFF‹.

S. 254 »einzigartig in der Weltgeschichte der Kunst sind.«

In der russischen Originalausgabe von 1950 folgt hier anschließend noch ein kürzerer Abschnitt mit vorwiegend ideologisch bedingten Lobpreisungen. Er lautet:

»Sein riesiger Schritt auf dem Wege der Entwicklung und Festigung der ideenhaltigen realistischen Kunst, die unser vaterländisches Theater immer ausgezeichnet hat, und die Ausrüstung des Schauspielers mit einer fortschrittlichen Technik, die ihm hilft, dieses Ziel zu erreichen, sind wahrhaftig ein unschätzbares Verdienst um unsere Kunst, und wir sind mit Recht auf das hervorragende Genie des Sowjetlandes stolz.

Die Große Sozialistische Oktoberrevolution erschloß Stanislavskij solch unermeßliche Möglichkeiten für seine schöpferischen Experimente, wie man sie sich bis dahin nur im Traume vorstellen konnte. Das ermöglichte dem großen Meister der Bühne, die Untersuchungen, denen er sein ganzes Leben geweiht hatte, in glänzender Weise zu vollenden. Das, was uns Stanislavskij hinterlassen hat, müssen wir im kulturellen Kampf um unsere großen Ideen als die vollkommenste Kampfausrüstung studieren und uns zu eigen machen.«

PERSONENVERZEICHNIS

267

CHAČATURJAN, Aram Il'ič (1903–1978), bedeutender armenischer Komponist, auch
von Ballett- und Bühnenmusiken.
CHMELЁV, Nikolaj Pavlovič (1901–1945),
russischer Schauspieler und Regisseur, seit
1919 am Künstlertheater, zunächst im Studio II. Von 1943 bis 1945 Künstlerischer
Leiter des Theaters.
COQUELIN, Benoit Constant (1841–1909),
französischer Schauspieler. Verfasser meh-
rerer Schriften über Schauspielästhetik.
ČUŠKIN, Nikolaj Nikolaevič (1906–1977),
Theaterwissenschaftler, von 1937 bis 1941
wissenschaftlicher Oberassistent und Leiter der Stanislavskij-Abteilung im Museum
des Künstlertheaters.

DALMATOV, Vasilij Pantelejmonovič (1852–
1912), russischer Schauspieler, von 1884
bis 1894 und wieder seit 1901 am Alexandra-Theater in St. Petersburg.
DAVYDOV, Vladimir Nikolaevič (1849–1925),
eigentl.: Ivan Nikolaevič Gorelov, russischer Schauspieler. Bis 1880 an Provinzbühnen, danach am Alexandra-Theater in
St. Petersburg. Wirkte auch als Schauspielpädagoge.
DMITRIEV, Vladimir Vladimirovič (1900–
1948), russischer Bühnenbildner, seit 1928
am Künstlertheater, dort 1941 Chefbühnen-
bildner.
DUSE, Eleonora (1858–1924), italienische
Schauspielerin, gastierte zweimal in Rußland mit enormem Erfolg.

EISENSTEIN [Ėjzenštejn], Sergej Michailovič
(1898–1948), russischer Theater- und
Filmregisseur, Bühnenbildner, Filmtheore-
tiker und Regiepädagoge.
EGOROV, Nikolaj Vasil'evič (1873–1955),
Verwaltungmitarbeiter, von 1931 bis 1950
Leiter des Sektors Finanzen im Künstlertheater.
ЁRDMAN, Nikolaj Robertovič (1902–1970),
russischer Dramatiker.
ERMOLOVA, Marija Nikolaevna (1853–1928),
russische Schauspielerin von 1871 bis
1921 am Kleinen Thater in Moskau.
FEDOTOV, Aleksandr Filipovič (1841–1895),
russischer Schauspieler, Regisseur, Pädagoge und Dramatiker. Ab 1894 am Alexandra-Theater in St. Petersburg.

GEJROT, Aleksandr Aleksandrovič (1882–
1947), russischer Schauspieler, Engagement am Künstlertheater von 1913 bis
1924 und ab 1935.
GOGOL, Nikolaj Vasil'evič(1809–1852), russi-
scher Schriftsteller und Dramatiker.
GORČAKOV, Nikolaj Michailovič (1898–
1973), russischer Regisseur, Pädagoge und
Publizist, seit 1922 am Künstlertheater.
Autor des Buches »Regie - Unterricht bei
Stanislavskij«.
GOR'KIJ, Aleksej Maksimovič (1868–1936),
eigentl.: Peškov, russischer Schriftsteller
und Dramatiker.
GROTOWSKI, Jerzy, geb. 1933, polnischer
Schauspieler und Regisseur. Seit 1986 Lei-
ter des »Centro per la Sperimentazione e la
Ricerca Teatrale« in Pontedera (Italien).

HOFFMANN, Ernst Theodor Amadeus (1776–
1822), deutscher Schriftsteller, Komponist,
Zeichner und Bühnenbildner.

IVANOV, Vsevolod Vjačeslavovič (1895–
1963), russischer Schriftsteller und Dramatiker.

JAKOVLEV, Stepan Ivanovič, russischer
Schauspieler, Regisseur und Pädagoge.
Tätig am Alexandra-Theater in St. Petersburg.
JUR'EV, Jurij Michailovič (1872–1948), russischer Schauspieler, seit 1893 am Alexandra-Theater in St. Petersburg bzw. am
Leningrader Staatlichen Puschkin-Schau-
spielhaus engagiert.

KAČALOV, Vasilij Ivanovič (1875–1948), eigentl.: Šverubovič, bedeutender russischer
Schauspieler, seit 1900 am Künstlertheater.
KATAEV, Valentin Petrovič (1897–1986), russischer Schriftsteller und Dramatiker.
KEDROV, Michail Nikolaevič (1893–1972),
russischer Schauspieler, Regisseur und
Pädagoge, seit 1922 am Künstlertheater.
KERŽENCEV, Platon Michailovič
(1881–1940), eigentl.: Lebedev, Staats-
und Parteifunktionär, Journalist, Theater-
kritiker. Von 1936 bis 1938 Vorsitzender
des Komitees für Kunstangelegenheiten.
KIRILIN, Aleksandr Ivanovič, Schauspieler am
Künstlertheater.

268

KISLJAKOV, Schauspieler am Künstlertheater.

KNIPPER-ČECHOVA, Ol'ga Leonardovna (1868–1959), russische Schauspielerin, seit Gründung beim Künstlertheater, Frau des Dramatikers Anton Čechov.

KOMMISSAROV, Aleksandr Michailovič (1904–1975), russischer Schauspieler seit 1924 am Künstlertheater.

KORENEVA, Lidija Michailovna (1885 geb.), russische Schauspielerin, von 1904 bis 1958 am Künstlertheater.

KUROČKIN, Schauspieler am Künstlertheater.

LENIN, Vladimir Il'ič (1870–1924), eigentl.: Uljanov, Führer der Bolschewiki und Vorsitzender des Rates der Volkskommissare bis zu seinem Tode.

LENSKIJ, Aleksandr Pavlovič (1847–1908), eigentl.: Vervitiotti, russischer Schauspieler, Regisseur und Pädagoge, seit 1876 am Kleinen Theater in Moskau.

LEONIDOV, Leonid Mironovič (1873–1941), eigentl.: Wolfensohn, russischer Schauspieler, Regisseur und Theaterpädagoge, seit 1903 am Künstlertheater.

LEONOV, Leonid Maksimovič (1899–1994), russischer Schriftsteller und Dramatiker.

LERMONTOV, Michail Jur'evič (1814–1841), bedeutender russischer Dichter.

LESKOV, Nikolaj Semënovič (1831–1895), russischer Schriftsteller. Schildert in seinen Romanen die Welt des alten Rußland, schuf auch Volkslegenden.

LILINA, Marija Petrovna (1866–1943), geb. Perevoščikova, verehelichte Alekseeva, russische Schauspielerin, am Künstlertheater seit Gründung, Ehefrau Stanislavskijs.

LIVANOV, Boris Nikolaevič (1904–1972), russischer Schauspieler und Regisseur, seit 1924 am Künstlertheater.

LUNAČARSKIJ, Anatolij Vasil'evič (1875–1933), Schriftsteller und Publizist, Staatsfunktionär, Volkskommissar für Bildungswesen von 1917 bis 1929.

MAETERLINCK, Maurice (1862–1949), belgischer Schriftsteller, bedeutender Dramatiker des Symbolismus.

MAJAKOVSKIJ, Vladimir Vladimirovič (1893–1930), russischer Dichter, Rezitator und satirischer Dramatiker.

MEYERHOLD [Mejerchol'd], Vsevolod Emil'-evič (1874–1940), Schauspieler, Regisseur, Regiepädagoge, Theaterleiter.

MICHEEVA, Tamara Emel'janova, geb. 1909, russische Schauspielerin, von 1935 bis 1974 am Künstlertheater.

MIČURINA-SAMOJLOVA, Vera Arkad'evna (1866–1948), russische Schauspielerin seit 1886 am Alexandra-Theater in St. Petersburg bzw. dem Leningrader Staatlichen Puškin-Schauspielhaus.

MOLIÈRE, Jean Baptiste (1622–1673), eigentl.: Poquelin, französischer Komödiendichter, Schauspieler und Theaterleiter.

MOSKVIN, Ivan Michailovič (1874–1946), bedeutender russischer Schauspieler, am Künstlertheater seit der Gründung.

NEMIROVIČ-DANČENKO, Vladimir Ivanovič (1858–1943), Dramatiker, Kritiker, Regisseur, Mitbegründer und langjähriger Kodirektor und Direktor des Künstlertheaters.

OZAROVSKIJ, Jurij È., Schauspieler und Schauspielpädagoge am Alexandra-Theater in St. Petersburg.

OSTROVSKIJ, Aleksandr Nikolaevič (1823–1886), bedeutender russischer Dramatiker und Komödienschriftsteller, zeitweilig Direktor des Kleinen Theaters in Moskau.

PETKER, Boris Jakovlevič, geb. 1902, russischer Schauspieler, seit 1933 am Künstlertheater.

PETROVSKIJ, Andrej Pavlovič (1869–1933), Schauspieler und Schauspielpädagoge am Alexandra-Theater in St. Petersburg von 1904 bis 1915.

PIKEL', P., russischer Journalist.

PIRANESI, Giovanni Battista (Giambattista) (1707 oder 1720–1778), italienischer Kupferstecher, publizierte viele an der Antike orientierte Architekturphantasien.

POPOV, Pavel Sergeevič (1892–1964), Literaturwissenschaftler und Philosoph, enger Freund Bulgakovs und Verfasser der ersten biographischen Skizze über den Dramatiker.

PROKOF'EV, Sergej Sergeevič (1891–1953), bedeutender russischer Komponist und Pianist. Lebte von 1918 bis 1932 im westlichen Ausland, kehrte dann nach Rußland zurück, schuf Opern, Ballettmusiken, Sinfonien und Instrumentalkonzerte.

269

RAJCH, Zinaida Nikolaevna (1894–1939), namhafte russische Schauspielerin, Ehefrau von Meyerhold. Nach dessen Einkerkerung bestialisch ermordet.

RASPUTIN, Grigorij Efimovič (1871–1916), einflußreicher Mönch mit engster Beziehung zur russischen Zarenfamilie. Von hochrangigen Gegnern ermordet.

RYKOV, Aleksej Ivanovič (1881–1938), russischer Politiker, 1924 Nachfolger Lenins als Vorsitzender des Rates der Volkskommissare. Opponierte gegen Stalin, verlor 1930 alle Ämter, wurde im März 1938 erschossen.

SACHNOVSKIJ, Vasilij Grigor'evič (1886–1945), Regisseur, Theaterwissenschaftler und Pädagoge. Seit 1926 am Künstlertheater, ab 1932 stellvertretender Künstlerischer Leiter der Bühne, von 1937 bis 1941 deren Künstlerischer Leiter.

SADOVSKIJ, Michail Provič (1847–1910), russischer Schauspieler, seit 1870 an Kleinen Theater in Moskau.

SALVINI, Tom(m)aso (1829–1915), italienischer Schau spielvirtuose, der häufig in Rußland gastierte.

SANIN, Aleksandr Akimovič (1869–1956), eigentl.: Schönberg, russischer Schauspieler und Regisseur, von 1898 bis 1902 und von 1917 bis 1919 am Künstlertheater.

SAVINA, Marija Gavrilovna (1854–1915), russische Schauspielerin, seit 1874 am Alexandra-Theater in St. Petersburg.

ŠČEPKIN, Michail Semënovič (1788–1863), bedeutender russischer Schauspieler, in der Familie eines Leibeigenen geboren. Erste Auftritte im Leibeigenen-Theater des Grafen Wolkenstein. Über viele Provinzbühnen kam er schließlich 1824 an das Kleine Theater nach Moskau. Dort vertiefte er den von ihm begründeten Realismus der russischen Schauspielkunst im Kontakt mit namhaften Persönlichkeiten des Kunstlebens.

SIMOV, Viktor Andreevič (1858–1935), russischer Bühnenbilner, von 1898 bis 1912 und ab 1925 bis zum Lebensende am Künstlertheater.

SMELJANSKI, Anatolij Mironovič, russischer Theaterwissenschaftler und Publizist, gegenwärtig Chefdramaturg des Künstlertheaters und Leiter des Herausgeberkollegiums der Neuausgabe von Stanislavskijs »Sobranie sočinenij« [Gesammelte Werke].

SMOLIN, Dmitrij Petrovič (1891–1955), russischer Dramatiker.

ŠEBALIN, Wissarion Jakovlevič (1902–1963), russischer Komponist und Musikpädagoge.

ŠOSTAKOVIČ, Dmitrij Dmitrievič (1906–1975), bedeutender russischer Komponist.

STALIN, Iosif Vissarionovič (1879–1953), eigentl.: Djugašvili, Nachfolger Lenins in der Führung der Kommunistischen Partei der UdSSR, skrupellos diktatorischer Herrscher.

STANICYN, Viktor Jakovlevič (1897–1976), eigent.: Göse, russischer Schauspieler und Regisseur, seit 1918 im Studio II, ab 1924 am Künstlertheater.

STANISLAVSKIJ, Konstantin Sergeevič (1863–1938), eigentl.: Alekseev, bedeutender russischer Schauspieler, Regisseur und Theaterreformator.

STEPANOVA, Angelina Iosifovna (Osipovna), geb. 1905, russische Schauspielerin, seit 1924 am Künstlertheater.

STREL'SKAJA, Varvara Vasil'evna (1838–1915), russische Schauspielerin, seit 1857 am Alexandra-Theater in St. Petersburg.

SUDAKOV, Il'ja Jakovlevič (1890–1969), russischer Regisseur, Schauspieler und Theaterpädagoge. Seit 1916 am Künstlertheater. Von 1937 bis 1944 Künstlerischer Leiter des Kleinen Theaters in Moskau.

TAIROV, Aleksandr Jakovlevič (1885–1950), russischer Regisseur und Theaterleiter, 1914 Begründer des Moskauer Kammertheaters.

TAMANCOVA, Ripsimė Karpovna (1889–1958), Mitarbeiterin des Künstlertheaters, 1919 bis 1924 Leiterin des Betriebsbüros, seit 1924 Direktionssekretärin und persönliche Sekretärin Stanislavskijs.

TARCHANOV, Michail Michailovič (1877–1948), eigentl.: Moskvin, russischer Schauspieler, Regisseur und Pädagoge, seit 1922 am Künstlertheater.

TELEŠEVA, Elizaveta Sergeevna (1892–1943), russische Schauspielerin, Regisseurin und Pädagogin, seit 1916 am Künstlertheater.

TOLSTOJ, Aleksej Konstantinovič (1817–1875), russischer Schriftsteller, Dichter, Dramatiker und Übersetzer.

TOPORKOV, Vasilij Osipovič (1889–1970), russischer Schauspieler, seit 1927 am Künstlertheater. Autor des Buches »Stanislavskij bei der Probe«.

TURGENEV, Ivan Sergeevič (1818–1883), russischer Schriftsteller.

URALOV, Il'ja Matveevič (1872–1920), russischer Schauspieler, arbeitete von 1907 bis 1911 am Künstlertheater, spielte den Stadthauptmann in der »Revisor«-Inszenierung von 1908.

VARLAMOV, Konstantin Aleksandrovič (1848–1915), hochbegabter russischer Schauspieler und singender Darsteller, seit 1875 am Alexandra-Theater in St. Petersburg.

VERNE, Jules (1828–1905), französischer Schriftsteller, Verfasser abenteuerlich wissenschaftlich-phantastischer Romane.

VOINOVA, Ekaterina Ivanovna (1906–1954), russische Schauspielerin, seit 1937 am Künstlertheater.

ZUEVA, Anastasija Platonovna, geb. 1896, russische Schauspielerin, seit 1915 am Künstlertheater.

REGISTER DER ARBEITSBEGRIFFE STANISLAVSKIJS